REDE IMAGINÁRIA

Prefeitura do Município de São Paulo
Prefeita Luiza Erundina de Sousa

Secretaria Municipal de Cultura
Secretária Marilena de Souza Chaui

Assessoria de Projetos Especiais
Adauto Novaes
Sérgio Cardoso
José Jacinto de Amaral
Maria das Graças de Souza Sá
Hilvânia Maria de Carvalho
Maria Valéria Ribeiro Sostena

REDE IMAGINÁRIA
TELEVISÃO E DEMOCRACIA

Organização:
ADAUTO NOVAES

2ª edição
2ª reimpressão

SECRETARIA MUNICIPAL DE CULTURA
COMPANHIA DAS LETRAS

Copyright © 1991 dos Autores

Capa:
Moema Cavalcanti

Preparação:
Márcia Copola

Revisão:
Lucíola Silveira de Morais
Rogério Henrique Jonck
Cecília Ramos

Dados Internacionais de Catalogação na Publicação (CIP)
(Câmara Brasileira do Livro, SP, Brasil)

Rede imaginária : televisão e democracia / organização Adauto Novaes. — São Paulo : Companhia das Letras, Secretaria Municipal de Cultura, 1991.

Vários autores.
Bibliografia.
ISBN 85-7164-194-3

1. Televisão — Aspectos sociais 2. Televisão — Influência I. Novaes, Adauto.

91-1407   CDD-302.2345

Índices para catálogo sistemático:
1. Televisão : Influência no público : Sociologia 302.2345
2. Televisão e sociedade 302.2345

2006

Todos os direitos desta edição reservados à
EDITORA SCHWARCZ LTDA.
Rua Bandeira Paulista, 702, cj. 32
04532-002 — São Paulo — SP
Telefone: (11) 3707-3500
Fax: (11) 3707-3501
www.companhiadasletras.com.br

NOTA DO ORGANIZADOR

Durante os oito anos decorridos da primeira edição deste livro, a televisão brasileira passou por mudanças na organização com algumas inovações que, no entanto, não chegaram a alterar a sua estrutura de poder e propriedade. Ao contrário, vimos, na década de 90, a consolidação de um processo de concentração das grandes redes, com a criação de mais de cem novas emissoras comerciais. De 1991 a 1999, a Rede Globo de Televisão pulou de 79 emissoras para 107; o Sistema Brasileiro de Televisão, de 46 para 95; a Rede Record, de doze para 57; a Bandeirantes, de trinta para 38; a Rede Manchete, que detinha 36 emissoras em 91, caiu para 21 em 99. A única novidade dessa redistribuição é o avanço de emissoras dominadas por instituições religiosas. Mas são duas as maiores novidades da década: a implantação das emissoras de TV "segmentada" (MTV, Rede Mulher, Rede Vida, CBI, TV Alphaville, Canal 21) e a criação de duas redes por assinatura (a NET, que domina grande parte do mercado de assinantes, com 71,2%, e a TVA).

Sexto lugar no mercado mundial de publicidade, a TV brasileira mobilizou em 1997 cerca de R$ 5,6 bilhões, 70% dos quais foram arrebatados pela Rede Globo de Televisão; em 1998, esses 70% saltaram para 78%.

Apesar dos novos dados, duas razões nos levam a pensar na atualidade desta obra. Primeiramente, porque parte dela é dedicada à reflexão teórica sobre a construção do imaginário brasileiro, uma discussão permanente que nos dá elementos para compreender a difícil relação entre imaginação, realidade e pensamento. A segunda razão diz respeito à história: apesar da influência da televisão na cultura e na política do país (que, em boa parte, passou do analfabetismo absoluto à "alfabetização" pela imagem, saltando a etapa da palavra), poucos pensadores se dedicam ao seu estudo.

Este livro tem, portanto, a sua importância para a história por tentar entender como se deu — e se dá —, na prática, a construção do imaginário nos telejornais, na teledramaturgia, nos programas infantis, nos programas políticos, enfim, nas mais diversas áreas da TV. É o que o torna ainda atual, oito anos depois.

Adauto Novaes

ÍNDICE

As tramas da rede — *Adauto Novaes* 9

A IMAGINAÇÃO

Imagens sem objeto — *Olgária Matos* 15

Racionalidade e acaso — *Gerd Bornheim* 38

Imaginar e pensar — *Maria Rita Kehl* 60

As imagens de TV têm tempo? — *Nelson Brissac Peixoto* 73

O olhar melancólico — *Adauto Novaes* 85

A cultura da vigilância — *Arlindo Machado* 91

O imaginário da morte — *Teixeira Coelho* 109

O sentido do som — *Leonardo Sá* 123

Simbologia do consumo na TV — *Décio Pignatari* 140

Alfabetização, leitura e sociedade de massa — *Silviano Santiago* 146

A CONSTRUÇÃO DO IMAGINÁRIO

As redes de TV e os senhores da aldeia global — *Argemiro Ferreira* 155

A desordem do mundo e a ordem do jornal — *Ricardo Arnt* ... 170

A terceira idade da TV: o local e o internacional — *Regina Festa*
e *Luiz Fernando Santoro* 179

O dia seguinte — *Sérgio Miceli* 196

    Comentário: Na marca do pênalti — *Paulo Betti* 203

A construção da notícia (1) — *Eric Nepomuceno* 205

A construção da notícia (2) — *Claudio Bojunga* 213

Álbum de família — *Muniz Sodré* 222

Comentário — *Sérgio Mamberti* 229

A linguagem da TV: o impasse entre o falado e o escrito — *Dino Pretti* 232

As palavras na TV: um exercício autoritário? — *Maria Thereza Fraga Rocco* 240

Vítima e cúmplice — *Roberto Bahiense* 257

A infância consumida — *Fernando Meirelles* 263

O trabalho da crítica — *Inácio Araújo* 268

A astúcia — *Eduardo Coutinho* 279

Tuiuiús, pardais e abelhas-africanas — *Marcelo Masagão* 286

Vídeo popular: uma alternativa de TV — *Jacira Melo* 295

É possível democratizar a televisão? — *Fábio Konder Comparato* 300

Apêndice 1: Dados estatísticos sobre a televisão brasileira abril de 1991 309

Apêndice 2: Dados estatísticos sobre a televisão brasileira março de 1999 311

Sobre os autores 313

AS TRAMAS DA REDE

Em poucos anos, nossa vida passou a ser construída de uma maneira sem precedentes e sem exemplos na história da cultura: "a máquina governa; a vida humana é rigorosamente controlada por ela", escreveu Valéry. Pulsões divergentes são canalizadas; a representação triunfa sobre o que é representado; as imagens perdem a força e o sentido originais e são produzidas apenas para o prazer dos olhos; os poderes sobre o tempo e o espaço são utilizados de tal maneira que acontecimentos distantes são conhecidos em frações de segundos. Pressionados pela grandeza e pela onipotência dos novos meios, suportamos, a um só tempo, o peso e os benefícios dessas mudanças. O desenvolvimento ilimitado do mundo dos símbolos e signos, e as alterações de todo o imaginário põem novos problemas que antropólogos, historiadores, sociólogos e os pensadores mais sagazes têm dificuldade de explicar. Mas o pensamento político procura hoje entender esse caos tanto para preservar formas de vida civilizada quanto para construir um novo sistema ético, a liberdade, o desenvolvimento, os direitos a partir das condições de existência, e distinguir, portanto, "a guerra da paz, a abundância da falta, a vitória da derrota".

A natureza da televisão impede ao intelectual e ao observador comum qualquer possibilidade de compará-la com outros momentos e outras formas de expressão cultural. Exige, pois, a invenção de outros meios de análise: isolar o artifício, conhecer o seu sistema material, aprender a ver e a ouvir, distinguir o que pode arruinar valores e sentimentos.

A televisão brasileira não é a responsável por essa crise, mas ela ajuda a compor e a alimentar um modelo que "especula sobre nossa sensibilidade": são 227 emissoras concentradas nas mãos de quatro grandes redes que cobrem o país de ponta a ponta com 40 milhões de aparelhos; a média de consumo do imaginário televisivo por habitante já chega a mais de quatro horas por dia. O universo mental não está, portanto, dissociado das formas de produção desse imaginário. Foi a partir de alterações visíveis nos campos da política, dos costumes, da ética e da cultura que a Secretaria Municipal de Cultura de São Paulo, através da Assessoria de Projetos Especiais, decidiu criar um projeto de reflexão permanente sobre os meios de comunicação, começando por desvendar os mecanismos escondidos da produção desse imaginário. A materialidade e a força da televisão estão nessa potência invisível. Daí, começarmos pela análise da construção do imaginário.

A *Rede Imaginária* está dividida em dois eixos:

1. *A imaginação.* Ouvimos sempre dizer que a imaginação nos engana sobre sua própria natureza. Mas se, para muitos pensadores, a imaginação produz uma crença sem objeto (Montaigne descreve minuciosamente a desordem do espírito e o tumulto do corpo daqueles que "acreditam ver o que não vêem"), ela é também fonte de obras de arte e de pensamento. Para se chegar à análise da construção do imaginário, os primeiros textos fazem, antes, o percurso da imaginação: o que é imaginação criadora, de que maneira ela pode ser controlada pela racionalidade técnica, qual a sua relação com o desejo, com a política e, por fim, como são produzidos os signos e símbolos.

2. *A construção do imaginário.* Vemos uma imagem, ouvimos uma voz, mas geralmente ignoramos a sua constituição. Ora, o sentido de um programa de televisão não é independente de sua gênese: o poder mágico da aparição e a sucessão fácil e esperada das imagens não permitem ao telespectador imaginar que a produção televisiva é pensada com rigor, que vai desde a posição da câmera, o corte, a domesticação da linguagem verbal com a redução drástica do universo vocabular até as normas de comportamento do jornalista. As regras de debate político são cuidadosamente discutidas, os publicitários sabem que tipo de iluminação pode fazer vender 1 milhão de sandálias, os teledramaturgos têm a fórmula para manipular paixões e sentimentos. A política transformou-se em uma manipulação técnica, como observou o crítico de arte Robert Hughes da revista norte-americana *Time* em entrevista a *Veja*: "O discurso político americano tornou-se um horror. Está completamente tomado pelas técnicas de relações públicas. Toda e qualquer idéia tem que caber em quinze segundos de transmissão de TV. A televisão foi o maior solvente da verdade política surgido no século XX. As pessoas emitem sons, não idéias. Quando você lê os discursos de um presidente como Harry Truman, vê que ele tinha o que dizer, mesmo que não concorde com o que ele dizia. Hoje, um político como ele não poderia aparecer na televisão. Ficaria muito complicado. Eu acho que Thomas Jefferson não conseguiria se eleger presidente da República. Ronald Reagan mostrou que é possível um bobo ser eleito presidente".

Imperando sobre tudo isso está o pré-gravado, engenhosa invenção da TV que, em nome da limpeza técnica, tenta controlar o acaso, eliminando as vozes e as imagens não desejadas. A televisão começa a se pensar através de imagens antes escondidas. Realizadores refutam, desorganizam e organizam a visão comum, tematizam imagens, tornando presente aquilo que as TVs convencionais procuram ocultar. Não existem diferenças técnicas, apenas diferenças na utilização da técnica, o que permite aflorar diferenças no modo de expressão na política, nas artes, no cotidiano. Através da invenção pela imagem ou pelo tema, vemos hoje surgir uma nova dimensão da TV, uma declaração explícita de que nossa retina jamais pode ser tratada de forma homogênea. É o lado da positividade e da criação, a retomada dos sentidos e do pensamento.

Adauto Novaes

A IMAGINAÇÃO

IMAGENS SEM OBJETO

Olgária Matos

Objetos sem imagem ou imagens sem objeto procuram tornar manifestas as relações entre a noção de *imagem* e *objeto* no interior da história da filosofia.

Por se tratar de objetos *sem* imagem, o percurso deste ensaio precisou mostrar o modo de dissolução da força cognoscente da imagem e a permanência de objetos na forma de fantasmagorias, objetos sem sujeito, objetos de si mesmos, não referidos a nenhuma consciência de si. Na tradição racionalista é Descartes quem mais se destaca no desmerecimento filosófico da imagem, concebida como fonte de ilusão e engano, mas também é ele quem trava o grande duelo contra a tradição da *magia natural* da Renascença que se mantém presente até meados do século XVII. Se Descartes trata a Razão nomeando-a "luz natural" — cuja amplitude viria a ser melhor reconhecida no Iluminismo ulterior, Walter Benjamin, em particular na "Premissa gnoseológica" de *Origem do drama barroco alemão*, observa que é no *centro da Luz* que se dá a cegueira das Luzes, a finitude da experiência do Iluminismo cientificista. Poderemos então compreender de que maneira Benjamin constrói o conceito de "imagens dialéticas", na tentativa de reconciliar o homem e a natureza, sem recair no animismo mágico.

De ressonâncias mágicas, o conceito de imagem ocupa no mundo contemporâneo lugar central. "Central" entre aspas, porque se trata de um mundo *de imagens*, quer dizer, contrariamente à luz da construção platônica e cartesiana do conhecimento, sem centro, sem ponto fixo, inconstante, impermanente. Ela exigiu o *desencantamento do mundo*: por um lado, as Formas, essências luminosas, eternas e verdadeiras; por outro, o sujeito abstrato do puro pensamento de si — aquele que não tem dor a mitigar, nem esperanças a realizar. Ambos implicaram um universo desenfeitiçado, demitizado, "sem qualidades", *racional*.

No universo místico e mágico, ao contrário, "nada é natural na natureza", tudo é *sagrado*. O sagrado, o mágico será o verdadeiro antagonista que a *ratio* procura eliminar. O conflito entre a natureza (magia) e a cultura (*ratio*), ou entre mito e racionalidade, pode ser encontrado, entre outras, na personagem de Medéia em seu contraponto a Jasão. A magia apaixonada de Medéia, sua "força de natureza", fundada em um amor absoluto, destrói a lógica cínica e eficiente de Jasão, vencedor do reino da cultura e da utilidade pessoal, o que está ilustrado no episódio do retorno de Jasão, após conseguir trazer consigo o velocino de ouro: "Eis que tudo está pronto para o destino iluminista, laico e mundano de Jasão"; durante a viagem de retorno, trazendo consigo o velocino de ouro (sinal de perenidade do poder e da ordem, garantidor de sorte aos reis cujos reinos, segundo o mito, não terminariam nunca), viagem esta que Jasão só pode realizar graças à magia de Medéia, o navio ancora em uma praia e, enquanto Jasão prepara as tendas para passar a noite, Medéia se perde e grita cheia de angústia: "*Esse lugar afundará porque não tem apoio! Vós não procurais o centro, não marcais o centro! Não! Procurai uma árvore, uma estaca, uma pedra*".[1] Sabe-se que, graças a um ato de fundação ritual, uma pedra determinada pode tornar-se a *imagem* e o *símbolo* de um *Deus*, de sua *presença*. A modernidade iluminista elimina o ponto de referência da "pessoa" mítica, aquela que vive no *ciclo natural*. Assim, a longínqua viagem à Cólquida é também a viagem ao longo do esclarecimento da razão instrumental. E, justamente por isso, retornando a seu tio Pélias — usurpador do trono do irmão — Jasão lhe diz com desprezo e, ao mesmo tempo, com racionalidade iluminada, atirando-lhe aos pés a couraça do velocino de ouro: "*E, depois, se quiserdes que vos diga o que, para mim, é a verdade, essa pele de carneiro, longe de sua terra, não tem mais qualquer significado*".

O que triunfa com Jasão é o *logos*. O mito que santifica as coisas dissolve-se. A racionalidade constrói um conceito de natureza despojando-a de seus aspectos sagrados e proféticos, desencantando o mundo. Com isto, o real se converte em mecanicidade, em um todo abstrato, apto a ser conhecido e controlado pelo sujeito do conhecimento.

Tudo se passa como se, da constituição desta nova "ordem da natureza" a partir da tranqüilidade do sujeito absoluto, tivéssemos passado ao seu desordenamento: não é mais do mundo que duvidamos — como na matriz cartesiana — mas do próprio *cogito*, da própria identidade do *Eu*. Nem Medéia nem Jasão: mundo sem homens e sem deuses é um mundo onde as imagens se espalham sem a garantia dos princípios lógicos da *identidade*, da *não-contradição* e do *terceiro excluído* — que definem um *princípio de razão suficiente*.[2]

É esclarecedora a etimologia da noção de imagem. Instância intermediária entre o sensível e o inteligível, ela é "imaterialidade material".

16

No alemão, *Bild* significa "signo prodigioso" (*Wunderzeichen*), que em sua raiz germânica *bil* remete a uma força fora do comum, excedente a si mesma e referida a uma efetualidade mágica (o antigo saxão *bilioi* significa signo *portentoso* e só em seguida "imagem" no sentido da *reprodução*, da *representação*).[3]

Ora, a consolidação de uma racionalidade — para a qual conhecer é, analogicamente à magia (que pretende dominar o objeto à distância, sem entrar em contato direto com ele, graças ao poder da imagem), se pôr em afinidade com a essência das coisas — passa pelo desprestígio e destituição dos saberes mágicos.

Seria interessante observar aqui toda a relevância do procedimento cartesiano com relação ao destino da *imagem* no interior de todo racionalismo. O caminho cartesiano é o da "purificação da alma": dos erros, dos sentidos, das paixões. É elevação ao conhecimento e, finalmente, o encontro do homem com Deus (cf. "Da essência das coisas materiais, e, novamente de Deus, que Ele existe", 5ª Meditação). Para chegar a Deus parte-se, antes de mais nada, de si mesmo, com o que Descartes reserva às afecções humanas o caráter de fenômenos de perturbação espiritual, tendo a *razão* por mister vencer as paixões, a visão, a imaginação. Convergem, aqui, a "tranqüilidade" por ele almejada no *Discurso do método* (cf. 2ª parte) — em que, sob os auspícios estóicos, não se depara com quaisquer solicitudes ou paixões — e a necessidade de negar o conhecimento proveniente dos olhos e da imaginação. Ora, na concepção medieval, ainda próxima a Descartes, a *tranquilitas* se opõe à trágica inquietação da criatura humana, vale dizer, à *melancolia*, "doença do olhar", cujos males são imaginários. Na seqüência da tradição grega clássica e medieval, o século XVII se interroga sobre os estados de desordem interior — os estados melancólicos de *tristitia* e *acedia*.

Jean Delumeau, em *Histoire du péché au XIVᵉᵐᵉ siècle* ("Macabre et pessimisme de la Renaissance"), chama a atenção para o imenso interesse por esta "doença da alma", durante os anos que correm entre 1480 e 1650, de Marsilio Ficino a Robert Burton. O primeiro, em sua *Teologia platonica*, segue, e ao mesmo tempo inova, a tradição medieval no que concerne à melancolia. Ela é a paixão que, por excelência, nos lembra os limites do livre-arbítrio — limites impostos, a um só tempo, pelos humores do corpo e pelas influências planetárias. Desde a Antigüidade até o século XVIII, considerou-se que uma tristeza prolongada decorria de um "humor corrompido", um desequilíbrio na proporção da fleuma, cólera ou bílis amarela e da bílis negra na corrente sangüínea. Nesta perspectiva, há correspondência entre os quatro humores e os quatro elementos da natureza — o ar, a água, o fogo, a terra —, o que determina quatro temperamentos humanos. O sangüíneo, "o mais perfeito", corresponde ao ar, ao Zéfiro — vento do oeste, doce e tépido —, à primeira juventude, à primavera, afirmando-se entre três e nove horas da manhã; o fleumático correspondendo à água, ao Austro — vento do sul, portador das chuvas —, ao inverno e à velhice: domina entre nove horas da noite e três da madrugada; o temperamento colérico, correspondendo ao fogo, ao Euro — vento quente e seco do leste —, ao verão e à maturidade, muito ativo entre as nove da manhã e as três da tarde; e o temperamento melancólico, correspondendo à terra, ao vento Bóreas — do norte, do outono —, à idade declinante e "à primeira velhice"; domina entre as três da tarde e as nove da noite. A melancolia é essencialmente uma doença da região abdominal, comandada pelo pâncreas onde se acumula a atrabílis e de onde se exalam vapores tóxicos para o cérebro: "Os olhos vêem fantasmas". Assim como há correspondência entre as quatro direções do vento, as quatro idades da vida, as quatro estações do ano, os quatro momentos do dia (aurora, dia, crepúsculo, noite), os quatro planetas (Júpiter, Marte, Saturno, Lua) e os quatro rios do Hades (Aqueronte, Flegetonte, Stix, Cocito), os quatro elementos estão em analogia e afinidade (em sentido renascentista e alquímico) com as quatro qualidades variavelmente combinadas: quente-úmido, quente-seco, frio-seco, frio-úmido.

A partir do Renascimento, a melancolia torna-se a mais temida de todas as doenças, por uma peculiaridade: é, segundo Ficino, uma doença da imaginação. Os delírios melancólicos são os mais cruéis e ultrapassam em intensidade as dores físicas, porque todo o sofrimento é sentido pela alma, e aumenta quando o agente a toca diretamente, sem a intermediação do corpo. Não constituindo mais uma "blindagem", a alma fica entregue ao delírio: "Ao indivíduo resta (como opinam os platônicos) o império da fantasia que se esvai ou da fantástica razão no próprio homem [...], a qual, abalada pelo ódio ou pelo temor, com ela arrasta, qual longo cortejo, *tristes imagens*".[4] Para combatê-la, a *magia natural* se vale das influências dos astros e dos elementos da natureza (incluindo-se uma dieta adequada — ervas, minerais, bem como a utilização das cores).[5] Paola Zambelle, em *Umanesimo e esoterismo* (CEDAM, 1960, p. 43), observa que na astrologia — na qual se viu o único aspecto autenticamente subsistente do "paganismo" do Renascimento — nesta

> zona-limite da história das idéias, acreditamos que o contínuo entrelaçamento dos dois temas [...], matemático e astrológico, é impressionante: não apenas se procura o conhecimento matemático para servi-lo, ou seja, aqui valendo-se das forças celestes ao invés de sofrê-las, mas ao próprio cálculo se entremeiam exigências contínuas e motivos nada matemáticos

[...]. Astrólogos e magos se colocam no plano da arte que modifica e transforma, mas entendem todo agente em analogia com o agente humano, todas as forças são vistas como produtoras no exato sentido em que considera a "causalidade astrológica": e a ciência ativa [...] se move sobre o plano mais próximo à retórica, à política, à estratégia e não à lógica das ciências.

Ora, uma fratura irremediável na harmonia do cosmos (em parte herdada do mundo antigo) "passa a ser reelaborada e reinventada na cultura do Renascimento. No início de nossa modernidade se reafirma um divórcio trágico entre o homem e a natureza" (Mario Galzigna, em "L'enigma della malincoria. Materiali per una storia", in *Aut Aut* [maio-ago. 1983], p. 195-6). Nota ainda Galzigna que, ao longo do itinerário de uma genealogia do sujeito moderno, se encontra sempre a *melancolia*: uma constelação que realiza uma surpreendente distância dos mecanismos do poder, que produz um saber transgressivo e enigmático, freqüentemente privado de palavra, quase sempre capaz de desorientar os dispositivos destinados a controlá-lo:

> [...] melancolia, pois: gostaria de assumi-la como sinal de uma recusa, como emblema de uma proximidade perdida com relação à energia e à força do *projetar*, à capacidade de programar o tempo com respeito a decisões que se resolvem fora de nós mesmos, no teatro do mundo [...]. Melancolia é ainda a distância impreenchível entre o sujeito que deseja e os objetos de seu desejar; nome que condensa, como singular potência agregativa, experiências distintas, mas freqüentemente entrelaçadas, de uma privação, de uma laceração (Id., ibid.).[6]

A Ciência Moderna, particularmente na expressão cartesiana, procurará ocultar, e por vezes esquecer, os componentes trágicos desta ruptura entre o homem e a natureza, o eu e o mundo, sob o signo de uma "metafísica da separação" (cf. A. Negri, *Descartes político o della ragionevole ideologia* [Milão, Feltrinelli, 1970]; como também W. Benjamin, em *Origem do drama barroco alemão*, p. 246).

Em Descartes, a intervenção divina, resolvida e exposta no ato criador, abrirá o espaço a uma *razão mundana*, cada vez mais poderosa, sempre mais autônoma, apta a funcionar utilizando a fé como caução, e encontrando, na relação com a transcendência, a premissa indispensável à ciência e ao próprio agir. Mas a *melancolia*, que trabalha com constância — o mais das vezes clandestinamente — contra a linearidade deste projeto, é um "ao revés" latente, escondido, da *razão clássica*, um "negativo sem função" que faz obstáculo — por mostrar a sua dimensão efêmera — à ascensão triunfal do *novo saber*, da técnica. A tragédia da perda da harmonia com o cosmos, a tragédia do afastamento e da distância divina — aprofundada e acentuada pela opacidade da

19

matéria corpórea —, deixa na *melancolia* uma marca ineludível; encontra na "patologia" atrabiliar um resíduo ameaçador e resistente.[7] Quando Robert Burton fala da destruição da imagem de Deus como fundamento do Estado melancólico, alude à experiência da distância e da ausência de Deus: ela é a *doença do Absoluto*.[8]

Mas já em Robert Burton há o registro e a reprovação dessa doença, sua condenação moral. Também T. Brigert, em *Treatise of melancoly*, obra de 1586, dedica seus dois últimos capítulos à terapia médica e à farmacologia da melancolia, concebidas como complemento necessário à cura moral, cura destinada "ao consolo da consciência aflita".

O rompimento da analogia entre microcosmo e macrocosmo assume de fato, na obra de Ficino, *De vita*, um alcance estratégico: a laceração atravessa a harmonia do cosmos e ao mesmo tempo a impossível unidade do microcosmo humano. Para falar das coisas terrenas, Burton, por sua vez, utiliza a formulação aristotélica do "labirinto sublunar": nele só há corrupção, quer dizer, ausência de ordem, acentuada pelas opiniões de Copérnico, Digges e Kepler, que consideram a Terra não mais imóvel no centro do universo, mas um planeta em movimento: "The earth is a planet that moves" [A Terra é um planeta que se move] (*Anatomy* [...], p. 78). Se estas opiniões fossem verdadeiras, sugere, confirmariam a precariedade da Terra e do homem que nela habita. É a bílis negra que, em excesso, se corrompe e se mescla irregularmente com outros humores, o que só faz aprofundar a instabilidade do sublunar: a bílis negra desvenda a anomalia dentro da ordem, a desarmonia e o desequilíbrio no interior do jogo das correspondências, a inadequação da matéria corpórea com respeito à missão divina da alma.[9]

A angústia melancólica encontra seu fundamento ontológico na *desarmonia preestabelecida* entre a materialidade dos corpos e a imaterial transcendência da alma. O otimismo da imanência se altera com o pessimismo da transcendência.[10]

O que, para Marsilio Ficino, torna possível a comunicação entre o corpo e a alma é a potência da imaginação, à qual se vincula, também, a melancolia. Mas o processo de "medicalização", nos anos 1600 (com a conversão das feiticeiras e videntes em *doentes*), faz com que a feitiçaria deixe de assustar porque se perdem os sinais analógicos que ligavam a melancolia com a estrutura do universo. Uma concepção mecanicista da natureza (cf. R. Mandrou, *Magistrados e feiticeiras na França dos Seiscentos*) mostra a oposição à escolástica e também ao naturalismo da Renascença; os mecanicistas (Descartes, Mersenne, Galileu, Pascal) se apoderam do "mundo inanimado" da matéria, impondo-lhe uma linguagem matemática, à qual é incapaz de responder mas segundo a qual o mundo se ordena. Demonstram a bela mecânica da Natureza que

20

lhes é oferecida para que se tornem "seus mestres e possuidores". Robert Lenoble, em *Esquisse d'une histoire de l'idée de nature* (Paris, Albin Michel, 1969), chama a atenção para um episódio aparentemente anódino, mas que é fundamental para a compreensão da mudança de uma concepção "naturalista" da natureza do século XV e XVI para sua transformação em *máquina*. Em 1632, Galileu publica os *Diálogos sobre os dois principais sistemas do mundo* e as personagens se encontram em um arsenal de Veneza: "que a verdadeira física possa ter decorrido de uma discussão entre engenheiros, não mais podemos imaginar hoje o que esta situação tinha de revolucionária". Se o físico da Idade Média alcançava Deus descobrindo suas intenções e as finalidades da Natureza, o físico mecanicista se eleva até Deus, penetrando o próprio segredo do Engenheiro divino, colocando-se em seu lugar para compreender justamente como ele de que modo o mundo foi criado. É este o projeto a que responde a dedução do mundo que se encontra, por exemplo, nos *Principia philosophiae*, de Descartes — de 1644 —, e que já fora expresso no *Discurso do método*. Para evitar toda discussão, escreve:

> Decidi-me a deixar todo este mundo entregue a suas disputas e de falar somente do que acontecia em um novo, se Deus criava agora em alguma parte, nos espaços imaginários, a quantidade de matéria suficiente para compô-lo e que agitasse diversamente e sem ordem as diversas partes desta matéria, de tal forma que compensasse um caos tão confuso que os poetas pudessem fingir e que, em seguida, não fizesse outra coisa senão emprestar seu concurso ordinário à natureza e deixá-la agir segundo as leis que ele estabeleceu (5.ª parte).

Inútil dizer que é nosso mundo exatamente que Descartes encontraria com esta operação: dito de outra forma, ele se colocou a si mesmo no lugar do Engenheiro divino. Para Descartes, neste mundo cuja essência é *mecanismo*, extensão, geometria, Deus instalou o homem, feito a sua imagem, como representante de uma outra essência, infinitamente mais digna do que a primeira: o pensamento. Se a *natureza* de Platão e Aristóteles conduzia o homem a Deus pelo espetáculo de sua finalidade, a natureza mecanista serve à religião. Nas *Paixões da alma*, Descartes empreende completar nosso domínio sobre o mundo por um igual domínio desta outra mecânica que é em nós a sensibilidade. Às questões ansiosas do moralista inquieto com os riscos do pecado, Descartes substitui a tranqüilidade "objetiva" da técnica às voltas com o equilíbrio das forças. A natureza íntima, isto é, tudo o que em nós é padecido e não voluntário, perde, por sua vez, todo o seu mistério: não podemos agora olhar os acontecimentos da Natureza "como fazemos com os das comédias". Ora, o mundo do final do século XVI e do início do século XVII é um mundo filosoficamente "aberto": fora aberto pela ruína do naturalismo aristotélico, aquela concepção segundo a qual a natureza é um movimento visualizando um fim (cf. *Física*, livro II, 8, 192*b*).

Neste horizonte, a concepção de natureza deixa de ser a analogia, a simetria, as afinidades e passa a ser mecanicidade. O terreno está aberto para a medicalização da *melancolia* e o desuso da magia. Se, no final dos *Meteoros*, Descartes diz ter desvendado os mecanismos celestes e que nada mais se encontrará neles como "matéria de admiração", é porque *admirar-se* é não conhecer a *ordem das razões*. O erro é o *sensível*, as *imagens*, a *desordem* no pensamento, o que determina idéias *confusas*, isto é, indiferenciação entre natureza e artifício.[11]

Esta impossibilidade epistemológica em discernir o natural do artificial, Descartes tratará como *confusão* no conhecimento, sua aderência à multiplicidade incontrolada do sensível. Na Regra III das *Regras para a direção do espírito*, define o meio de nos desligarmos dele:

> Por intuição entendo não o testemunho instável dos sentidos, ou o caráter enganador dos juízos obtidos pelas construções da imaginação não regrada; entendo de fato, por esta palavra, uma representação obtida graças à inteligência pura e atenta, tão fácil e tão distinta que não permanece nenhuma dúvida relativa ao que compreendemos; ou também, o que é a mesma coisa, uma representação em que a dúvida não pode se infiltrar, obtida pela inteligência atenta e pura, nascida somente da luz da razão (A. T., v. X, p. 368).

A busca da *luz-verdade* se inscreve em uma luta contra a angústia nascida do sentimento de um perigo cujo contorno ainda não se configurou. Assim, o tema físico da luz se reúne ao tema psicológico da certeza; e a indecisão e os erros se acompanham por um sentimento de *noite*: a maneira de filosofar dos antigos (Aristóteles e seus continuadores), pensa Descartes, os assemelha "a um cego que, para entrar num combate sem desvantagem contra alguém que vê, tê-lo-ia feito vir ao fundo de algum porão muito escuro" (*Discurso do método*).

Ora, para emergir à luz da certeza, é preciso *ordem*. "A ordem da natureza", diz Descartes nos *Meteoros*, "é uma tal disposição das coisas que determina mecanicamente certas conseqüências; a ordem do homem é uma tal disposição dada às coisas que possibilita, de maneira deliberada e voluntária, certos resultados." A ordem é uma disposição que leva a uma conseqüência determinada. "*Sem ordem*" reenvia naturalmente à idéia de *confusão*, que por sua vez Descartes comenta pela idéia de *acaso* e de *imprevisibilidade*. E, na Regra X, escreve sobre os êxitos que obteve graças à aplicação sistemática do *método* (da *ordem*): "trouxe-me sucesso com tanta freqüência que me apercebi de

22

que não era graças a uma pesquisa vadia e cega, habitual nos outros mais auxiliados pelo acaso que por si mesmos, que chegava à verdade". E um pouco adiante nota: "é preciso tomar o maior cuidado para não perder tempo adivinhando, ao acaso e sem aplicação deliberada [...] *casu et sine arte*" (nota 105, p. 173): a ciência não é assunto de *ocasião* ou *augúrio*, de *fortuna*.

Na metodologia cartesiana, *fortuna* se opõe a *ars*. A necessidade de abolir o acaso é forte. Nele Descartes parece investir tudo o que teme: o acaso representa a ameaça de um futuro não conjurado, a espera inquieta das decisões que escapam à verdade e à razão, o desejo realizado ou decepcionado sem que a atividade pessoal possa vencer as decisões de sorte. A *ars*, tal como aparece nas *máquinas* — no relógio, no autômato, nos engenhos —, realiza uma necessidade encadeada de onde toda surpresa, toda espera frustrada, todo temor estão excluídos. Como na 2ª Meditação de suas *Meditações metafísicas*:

> Tudo o que recebi até presentemente, como o mais verdadeiro e seguro, aprendi-o dos sentidos ou pelos sentidos: ora, experimentei algumas vezes que esses sentidos eram enganosos, e é de prudência nunca se fiar inteiramente em quem já nos enganou uma vez [...]. Arquimedes, para tirar o globo terrestre de seu lugar e transportá-lo para outra parte, não pedia nada mais exceto um ponto que fosse fixo e seguro (pp. 93-4, 99).

Ponto fixo é o contrário da inconstância, da mudança, características do sensível, da imaginação. Nos dados dos sentidos e nos sentidos não há estabilidade, permanência, identidade. E mais: como distinguir, no plano da imaginação, sonho e vigília, imaginação vigilante e imaginação sonhadora?

Esta indecibilidade epistemológica em discernir entre sonho e vigília, evidência e profecia, aparece de maneira precoce na obra de Descartes (cf. Baillet, em *Vie de monsieur Descartes*; cf. ainda Gouhier, *Les premières pensées de Descartes* [Paris, Vrin, 1955], p. 39 ss.). Na obra *Olympica*, de Descartes, e nos relatos a Baillet, amigo e biógrafo, aparecem partes sonegadas de sua autobiografia, do *Discurso do método* e das *Meditações*. Em *Vie de monsieur Descartes*, Baillet fala detalhadamente do estado de exaltação psicológica e das visões oníricas que acompanham o filósofo na juventude e que lhe apresentam uma dupla revelação em sonhos: a de sua "vocação" e a "dos fundamentos de uma 'ciência admirável' ".

Na noite de 10 para 11 de novembro de 1619, Descartes tem três sonhos. Lembre-se que se trata da juventude do filósofo, quando ainda se encontra próximo à concepção do universo neoplatônico e renascentista, do universo rosa-cruz e seu sonho reformador. Tanaka (em "Voyage de Descartes en Alemagne", in *Revue de Métaphysique et Mo-*

rale [Armand Colin, jan.-mar., 1987]) procura reconstituir o itinerário da viagem do jovem filósofo, no *Discurso do método*, mostrando como Descartes não segue fielmente o percurso proposto: durante três meses, depois de sua chegada a Amsterdam, não há notícias de seu paradeiro. Segundo Tanaka, Descartes vai a Veneza, após ter abandonado o projeto de visitar a Boêmia. Veneza é um lugar privilegiado porque mantém independência da Inglaterra e da Alemanha, e pretende liberar-se do sistema esclerosado de Viena e Roma, mas, antes de mais nada, de Aristóteles e da escolástica. Este é o ideário da sociedade rosa-cruz — um sonho reformador, que procura construir um "mundo de fraternidade" sobre a base não somente da liberdade política e religiosa mas também das ciências herméticas e cabalistas, na escola de Marsilio Ficino e Pico della Mirandola.

A viagem de Descartes tem uma finalidade precisa: visitar os centros das ciências do Renascimento. Favorável ou não aos rosa-cruz, interessa-se por manter contato com eles. Em seu *Studium bonae mentis*, Descartes diz ter feito a viagem procurando os rosa-cruz. No compêndio *Olympica*, escrito aos 23 anos, sua física-matemática ainda não se baseia em uma metafísica mecanicista. Neste ensaio, Descartes mostra-se ligado à teoria da simpatia e da antipatia. Sua física-matemática ainda se encontra no universo platônico da correspondência e da harmonia, universo agora neoplatônico e *cabalista*: "Não seria natural que este aprendiz-filósofo, decepcionado com a filosofia ensinada em La Flèche, sinta uma afinidade com a *nouvelle vague* do Renascimento ou com o cosmos neoplatônico florentino ou pitagórico, no qual o Universo é o princípio do Ser?".

Com isto demarca-se o fato de que Descartes não é "cartesiano" desde o início de suas obras. Ele viria a sê-lo depois de ter assistido ao desmoronamento do antigo cosmos. Qualquer tentativa de explicar retrospectivamente os primeiros pensamentos de Descartes por sua filosofia da maturidade obliteraria este drama — o do desmoronamento — e conseqüentemente a verdadeira gênese do cartesianismo, em um período que se liga ao sonho e à imagem como categorias divinatórias.[12] No primeiro dos três sonhos mencionados, o filósofo anda pela rua devastada por um vento impetuoso; caminha penosamente, empurrado pelo vento à esquerda na tentativa de chegar à igreja do Colégio de la Flèche. No momento em que se volta para saudar um viandante, o vento o arremessa de encontro à igreja. No pátio, alguém lhe diz que certa pessoa lhe trouxe um melão de presente.

Descartes desperta por um momento com o lado *esquerdo* dolorido. Volta-se para o lado direito, faz uma oração pedindo a Deus que o livre dos pesadelos, volta a adormecer e tem um segundo sonho.

É acordado por um aterrorizante estrondo de trovão e, ao mesmo tempo, percebe cintilando no quarto uma chuva de faíscas de fogo. No sonho seguinte vê sobre a mesa dois livros: um *Dicionário* e um *Corpus poetarum* no qual lê as palavras de Ausônio: "quod vitae sectabor iter?" [que caminho seguirei na vida?]. Deixando de lado seus diversos aspectos, o que nos interessa é o "vento impetuoso que ameaça carregar o filósofo pelos ares". Seria o mau espírito "tentando atirá-lo pela força a um lugar para o qual sua intenção era ir voluntariamente"? Quanto à visão de "centelhas" de luz no quarto, o biógrafo Baillet diz que sem dúvida "esta última imaginação nos levaria a acreditar que o sr. Descartes teria bebido à noite antes de deitar-se". Com efeito, na véspera de Saint-Martin, tinha-se o costume de fazer à noite uma festa no lugar em que as pessoas se encontravam, como na França. Mas Descartes assegura que passara a noite e o dia seguinte "em grande sobriedade"; havia três meses que não bebia nada. Acrescenta que um "gênio" excitara nele o entusiasmo que lhe aquecia o cérebro havia alguns dias e lhe predissera estes sonhos antes de deitar-se, e que "o espírito humano não tomara nenhuma parte nisso".

Jean-Marie Wagner, em "Esquisse du cadre divinatoire des songes de Descartes", mostra como a expressão "grande sobriedade" pertence a um *topos* de todo o pensamento do Ocidente. No estado de vigília, a alma está ligada ao corpo, e, em contato com o mundo sensível, não está apta a prever o futuro graças a uma "faculdade natural" (cf. ainda Cícero, *De divinatione*, II, 48; Aristóteles; Sexto Empírico; Plutarco, *De defectu oraculorum, De Pythiae oraculis*).

Ora, o sono desvia precisamente a alma do mundo sensível tornando a oniromancia possível. Segundo esta teoria, a redução "dos sentidos externos" permite à alma reencontrar o contato com o mundo divino ao qual pertence de direito (cf. R. Klein, "L'imagination comme vêtement de l'âme chez Marsile Ficin et Giordano Bruno"). E mais, dormindo, a alma se desembaraça completamente das impressões da véspera, o que seria impossível depois de um jantar copioso, com libações ou banquetes regados a vinho. Daí a referência constante à sobriedade (tanto na Antigüidade, quanto na Idade Média ou Renascença).

A esse respeito, Baillet, interlocutor de Descartes, destaca um aspecto fundamental: "O que há de significativo a assinalar é que, sem saber se o que acabara de ver era sonho ou visão, Descartes não somente decidiu dormindo que era sonho, mas realizou ainda a interpretação antes que o sono o deixasse". Baillet chama nossa atenção ao nos mostrar Descartes sempre prestes a dormir ou a despertar. Chama a atenção para a dúvida de Descartes quanto a saber se o que vê é sonho ou visão e a dúvida também quanto a saber se sonha ou medita.

Em carta a Elizabeth (de novembro de 1646, IV, 530), Descartes fala do "gênio" que lhe aparece e lhe prediz seus sonhos, diferenciando-o do *daimon* socrático, e colocando-o, assim, ligado a um "gênio divinatório". A obra *Olympica*, de Descartes, se desenvolve em meio a uma dupla tradição: a da adivinhação pagã e a cristã, mas se precavê para não ser associada à superstição. Descartes diz na *Olympica*: "O *malus spiritus* é um espírito que [Deus] não enviara". Sua temível vontade é a de seduzir. "Ele sentia", escreve Baillet, "uma dor efetiva [do lado esquerdo] que o fez temer que fosse a operação de algum gênio mau, que teria desejado seduzi-lo". Este "espírito" se afirma como mau, primeiramente porque Descartes "sentia uma dor efetiva", o que só poderia proceder de um gênio mau, enganador porque "empurrara o jovem filósofo para a igreja do colégio", impedindo-o, assim, de para lá se dirigir "voluntariamente" — imitação ardilosa do espírito divino, que se propunha a guiá-lo, mas, ao mesmo tempo, ato voluntário. Com efeito, o "mau espírito" se afirma no momento em que finge ser um "bom gênio". Em suma, ao mesmo tempo em que o empurra para a Igreja e para Deus, tentando fazer-se passar por um bom gênio, o gênio mau, aderindo ao flanco direito do filósofo, tenta perturbar o bom funcionamento do fígado e impedir de fato e de direito o diálogo divinatório — Deus-Descartes.

O fígado é, desde Platão (*Timeu*, col. Belles-Lettres, 1963), o órgão da adivinhação intuitiva. Assim, se o "mau gênio" é um *"malus genius"*, é também da estirpe do *"malignus genius"*, o grande enganador, o *deceptor* das *Meditações*, cuja finalidade é enganar, e enganar sempre, sendo "a perdição dos homens". Sua suprema astúcia é quando finge ser Deus, seja empurrando falsamente o homem para os braços do ser divino, seja revelando-lhe os objetivos da Providência a fim de se fazer adorar no lugar de Deus.

Porém, toda esta experiência da juventude, e a consciência aflita na indistinção entre o sono e a vigília, seria vencida pela separação entre corpo e alma e na supremacia da estrutura matemático-algébrica que dissolve tanto o "gênio maligno" quanto o *"stupor"*. Que se recorde a passagem da 1ª Meditação:

> [...] mas, ainda que os sentidos nos enganem às vezes, no que se refere às coisas pouco sensíveis e muito distantes, encontramos talvez muitas outras das quais não se pode razoavelmente duvidar, embora as conhecêssemos por intermédio delas: por exemplo, que eu esteja aqui sentado junto ao fogo [...]. Mas quantas vezes ocorreu-me sonhar, durante a noite, que estava neste lugar, que estava junto ao fogo, embora estivesse inteiramente nu, dentro de meu leito? [...] E, detendo-me neste pensamento, vejo manifestamente que não há quaisquer indícios concludentes, nem marcas assaz certas por onde possa distinguir nitidamente a vigília do sono, que me sinto inteiramente pasmado: e meu pasmo é tal que é quase capaz de me persuadir de que estou dormindo (p. 94).

A necessária separação que se seguirá entre o sensível e o racional decorre do fato de os sentidos e a imaginação não possuírem em si e por si mesmos nenhum critério capaz de garantir se efetivamente percebemos as coisas, se estamos dormindo, imaginando ou alucinando: "imaginar", escreve Descartes, "nada mais é do que contemplar a figura ou a imagem de uma coisa corporal" (2ª Meditação, p. 102), quer dizer, corruptível, destrutível, cambiante, instável, ilusória:

> [...] pois nós dizemos que vemos a mesma cera, se nô-la apresentam (assim que retirada da colméia, e depois de aquecida e metamorfoseada), e não que julgamos que é a mesma, pelo fato de ter a mesma cor e a mesma figura: donde desejaria quase concluir que se conhece a cera pela visão dos olhos e não tão só pela inspeção do espírito, se por acaso não olhasse pela janela homens que passam pela rua, à vista dos quais não deixo de dizer que vejo homens da mesma maneira que digo que veja a cera; e, entretanto, que vejo desta janela, senão chapéus e casacos que podem cobrir espectros ou homens fictícios que se movem apenas por molas? Mas julgo que são homens verdadeiros e assim compreendo, somente pelo poder de julgar que reside em seu espírito, aquilo que acreditava ver com meus olhos (2ª Meditação, p. 105).[14]

A verdade de um objeto não pode corresponder à desordem ou a acontecimentos e sensações ao acaso. E aqui a *atenção*, a consciência plenamente desperta, desempenha função primordial: ela não faz suceder *fortuitamente* um quadro a um outro. A cera é, desde o início, um fragmento de extensão flexível e mutável; eu o sei clara ou confusamente "segundo minha atenção se dirige mais ou menos às coisas que estão nela e de que ela é composta" (2ª Meditação). Já que experimentamos na *atenção* um esclarecimento do objeto, é preciso que o objeto percebido possua já a estrutura inteligível que a atenção destaca. Reciprocamente, a percepção desatenta ou delirante é meio-sono — os únicos objetos de que se pode falar são os da *consciência desperta*.

Porém, temos conosco um princípio constante de *distração* e de *vertigem* que é nosso *corpo*, corpo-fonte das sensações, das imagens e da imaginação. Sujeito racional e realidade material se desunem em Descartes para garantir a separação entre o verdadeiro e o falso.

Porém, mesmo a obra *Recherche de la verité*, na qual Descartes escreve citando a fase emblemática do teatro barroco de Calderón, *La vida es sueño*: "Veille-je ou si je dors?", contém já uma revelação metafísica. Que se recorde a peça: Sigismundo, filho do velho rei da Polônia, é prisioneiro em uma torre, pois seu pai fora advertido pela astrologia de que deveria desconfiar de seu filho, cujo destino era o de tornar-se um temível tirano. Entretanto, para pôr à prova a predição, Sigismundo é narcotizado e transportado ao palácio, onde desperta cercado por músicos, valetes, servidores, cortesãos e toma ciência de ser *rei*.

27

Como fora na inconsciência do sono que deixara sua prisão, ele crê, primeiramente, estar sonhando; mas, seduzido pelo luxo que o rodeia, embriagado por seu poder, quer desfrutar da situação que se impõe a ele como *real* e, sem freio de nenhuma lei, se comporta como um monstro. Fascinado pela visão de uma mulher, ele a persegue freneticamente, agride um serviçal que se interpõe e o faz jogar pela janela; depois, ameaça matar em duelo um fidalgo em quem reconhece um rival. A experiência confirma: os astros tinham razão; o velho rei ordena que seu filho, novamente submetido a um narcótico, seja reconduzido a sua prisão.

Quando desperta, está persuadido de ter sido tudo um sonho; e, recordando-se, estima que aquilo que o deslumbrara em seu breve reinado — o poder, o prazer, a riqueza —, tudo não passa de vaidade, coisas vãs, e não tem realidade senão enquanto sonho. Chega a esta conclusão quando circunstâncias — uma revolta militar que destrona o velho rei — o chamam de fato para reinar. Mas, agora advertido, não se deixará transportar pelos prestígios do mundo; sabe que os bens temporais são só aparência; e, se lhe é necessário governar, gerir os negócios deste mundo, não se submeterá a ele: o bom exercício do governo tem por condição primordial o desprendimento.

Aquele que está convencido de que a vida é um sonho, é aquele que fez a experiência da vigília. Sigismundo vivia em um sonho do qual despertou; reconheceu a leviandade das seduções sensíveis e descobriu outros valores. Dizer "a vida é um sonho", é dizer que a vida empírica, aquela que transcorre no tempo, é um fenômeno, uma seqüência de metamorfoses por meio das aparências; mas não há fenômeno ou aparência sem um sujeito ao qual apareçam como tal; e este sujeito não poderia estar inteiramente no mundo dos fenômenos, das aparências que se sucedem no tempo.

A *vertigem do despertar*, tema do *Drama barroco*, Benjamin vai concentrá-la na noção de "imagens dialéticas". Reunindo metacartesianamente sonho e vigília, ilusão e verdade, certeza moral e dúvidas sensoriais, recoloca a questão obliterada pelo racionalismo iluminista: a do verdadeiro e do verossímil, do sujeito verdadeiro mas absurdo, do falso mas coerente. Quer dizer, não há mais aqui a noção de um centro de gravidade subjetivo. Se a vida é um sonho, se vivemos entre imagens cambiantes, a "imagem dialética" nos diz que na modernidade a dúvida não se dá mais no plano do sensível, porque se duvida do próprio inteligível.

Sem garantia nas Formas transcendentes platônicas ou na imanência do Eu cartesiano, passa-se, hoje, da construção do Sujeito à sua dissolução, o que transparece, em Benjamin, nas análises da grande metrópole, universo fugidio de onde estão ausentes referências estáveis e origem: falta-nos um lugar de retorno. Na metrópole moderna se dá, especificamente, o desaparecimento das referências visuais. Que se pense no vidro, cuja materialidade translúcida tudo volatiliza: "A sensação de irrealidade e de infinitude torna-se praticável com o uso inovador do vidro, permitindo efeitos de luz inusitados e acentuando as linhas ambíguas de passagem entre o interior e o exterior". Vidro, transparência, olhar — perda do olhar. Nas reflexões benjaminianas sobre Paris e Baudelaire, encontra-se o tema: na grande cidade, os olhos perdem a capacidade de olhar. "Baudelaire descreve olhos dos quais se poderia dizer que perderam a capacidade de olhar. Poder-se-ia dizer que tanto mais subjugante é um olhar quanto mais profunda é a ausência de quem olha" ("Alguns temas de Baudelaire"). A perda de dimensão do olhar significa a dissolução do sujeito: não há mais sujeito verdadeiro em um mundo onde as leis do mercado regem a vida de cada um. E o vidro é sua expressão paradigmática: "Não é por acaso", escreve Benjamin, "que o vidro é um material tão duro e tão liso, no qual nada se fixa [...]. As coisas de vidro não têm nenhuma aura. O vidro é o inimigo do mistério" ("Experiência e pobreza"). As galerias no século XIX são as primeiras construções em ferro e vidro. Nesses "aquários humanos" reinam o comércio de luxo, a prostituição e o jogo, e é aí que vão se acumular as mercadorias que revelam o momento histórico, fundamento da reprodutibilidade técnica: "[...] a obra de arte torna-se reprodução mecânica com a fotografia. A literatura, documento informativo, a arquitetura, construção de ferro, assunto de engenharia, a imaginação, publicidade" (Jean Lacoste, prefácio a *Sens unique*).

Construção em vidro não deixa rastros, o vidro priva-a de sua aura tradicional e, em sua "transparência", essa construção é a antítese do *interior burguês*, vale dizer, do sujeito que se fundava no "limite privado", em sua interioridade. Além disso, o vidro fará como se fosse um jogo de espelhos. Isto aparece de maneira expressiva na canção de Chico Buarque, "As vitrines", de sabor baudelairiano-benjaminiano:

> Eu te vejo sumir por aí
> Te avisei que a cidade era um vão
> — Dá tua mão
> — Olha pra mim
> — Não faz assim
> — Não vai lá não
>
> Os letreiros a te colorir
> Embaraçam a minha visão
> Eu te vi suspirar de aflição
> E sair da sessão, frouxa de rir

Já te vejo brincando, gostando de ser
Tua sombra a se multiplicar
Nos teus olhos também posso ver
As vitrines te vendo passar

Na galeria
Cada clarão
É como um dia depois do outro dia
Abrindo um salão
Passas em exposição
Passas sem ver teu vigia
Catando a poesia
Que entornas no chão

A vitrine[15] mostra, expõe, liga o interior e o exterior, mas ao mesmo tempo devolve a imagem, reflete: "reflete não como o espelho, mas como só o vidro sabe refletir, isto é, provocando uma superposição de imagens. Tudo se passa [...] no registro óptico". Benjamin cita Simmel, segundo o qual "as relações entre homens nas grandes cidades são caracterizadas pela predominância do olhar", mas de um olhar que não vê, a não ser na multiplicação de imagens, em sua superposição exterior como simulacro — não é possível distinguir entre o *modelo* e a *cópia*. Não é por acaso que o verbo *ver* domina o poema: "te *vejo* sumir", "te *vi* suspirar", "te *vejo* brincando", "nos teus olhos [...] posso *ver*", "as vitrines te *vendo* passar", "passas *sem ver*", "*olha* pra mim", bem como termos do mesmo campo semântico: *visão, clarão, sombra, letreiros, colorir, olhos, exposição, vitrine*. Visão embaralhada, sombra a se multiplicar. A cidade é, assim, um signo ameaçador: "[é] um vão", "não vai lá não".

Se a caverna platônica oferecia sombras cuja realidade se ancorava no supra-sensível, na "caverna moderna" há sombras que trazem tochas que se iluminam a si mesmas, parcialmente e mutuamente, mas não há nenhum fogo central, nenhum modelo. As sombras modernas formam visões variáveis, comportando iluminação de ângulos diferentes, quadros descontínuos. A noção de "perda da aura" é a condenação definitiva da crença em um outro mundo.

Não obstante, há uma "dialética do moderno" nestas "imagens". Nas "imagens dialéticas", interior e exterior se anulam e se cancelam. Nesta "racionalidade" das "imagens dialéticas", a razão renuncia tanto à *certeza* da razão cartesiana quanto a seu contrário, a *certeza sensível* hegeliana. Reabilitando a noção de *imagem* e restituindo à aparência seu tônus de conhecimento, a dialética não é, aqui, compreendida como em Hegel ou Marx, enquanto movimento histórico do conceito ou como unidade mediada do sujeito e do objeto.[16] A história é a dimensão própria de um mundo de imagens no qual não está dada a localização, pois é um mundo sem "onde". É a isto que Benjamin designa por limiar (*Schwelle*): "Trata-se de um instante de imobilização que é nada mais do que uma desmobilização". Este limiar, o presente que pode parecer um ponto fixo, é bem o contrário de um lugar seguro. Ele é o lugar que requer a arte de prever o presente: "Antes de termos aprendido que as coisas se encontram em uma situação determinada, já mudaram diversas vezes. Assim, sempre percebemos os acontecimentos tarde demais, e a política necessita sempre prever, por assim dizer, o presente" (*P. W.*, p. 598).

O *limiar*, Benjamin o encontra também na *fotografia*: por um lado, *declínio da aura* artística diante da reprodutibilidade técnica; por outro, uma *intensidade vinda de uma misteriosa presença*. Ao comentar os retratos do fotógrafo inglês das origens da fotografia, Davis Octavius Hill, Benjamin explicita sua magia: pense-se na *Pescadora de New Haven*, na qual "resta algo que é impossível reduzir ao silêncio e que reclama com insistência o nome daquela que lá viveu, que ainda está lá, real, e que não passará jamais inteiramente na arte". Basta meditar por algum tempo diante de uma tal imagem para reconhecer quanto se tocam, aqui, os contrários: "Lá onde o pensamento subitamente se paralisa em uma constelação carregada de tensões, ela lhe comunica logo um choque pelo qual ela mesma se cristaliza enquanto mônada" ("Sobre o conceito de história", tese XVII). Essa imagem deverá ser construída com "imagem dialética", pois trata-se "do aparecimento por imagens da dialética (hegeliano-marxista)": "O novo método dialético na história se apresenta como a arte de compreender o presente como o mundo no despertar, um mundo ao qual se liga verdadeiramente esse sonho que chamamos de passado" (*G. S.*, I, p. 491). Esse limiar entre o sono e a vigília é o instante de rememoração (*Eingedenken*). Benjamin recupera o conceito de Orígenes — a *apocatástase*: tão grande era o poder de Deus que, depois de salvar os justos, Ele salvaria também os pecadores, encaminhando todos para o Reino dos Céus. A "Salvação da história", de todas as aspirações libertárias do passado, se simboliza na idéia da "humanidade redimida". É a revolução — redenção que se opõe à noção hegeliano-marxista de totalidade e de sistema, isto porque a total administração da sociedade (*verweltete Gesellschaft*) é a tradução política da categoria da totalidade à qual são sacrificados os partidos, os indivíduos, lá onde a revolução, realizando-se, fracassa.

Na imagem dialética, Benjamin aproxima a evidência cartesiana e o enigma da ambigüidade na história. Nela não há um quadro coerente: sua desordem interna é necessária. É o *Bildraum*, o espaço onde desfilam as imagens da "rememoração involuntária".

Ele é o alarme de uma consciência histórica que se perdeu, é a queda da experiência, recoberta pelo fardo do historicismo. Quanto mais o historiador historicista fala de história e de experiência vivida (*Erlebnis*), menos, em geral, ele as possui. Aceitar a pobreza, como em *Erfahrung und Armut* (*G. S.*, II, 1, p. 214 ss.), implica realizar um percurso oposto ao do historicismo — que quer movimentar o que é petrificado (cf. a crítica benjaminiana, tese VII) —, oposto à articulação historicista do passado. Contra ele, Benjamin quer parar o que está em movimento, em falso movimento, bloquear o "trem do progresso" e da revolução: "As revoluções não são a locomotiva da história, mas o freio de emergência da humanidade que viaja nesse trem". A *Dialektik in Stillstand* é o que há de mais contraditório com a tradição. Rompe desde logo com Hegel, cujo pensamento possui um *Zeitkern* [índice temporal], idéia de que a verdade reúne no tempo o cognoscente e o conhecido (cf. *P. W.*, p. 578). Sua dialética se efetua por idéias e conceitos e não sob a forma de imagens: "A Imagem é a Dialética em repouso" (*P. W.*, p. 978). "A imagem", diz Benjamin, "não encontra seu lugar em nenhuma realidade."

Ao mostrar que a modernidade é pobre de *experiência* e nela fazemos a *experiência da pobreza* e de *possibilidades*, Benjamin mostrou também que o mundo das imagens modernas perdeu tanto sua *aura religiosa quanto artística*, mas semeou novas, inesperadas, *atomizadas*. Faz a passagem, assim, da crítica do *fetichismo à meditação acerca da potência da fantasmagoria*.

Em *Origem do drama barroco alemão*, a história é descrita como "história natural", com o mesmo caráter de fixidez essencial e retorno ao *idêntico* de uma formação geológica. Esta petrificação da história, sua naturalização, se manifesta de maneira emblemática na *caveira* barroca, no crânio. É a *facies Hipocratica*, na "petrificada paisagem primeva". É o orgânico mais próximo do inorgânico, em que o efêmero e o eterno coincidem. E a máscara é seu elemento essencial: "A alegoria", escreve Benjamin, "está mais tenazmente radicada lá onde a caducidade e o eterno se chocam diretamente". A carne e o esqueleto, portanto. Na escolha da máscara, observa Massimo Canevacci, em *Antropologia da comunicação visual*, há a ofensa humana à decisiva categoria do tempo; a *petrificada paisagem primeva*, nem mesmo a morte consegue decompor. Todo o erro e toda a dor do passado histórico "se configuram num rosto — ou melhor: na caveira de um morto". Animismo e misticismo estão envolvidos no mais duradouro e "materialístico" dos materiais: a caveira descarnada. Por isso, a interpretação benjaminiana diz: além da exposição barroca, a representação visual das dores do mundo contém um código mais complexo, que persegue a superação da rendição à morte, e para tal fim exige uma *mascarada desumanizante*. Esta *caveira-máscara* é o "rosto rígido da natureza". A máscara, como réplica inorgânica do rosto orgânico, tende a constituirse como unidade e também como identidade do vivo com o morto, do ser com o nada. Daí o culto barroco da ruína e dos escombros — o que resiste à destruição. Em toda máscara há essa contemporaneidade do rígido e do móvel, uma "síntese de natureza sincrética": a máscara é inquietante porque ao mesmo tempo é fixidez da morte, inexpressividade e também comunica-nos algo sempre novo, mostra-nos uma identidade cambiante e imprevisível, mostra escondendo e esconde mostrando, com a mesma aparência mas nunca idêntica a si mesma.

A "caducidade do moderno", a "perda da aura" têm sua redenção: elas constrangem objetos sem olhar (sem o suporte de um sujeito a ver). A aura hoje — a dimensão do culto dos objetos — se aloja onde menos se espera, como na fotografia. Esta, se bem olhada, pode nos revelar "a fortuna e o destino da vida daquele que está lá". A perda da aura, diz Benjamin, tendo as obras de arte perdido seu caráter cultual ou religioso, remete ao mundo das *mercadorias*, da reprodução em série, das fantasmagorias. Mas a aura é também a inevitável e salutar ilusão criada por uma modernidade insatisfeita com um real empobrecido. A perda da aura é a "caducidade do moderno" e torna contemporâneos o século XVII barroco e o do poeta-alegorista pelo sentimento da transitoriedade. Aquilo que Benjamin trata como "caducidade do moderno" é a perda, a transitoriedade da natureza. O tratamento da história como "alegoria" ou "segunda natureza" reconduz à existência da *transitoriedade* da realidade material. Este momento de transitoriedade é "o ponto mais profundo para o qual história e natureza convergem" (Adorno, em "Die Idee der Naturgeschichte", in *Negative Dialektik*, p. 358).

A noção de transitoriedade da natureza é a fonte do sofrimento, mas, ao mesmo tempo, porque sua essência é transformar-se, é a fonte de esperança. Já Freud, em um artigo de 1916, "A transitoriedade", trata desse sentimento e do luto que a ele se associa: "O pensamento de que toda beleza está condenada à extinção, pois desaparecerá (no que tange à natureza, ao verão sucederá o inverno), e também toda beleza humana e tudo de belo que os homens criaram ou poderiam criar", é o sentimento da transitoriedade. Ao melancólico, tudo o que se ama e admira parece despojado de valor pela transitoriedade ser o destino de tudo:

> Sabemos que uma tal preocupação com a fragilidade do que é belo e perfeito pode dar origem a duas tendências na psique. Uma conduz a um doloroso cansaço, outra à rebelião contra o fato constatado [...]. Também o que é doloroso pode ser verdadeiro [...]. Vemos desaparecer a beleza do rosto e do corpo humanos no curso de nossa vida, mas essa brevidade lhe acrescenta mais um encanto [...]. Para o psicólogo, [...] o luto é um grande enigma.

Se com a palavra *enigma* somos conduzidos à palavra *destino*, é no sentido em que ele designa não o caráter inevitável do que acontece, mas seu caráter imprevisível (tanto na história individual quanto naquela coletiva). A aura aparece em lugares e detalhes inesperados que são figuras de sua redenção:

> Quem ama [escreve Benjamin] não se apega aos "defeitos" da amada, não apenas aos caprichos e às fraquezas de uma mulher: rugas no rosto e sardas, vestidos surrados e um andar desajeitado o prendem de maneira mais durável e mais inexorável do que qualquer beleza [...]. E por quê? Se é correta a teoria segundo a qual os sentimentos não estão localizados na cabeça — que sentimos uma janela, um museu, uma árvore, não no cérebro, mas antes naquele lugar onde as vemos —, então estamos também nós, ao contemplarmos a mulher amada, fora de nós mesmos [...]. Ofuscado pelo esplendor da mulher, o sentimento voa como um bando de pássaros. E, assim como os pássaros procuram abrigo nos esconderijos frondosos das árvores, também se recolhem os sentimentos, seguros em seu esconderijo, nas rugas, nos movimentos desajeitados e nas máculas singelas do corpo amado. Ninguém, ao passar, adivinharia que justamente ali, naquilo que é defeituoso, censurável, aninham-se os dardos velozes da adoração (*G. S.*, IV, p. 921).

NOTAS

(1) Cf. apud Massimo Canevacci, em *Antropologia da comunicação visual* (São Paulo, Brasiliense, 1990).

(2) As Imagens Modernas são de "materialidade especial", diversa tanto da perspectiva platônica quanto da cartesiana. Nestas, a imagem e a imaginação vinculam-se à experiência sensível, fonte de ilusões, sujeita a metamorfoses — o que pode nos levar ao engano, ao erro, à *extravagância*. Esta significa "ir além do que é conveniente a uma caminhada segura". É ultrapassar o limite máximo do conhecimento, é cair na errância. Este caminhar sem direção definida faz apelo a um ponto de origem, a um ponto fixo. Platão o encontra nas Idéias — essências eternas das coisas — que reinam no sobrenatural, na transcendência; Descartes o encontra na consciência de si reflexiva.

(3) Não foi possível encontrar o radical comum de imagem e magia no grego e no latim, como se pode verificar nos verbetes correspondentes em J. Corominas, *Diccionario crítico etimológico de la lengua castellana* (Madri, Gredos, 1954); Ernout-Meillet, *Dictionaire etimologique de langue latine* (4ª ed., Paris, Klincksieck, 1967); e A. G. Cunha, *Dicionário etimológico da língua portuguesa* (Rio de Janeiro, Nova Fronteira, 1982). Há suposições de uma origem comum de *imagem* e *magia* no persa antigo, mas não nos foi possível realizar essa pesquisa.

(4) "Soluis restat est Platonici putant — phantasias jurentis vel phantasticae rationis perium in homine ipso, quae odio [...] et timore commota versat secum longo ordine tristes imagines" (*Théologie platonique*, XVIII, 10, p. 421).

(5) É esta a função do talismã, "figura do mundo". "Simultaneamente ícone, ídolo, signo, símbolo, encarnação das qualidades do mundo, miniatura do todo, conjugando

pedras, metais, ervas, líqüidos, cores, essências astrais, angélicas e espirituais e, entrando em harmonia com nossos olhos, é iniciação ao mistério do mundo e proteção contra o mais terrível dos males d'alma, a melancolia. É preciso oferecer aos olhos talismãs que os protejam contra malévolos sortilégios, eflúvios e encantamentos, assim como é preciso oferecer-lhes talismãs que os façam ver o invisível, a formosura total do universo. Dentre os inúmeros talismãs elaborados por Ficino, talvez o mais famoso seja aquele que encomendou para seu discípulo, Lorenzo de Medici, para protegê-lo dos eflúvios melancólicos de Saturno: a *Primavera*, de Botticelli'' (Marilena Chaui, em ''Janelas da alma, espelho do mundo'', in *O olhar* [São Paulo, Companhia das Letras, 1989], p. 52).

(6) Burton, em *The anatomy of melancholy* (Nova York, Vintage Books, 1977), v. I, p. 131, fala na privação da imagem de Deus — a ''destruction of God's image'' e também o despedaçamento de nosso corpo vivo, de nosso microcosmo que vive e pensa, contra o qual ''stars, heavens, elements [...] are armed'' (op. cit., p. 133). Todos estes elementos, todas estas criaturas de Deus ''are now ready to offend us''.

(7) No famoso texto da escola aristotélica *Prolemata* (XXX, I), realiza-se uma síntese entre a teoria médica da melancolia e a concepção platônica do furor. Na parte introdutória, que é integralmente retomada e reelaborada pelos neoplatônicos florentinos do final dos anos 1400, em particular por Ficino, lê-se: ''por que todos os homens excepcionais, nas atividades filosóficas ou políticas, artísticas ou literárias, têm um ''temperamento'' melancólico [...], alguns a tal ponto de serem afeitos a estados patológicos que dele derivam?''. A leitura *positiva* da melancolia, que já se inspirava em outra, a de ''chave patológica'', fixa suas raízes na relação com o divino e com a transcendência. Tanto Platão quanto Aristóteles distinguiram a ''melancolia natural'' da ''melancolia patológica'', entre o ''furor divino'' e o furor-doença.

(8) J. Starobinski, em *Histoire du traitement de la mélancolie des origines à 1900* (Basiléia, 1960), mostra que os modernos herdam do mundo antigo uma concepção de melancolia não inteiramente subjugada ao confisco médico ou à hipoteca patológica: a própria doutrina dos quatro humores — lugar por excelência dessa hipoteca — pressupõe um estado de saúde do melancólico, distinguindo a doença propriamente dita do ''temperamento''.

(9) O desequilíbrio entre a alma e o corpo assumirá papel decisivo na figura da melancolia. Ficino dá três explicações para o fenômeno:

1) uma causa celeste, ligada aos maus eflúvios dos planetas Mercúrio e Saturno, portadores de aridez e frigidez;

2) uma causa natural, ligada aos eflúvios da terra ''à qual a morbidez melancólica se assemelha''. A ciência é melancólica porque o homem deve, para obtê-la, recolher-se em si mesmo, retirar seu ânimo das coisas exteriores para as interiores, assim como de uma certa circunferência para o centro [...] e este retirar-se da circunferência para o centro é próprio da terra;

3) uma causa humana, ligada ao movimento contínuo da mente e do coração, que deixa inativo o estômago e o fígado.

A inação, a prostração melancólica desfaz o equilíbrio do corpo, torna o ''ânimo'' ''tímido'' e ''passivo e triste''. O tédio está estruturalmente ligado à constelação melancólica, e seu indicador é o terror e a angústia: o terror das ''trevas interiores'' que, para Ficino, provocam a atitude de destacamento da vida e da ''perda do engenho''.

(10) E. R. Dodds, em *Pagani e cristiani in una epoca di angoscia* (Florença, La Nuova Italia, 1970), denomina o século II como a ''época de angústia'', época que influenciou amplamente Marsilio Ficino e Pico della Mirandola. A ''verdade'', como se lê no *Discurso secreto da montanha de Hermes Trismegisto a seu filho Tat*, traduzido por Ficino, ''é aquilo que não está contaminado, que não tem limites, nem cor, nem forma''; é ''o Bem inalterável, o Incorpóreo''. O corpóreo é, assim, o contrário do Bem e da Ver-

dade. A matéria é o Mal, o que se interpõe à ascensão a Deus, o que constitui uma "punição da matéria", e a segunda punição depois dessa é a *tristeza* (cf. ainda Frances Yates, *Giordano Bruno e a tradição hermética* [São Paulo, Cultrix]).

(11) É conhecida a distinção platônica entre duas espécies de imagens, a *cópia* e o *simulacro*. No diálogo *O sofista*, as cópias são imagens que imitam as Formas do suprasensível no sensível e se fundam na semelhança — de seu interior possuem a medida, o *metron*, da pretensão à Idéia. Quanto aos simulacros, são "falsos pretendentes", a um só tempo fingidores e pretensiosos, construídos na dessemelhança, na perversão, no desvio em relação à essência. Platão visa separar as cópias legítimas e os simulacros que naufragam na dessemelhança. Aquilo a que pretendem, só o possuem por uma espécie de agressão, de subversão, sem passar pela Idéia. Esta pretensão sem fundamento recobre uma dessemelhança, um *desequilíbrio* interno. O simulacro não é a cópia degradada, mas provém de uma potência que nega tanto o original quanto a cópia, o modelo e sua representação. O que Platão expulsa do conhecimento não é o sensível mas a aparência convertida em essência, seu simulacro. Razão pela qual Platão exclui de sua *República* o artista: diferentemente do artesão que fabrica no plano sensível, a partir de uma essência anterior, transcendente e independente, as próprias coisas, o artista realiza cópias de cópias, não podendo reivindicar nenhum contato com o inteligível, o que extravia o homem do caminho da verdade: "qual é o objeto da pintura?", pergunta Sócrates a seu interlocutor Glauco. "O de representar o que é, tal qual parece? Imita a aparência ou a realidade?" Glauco: "A aparência [...]". Sócrates: "Um pintor, por exemplo, pinta um sapato raro, [a obra de um] carpinteiro ou outro artesão qualquer, sem ter nenhum conhecimento de suas respectivas artes. Isso não impede, se é bom pintor, de iludir às crianças e aos ignorantes, mostrando-lhes de longe um carpinteiro por ele representado e que tomam por imitação da verdade". Se o artista é aquele incapaz de abarcar o processo de sua criação, é porque *não cria*, apenas acrescenta *acaso* ao *acaso*, segundo a infinita possibilidade de combinações visuais, sonoras ou verbais. Platão não expulsa o artista de sua *República* porque o ato de criação seja *irracional*, mas por ser *casual* — o que minaria a verdade, indiferenciando artifício e natureza.

(12) Algumas observações parecem confirmar nosso percurso. No *Grand dictionnaire universel Larousse*, v. 9, verbete "Magie", vemos que:

— *Magie* procede do latim *magia*, do grego *mageia* (de *magos, mage*): arte de produzir efeitos maravilhosos pelo emprego de meios sobrenaturais e, particularmente, pela intervenção de demônios: "A magia foi, na origem, o conhecimento de alguns segredos da natureza".

J. Tisson, doyen de la Faculté des Lettres de Dijon, 1 v., in 8º — 1868, divide sua obra sobre a Imaginação — "ses bienfaits et ses égarements, surtout dans le donaine du merveilleux" — em quatro livros. Os dois primeiros são um ingresso no assunto; contêm considerações sobre a imaginação e seu papel na vida intelectual. O terceiro livro, "De l'imagination dans le rêve et dans les états analogiques", trata, em seu último capítulo, do papel da imaginação nas hipóteses cósmicas ou metafísicas, como a pedra filosofal, a astrologia, os sistemas quiméricos (os átomos, os números, as entidades celestes das diversas escolas litúrgicas, a ubiqüidade do corpo desse Cristo na eucaristia, o fetichismo em torno das formas, o demonismo e, enfim, o antropomorfismo). O livro IV que abrange dois terços da obra se intitula "A Imaginação no maravilhoso: superstição: física

mágica

histórica

teológica".

A imaginação na feitiçaria (duzentas páginas) aplica-se às pesquisas históricas sobre a feitiçaria na Alemanha, depois do corajoso livro do padre Spé (1632) e sobre a feitiçaria na França, particularmente em Franche-Comté, a partir de documentos extremamente curiosos.

(13) Macróbio (*Commentaire*, livro I, VII, *Oeuvres complètes*, trad. N. A. Dubois, Paris, 1855, pp. 251-2) escreve que a adivinhação diz primeiro respeito ao futuro, pois este escapa à prognosis, à *previsão racional*; em seguida, ocupa-se do passado e do presente naquilo que possuem de inacessível à investigação comum.

(14) É pela razão que se tem consciência da verdade do objeto; eis por que a *atenção* será essencial, na medida em que garante que a seqüência dos quadros dos pensamentos não ocorra de maneira fortuita. A análise do "pedaço de cera" nos revela que não há uma "razão oculta da natureza" mas que a razão está "enraizada na natureza"; motivo pelo qual a "inspeção do espírito" não significa que o "espírito" desce até a natureza, mas que a natureza se eleva ao conceito. A percepção, ou melhor, a aparência perceptiva das ilusões é a ilusão das ilusões, pois só se *vê* o que é, aquilo que é, simultaneamente "coisa concebida e ato de conceber": "eu observava", nota Descartes, "que os juízos que tinha costume de fazer destes objetos formaram-se em mim antes que eu tivesse o tempo de pesar e considerar as razões que me pudessem obrigar a fazê-los" (6.ª Meditação). Quando Descartes reencontra a estrutura inteligível do "pedaço de cera", é porque ele não o constitui enquanto inteligibilidade, apenas o *reconstitui*.

(15) Cf. Adélia Bezerra de Menezes, em "Do Eros politizado à Polis erotizada", in *Rev. Brasileira de Psicanálise de São Paulo*, n.º 12, 1986.

(16) "É característico do texto filosófico", escreve Benjamin, "confrontar-se, sempre de novo, com a questão da representação [...]. Ela não pode ser invocada *more geometrico* [...]. Se a filosofia quiser permanecer fiel à lei de sua forma, como representação da verdade e não como guia para o conhecimento, deve-se atribuir importância ao exercício dessa forma, e não à sua antecipação como sistema. Esse exercício impõe-se em todas as épocas que tiveram consciência do ser indefinível da verdade, e assumiu o aspecto de uma propedêutica. Ela pode ser designada pelo termo escolástico do *tratado*, pois este alude, ainda que de forma latente, àqueles objetos da teologia sem os quais a verdade é impensável [...]. Os tratados não recorrem [...] aos instrumentos coercitivos da demonstração matemática [...]. Método é caminho indireto, desvio [...]. Sua renúncia à intenção, em seu movimento contínuo: nisso consiste a natureza básica do tratado" (*Origem do drama barroco alemão*, pp. 49-50).

RACIONALIDADE E ACASO

Gerd Bornheim

OBSERVAÇÕES PRELIMINARES

A questão proposta é a do acaso. Na tradição ocidental, o tema aparece invariavelmente ligado a um outro, o da razão: o dos limites e do alcance da racionalidade. Nem seria errôneo afirmar que o empenho maior do pensamento filosófico inaugurado na Grécia antiga resume-se em querer vencer a sujeição ao acaso. De fato, um dos traços peculiares ao homem primitivo está em deixar-se surpreender pelo acaso, em guiar-se pelo imprevisível. Já o homem racional instaurado pelos gregos entrega-se, pela primeira vez na história, a esse esforço descomunal e decisivo para a evolução do Ocidente, de tentar conjurar o mais possível as peias do acaso, estabelecendo as bases para um comércio racional do homem com o seu meio ambiente; mais precisamente: a postura racional passou a designar, de modo gradativo, um comportamento de dominação por parte do homem; elaborando racionalmente as suas relações com a natureza, o homem terminaria abocanhando as vantagens de ver subordinada a natureza aos seus desígnios pessoais. Cabe, pois, avançar que se delineia assim o projeto de base, a idéia que se explicitaria aos poucos e que preside todo o desenvolvimento da filosofia e das ciências ocidentais.

Digamos, então, arredondando um pouco as coisas, que há uma passagem do reino do acaso para o reino da racionalidade, num passo em tudo decisivo para a história do homem. E observe-se que, neste processo, o que está em causa é nada menos que a própria concepção da verdade. Sabe-se hoje que a concepção da verdade na Grécia clássica — *aletheia* — consistia numa manifestação ou desvelamento que se verificava independentemente do homem; era a própria dinamicidade da natureza, e de uma natureza interpretada de modo muito amplo, que compreendia em si tudo o que é, inclusive os deuses, e dotada, já por isso, de certa inteligência que a armava em função de certos fins — é essa natureza que se manifestava a partir de si mesma. E o homem, basicamente, assistia passivo a essa manifestação. A verdade, por conseguinte, equacionava-se em nível ontológico e não gnosiológico.

Entrevê-se, assim, que é principiando por essa passividade do homem que toma início o evolver do sentido da verdade. Porquanto, a ficar-se nela, jamais se poderia ter dado aquele passo do reino do acaso para o do racional. Realmente, não é difícil imaginar que aquela passividade oferecesse uma lerda e obscura trajetória, mas que, assim mesmo, logo começasse a dar sinais de inquietação, recorrendo a lances por meio dos quais irromperia a presença humana na própria intimidade do processo da verdade. E aqui também a iniciativa maior coube aos gregos. Um exemplo de um artifício para provocar o advento da verdade é, sem dúvida, a técnica do diálogo cultivada já pelos présocráticos e que tornou famoso o "parteiro" Sócrates. Foi também neste sentido que, em outro lugar,[1] chamei a atenção para outro rico exemplo de tal tipo de ocorrência, baseado num texto de um discípulo de Aristóteles, Estragão. Assevera este texto que, se o próprio da natureza está em chegar a desvelar-se, sucede, entretanto, que, por vezes, a manifestação custa a acontecer, o que acabou levando o engenho humano a lançar mão de outros recursos, de certa *tecne*, para forçar a natureza a desocultar-se. E Estragão fala em *machinè*, "máquina". Esta palavra grega refere-se a dois tipos de artefato: existe a máquina de guerra, como o aríete ou o famoso e curioso cavalo de Tróia, e há a máquina de teatro, e é sobretudo neste segundo caso que a máquina adquire todo o seu significado. Vale a pena uma breve detença no tema.

Sabe-se que o teatro grego, na época de Ésquilo, a partir do ano 500, não apenas substitui a carroça ambulante de Téspis por uma sólida arquitetura teatral, mas desenvolve também diversos tipos de máquinas, a mais conhecida das quais era uma espécie de guindaste (que se chamava propriamente de *mechanè*), cuja missão consistia, por exemplo, em depositar, vinda do alto, a figura da deusa Tétis, na *Andrômaca*, ou Atena, na *Ifigênia em Táuris*, sobre o palco; há autores ingleses e alemães que discutem até mesmo a maneira pela qual a deusa deveria desvencilhar-se das correias que a prendiam à dita máquina, sem perder a majestade própria de sua condição.[2] No fundo, todo o teatro grego era uma imensa máquina que, através de certos expedientes, como aqueles analisados por Aristóteles — nomeadamente a peripécia e o reconhecimento —, tinha por objetivo tornar manifesta a verdade. Neste procedimento, a máquina desempenhava um papel muito singular: o que se desoculta é precipuamente a intercessão dos deuses. E não será mera curiosidade lembrar que tal recurso à máquina voltará a repetir-se no teatro dos mistérios medieval, exatamente com a mesma finalidade:

a mostração da Justiça divina, a verdade dos mistérios de Deus; os artifícios criados pelos técnicos medievais — os *maîtres des secrets, maîtres de jeux, maîtres des feux* — já são bem mais conhecidos por nós do que os dos gregos, e estes homens surpreendem por sua incrível habilidade no manejo de máquinas altamente complicadas. Havia um, em Rouen, no século XIV, que se tornou famoso por mostrar são Pedro caminhando sobre as águas.[3] A história dessas sempre sofisticadas máquinas de teatro encerra o seu ciclo com o teatro jesuítico da Contra-Reforma, e sempre com a mesma determinação: a de tornar manifesta a verdade sobrenatural, como que a mostrar que o velho conceito grego de *aletheia* não desaparecera de todo do cenário histórico após o advento da metafísica platônica. Realmente, foi apenas depois do Barroco, com o êxito da Revolução Industrial, que a máquina assumiu de vez os espaços que a fizeram familiar aos nossos olhos, numa radical transmutação de sentido, tão radical que o antigo sentido da máquina caiu em completo esquecimento — talvez subsista apenas na produção de alguns truques para fazer divertir.

De feito, o advento da moderna indústria tecnológica fez com que o contexto em que passa a dispor-se a máquina mudasse completamente de configuração. Entretanto, tal mudança obedece a certas coordenadas que começam a ser pensadas já na antiga Grécia, e que novamente se relacionam com a questão da verdade. É que a verdade, a partir de Platão e Aristóteles, passa a ser determinada de um modo novo, verificando-se uma transmutação em sua própria essência: de *aletheia*, ela passa a ser *omoiosis*, palavra esta magistralmente bem traduzida por Cícero por *adaequatio*. Desde então, entende-se usualmente a verdade como sendo o resultado de uma adequação, ou seja, a verdade pode ser constatada sempre que a idéia que o sujeito forma de determinado objeto coincida com este objeto. Hoje, esta concepção da verdade tornou-se aceita como um fato por assim dizer "natural": a evidência impõe que se possa afirmar que a rosa é vermelha. A tradição, porém, nunca compreendeu de modo tão simplório tal determinação da verdade; não apenas porque salta aos olhos a cartesiana disparidade entre o sujeito espiritual que conhece e a materialidade do objeto conhecido, mas principalmente porque sujeito e objeto não oferecem, metafisicamente considerados, nenhuma autonomia. Aliás, já a própria palavra grega e também a latina que designa a adequação põem à mostra a grande complexidade do problema; a palavra *omo*, presente em *omoiosis*, significa "igual", e a tradução ciceroniana, antepondo à *aequatio* (de *aequalitas*, "igual") a preposição *ad* ("ir para, em direção de"), sugere que o ato do conhecimento consiste num ir ao igual, na freqüentação da igualdade do igual. E de fato, no passado, esse processo todo vinculava-se nada menos que à presença do Absoluto — a co-

40

municação que é o conhecimento era garantida por uma religação estabelecida pela atuação do próprio Deus, atuação esta que sempre constituiu um tema maior da metafísica e oferece uma história pródiga em interpretações, desde a *illuminatio* agostiniana, a presença efetiva da luz divina no ato de conhecer, até a referência menos espetacular às simples essências; claro que tais essências ostentam o perfil de uma estabilidade genérica, que também não poderia prescindir de sua fundamentação em Deus. Entende-se, por aí, que a verdade só se alcance através dessa conaturalidade (a *conaturalitas* ou a *similitudo* dos medievais), que estabelece, de diversos modos, a dicotomia sujeito-objeto no próprio Deus.

Feitas essas observações de ordem metafísica, diga-se que, para o nosso tema, o que interessa está justamente no comportamento da dicotomia sujeito-objeto. Mesmo porque, com a crise da metafísica, a dicotomia vai desembaraçar-se daquela presença de Deus, e é dentro deste contexto que surgirá a moderna revolução tecnológica e a referida tranformação da essência da máquina. A *aletheia* e a *adaequatio*, respeitadas as diferenças, oferecem um traço comum que lhes é essencial: a presença dos deuses. Mas o que distingue as duas concepções da verdade está precisamente no súbito aparecimento da dicotomia sujeito-objeto no contexto da adequação. E mais importante ainda: é que já a partir dos antigos desenvolve-se, dentro do horizonte da dicotomia, uma lenta e definitiva educação do sujeito, a par de uma revolucionária transmutação do objeto. Estes fatos extraordinários levaram milênios para concretizar-se e vieram a manifestar todas as suas virtualidades apenas a partir do assentamento da cultura burguesa, quando um Francis Bacon, por exemplo, asseverava que o saber traz em seu bojo o poder, uma modalidade de dominação, o que se concretizaria de modo especialmente claro com o advento da moderna tecnologia.

Mas este longo itincrário começou sem dúvida com os gregos. É preciso, ensinava já Platão, que o sujeito seja educado, que ele aprenda a bem orientar a sua visão, a ver corretamente (*orthotes* é a palavra que aparece no relato do mito da caverna), e a partir daí desenvolveu-se ao longo dos séculos um rico manancial de métodos, cujo primeiro grande monumento, até certo ponto definitivo, é o *Organon*, a lógica de Aristóteles — todos destinados a garantir o bem pensar, e todos apoiados em um mesmo critério fundamental: a submissão ao princípio de identidade e a exclusão de todas as formas de contradição. O sujeito passa, por tais vias, a assumir uma responsabilidade muito grande no estabelecimento da verdade. Por isso mesmo, entende-se que ele comece a ostentar uma história, a fazer-se o lugar de certos privilégios. Se nos inícios o sujeito quase desaparecia em face da presença em tudo decisória do objeto, aos poucos avolumam-se as suas funções, e, nota-

41

damente no decorrer da metafísica moderna, tudo passa a depender de seu arbítrio. Assim é que, já para Descartes, o ato de pensar impõe-se como a primeira certeza absoluta, ponto de partida para toda construção válida; além disso, o sujeito passa a presidir a constituição do objeto, decompondo e recompondo com determinados critérios o que lhe é ofertado: abandona-se de vez a esfera da coisa e penetra-se decisivamente na do objeto. Entende-se, desse modo, o acertado prognóstico de Francis Bacon. Realmente, o procedimento de construção do objeto põe-no à disposição do homem, torna-o dócil à manipulação, e abrem-se assim as portas para que o homem chegasse a transformar o próprio planeta em objeto. De fato, já não existe mais a grande natureza dentro da qual permanecia envolvido o homem — salvo, para lembrar a ironia de Marx, a de algumas ilhas-corais australianas recentemente descobertas. Claro fica que, com isso tudo, os meios de acesso à dominação plena do objeto, ou seja, as questões metodológicas, passam a desfrutar de um privilégio que, em nossos dias, chega a dar até mesmo mostras de desmedida.

Digamos, para voltar por um instante ao acaso, que se busca agora a instauração de um novo tipo de necessidade. Lembro, a título de exemplo, que a tragédia de um Édipo repousa sobre uma seqüência de acasos: os acasos do encontro com o seu pai na paisagem de uma encruzilhada que tudo tornaria suspeito e que levaria ao assassinato de um suposto bandido; acasos dos encontros com Jocasta, que os levariam ao casamento e, portanto, a um involuntário incesto. E estes acidentes de percurso, aparentemente tão corretos, transmutar-se-iam na terrível necessidade que constitui o estofo último da tragédia. O imprevisível acasala-se com a desmedida, e desperta um destino que é como que um limite extremo do próprio acaso. A necessidade apresenta aqui uma natureza extra-humana, condição da própria essência da tragédia; mas é justamente tal necessidade que iria transformar-se, a ponto de tornar problemática até mesmo a possibilidade da tragédia: e é que, por razões que derivam de dentro do espaço que configura a modificação da essência da verdade, a necessidade passa a verificar-se no âmbito em que se verifica a dicotomia sujeito-objeto. Afastada dos deuses, ela se torna, antes de tudo, calculável, integrando assim os procedimentos de dominação.

A RACIONALIDADE

Detenho-me mais um pouco no tema da racionalidade para poder então voltar ao acaso. Sabe-se do extraordinário sucesso do racionalismo no decurso da filosofia moderna. A escassa crítica que se lhe fez na época, mas que despontava aqui ou ali, não conseguiu realmente prejudicar a crença na superioridade da razão, e, com um sucesso mais do que confirmado, logo surgiria a idéia de que o todo da sociedade deveria ser reestruturado em conformidade com preceitos estritamente racionais. E a maior garantia a sustentar tanto otimismo estava na idéia de que a estrutura última da realidade é racional. Foi Hegel quem deu a formulação mais concisa dessa idéia-força, ao escrever, no prefácio de sua *Filosofia do direito*, a bem conhecida afirmação de que "o que é racional é real, e o que é real é racional".[4] E acrescenta o filósofo: "Nesta convicção está não só a filosofia, mas toda consciência despreconceituosa".[5] Essa ousada convicção autorizará que se empreste o melhor do empenho filosófico à construção do sistema: em si mesma, a realidade seria sistemática, ou seja, um composto de partes racionais, racionalmente relacionadas e que constituem um todo que coincide com os limites da própria realidade, ela mesma igualmente racional.[6] A construção sistemática revela-se tão exata, que ela poderia inclusive ser deduzida, sem que o procedimento representasse o menor desrespeito à estrutura definitiva da realidade. Mas será precisamente deste ponto que arranca a crítica ao triunfalismo sistemático, e, inaugurando a filosofia contemporânea, são mil cabeças que se erguem contra a hegemonia do racional. Seja pelo voluntarismo, ou pela vivência irracional, ou pelo inconsciente, ou pela história votada ao particular, ou pela atenção ao homem enquanto singular concreto, desde a fé kierkegaardiana até o *corps propre* de Merleau-Ponty, tudo parece confirmar, ao menos em nível filosófico, a decadência terminante do próprio conceito de sistema.

Em verdade, contudo, por mais justas que possam ser as razões que levaram a rejeitar a idéia de sistema, a filosofia só conseguiu expulsá-la de seu próprio seio, já que, afora o pensamento filosófico, o sistema continua exibindo o impressionante vigor de sua presença, que decorre, antes de tudo, daquela mencionada aliança entre o conhecimento e o poder. Realmente, salta aos olhos que a imperiosidade do sistema conseguiu invadir — sem esquecer a sua soberania em ciências puramente formais — largos setores do mundo contemporâneo, a ponto de se poder dizer que, mais do que nunca no passado, o homem atual vive dentro do sistema; o sistema tornou-se como que coextensivo à própria realidade social: já nem se alcança imaginar o mundo sem essa incoercível tendência a tudo sistematizar. Hoje, para entender o que é um sistema, basta freqüentar uma agência bancária ou um supermercado, entrar num escritório ou visitar as instalações de uma indústria, ou, simplesmente, deslizar de carro pelas ruas de uma cidade. O sistema confirma-se naquilo que sempre foi: uma racionalidade que tende a realizar a sua própria perfeição. Se o tráfego não funciona, é porque o seu sistema não foi bem elaborado. E tudo vai tão longe que cabe até afirmar que a citada frase de Hegel — que todo racional é real e todo real é racional — em ampla medida tornou-se efetiva. Tanto, que ela já pode dispensar a filosofia: agora, o sistema caminha apoiado em suas próprias pernas. Não apenas as estruturas sociais tornam-se mais racionalmente transparentes, como também a sede de dominação do sistema parece não tropeçar em entraves. O sistema se aninha até mesmo na intimidade do homem; uma grande quantidade das críticas que se fazem ao mundo contemporâneo, ao que nele funciona e ao que não funciona, decorre das exigências do sistema, perfeitamente bem assimiladas pelo comum dos mortais: o homem quer o sistema e denuncia a imperfeição assistemática.

A novidade patenteia-se aqui: o sistema se faz efetivo, torna-se uma realidade prática, um princípio de organização necessário. Avanço com mais um exemplo. A arte de morar passa por profundas transformações. Se tomarmos uma edificação residencial no estilo, digamos, palladiano, percebemos logo a perfeita racionalidade não apenas do conjunto em seu geometrismo impecável, mas também a racionalidade sistemática na distribuição dos cômodos. Ainda há vestígios do passado feudal no fato de as instalações de serviço se localizarem nos porões.* Mas, no resto, a uniformidade geométrica das peças é tão perfeita que tudo se torna reversível: nada impede que as funções possam ser alternadas de um cômodo para outro: onde hoje funciona a biblioteca, amanhã pode estar a sala de jantar, ou o quarto de dormir. É como se o sistema se bastasse a si próprio, independentemente de sua relação efetiva com a prática de viver. E é exatamente neste ponto que se verifica a grande diferença em relação à arquitetura contemporânea; agora, na medida em que o sistema se transforma em efetivo, ele compartimenta racionalmente a própria conduta humana, o que acontece já a partir do momento em que o indivíduo põe os pés na soleira de sua casa. A relação e a diferença entre as peças deve ser racional, racionalizando-se por aí todo o comportamento humano. Estabelece-se, pois, uma familiaridade entre o homem e o sistema, que invade não apenas os espaços do comportamento exterior mas também os da vida íntima.

O impressionante está nesse processo de universalização. Mas, mesmo que se possa afirmar que tudo se torna sistema, não se deve daí inferir que o sistema consiga invadir ou satisfazer todos os recantos da realidade humana. Parece-me que seria interessante analisar nesta perspectiva, por exemplo, a presença da droga na sociedade de nosso tem-

---

(*) Tenho em mente aqui a bela residência, de inspiração palladiana, que o arquiteto Grandjean de Montigny, da Missão Francesa, construiu para si próprio, localizada onde hoje está o parque da Pontifícia Universidade Católica, no Rio de Janeiro.

po. Quando da primeira voga do racionalismo, no século XVII, começa a surgir a droga, parece que primeiramente com o tabaco, e tudo ainda restrito a uma certa elite. Já hoje, com o racionalismo a invadir as ruas, a droga como que se socializa e se multiplica, arrastando consigo até mesmo os sonhos asiáticos sempre cansados do Ocidente, que, se no princípio do século restringiam-se a intelectuais do porte de um Romain Rolland ou de um Hermann Hesse, passaram a generalizar-se após o término da Segunda Guerra Mundial.

A presença do racionalismo sistematizante é tão insidiosa que termina penetrando até mesmo onde menos se poderia esperar. Dou disso um exemplo especialmente significativo, que encontro na filosofia de Heidegger. Sabe-se que o autor de *Ser e tempo* encontrou a sua inspiração por assim dizer negativa num complexo de problemas que definem a metafísica tradicional, em especial a moderna, tais como o subjetivismo individualista, a hegemonia da dicotomia sujeito-objeto e a definição da verdade, e mesmo a bem-sucedida definição grega do homem, o animal racional. Contra isso tudo, e muito acertadamente, Heidegger define o homem como ser-no-mundo, e, isso posto, torna-se essencial o entendimento do que seja o mundo. Sem querer discutir os inegáveis méritos da posição heideggeriana, digamos simplesmente que o mundo não é um planeta, nem qualquer tipo de ente, não é um objeto ou o conjunto global dos objetos; o mundo é o próprio ser, o sentido dentro do qual vive o homem, e cada cultura tem o seu mundo. Se a humanidade inteira assenta sobre uma única terra, ela desenvolve, em contrapartida, uma pluralidade de mundos. A perspectiva histórica permite ver até com facilidade a profunda coesão do mundo grego, e cuja expressão artística, ou estilo, revela-se inconfundível. Portanto, o mundo, além de plural, é histórico, oferece um sentido que não permanece inamovível, e em tudo manifesta o sentido. Heidegger procura elucidar os caminhos que segue a manifestação do sentido do mundo, e para consegui-lo privilegia uma abordagem inicial bem definida: o utensílio.[7]

Entenda-se o utensílio de modo amplo. Evidentemente, os instrumentos de todo tipo são utensílios, mas utensílios são também a rua, a casa, o jornal, o partido. E, numa análise sem dúvida brilhante, o filósofo mostra que todo utensílio exibe uma dupla referência: de um lado, liga-se ao homem que dispõe dele e, de outro, cada utensílio insere-se em uma ampla rede de utensílios, cujo horizonte último é o próprio mundo. Heidegger cita a palavra grega correspondente a utensílio, *ta pragmata*. Claro que o utensílio radica-se na práxis, e o filósofo o afirma, sem que, lamentavelmente, se detenha no tema, prenunciando já um dos grandes entraves de seu pensamento. Mas quero chamar a atenção para uma outra faceta do tema. Consegue Heidegger, com a sua aná-

45

lise do utensílio, explicitar a questão do mundo de maneira a colocar-se não apenas antes da tão longamente criticada filosofia de Descartes, mas antes também das próprias bases em que se desdobrou a metafísica ocidental?

A questão é relevante porque o que está em jogo, entre outras coisas, é aquela hegemonia da dicotomia sujeito-objeto, nas aporias da qual parece estar abandonado o mundo contemporâneo. O desaparecimento do Deus metafísico reduziu tudo à condição de sujeito ou de objeto, e mais precisamente: àquilo que a metafísica fez de sujeito e objeto. E como fica a condição do utensílio dentro deste panorama? Com outras palavras: consegue o utensílio desembaraçar a análise heideggeriana da determinação metafísica do objeto? Tenho que a resposta deva ser negativa.

Vejam-se alguns dos muitos exemplos de utensílio que aparecem no livro: a rua, o carro, a agulha. Digamos que, estruturalmente, ou formalmente, a análise seja válida. Mas sua justeza termina aí. A agulha grega é um instrumento artesanal; já a agulha de nossos dias, perfeita em seu desenho em aço inoxidável, pressupõe nada menos que a Revolução Industrial. Rua, carro, agulha não são em nada exemplos inocentes, e através deles estoura na própria urdidura do conceito de mundo precisamente aquela problemática que Heidegger se propunha superar. A análise do filósofo, no caso, não parece suficientemente histórica: o mundo de hoje é, com necessidade, caudatário da metafísica ocidental — justamente em decorrência da crise da metafísica. Rua, carro, agulha tornaram-se indissociáveis do racionalismo, da acepção metafísica de sistema. É exatamente o recurso ao utensílio que arma uma inóspita cilada, visto que o utensílio contemporâneo não pode dispensar o sistema. O que leva a dizer que hoje o mundo é um sistema racional. Talvez se encontre neste ponto uma das razões que levaram Heidegger a não dar continuidade ao seu livro. Mas é fundamental que se entenda que o impasse não está simplesmente no pensamento de Heidegger: o impasse acena precisamente para o problema que deve ser pensado. E o próprio Heidegger terminaria indicando novos caminhos para abordar a questão, como, por exemplo, a conferência de 1953, "A questão da técnica".

O ACASO

E aí chegamos: o mundo como sistema. Ou, ao menos, tudo se passa como se estivéssemos chegando lá. O planeta passou a ser esse enorme objeto, atravessado de racionalidade e sempre mais submisso ao controle humano. E então parece que, em conseqüência da vitória do racionalismo, o acaso simplesmente desaparece, e já nem se percebe em que lugar ele poderia ser acomodado. Ou sim? Mas onde? Recorro ao despropósito e mesmo à estupidez: subitamente surge a imprevisibilidade de um braço infantil perdido numa floresta de botões; ou — o que se afigura cada vez mais provável — uma insanidade qualquer aproxima-se de algum telefone vermelho. E como "sistematizar" as crianças e os insanos? Mas tentemos evitar esse clima de mítico terror. O fato é o seguinte: no cerne do próprio sucesso do sistema volta a aparecer, em nosso século, a figura desconcertante do acaso, e de tal forma que incute ao racionalismo um rude revés. Realmente, hoje poder-se-ia até falar, parafraseando o sabor nietzschiano, em algo como a aurora do acaso. Senão vejamos.

O racionalismo do século passado tentou amordaçar o caos, tanto quanto vejo, de duas maneiras, e em ambas confirma-se a ironia de Pascal sobre a história e o tamanho do nariz de Cleópatra: tivesse sido ele mais curto, ter-se-ia mudado toda a face da Terra. A mais conhecida explicação do acaso é sem dúvida a de Antoine Augustin Cournot, em seu livro clássico, de 1851, *Essai sur les fondements de nos connaissances*,[8] e o exemplo que dá nosso autor para "situar" o acaso tornou-se famoso: um acidente ferroviário em que dois trens se chocam, e morre um passageiro sentado em um vagão. Ou seja: a realidade está organizada como uma rede de inúmeras linhas causais; o acaso seria o resultado da convergência de duas ou mais dessas linhas sempre que não puder ser reduzido a uma racionalidade constante. Desse modo, o acaso se explicaria como aquilo que escapa à racionalidade generalizada, o que equivale a dizer que sua determinação última, ainda que às avessas, estaria num pano de fundo racional.

A outra explicação encontramo-la em Hegel, e também esta é tipicamente metafísica. Na introdução à *Enciclopédia* há uma breve referência ao acaso, brevidade que não deixa de ser índice da importância do tema; o texto diz: "O ocasional é uma existência que não tem maior valor do que um *possível*, que pode igualmente *não ser* o que ele é".[9] Aqui também o acaso naufraga no mar da racionalidade, ele pode tranqüilamente ser dispensado. A rigor, ele nem existe, coincide com o absurdo, ou com aquilo que Hegel chama de "desmaio [*Ohnmacht*] da natureza",[10] que coloca "limites à filosofia, e o mais impertinente seria exigir do conceito que ele apreendesse tais casualidades".[11] No que nos interessa aqui, basta salientar que nas duas explicações dadas o acaso não vai além de uma situação-limite da realidade — de resto, facilmente descartável, quer porque o acaso não se ajusta aos parâmetros explicativos da realidade, quer porque se perde nas instâncias talvez irrecuperáveis do outro que não o ser (segundo pensa a metafísica). E, seja como for, o cientificismo do francês e o idealismo do alemão, como sói acontecer, entendem-se perfeitamente bem no que concerne à exclusão definitiva do acaso dos anfiteatros do pensamento.

Entretanto, os "limites" da filosofia passaram por um processo de revisão cujas conseqüências nem de longe poderiam ter sido vislumbradas por Hegel, e a "impertinência" inverteu literalmente as suas miras de tiro. Com efeito, em nosso tempo passou a desenvolver-se até mesmo uma cultura do acaso, e sua presença se faz notória em muitos setores e de diversas maneiras. Tento a seguir rastrear um mapeamento possível do assunto tal como ele se oferece à inspeção do olhar contemporâneo. Deixo, pois, de lado qualquer referência a essa espécie de dignidade maior do caos que lhe emprestavam os gregos clássicos — penso aqui em um Hesíodo: "no início teve origem o caos", e do caos fez-se o cosmos —,[12] ou à existência do acidente bruto, que se encontra mais ou menos disseminado em praticamente tudo. Restrinjo-me à cultura do acaso tal como ela se oferece à experiência do homem de hoje.

Verifica-se em nosso tempo, dizia, uma espécie de cultura do acaso, uma educação para o acaso. Uma primeira modalidade de comportamento que busca tornar presente o acaso pode ser vista numa certa conjugação da previsibilidade com a imprevisibilidade. Tal ambigüidade encontra-se fortemente presente, por exemplo, nas práticas esportivas, a começar pelo futebol. Trata-se aqui de uma experiência que é ao menos acentuadamente contemporânea; a tradição cristã, sabe-se, não se distinguiu por maior dedicação à prática dos esportes. Apenas no século XX surgiriam novamente as grandes praças de esportes, comparáveis aos antigos circos romanos. Hoje, o culto ao corpo associado ao fenômeno do esporte de massa veio modificar substancialmente o panorama.

Um jogo é armado de maneira a garantir a máxima previsibilidade possível, sempre de olho firme nos resultados, e, em boa medida, de fato os sucessos são previsíveis. O técnico é um especialista que calcula todas as forças e os melhores efeitos. O corpo do atleta e suas resistências podem ser medidos, o tipo de talento ou aptidão de cada um deixa-se conduzir em função de estratégias calculáveis, os grupos também são organizados segundo táticas precisas, e por aí afora. Tudo se passa, portanto, como se o grau de racionalidade compatível com a organização de uma partida de futebol pudesse atingir um nível considerável — todo o afinco dos técnicos regula-se justamente por tal idéia. Essa racionalidade fortalece-se ainda mais dada a existência de regras convencionais, que devem ser obedecidas por todos. Na primeira metade do século, Brecht percebeu com muita argúcia uma certa dualidade que invade os espectadores de uma partida de boxe, o grande esporte de massa na época.[13] O dramaturgo de *Na selva das cidades* chama a atenção para essa estranha espécie de contradição que determina o comportamento do espectador: de um lado, uma irracionalidade que chega à beira de um certo histerismo, e, de outro, a perfeita atenção ao cumprimento das regras do jogo, acusando a presença de um espírito crítico que não adormece jamais. Um espetáculo esportivo obedece, portanto, a diversas e exigentes formas de racionalidade. Contudo, parece que a própria vida do jogo decorre da exploração dos acasos, do imprevisível, a racionalidade tropeça em ardis que configuram precisamente as virtudes do acaso: nada mais enfadonho do que um jogo restrito a artifícios racionais. De resto, a junção do previsível com o imprevisível, que abre como que por um certo fascínio as portas para o acaso, é constatável em muitas formas de comportamento social, inclusive em manifestações populares de ordem política.

Uma outra modalidade de cultivo do acaso encontra-se na proliferação dos jogos de azar, que, também eles, tomaram um desenvolvimento em nosso tempo que corre paralelo à expansão dos meios de comunicação. Pense-se, por exemplo, nas muitas formas de loteria. Aqui, persegue-se a construção do acaso. A previsibilidade deve ser o mais possível excluída, e, se se fizer atuante, é que a construção foi malfeita. A loteria só é plenamente ela mesma na vitória absoluta do acaso. O advento de sofisticadas aparelhagens permite a multiplicação de jogos aleatórios que se perdem no infinito; nunca existiram tantas possibilidades de convívio com o acaso construído quanto hoje. Compete, assim, falar em uma cultura do acaso. Nem causa surpresa, em conseqüência, que essa freqüentação do acaso se fizesse atuante também nas artes plásticas e nas musicais, para não falar da literatura: logo vem à lembrança o consagrado "jogo de dados", de Mallarmé, e ter-se-ia de averiguar até que ponto o acaso não pertence à índole mais profunda de um movimento literário de proa, como o da poesia concreta. Não preciso ir além da simples enumeração, tamanha é a fartura: nas artes plásticas são exemplos de construção do acaso o tachismo, os móbiles de Caldwell, e tantas outras coisas; na música, ouve-se com freqüência falar em música aleatória, e talvez se possa dizer que o jazz torna-se propriamente jazz no momento em que se desprende de suas bases não jazzísticas e se assume como pura obra do acaso.

Além do que chamei de previsibilidade e de construção, o acaso invade ainda outros campos. Fico inicialmente em maneiras de elucidação do plano ôntico, e destaco aqui apenas três ciências. A primeira é a física contemporânea.

Sabe-se do rigor da física clássica em seu determinismo racionalista, que domina os últimos séculos de toda a ciência e para o qual, evidentemente, o acaso não poderia encontrar guarida na enunciação científica. Um último eco dessa posição, encontramo-lo na famosa provocação de Einstein, no Congresso de Solvay, em Bruxelas, inconformado com os seus colegas que se entusiasmavam ao defender as relações de indeterminação: "Deus não joga dados".[14] E a resposta de Niels Bohr veio pronta: "Mas não é nossa tarefa prescrever a Deus como ele deve reger o mundo".[15] E, de fato, nem se percebe o que a teologia poderia fazer no âmbito da ciência, a não ser empurrando-a para o nível do "pré-conceito". Mas foi assim que Deus, via Einstein, perdeu mais uma batalha. E observe-se que não é sem estranha surpresa que Heisenberg põe-se a "colecionar todos os argumentos para provar que as inconstantes (*Unstetigkeiten*) constituem um traço autêntico da realidade".[16] A partir daí, torna-se usual falar em indeterminismo e em leis estatísticas, de probabilidade.[17] Tudo seria obra do acaso? O cosmos derivaria do caos? Ao menos para Heisenberg, não é bem assim.

Há uma palavra que aparece com certa freqüência no último livro de Heisenberg, sua belíssima autobiografia, e que é, afinal, a biografia da própria física contemporânea: simetria. Permito-me citá-lo: ' "No princípio era a simetria' — esta frase é certamente mais correta do que a de Demócrito: 'no princípio era a partícula'. As partículas elementares incorporam as simetrias, elas são sua expressão mais simples, mas são de fato uma conseqüência das simetrias". E então segue-se uma frase decisiva para o nosso tema: "Na evolução do cosmos o acaso só entra em jogo mais tarde".[18] Existe, portanto, o acaso, mas ele não é primeiro. Heisenberg acrescenta ainda que "[...] a teoria contém um elemento de contingência, isto é, o acaso, ou melhor: aquilo que só acontece uma vez (*das Einmalige*) e que não pode mais ser explicado desempenha na teoria um certo papel".[19] Tento tornar mais claro o que diz nosso cientista com outra citação sua: "Creio que se deva fazer no domínio do contingente uma distinção fundamental entre o que só acontece uma vez (*einmalig*) e o ocasional (*zufaellig*). Pois o cosmos só existe uma vez. E assim, no início, encontramos decisões únicas (*einmalig*) sobre as propriedades simétricas do cosmos".[20] O acaso, portanto, sem dúvida existe; a questão está, porém, em saber onde ele começa. Mas continuo a citação: "Mais tarde formam-se muitos sistemas de vias lácteas e muitas estrelas, e nelas incide-se nas mesmas decisões, e em certo sentido todas elas podem, justamente devido à sua abundância e repetibilidade, ser tidas como ocasionais".[21] O impressionante é que o acaso passa a adquirir uma dimensão cósmica, e que um físico da estatura de Heisenberg empregue, no nível do infinitamente pequeno e do infinitamente grande, a palavra *acaso*.

Tomo um novo exemplo de outra ciência, e aqui também apoiado em um único autor: o biólogo francês Jacques Monod. Monod não teme o radicalismo. É numa linguagem decidida e sem nuanças que escreve, por exemplo:

Conhecem-se hoje centenas de seqüências, correspondentes a proteínas variadas, extraídas dos mais diversos organismos. Dessas seqüências, e de sua comparação sistemática ajudada por meios modernos de análise e de cálculo, pode-se hoje deduzir a lei geral: é a do acaso. Para ser mais preciso: estas estruturas acontecem "por acaso" no sentido de que, conhecendo-se exatamente a ordem de 199 resíduos em uma proteína que compreende duzentos, é impossível formular qualquer regra, teórica ou empírica, que permita prever a natureza do único resíduo ainda não identificado pela análise.[22]

Pode-se falar, segundo Monod, em "invariância de estruturas", ou seja, dizer que "esta seqüência *atual* não foi de forma alguma sintetizada ao acaso, já que esta mesma ordem encontra-se reproduzida, praticamente sem erro, em todas as moléculas da proteína considerada".[23] Acontece que tais estruturas e suas invariâncias são segundas, e em primeiro lugar está o acaso. A "mensagem", utilizando-se de "todos os critérios possíveis, parece ter sido escrita ao acaso".[24] Faço mais uma citação:

Na ontogênese de uma proteína funcional, a origem e a filiação da biosfera inteira se refletem, e a fonte última do projeto que os seres vivos representam, perseguem e realizam revela-se nesta mensagem, neste texto preciso, fiel, mas essencialmente indecifrável que constitui a estrutura primária. Indecifrável porque, antes de exprimir a função fisiologicamente necessária que ela realiza espontaneamente, ela não revela em sua estrutura senão o acaso de sua origem. Mas tal é, justamente, o sentido mais profundo, para nós, desta mensagem que nos vem do fundo das idades.[25]

Portanto, Monod estende a sua análise desde o elemento mais primário até a origem da biosfera, e a palavra definitiva e originária termina sempre sendo *acaso*.

A situação do acaso no plano ôntico pode ser alargada ainda mais se tomarmos um terceiro exemplo: a psicanálise. Há uma página na obra *Nova série de conferências para uma introdução à psicanálise*, de 1933, em que Freud chega a usar uma palavra sem dúvida rara ao longo de sua obra: caos. Neste texto, ele fala sobre o id (*Es*), sobre essa "parte obscura, inacessível de nossa personalidade", e que "só se deixa descrever enquanto contraposta ao eu": "Nós nos aproximamos do id com comparações, chamamo-lo um caos, uma caldeira cheia de fervilhante agitação".[26] Claro: para o nosso tema, o id só poderia oferecer um prato copioso. O id não tem "nenhuma organização", nele não funcionam "as leis lógicas do pensamento, e antes de tudo não vale o princípio de contradição": "não há no id nada que possa ser equiparado à negação", como também não se pode falar em espaço e tempo: "não se encontra nada no id que corresponda à representação do tempo, ne-

51

nhum reconhecimento de uma seqüência temporal". E, evidentemente, o id não conhece a valoração, o bem e o mal, a moral.[27] Dispenso-me de fazer a distinção entre o acaso e o caos, digamos apenas que o caos é como que a acumulação do acaso.

De certo modo, Nietzsche foi o grande antecipador de toda essa temática. Ouça-se Zaratustra: "Eu vos digo: ainda deve-se ter caos dentro de si, para poder dar à luz uma estrela-bailarina".[28] O caos desempenha agora o papel de uma força construtora, criativa. É ainda o profeta dos tempos futuros que fala: "Apiedavam-se de meus acidentes e acasos — mas minha palavra diz: deixai vir a mim o acaso; ele é inocente como uma criancinha!".[29] Parece que, por tais caminhos, abrem-se as possibilidades para uma fundamentação ontológica do acaso. E as análises precedentes são mais do que suficientes para autorizar amplas expectativas filosóficas sobre o assunto. Mas não é bem isso o que se verifica no pensamento do século XX. Não que o tema do acaso não exista, muito ao contrário: é que ele está tão presente que quase se confunde com a natureza geral da filosofia contemporânea, ainda que a palavra *acaso* seja apenas uma entre outras. E não caberia inferir daí, como fez Lukács, uma tese que pretendesse generalizar o irracionalismo. São antes certas distinções tradicionais, em seu aspecto hegemônico, tais como racional-irracional, a dicotomia sujeito-objeto, o universal e o singular, que começam a ser revistas. Como também não se deve esquecer que atravessamos hodiernamente uma crise sem precedentes na história; sem precedentes, quer dizer: não se trata mais da crise particular que caracteriza a passagem de um período para o subseqüente, em que este pretende superar o anterior, e sim de uma crise que assola os próprios pressupostos do todo da cultura ocidental. E já por aí se entende que as estruturas racionais muito rígidas comecem a periclitar, ou passem por processos radicais de formalização.

Mas, seja como for, não é difícil entender que o acaso não poderia deixar de se fazer atuante nas filosofias mais representativas de nossos dias — precisamente naquelas que começam a estabelecer as bases de uma especificidade do pensamento contemporâneo, em oposição não apenas à filosofia moderna mas mesmo à totalidade do pensamento ocidental. E é assim que o acaso como que ronda ou é abertamente proclamado em correntes como o historicismo, o vitalismo, as chamadas filosofias da existência, e outras mais. A idéia de normatividade sofre invectivas radicais e desfalece em sua necessidade: ou bem ela é recusada de vez, como acontece na estética, ou então torna-se ao menos suspeita, ou geradora de hipocrisia, como se observa na ética. Ou pense-se no contingencialismo de epistemólogos como Renouvier, Boutroux e Poincaré, sem esquecer os anglo-saxões, e, na Alemanha, o empiriocriticismo de Mach e Avenarius. Ou, ainda, na pré-racionalidade do élan vital, de Bergson. E como interpretar, na perspectiva do acaso, os insondáveis "mandados do ser" heideggerianos, ou o "ser selvagem" de Merleau-Ponty? Guardo-me do temerário esforço de querer catar o acaso em todas as esquinas — mas o tema é indubitavelmente avassalador e exige ser estudado.

Dou um exemplo peculiarmente significativo para o pensamento que surgiu entre as duas grandes guerras mundiais: Sartre. A intuição originária do existencialismo sartriano está precisamente no acaso, e neste particular está longe de ser uma exceção. O tema aparece já na primeira novela, *A náusea*, de 1938. Convém citar:

> O essencial é a contingência. Quero dizer que, por definição, a existência não é a necessidade. Existir é *estar aí*, simplesmente; os existentes aparecem, deixam-se *encontrar*, mas não se pode jamais *deduzi-los*. Há pessoas, creio, que compreenderam isso. Mas tentaram superar essa contingência inventando um ser necessário e causa de si. Ora, nenhum ser necessário pode explicar a existência: a contingência não é um falso semblante, uma aparência que se possa dissipar; ela é o absoluto e, conseqüentemente, a gratuidade perfeita. Tudo é gratuito, este jardim, esta cidade e eu mesmo.[30]

De maneira em tudo análoga à cartesiana, trata-se de uma "iluminação", de uma intuição originária e fundante, que autoriza o asserto: "Todo existente nasce sem razão, prolonga-se por fraqueza e morre por acaso".[31] Persegue-se, pois, uma afirmação de caráter ontológico, que diz respeito à generalidade de tudo o que existe, e que afeta de modo especialmente intenso a realidade humana. Recusa-se a necessidade, como também a existência de qualquer modalidade de sentido anterior e condicionante da ação do homem. A criatividade humana já começa por aí: ela inventa o sentido. E observe-se que, longe de validar qualquer forma de pessimismo ou de negativismo, Sartre propõe nada menos do que a instauração de um novo humanismo — fundamentado no acaso.

Um detalhe apenas aparentemente secundário: as citações feitas de textos de Sartre foram extraídas de uma novela. E é com algumas considerações sobre literatura que concluo este ensaio. Aqui também o acaso invade amplamente os horizontes. Nem há exagero em afirmar que a literatura, de modo geral, tornou-se essencialmente uma literatura do acaso. O que Sartre afirma da realidade e da existência humana estende-se também às artes e à literatura; com efeito, se tudo é contingência radical, a contingência se faz matéria-prima da literatura. O tema prende-se à derrocada do conceito de imitação enquanto contraposto ao conceito de cópia — o desaparecimento do primeiro promoveu o segundo, que sempre fora preterido. Digamos que a imitação liga-se de algum modo à necessidade, ao passo que a cópia não vai além da contingência efêmera. Destaco aqui apenas dois aspectos que permitem entender a necessidade que alimenta todo o processo da imitação — e indico o estrito suficiente para melhor aceder ao horizonte da cópia e, portanto, ao acaso.

O primeiro refere-se ao caráter essencialmente normativo de toda estética tradicional. Parte-se da convicção de que há normas bem precisas que devem presidir, por exemplo, a confecção de uma tragédia, normas que funcionam como critério, que julgam a validade de uma determinada obra. Ou melhor: as poéticas tradicionais repousam invariavelmente sobre três pressupostos indiscutíveis, dogmaticamente aceitos. O primeiro, fundamental, é que existe uma Natureza, ou uma essência, ou um mundo de Idéias divinas, que constituem a medida última e definitiva da obra de arte. O caráter necessariamente pedagógico da imitação decorre justamente dessa sua missão de presentificar o que se chama com justeza de universal concreto: os deuses e as deusas, o Cristo, a Virgem, os santos, os reis e heróis — toda a galeria de personagens que incorporavam os universais concretos e que emprestavam à arte a sua missão essencialmente educativa: os universais são modelos, exibem um caráter paradigmático destinado a educar a coletividade. A educação se processava, por conseguinte, através dos universais, e ela visava a universalização do homem. O segundo pressuposto encontra-se na convicção de que os universais podem ser imitados. Não se trata de repetir simplesmente o que se vê, ou de pôr a família do rei Édipo em cena, mas sim de estabelecer uma relação vertical entre o nosso mundo e os universais concretos, entre a desmedida de Édipo e a deusa Justiça: o nervo da imitação reside na exploração dessa verticalidade. E o terceiro pressuposto viabiliza a imitação, dita as normas que devem ser aprendidas para efetivá-la, mostra a prática que deve orientar o ensino da arte nas escolas e academias. Nem é preciso acrescentar que se parte da crença de que os três pressupostos são supra-históricos, verdades perenes e inamovíveis. O caráter necessário da arte é como que deduzido destes três pressupostos — e o acaso fica relegado às intrigas do acidental.

O segundo aspecto que permite bem entender essa dimensão de necessidade da arte decorre da presença do herói. Os aspectos puramente subjetivos e particulares do herói não devem aparecer. A dimensão estritamente individual é precisamente o que vai ser objeto da cópia, que já não oferece nenhum comércio com o universal. Hegel viu muito bem o problema: o herói integra a "substância objetiva" de uma nação, e é nesse nível que ele desempenha o seu papel; no jargão hegeliano, ele une o em-si e o para-si, é o ponto de unificação das aspirações nacionais, nele a nação encontra o seu conceito, a sua consciência coletiva. Por isso, ele é a necessidade, sem herói não há nação enquanto idéia coletivamente assimilada. Entende-se, em decorrência, que a presença do herói permaneça intimamente vinculada à problemática da imitação, e que a crise do herói e seu desaparecimento no decurso da literatura burguesa sejam fenômenos que permanecem vinculados. O dessoramento da imitação tira ao herói a essência mesma de sua possibilidade. E é então que a cópia, sempre marginalizada no passado, começa a adquirir ares de cidadania. Mas com tão sérias mudanças destitui-se de qualquer relevância aquela dimensão de necessidade inerente à arte da imitação. Assim como perde sentido também falar em função pedagógica da arte na acepção de aprendizado do universal. A literatura passa a limitar-se agora ao mundo do efêmero, esquece a verticalidade imitativa e explora a horizontalidade da cópia; ela se entrega à mostração de uma multiplicidade que se renova sem nenhum referencial absoluto.

Evidentemente, não caberia reduzir toda a arte de nosso tempo à cópia, nem mesmo ao problema da cópia — mas é na sua vizinhança que tudo se move. Sabe-se que a cópia chega a ser soberana com o naturalismo. Depois, começa a manifestar sérias e muito diversificadas formas de descontentamento: pense-se no expressionismo, ou então num autor tão insuspeito quanto Brecht com o seu realismo social. E o mesmo deve ser dito em relação à estética; é claro que as indicações de Heidegger para pensar a verdade da obra de arte a partir dos conceitos de terra e mundo transcendem o plano ôntico da cópia e instalam-se no ontológico. Esse espaço ontológico que se abre para pensar a obra de forma alguma implica uma reabilitação, mesmo camuflada, do velho conceito de imitação. E é claro, também, que a quase-totalidade da literatura atual move-se sob o patrocínio da cópia. Mas não entro nestes problemas todos. O que foi dito até aqui é suficiente para que se veja o quanto o acaso se faz presente nas artes contemporâneas — com a cópia e com a pós-cópia.

Para concluir, faço tão-só uma referência a um problema que mereceria uma ampla consideração. Tratar-se-ia de proceder ao inventário do lugar da ruptura entre imitação e cópia — justamente o interregno em que medra o acaso. Do ponto de vista da sua história, no correr dos últimos séculos de evolução da arte, imitação e cópia coexistem e até se entrecruzam, como acontece na alegoria. A imitação, progressivamente mais enfermiça, avança até fins do século passado, com o neoclassicismo e as diversas formas de academicismo, para só então desaparecer. Já a cópia começa a manifestar-se com o surpreendente viço da novidade nos inícios da cultura burguesa. Pense-se, para lembrar o que se passa nas artes plásticas, no surgimento da paisagem e da natureza-morta, coisas que nada devem à imitação. Ou considere-se este gênero destinado a conhecer um favor crescente, que é a biografia; seria simplesmente inócuo pretender que um livro como *As confissões*, de santo Agostinho, pudesse ser entendido tão-somente como o relato da vida de um homem particular: o que o bispo faz é descrever o seu itinerário ascensional de aproximação da santidade, na assídua vizinhança do mundo divino; Agostinho se dá como exemplo de universalização humana, e isso é imitação. Com o advento da burguesia, a biografia, já em seus inícios renascentistas, e ainda que um tanto empanada por elementos exóticos e aventuras estrangeiras, concentra-se em mostrar a existência de tal homem, datado, preso aos limites de sua singularidade, e isso é cópia.

A clareza da distinção feita, entretanto, não consegue esconder certas ambigüidades ao longo desse rico itinerário. Cito um caso. É bem conhecido o texto de Baudelaire, intitulado "Le peintre de la vie moderne", em que o poeta faz o elogio do fugitivo: "A modernidade é o transitório", diz ele, "o fugitivo, o contingente, a metade da arte, cuja outra metade é o eterno e o imutável". Ao que tudo indica, Baudelaire apóia um pé na cópia (só falta a palavra *acaso*) e o outro na imitação, presa ao eterno e imutável. E o poeta continua: "Este elemento transitório, fugitivo, cujas metamorfoses são tão freqüentes, não tendes o direito de desprezá-lo ou de dispensá-lo".[32] Acontece que Baudelaire dá um exemplo desse elemento transitório que não deixa de ser um tanto duvidoso, principalmente se se pensar que o ensaio foi escrito no décimo aniversário da morte de Balzac. Eis o exemplo fornecido por Baudelaire: "Se ao figurino da peça, que se impõe necessariamente, substituirdes um outro, cometereis um contra-senso que só pode ser desculpado no caso de uma mascarada inventada pela moda".[33] Ora, o efêmero, com tal exemplo, torna-se por assim dizer exterior demais. O que parece ter escapado a Baudelaire é o entendimento de que, agora, o efêmero se tornou a própria essência da arte — e o exemplo não vai além da decoração. O que se verifica, entretanto, é que tudo se fez transitório: as personagens, os temas, as situações, as próprias normas quando as há. Realmente, nosso poeta se situa numa perspectiva geral, e aspira a uma espécie de síntese entre o antigo e o moderno, ou entre o efêmero e a eternidade, como se se tratasse da possibilidade de algum tipo de novo classicismo. Não fosse assim, como entender uma declaração como a seguinte?

> Infeliz daquele que estuda nos antigos outra coisa que não a arte pura, a lógica, o método geral! E, por aí permanecer em demasia, perde a memória do presente; ele abdica do valor e dos privilégios fornecidos pela circunstância; porque quase toda a nossa originalidade deriva do carimbo que o *tempo* imprime em nossas sensações.[34]

Observe-se: este tempo, na linguagem de Baudelaire, é o lugar de uma síntese, e nada tem em comum com a consciência histórica, ou com o processo que fez passar da imitação para a cópia.

Walter Benjamin, com seu agudo senso histórico, justamente em seu ensaio sobre Baudelaire, usa uma expressão muito feliz: "mimese da morte".[35] Infelizmente, ao menos nesta passagem, Benjamin não explora a expressão, ela aparece quase acidentalmente e como que adstrita ao plano biológico da atonia. Mas Benjamin poderia ter ligado a imitação da morte a um outro tema, que, aliás, é discutido por ele neste ensaio, o da antiguidade, ou então, para falar com Proust, "o papel das cidades antigas na obra de Baudelaire",[36] a começar por Roma e principalmente pela onipresença de Paris na obra do poeta, ou da antiguidade de Paris inscrita na modernidade. A morte poderia ser entendida então de duas maneiras. A morte se faz presente através das ruínas antigas e das quase ruínas em que todo o passado se resolverá; e, de certa maneira, cabe falar aqui em imitação (no sentido definido anteriormente), ainda que se trate apenas de qualquer coisa como uma imitação de segundo grau: contemplar hoje a ruína do passado é ver a cópia daquilo que foi — já que a vigência do imitado desapareceu. A imitação da morte preserva, porém, um certo ar de família, e a morte acaba sendo a nostalgia da antiga imitação. Mas a morte oferece ainda um outro sentido: é que, se a arte de nosso tempo tem por objetivo o efêmero, o transitório, compete à arte assumir esse efêmero em sua condição própria de efemeridade, enquanto realidade passageira; mas, neste caso, já não faz mais sentido falar em imitação. A veneração baudelairiana, sugerida por Benjamin,[37] pelas belas ruínas romanas das gravuras de Piranesi talvez nada mais faça do que acobertar a nostalgia do passado, essa mesma nostalgia que está presente também no comentarista Benjamin, como evidencia, por exemplo, o seu conhecido conceito de aura.

A nostalgia é uma moeda com duas faces. De um lado, vê-se a esfinge do passado, o desejo de manter vivo todo o mundo da imitação. Mas, do outro lado, topa-se com a brutalidade quantitativa, da cópia efêmera e repetitiva, porque já não tem fundo. No entanto, tudo bem considerado, a duplicidade da nostalgia revela-se falsa, ainda que sempre possível no reino das vivências: é que o museu imaginário abarca toda a história da arte, inclusive a arte contemporânea. E, com isso, a duplicidade nostálgica cai por terra — a imitação já não consegue ostentar a menor possibilidade de vigência. No fundo, não se trata de escolher entre a antiga imitação e que se transmutou em imitação da morte, e a cópia fugidiça, mas sim de aceitar que o passado só funciona em nossos dias como cópia, como peça de museu, e a peça de museu vive precisamente da falsificação do conceito de eternidade, ou de necessidade, característico da arte imitativa: a antiga e hoje desusada eternidade era não mais que a presentificação do instante absoluto, o esplendor da Verdade; ao passo que a eternidade do museu apenas encobre a sucessão no tempo, e mascara aquilo que toda a arte chegou a ser em nossos dias: o acaso radical. Porque a eternidade é mentira — sempre: o templo de Apolo já não se encontra em nenhuma encruzilhada, e a figura do deus é hoje necessariamente torso. Mesmo a linguagem do recentíssimo Shakespeare começa a fazer-se ininteligível, transmuda-se em fragmentos.

Que não se interprete toda a análise feita como mero elogio do acaso — o elogio só é compatível com a filosofia se for filosofia do elogio, ou seja, quando o elogio deixar de ser elogio e passar a ser coisa pensada. O que pretendi foi apenas colocar o tema do acaso enquanto *problema*. Contudo, espero ter deixado entrever também que cabe falar em cultura do acaso e em educação por um acaso transido de fugacidade, já que o efêmero constitui, antes de tudo o mais, o reino humano por excelência.

NOTAS

(1) V. "Os dois patamares", in *Revista Filosófica Brasileira*, ed. UFRJ, nº 3, v. IV, 1988, p. 15.

(2) Cf. Siegfried Melchinger, *Das Theater der Tragödie* (Munique, C. H. Beck, 1974), pp. 195-6.

(3) Régine Pernoud, "Le théâtre au Moyen Âge", in *Histoire des spectacles* (Paris, Gallimard, 1965), p. 566.

(4) G. W. F. Hegel, *Grundlinien der Philosophie des Rechts* (Frankfurt, Suhrkamp, 1970), p. 24.

(5) Idem, ibidem, p. 25.

(6) Veja-se nosso texto "Filosofia e sistema", in *Introdução ao filosofar* (Porto Alegre, Globo, 1969), pp. 101 ss.

(7) Martin Heidegger, *Ser e tempo*, trad. Márcia de Sá Cavalcanti (Rio de Janeiro, Vozes, 1988), v. I, pp. 108 ss.

(8) O livro de Cournot tem dois volumes; o acaso é discutido no volume I, parágrafo 31. Veja-se sobre o tema, de Hilton Japiassu e Danilo Marcondes, *Dicionário básico de filosofia* (Rio de Janeiro, Jorge Zahar, 1990), verbete "Acaso".

(9) G. W. F. Hegel, *Enzyklopädie der philosophischen Wissenshaften* (Frankfurt, Suhrkamp, 1970), v. I, p. 48.

(10) Idem, ibidem, v. II, p. 34.

(11) Idem, ibidem, v. II, p. 35.

(12) Constitui, sem dúvida, um problema interessante saber das diferenças entre a concepção que os antigos gregos tinham do caos da que se vê disseminada em nosso tempo, que o faz mais ou menos sinônimo de confusão irracional; hoje, o caos é visualizado a partir de algo como um irracionalismo radical. A acepção grega é bem mais ampla. O *Dictionnaire grec-français* (Paris, E. Belin, 1953), de Émile Pessonneaux, por exemplo, distingue diversos significados emprestados pelos gregos à noção de caos, e que, *textes à l'appui*, são os seguintes: 1) confusão dos elementos; 2) extensão infinita, no

espaço e no tempo; 3) grande abertura, abismo; e 4) obscuridade, trevas, o inferno. Estes quatro itens, contudo, não esgotam o elenco dos possíveis. Nietzsche, para citar um intérprete importante, vê no caos de Anaxágoras uma imobilidade primordial, ainda alheia à ação do Espírito (*Nous*), antes que este provoque o "momento inicial do movimento", origem do vir-a-ser, num tempo originário (*Die Philosophie im tragischen Zeitalter der Griechen*, Leipzig, Kröner, 1930, p. 325). A recente interpretação de Jean-Pierre Vernant, *Mito e pensamento entre os gregos* (Rio de Janeiro, Paz e Terra, 1990, p. 352), para dar mais um exemplo, une os itens 3 e 4: "Na origem, acha-se Caos, sorvedouro sombrio, vácuo *aéreo* onde nada é distinto. É preciso que Caos se abra como uma goela, para que a Luz e o Dia, sucedendo-se à Noite, aí se introduzam, iluminando o espaço entre a terra e o céu, doravante desunidos". A acepção mais controvertida é a primeira, que fala em confusão; a contrapartida para tal confusão encontra-se na bela interpretação de Eudoro de Souza, que cito em seu núcleo: "O cosmos está para o caos como o *logos* está para o mito, como o produzido está para o producente. O lógico e o cósmico vinculam-se um ao outro, como um a outro se vinculam o mítico e o caótico, e os dois vínculos se identificam no que une o producente com o produzido" (*História e mito*, Brasília, Ed. Universidade de Brasília, 1981, p. 65).

(13) Bertolt Brecht, *Mehr guten Sport!* e *Das Theater als sportliche Anstalt*, nos volumes I e II, respectivamente, de *Schriften zum Theater* (Frankfurt, Suhrkamp, 1963).

(14) Werner Heisenberg, *Der Teil und das Ganze* (Munique, DTV, 1973), p. 99.

(15) Idem, ibidem, p. 100.

(16) Idem, ibidem, p. 90.

(17) Idem, *Das Naturbild der heutigen Physik* (Hamburgo, Rowohlt, 1955), p. 28 ss.

(18) Idem, *Der Teil und das Ganze*, p. 280.

(19) Idem, ibidem, p. 278.

(20) Idem, ibidem, p. 279.

(21) Idem, ibidem.

(22) Jacques Monod, *Le hasard et la nécessité: Essai sur la philosophie naturelle de la biologie moderne* (Paris, Seuil, 1970), p. 110.

(23) Idem, ibidem, p. 111.

(24) Idem, ibidem.

(25) Idem, ibidem, p. 112.

(26) Sigmund Freud, *Studienausgabe* (Frankfurt, S. Fischer, 1969), v. I, p. 511.

(27) Idem, ibidem, pp. 511-2.

(28) Friedrich Nietzsche, *Also sprach Zarathustra* (Stuttgart, Kröner, 1956), p. 13.

(29) Idem, ibidem, p. 193.

(30) Jean-Paul Sartre, *La nausée* (Paris, Gallimard, 1938), p. 166.

(31) Idem, ibidem, p. 169.

(32) Charles Baudelaire, *Oeuvres* (Paris, Gallimard, 1956), p. 892.

(33) Idem, ibidem.

(34) Idem, ibidem, p. 894.

(35) Walter Benjamin, "Charles Baudelaire: um lírico no auge do capitalismo", in *Obras escolhidas III* (São Paulo, Brasiliense, 1989), p. 82.

(36) Idem, ibidem, p. 87.

(37) Idem, ibidem.

IMAGINAR E PENSAR

Maria Rita Kehl

PRECONCEITOS, OU NEM TANTO

Preconceitos sobre a televisão são quase tão antigos quanto a própria televisão. Que a televisão emburrece; que "aliena"; que hipnotiza ou que vicia, são lugares-comuns tão velhos que de alguns anos para cá críticos e intelectuais vêm tentando se livrar deles ou pelo menos superá-los, como se tenta superar as superstições que surgem diante de inventos e inovações ainda mal compreendidos ou assimilados.

No entanto, não estou certa de que tais preconceitos sejam completamente dispensáveis — talvez seja o caso de refletir melhor e verificar se não se tratam de verdadeiros conceitos, deduzidos quando a experiência de se ver televisão ainda não tinha se tornado um hábito tão banal e cotidiano como é hoje. Um fato que não pode passar despercebido (infelizmente, a favor dos tais "preconceitos") é que nossa era, a chamada era da informação e da comunicação, não vem assistindo em decorrência disso a nenhum avanço no sentido do aperfeiçoamento do pensamento, da organização social e da racionalidade. Se nos anos 60 as primeiras imagens mostradas ao vivo sobre a Guerra do Vietnã, por exemplo, mobilizaram a opinião pública, escandalizaram o mundo e produziram uma rápida e brutal consciência a respeito do horror da guerra — contribuindo para pôr fim a ela —, nos anos 90 a guerra no golfo Pérsico é transmitida pela televisão como um espetáculo excitante, um Indiana Jones em grande escala para diversão dos espectadores que torcem para que o "grande justiceiro" consiga eliminar Satã com métodos eficientes e cheios de efeitos pirotécnicos. Um efeito de pura fantasia produzido pelo modo de transmissão dos fatos de uma guerra de verdade.

O espetáculo de três eleições em anos sucessivos no Brasil, onde a recém-adquirida liberdade de propaganda política pela televisão parecia prenunciar um avanço para o comportamento político da população brasileira infantilizada por vinte anos de restrições democráticas, provou que a presença da televisão por si só não significa nada: o comportamento do eleitorado foi decidido por fatores antes emocionais do que racionais/políticos, a argumentação fantasiosa sempre pesou mais que a realista (inclusive, suspeito, na eleição dos prefeitos de esquerda em 88) e o efeito *imagem* foi sempre preponderante em relação às tentativas de reflexão de alguns candidatos.

Em vista destes exemplos mais conhecidos de todos nós (outros virão no debate, imagino), proponho-me a examinar a relação do discurso televisivo com o pensamento. Parto do pressuposto de que, no limite, tanto faz o conteúdo deste discurso. O que condiciona uma forma de ver, de "pensar" e de representar o real é a própria linguagem da televisão, com suas características de rapidez, constância, indiferenciação qualitativa entre as imagens mais diversas e principalmente por sua inserção sem descontinuidade no cotidiano das pessoas, o que impede qualquer distanciamento em relação ao que está sendo visto/ouvido na TV.

Começo com a criança, já que é na infância que se formam as condições mínimas para que um sujeito se torne pensante. Vamos observar um pouco o que se passa com este telespectador precoce, indefeso e disponível para ser impressionado pelo discurso da rede imaginária.

A CRIANÇA QUE VÊ TELEVISÃO

Ela está imóvel. Seu corpo se esqueceu de solicitá-la, a não ser por uma inquietação de bicho-carpinteiro que faz com que ela assuma as posições mais variadas na cadeira, na almofada, no tapete. Só um ponto do corpo permanece fixo: o olhar, fixado na tela luminosa do aparelho, capturado pela variação incessante de imagens e sons. O olhar, "primeiro aparato de apreensão libidinal do mundo",[1] aquele que dá início a uma série de novas apreensões até a construção de uma identidade pessoal, pela via das identificações. Olhar que funciona sempre como antecipação da relação com o objeto, pois capta sua imagem antes — antes de quê?, antes que a palavra o nomeie, o corpo o possua, antes que a própria ausência obrigue a criança a simbolizá-lo.

É este olhar o canal que está inteiramente investido, inteiramente concentrado na relação da criança que assiste à televisão com a rede imaginária — e a criança nessa hora também faz parte da rede, se liga em cadeia nacional, cadeia de contatos imediatos de imaginário a imaginário.

A propósito:

As formações do inconsciente têm sempre uma ordem de realidade indissociável da ordem social. A fantasia é social: o inconsciente existe porque existe o outro ou os outros, os pais, representantes de um discurso que é cultural e portanto social. As fantasias infantis são tentativas de a criança metabolizar o social, a ordem, a lei: em primeira instância o sujeito recebe e registra imaginariamente o mundo, isto é, como que "alucina" o mundo, de acordo com a única lógica que seu psiquismo conhece: a da realização de desejos.

Tudo isto deve ser escrito entre aspas, tudo isto é teoria,[2] mas deve servir para nos esclarecer um pouco a respeito do poder dessa relação dual — criança diante da TV. Nenhuma outra demanda se interpõe entre eles, nenhum outro objeto tem maior poder de captação libidinal. Há momentos em que nada interrompe a relação entre a criança e este representante privilegiado da ordem social, este que é capaz de se propor a ela como objeto *total*, o que nunca se ausenta, não frustra, não abandona; capaz de fazer cessar tensões internas, capaz de fazer a criança esquecer seus desejos; este cujo código não tem lacunas, nem silêncios, não permite a dúvida nem a angústia. Um objeto de produção contínua de presença e de discurso.

Relação dual com um objeto total; mas não é isso o que se diz da relação da criança com seu primeiro objeto, a mãe?, relação que funda o imaginário (o código da realização de desejos) e cujo corte é essencial para que o pequeno se transforme em sujeito pela via do simbólico? Aí está a criança diante da TV refazendo os moldes da sua primeira relação de amor.

Aí está a criança entregue pela família aos cuidados da televisão. Pela mãe ocupadíssima, pelo pai ausente, pela cidade que se esqueceu de abrir espaços de convivência para ela, pelo isolamento da família nuclear: a relação da criança com a televisão também é determinada pela ordem que a cerca. Aí está ela entregue a este grande Outro, senhor do código e da lei; um código impossível de ser simbolizado justamente porque nunca se cala, e se manifesta em um fluxo de imagens concretas, abundantes, regidas por leis muito semelhantes às que regem as formações oníricas. E que ainda por cima é capaz de — à maneira da mãe do bebê — nomear o tempo todo o desejo da criança e assim nomear quem ela é, mesmo que ela não seja o que o código do Outro lhe diz — mas quem é ela para se dar conta? O que ela pode vir a saber de si e de seu desejo, se todas as suas indagações parecem ser respondidas pelo discurso onipresente da televisão?[3]

As questões fundamentais da existência, as perguntas fundamentais da curiosidade sexual infantil, as chamadas "protofantasias" cujas respostas a criança constrói imaginariamente, formando suas próprias teorias para tentar se manter sempre no lugar da realização de seus desejos — estas perguntas a televisão responde para ela, o tempo todo.

Então a criança se pergunta sobre a cena primária, a cena primordial de amor entre os pais da qual ela própria foi concebida. Pergunta: quem sou eu?, de onde vim?, como fui feita?, que desejo me construiu assim?, como pergunta também sobre o funcionamento das coisas do mundo (questão genérica que abriga a dúvida sobre a origem dos bebês, escreve Freud). E para estas questões constrói suas próprias teorias, cenas imaginárias sobre a origem e o porquê da vida, sobre o começo e o fim dos tempos — pois já sabemos que toda criança se interessa pelas grandes questões da filosofia, ou que os filósofos são simplesmente adultos que não desistiram de sua curiosidade infantil. Mas a televisão oferece respostas mais prosaicas: "Você veio ao mundo porque foi escolhida pela Estrela para brincar com a nova linha de bonecas X"; "Você existe para comer potes e potes de Danoninho". Ou: "O funcionamento de todas as coisas é simples — você pede, a mamãe compra; você aperta o botão, o brinquedo se mexe".

E a criança pergunta também sobre a origem do desejo; a origem daquilo que nela é fome de amor e sabe-se lá do que mais. Daquilo que não se aquieta e nada consegue satisfazer por completo. Ela pergunta: "Mãe, seu amor nunca acaba? Mãe, por que eu quero sempre tanto e sempre mais? O que será de mim quando eu tiver que ficar sem???", e para essas questões também produz suas próprias teorias, como a cena da sedução do bebê por uma pessoa adulta — outra das fantasias inconscientes que fundam o imaginário. Mas a televisão oferece uma resposta bem mais tranqüilizadora: "Eu sempre estarei com você. Eu só quero que você me queira. Eu sou inesgotável, nunca vou te abandonar. Onde eu existo, a falta não existe".

Por último a criança também quer saber sobre a diferença entre os sexos. "Por que é que eu não posso ser também menino (menina)? Quando é que meu pintinho vai crescer? Quem vale mais: quem tem ou quem não tem?" E para isto formula incríveis teorias sobre o dom e a falta, a onipotência e a castração. No entanto, a TV lhe responde: "Você pode ser tudo. Seu pintinho vai crescer quando você comprar a roupa das Tartarugas Ninja. Vai ser a mais desejada da rua, da escola, do quarteirão quando comer os biscoitos vitaminados Tostines".

A televisão universaliza o imaginário, responde com formulações do código social às questões mais subjetivas e não contraria em nenhum momento a lógica da realização de desejos. Quem poderá desencantar esta criança, bela adormecida enfeitiçada pelo espelho que só responde sim às suas tentativas de permanecer onipotente? Quem poderá despertá-la de seu sonho de alienação e devolvê-la ao mundo onde convivem os homens e as mulheres? Um beijo de amor, diz a lenda. E aqui cabe lembrar que o mundo desta criança já foi povoado antes que ela tenha sido entregue aos cuidados da televisão.

LINGUAGEM ONÍRICA E DISCURSO DA TV

Aqui cabe outro rápido corte teórico para esclarecer o que quis dizer quando afirmei que a televisão "fala" a linguagem dos sonhos. O sonho, segundo a teoria freudiana, representa o resultado de uma espécie de negociação, uma "solução de compromisso" entre duas instâncias psíquicas conflitantes: o inconsciente, regido inteiramente pelo princípio do prazer e pela lógica da realização de desejos, e o que Freud na primeira tópica chamou de sistema pré-consciente/consciente, encarregado entre outras funções de manter os conteúdos inconscientes recalcados de modo que o princípio de prazer não venha a interferir (demasiadamente) no nosso modo de funcionamento "normal", regido sobretudo por um princípio de adaptação às restrições e determinações da realidade. E a realidade humana, sabemos, é sempre social, cultural e estruturada pela linguagem.

Se o inconsciente é regido por um princípio e a consciência por outro, se à consciência cabe relacionar-se com o código cultural e o inconsciente permanece preso ao código da realização de desejos, é de se supor que a cada um destes sistemas corresponda uma linguagem diferente. A linguagem da consciência é nossa conhecida, é a linguagem que estrutura nossas relações e nosso pensamento durante a vigília. Já a linguagem do inconsciente — que de vez em quando irrompe à consciência na forma de atos falhos, lapsos, chistes, formações mistas de palavras etc. — se revela sobretudo através dos sonhos.

Por ter se mantido como instância recalcada, apartada do fluxo temporal de experiências que estruturam nossa relação com o real, o inconsciente não conhece outra lei além da lei do desejo; ali o fluxo de energias psíquicas é livre, ali tudo é permitido. Não existe negação, contradição, não existe fim nem morte, não existe a noção de impossibilidade ou de absurdo para o inconsciente; todas as associações, todos os sentidos são possíveis na vasta rede de imagens que forma o repertório inconsciente. Nos sonhos, as imagens se formam e se encadeiam através de dois processos principais: condensação — cada imagem resulta do cruzamento de diversos caminhos associativos e sua força vem do fato de ela sintetizar várias outras imagens, todas relacionadas à realização de desejos — e deslocamento, ou seja, imagens não censuradas recebem a carga psíquica de imagens censuradas associadas a elas, e as "representam" também no sentido da realização de desejos.

Apesar dessa vasta movimentação, dessa incessante criação de sentido, não se pode dizer que exista um pensamento inconsciente no sentido que costumamos dar a esta palavra — um processo de criação de conceitos através do estabelecimento de relações entre outros conceitos pré-adquiridos. O pensamento exige um certo adiamento da realização de desejos, exige que a palavra se descole da coisa nomeada e perca seu caráter concreto. Para Freud, todo "pensamento inconsciente" revelado de vez em quando no sonho não passa de recordação de pensamentos formulados durante a vigília e repetidos como restos mnêmicos na elaboração onírica. Mais adiante gostaria de apresentar as idéias freudianas sobre as premissas do pensamento abstrato.

O que me interessa por enquanto é estabelecer uma analogia entre a linguagem dos sonhos, reveladora dos processos inconscientes e do modo que chamamos imaginário de representar nossa relação com o real, e a linguagem da televisão. Também ali todos os sentidos são possíveis. O discurso televisivo é criação de código mas não de pensamento, pois o poder de coisa de todas as imagens impede qualquer deslocamento entre o significante e o significado. Também para o discurso televisivo não existe contradição, negação, impossibilidade. A inocência de um desenho animado pode ser interrompida subitamente por um segmento de discurso sobre as propriedades de um biscoito, ao qual se segue um trecho de trailer de um filme da sessão da noite mostrando cenas de sexo e violência, uma chamada para o telejornal anunciando outras cenas de violência real mas sem que nada as diferencie da violência fictícia mostrada há pouco, volta-se a uma propaganda de lingerie, a uma apresentadora de minissaia e finalmente ao desenho animado interrompido. O ritmo, o tom da voz que narra e anuncia, a sintaxe indiferenciada onde não há orações subordinadas, não há alternativas excludentes, não há contradições — tudo isto lembra a linguagem onírica.

Com uma diferença importante: o sonho, diretamente subordinado à realização de desejos, tem um poder de realidade tão intenso que nossa reação emocional é igualmente intensificada. O prazer, a dor, o horror, a angústia que somos capazes de sentir quando sonhamos parecem amplificações exageradas daquilo que sentimos na vigília. Se a criança (ou nesse caso qualquer pessoa) está diante da rede de imagens televisivas como está diante de seus sonhos, como explicar a indiferença com que ela recebe tudo o que acontece na tela? Violência, erotismo, destruição, absurdos, fantasmagorias, nada parece ter o poder de abalar profundamente a criança que vê televisão. Tudo se equivale, tudo é e não é verdade; a única coisa capaz de abalar seriamente o telespectador seria a interrupção do fluxo de imagens. Alguma coisa importante diferencia aqui a criança que vê televisão da criança que sonha, e sua indiferença diante dos conteúdos da televisão (que podemos comparar com a tenebrosa indiferença dos adultos diante das imagens da guerra no golfo Pérsico, como se estas fossem apenas cenas espetaculares produzidas para a TV) sinaliza essa distinção.

É como se (e por enquanto escrevo apenas *como se*) ela se relacionasse não com o real social ou com sua própria realidade imaginária mas diretamente com o código desencarnado de sua cultura. Um código muito específico, que representa ao mesmo tempo a lei e a realização de desejos — ou seja, nesse caso a lei é a própria lei da realização de desejos travestida de código civilizatório. Aqui vale lembrar que o superego para Lacan não é apenas aquele que exige: "Não goza!", mas simultaneamente o que nos impõe: "Goza!" — como se exigisse também do sujeito ocupado em suportar as interdições impostas pelo real, que continue sendo o bebê perfeito do narcisismo materno (que é também seu próprio narcisismo). A norma que rege o código da rede imaginária não é outra que o imperativo do gozo, e neste caso o discurso televisivo, revestido da autoridade de código social, exige a mesma coisa: o gozo, a plenitude, a locupletação.

Pensar na relação da criança com a televisão como uma relação direta com o código, e que não passa necessariamente pela experiência do sujeito com os objetos, é pensar uma relação em que o simbólico é investido das cargas objetais. Ora, esta é exatamente a relação que o psicótico estabelece com o discurso. Aqui peço licença para citar um trecho do texto de Freud sobre o inconsciente em que ele define a relação do psicótico com o discurso:[4]

> Na esquizofrenia ficam submetidas as palavras ao mesmo processo que forma as imagens oníricas partindo das idéias latentes do sonho — o processo primário. As palavras ficam condensadas e transferem suas cargas umas às outras por meio do deslocamento.

Mais adiante, Freud afirma que na esquizofrenia ocorre o "predomínio do que se deve fazer com as palavras sobre o que se deve fazer com as coisas". Ou seja: ao contrário do que acontece na neurose, as cargas de objetos não são mantidas recalcadas, e sim investidas sobre as imagens verbais dos objetos.

Se para o inconsciente palavra e objeto são a mesma coisa (e para Freud as impressões inconscientes dão testemunho das "primeiras e verdadeiras cargas de objeto", as primeiras apreensões subjetivas da realidade antes que a cultura nos ajudasse a ordená-la e nomeá-la), para a consciência a imagem objetal pode ser decomposta em imagem verbal e imagem "de coisa". Isto é importante para se entender mais adiante o processo de pensamento, e é importante também para se entender o paralelo entre a relação do esquizofrênico com o discurso e a relação do espectador com o código televisivo, em que o discurso, predominantemente imagético e independente da referência da experiência, é investido como coisa, estruturado à maneira dos processos primários e regido pela lei da realização de desejos.

Não quero dizer com isso que a criança que assiste à televisão seja psicótica nem que a televisão propriamente dita seja um arremedo de esquizofrenia, e sim que a relação criança-TV remete a criança ao código social segundo o modo psicótico. O código, para este pequeno "espectador da vida", não é regido pelas leis do simbólico, onde o símbolo é arbitrário, humano, social e universal, e sim pelas leis do imaginário, do sonho, do espelho e do narcisismo. A lei em sua forma imaginária, totalitária, não se revela para nós como produto das relações entre os homens e seus acordos, elaborados a partir das experiências e dos conflitos coletivos. A lei imaginária parece sempre ditada por valores transcendentes; é inflexível, é impossível de se transgredir e não permite alterações. No lugar do "é-porque-foi-feito-assim", acredita-se no "é-porque-é" e ponto. A televisão apresenta o mundo à criança na forma de uma ficção totalitária. Diante dela há que se decorar o código e aceitar a norma; e a norma da rede imaginária, a lei dos *mass media* é sempre a mesma: Goza! Atende com urgência ao teu desejo!

O que é que se oculta aqui, nessa ordem onde aparentemente tudo é permitido, tudo pode e deve ser expresso e atuado? Alguma coisa que é justamente da ordem do social. Que a televisão e seu discurso são feitos pelos homens, por exemplo. E, mais ainda, que são feitos por alguns homens específicos e para alguns outros homens; que a lei do gozo exclui necessariamente uma grande multidão de outros homens, e esta é a condição para o gozo de alguns... Mas o mais difícil de se perceber diante do discurso televisivo é que à lei do gozo, tanto quanto a sua contrapartida — a proibição do gozo —, é impossível obedecer.

IMAGINÁRIO E PENSAMENTO

O que é que fica interdito, excluído pela lei do gozo? O pensamento. O pensamento, cuja condição fundamental é a ausência do objeto, algum corte, alguma separação que permita sua reaparição simbólica num outro sistema na forma de palavra — e a liberdade da palavra, nos processos de pensamento, é conseqüência de seu relativo descolamento em relação ao objeto. A liberdade, nos processos de pensamento, é fruto de uma certa possibilidade de simbolizar a lei, perceber seu caráter humano, arbitrário e sobretudo modificável. Em última instância, pensamos para tentar transgredir, ampliar limites, modificar a realidade de modo a possibilitar sempre um pouco mais de prazer. Mas, se pensamos, é porque já fomos apartados do estado do narcisismo primário, regido pela lei do gozo que é a lei do princípio do prazer.

A primeira premissa freudiana sobre o pensamento é que se trata de um substituto da realização alucinatória de desejos. Só um desejo tem o poder de colocar o aparato psíquico em movimento,[5] mas só o adiamento de sua realização (ou a interdição) é capaz de orientar este movimento em relação à realidade em detrimento da satisfação alucinatória, onipotente, imaginária.

> Estes desejos do nosso inconsciente, sempre em atividade e, por assim dizer, imortais, desejos que nos recordam os Titãs da lenda sobre os quais pesam desde os tempos imemoriais imensas montanhas que foram lançadas sobre eles pelos deuses vencedores, e que ainda tremem de tempos em tempos sacudidos pelas convulsões de seus membros; estes desejos reprimidos, repito, também são de procedência infantil...[6]

E mais adiante: "Só um desejo infantil tem o poder de pôr em movimento o aparelho psíquico e produzir, por exemplo, um sonho". Ou um pensamento, acrescento — mas por caminhos muito diferentes dos da produção onírica. Por isso, o pensamento é substituto da — e não idêntico à — realização alucinatória de desejos.

A segunda premissa freudiana sobre o pensamento é que alguma coisa deve ter fracassado, na via da alucinação, para exigir do psiquismo o estabelecimento de um segundo processo, mais trabalhoso, mais lento e cheio de mediações, e que requer do aparato psíquico uma quantidade maior de energia acumulada do que a alucinação (que consiste na descarga imediata da excitação sobre uma imagem, idêntica, para o psiquismo, ao objeto de satisfação). O pensamento é fruto de uma longa evolução psíquica, desde o domínio do princípio do prazer até a possibilidade de representar também o desprazeroso, as experiências de frustração e dor, e assim operar sobre a realidade a partir do registro das experiências de vida.

"As iniludíveis condições da vida", escreve Freud,[7] "vieram perturbar a função simples" (de descarga imediata das excitações). Como se dá esta função mais simples, de realização alucinatória de desejos, que forma a base de funcionamento do imaginário? Voltando a Freud:

> A aparição de uma certa percepção (o alimento, por exemplo), cuja imagem mnêmica fica associada a partir de então com a marca mnêmica da excitação emanada da necessidade, constitui um componente essencial da experiência de satisfação. Quando a necessidade ressurge, surge também, associado a ela, um impulso psíquico que carregará de novo a imagem mnêmica do objeto de satisfação e tenderá a reconstituir [imaginariamente!, observação à parte] a situação da primeira satisfação. *Tal impulso é o que chamamos de desejo* [grifo meu]. A reaparição da percepção é a realização do desejo e a descarga da excitação sobre ela é o caminho mais curto para tal realização...

Reaparição da percepção: o psiquismo dito primitivo, incapaz de pensar, tenta obter a satisfação por meio do que Freud chamou a constituição de uma *identidade de percepção*,[8] ou seja, a repetição da percepção que se acha enlaçada à satisfação da necessidade e que nesse caso se confunde com a própria presença do objeto. O pensamento se vale de uma substituição da identidade de percepção por uma *identidade mental* — a idéia da coisa no lugar de sua reaparição como percepto.

O primeiro caminho, da satisfação imaginária, apesar de sua aparente simplicidade esconde uma frustração crescente na relação do sujeito com o real. Para se relacionar com o real e pensar sobre ele o sujeito psíquico tem de se dispor, no dizer de Freud, a deixar de representar apenas o prazeroso e passar a representar sua experiência em geral, ainda que seja desprazerosa. Tem de abandonar, portanto, o funcionamento regido pelo chamado princípio do prazer.

A terceira premissa freudiana sobre o pensamento é de que ele se dá *na relação entre o imaginário e o simbólico*. O pensamento requer a dupla dimensão da palavra: a simbólica e a relacional, que equivale a dizer — a dimensão cultural, arbitrária, contratual, e a dimensão da experiência, fundada nas tais "primeiras e verdadeiras cargas de objeto". O pensamento requer adiamento da satisfação, mas também requer a experiência da satisfação que faz com que o sujeito psíquico não abandone suas cargas objetais nem de maneira neurótica (recalque) nem de maneira psicótica (substituição do investimento objetal pelo investimento no simbólico).

A definição freudiana do pensamento é complicada mas preciosa:[9] trata-se de um "rodeio desde a recordação da satisfação tomada como representação final, até a carga idêntica da mesma recordação, que deve ser alcançada pelos caminhos que enlaçam as representações, sem se deixar cair em erro pelas intensidades das mesmas". Vale a pena destrinchar esta definição em pelo menos três de seus elementos: (1) que o pensamento é um *rodeio*, ou seja, um caminho mais longo do que a satisfação obtida pelos recursos do imaginário, (2) um rodeio de onde até onde?: "desde a recordação da satisfação tomada como representação final", isto é, um rodeio que parte do registro da satisfação direta com o objeto ou com sua "imagem de coisa" (e aqui reafirmamos a importância dos registros imaginários nos processos de pensamento) e tenta chegar à "carga idêntica da mesma recordação", ou seja, à criação de uma representação não do mesmo objeto mas de um objeto que atraia sobre si "carga idêntica" (permitindo então o mesmo prazer de descarga). Parte-se então do registro imaginário e tenta-se alcançar o simbólico, percorrendo os caminhos associativos entre as representações, sem, no entanto, (3) "se deixar cair em erro pelas intensidades das mesmas". Aqui se repete a insistência freudiana na necessidade de adiamento da satisfação, pois a intensidade com que as imagens associadas à representação final da satisfação são investidas psiquicamente produz as chamadas ilusões. Das quais ninguém está livre, mas que são insuficientes para estruturar uma relação com o real na qual o prazer seja possível. A "desilusão", para Freud, é condição fundamental para qualquer conquista humana sobre a realidade dada.

PENSAMENTO E EXPERIÊNCIA

Voltando à televisão depois deste longo rodeio, não é preciso muito esforço para se entender como é que sua presença massiva na vida da criança, apresentando continuamente a ela imagens que satisfazem seus desejos (e impedindo assim que a criança entre em contato com o desejo não satisfeito), embora não proíba o pensamento, funciona de maneira a torná-lo *desnecessário*. Livre da demanda de se pensar no mundo, "livre" da necessidade de realizar os difíceis caminhos que partem da "recordação da satisfação" para chegar até a "carga idêntica da mesma recordação", a criança se encontra não exatamente presa numa armadilha mas enfeitiçada... pelas "intensidades das representações" associadas aos seus primeiros objetos de prazer.

Por não opor nunca resistência às demandas infantis, por não introduzir nada que seja da ordem da falta, do conflito, do desprazer — até uma guerra atroz pode ser transformada em espetáculo de luz, som e euforia esportiva —, a televisão não permite que a criança simbolize seu discurso. Ela está diante da realidade apresentada pela TV como diante de uma espécie de ficção totalitária onde tudo é possível e ao mesmo tempo *nada tem conseqüências*. A morte não existe no campo do discurso televisivo (ainda que morra gente na tela, o tempo todo).

Quem poderá desencantar esta criança enfeitiçada? O beijo da experiência talvez seja capaz disto — e aqui quero opor a experiência do contato direto com os objetos, a experiência dos riscos reais da vida, das tentativas de transpor limites, da obtenção de alguns sucessos mas também de fracassos neste sentido, à experiência não vivida "adquirida" pela assimilação do discurso televisivo. Se no ser humano o simbólico é feito das experiências de limites — limites fora dos quais não conseguimos sobreviver —, o imaginário são moções de transgressão a estes limites.[10] Um não faz sentido sem o outro. As experiências de risco, mas também de contato, de amor correspondido, de ódio suportado, fundam o imaginário e dão consistência ao simbólico. Só a experiência pode nos ensinar (aliada ao pensamento) que a lei é necessária mas *também*, no limite, arbitrária, e que nada está dado definitivamente no mundo dos homens.

Encerro com trechos de um texto de Walter Benjamin sobre a experiência[11] escrito na juventude, no qual o filósofo se depara com o muro intransponível da experiência adulta, transmitida como dado da realidade — e se rebela contra ela:

> Em nossa luta por responsabilidade enfrentamos um mascarado. A máscara do adulto chama-se "experiência". Ela é inexpressiva, impenetrável, sempre igual. Esse adulto já experimentou tudo: juventude, ideais, esperanças, a mulher. Tudo foi ilusão. Freqüentemente ficamos intimidados ou amargurados. Talvez ele tenha razão. O que podemos contestar-lhe? Nós ainda não experimentamos nada.

Benjamin contrapõe à experiência morta, transmitida como código pronto e conformista do adulto para o jovem, o direito à própria experiência da vida:

> [...] Nós, porém, conhecemos algo que nenhuma experiência pode nos proporcionar ou tirar: sabemos que existe a verdade, ainda que tudo o que foi pensado até agora seja equivocado; sabemos que a fidelidade precisa ser sustentada, ainda que ninguém a tenha sustentado até agora. [...] Nada é mais odioso ao filisteu do que os "sonhos de sua juventude" (e amiúde o sentimentalismo é a camuflagem desse ódio). Pois o que lhe surgia em sonhos era a voz do espírito, que também o convocou um dia, como a todos os homens. [...] O filisteu apresenta à juventude aquela experiência cinzenta e poderosa, aconselha o jovem a zombar de si mesmo. Sobretudo porque "vivenciar" sem o espírito é confortável, embora funesto...

Não conseguiria ser mais eloqüente do que ele, que se rebelou contra o código da experiência não vivida muito antes de conhecer a televisão. Digamos que de lá para cá as técnicas se aperfeiçoaram — e o discurso televisivo não é senão um modo mais eficiente de se transmitir a experiência morta do "filisteu" a que se referia Benjamin. Mas liberdade de pensamento, indissociável de liberdade de ação,[12] é uma dessas utopias que é preciso sustentar, ainda que tenha sido tão pouco sustentada, ou praticada, até agora.

NOTAS

(1) A expressão é de Antonio Godino Cabas, no texto "O simbólico, o imaginário, o real", in *Curso y discurso en la obra de J. Lacan* (Buenos Aires, Helguero Editores).

(2) Idem, ibidem.

(3) "A realidade para o psiquismo é a ausência do objeto", escreve Maud Mannonni em *A teoria como ficção* (São Paulo, Summus Editorial).

(4) S. Freud, *O inconsciente*, parte VII (Madrid, Biblioteca Nueva).

(5) Freud, *Sonhos*, cap. VII: "Psicologia dos processos oníricos", item *c*: "A realização de desejos".

(6) Idem, ibidem.

(7) Idem, *Sonhos*, cap. VII, item *e*: "Processo primário e processo secundário. A repressão".

(8) Idem, ibidem.

(9) Idem, ibidem.

(10) Outra formulação de Godino, no texto citado.

(11) Walter Benjamin, "Experiência", in *A criança, o brinquedo, a educação* (São Paulo, Summus Editorial).

(12) Ver o excelente ensaio de Hannah Arendt, "O que é liberdade?", in *Entre o passado e o futuro* (São Paulo, Perspectiva).

AS IMAGENS DE TV TÊM TEMPO?

Nelson Brissac Peixoto

As imagens de TV têm tempo? A questão pode ter diferentes enfoques: por um lado, será que elas teriam história, a possibilidade de evidenciar passado? Por outro, seriam capazes de durar mais, de não passar tão rapidamente sob os nossos olhos? Nada parece mais impertinente e anacrônico do que pedir a estas imagens inquietas e vertiginosas que fiquem.

Esta aspiração, no entanto, na sua extemporaneidade, remete diretamente aos problemas do nosso tempo. Qual é a natureza da imagem televisiva? Qual a materialidade e permanência desta que é tida como uma das formas mais efêmeras e rarefeitas da nossa realidade? Pensar a televisão nos ajuda a repensar o estatuto da imagem hoje.

Isto implica, em primeiro lugar, colocar a questão da opacidade do mundo contemporâneo, da crescente dificuldade em se distinguir as coisas num horizonte cada vez mais saturado. Está cada dia mais difícil ver. Quanto mais se fotografa, mais se criam simulacros e as coisas nos escapam. A obsessão em retratar redunda no seu contrário: não esclarece nada, não apreende nada, apenas redobra a obscuridade de um mundo já tomado por imagens. As coisas se banalizaram, as imagens tornaram-se clichês. Carentes de sentido, se equivalem, perdem toda magia. Qual o destino de nossas imagens, esses espectros descartáveis e sem significado?

Esta opacidade advém, portanto, não do ocultamento mas do excesso. Em geral, entende-se a dificuldade em retratar um lugar em função dos véus que o recobrem, da distância que nos separa de determinada cultura. Com efeito, ao se filmar um país oriental defrontamo-nos com o fato de que ele não se oferece de imediato ao nosso olhar. É preciso sempre tentar vislumbrar o que se passa por detrás de portas, muros, panos, sons e sinais indecifráveis, silêncios. Coisas que não são visíveis a olho nu. Todo o problema da fotografia foi, tradicionalmente, captar um mundo que não se deixa apreender.

A situação que se vive hoje em dia é, paradoxalmente, oposta. A opacidade do mundo atual provém de sua permanente exposição. Ele se mostra em demasia, sem parar. Esta sobreexposição é, no limite, pura obscenidade: uma imagem em que não há nada a ver.[1] Aqui tudo é vitrine. Não há mais cena, tudo é primeiro plano, tudo é lançado na nossa cara, tudo é evidente demais. O obsceno é justamente a eliminação da cena pelo excesso.[2]

Aqui não há qualquer indício de ausência. A televisão transforma cada coisa em afirmação da presença do todo. É um universo sem resto, capaz de "cobrir" o mundo, "colada" aos acontecimentos. Uma imagem-vídeo é sempre um fragmento do universo, de um fluxo contínuo. Daí a onipresença da TV: ela não poderia se refrear diante de algo tomado por impenetrável sem contradizer seu próprio princípio. Está na sua própria essência alimentar a inflação de imagens.[3]

No reino da sobreexposição, o fundamento é a publicidade. Aqui as imagens é que dirigem a nós, não os homens que contemplam o mundo. Na cultura tradicional, nós criamos as imagens. É o nosso olhar que discerne e enquadra, que dispõe cada coisa em seu lugar. Hoje em dia, ao contrário, o mundo já nos chega pronto como imagem. Não há mais a possibilidade de contemplação.

Este hiper-realismo implica, na verdade, uma perda de real. Na sua pulsão em apreender imediatamente tudo o que está acontecendo, a TV acaba substituindo a realidade. Acaba produzindo o real. No limite, não há nada fora dela. Fellini, em *Ginger e Fred*, retratou com maestria este universo reduzido a estúdios, tudo o mais caindo em ruínas. É o impasse do cinema: suas paisagens reduzem-se cada vez mais ao cenário e ao deserto. Bertolucci indica isso ao notar que "não é que a Itália atual não me interesse, é que ela parece não ter vontade de ser filmada".

Para S. Daney, o cinema perde sua força porque não é mais caixa de ressonância dos acontecimentos do mundo, filtrados primeiro pela rede midiática. Entre uma televisão que se põe no lugar do mundo e um cinema que não consegue mais falar dele, abre-se um vazio. Que pode ser preenchido de dois modos: "A partir do cinema (exigimos um cinema que reflita a realidade) ou a partir da televisão (exigimos não uma TV que crie mas que transmita alguma coisa). Eu prefiro a segunda solução, porque ela me diz respeito como cidadão. Frente ao cinema, é ainda o sujeito que está em questão".[4]

A primeira dimensão afetada por estas novas relações: o espaço. As transformações mais radicais na nossa percepção — nas quais a TV tem papel fundamental — estão ligadas ao aumento da velocidade da vida contemporânea. Aceleramento dos deslocamentos cotidianos na cidade, rapidez com que o nosso olhar desfila sobre as coisas. Na origem deste fenômeno, a crescente informatização do mundo.

Tudo se reduz, cada vez mais, a signos. A começar pela arquitetura e todos os elementos da paisagem. A edificação comercial que antes se erguia à beira da estrada, cujas formas evoluíam dramaticamente no ar, feitas para serem vistas à distância, foi substituída por um grande luminoso, suspenso a dezenas de metros do chão. Um signo reconhecível por quem passa em grande velocidade. A própria construção, cada vez menor, agora fica oculta atrás do estacionamento. A arquitetura, convertida numa superfície, num elemento gráfico, deixou de ser espacial.

O cinema também perderia uma de suas funções básicas: criar espaço. Nos anos 50, a imagem cinematográfica procurava corresponder aos grandes espaços. O quadro continha a profundidade das paisagens e a monumentalidade das cidades. Tudo é uma questão de localização. Cowboys em desertos sem limites, milhares de figurantes em aventuras épicas, viajantes em estradas infinitas. O cinemascope seria a tentativa de dar conta, tecnicamente, desta necessidade de tudo incluir no quadro.

Ao se limitar o formato da imagem, reduzida a um suporte de signos, não importa mais construir espaço. É a informação transmitida que interessa. Neste novo dispositivo, a televisão é que influencia o cinema.

Inúmeros filmes novos incorporam em sua própria estrutura esta nova forma de constituição do espaço. Uma radical supressão da profundidade da imagem, o quadro se estreita, predominam planos fechados. A textura, em vez da espacialidade, é que passa a importar. A imagem tende a ganhar peso e materialidade. O cinema se aproxima da pintura.

Mas também se acerca da televisão. As narrativas elípticas, nas quais são suprimidas exatamente as seqüências externas e as que envolvam ação e figurantes, e a *mise-en-scène* teatral, em que os lugares e paisagens parecem cenários, são recursos tipicamente televisivos. Uma estética em que a informação sobre o que está ocorrendo substitui a observação da ação, em que a palavra recupera seu papel e os detalhes tornam-se emblemáticos. Imagens saturadas e fragmentadas de um mundo que, no seu conjunto, como paisagem exterior, nunca é visto.

Produções recentes no cinema americano e inglês são indicativos desta tendência. *Stranger than paradise*, de J. Jarmusch (1984), inspira-se diretamente em antigos programas de *sketchs* de TV. Séries de episódios, de produção barata, feitas com uma câmera central fixa contra um mesmo cenário, com os protagonistas entrando e saindo de cena lateralmente. Jarmusch reproduz a mesma estrutura de gags, a indistinção dos interiores retratados em planos fixos e a supressão das paisagens, sempre mergulhadas na bruma ou na neve. O mesmo faria, depois, *Sexo, mentiras e videoteipe*, de S. Soderberg (1989), um *road movie* intimista que se passa inteiramente em interiores, evitando qualquer tomada exterior da cidade ou mesmo dos deslocamentos dos protagonistas — numa completa subversão do gênero.

Caravaggio, de D. Jarman (1986), é um filme essencialmente pictórico, no qual quase toda a imagem é uma natureza-morta, uma reconstituição de um dos quadros do pintor. Um universo sem espaço, pois cada plano tem suas extremidades dissolvidas no escuro, nunca se articulando topograficamente com o seguinte. E sem tempo, pois passado e presente dos protagonistas, a época do pintor e a atualidade, se confundem.

Mas é *Henrique V*, de K. Branagh (1989), outro filme inglês, que leva esta tendência mais longe. Um épico shakespeariano, história da invasão da França pelos ingleses, em que não se tem nenhuma panorâmica, em que as batalhas são mostradas por meio de patas de cavalos se entrelaçando na lama ou de um discurso do rei feito diretamente para a câmera, sem que vejamos sequer sua platéia de soldados. A seqüência final, um *travelling* feito quase rente ao chão, sem que mais uma vez nada nos seja dado a ver da paisagem, com as personagens saindo do quadro sob a câmera, é emblemática desta nova estética. O cinema se fazendo televisão.

Mas as recentes transformações na nossa sensibilidade não dizem respeito apenas à percepção do espaço. Uma outra dimensão está hoje no centro de todos os debates teóricos, de todas as formas de criação artística: o tempo. O olhar contemporâneo não tem mais tempo — a própria condição da contemplação.

Isto fica evidente na diferença de comportamento que existe entre alguém que freqüenta um museu e alguém que assiste à televisão. Num museu se impõe, obrigatoriamente, para ver um quadro, uma atitude contemplativa. O olhar tem de percorrer a superfície da pintura, é preciso manter uma distância preestabelecida do quadro: perto demais só se vêem retículas, longe demais perdem-se os detalhes. É por isso que as pessoas dentro de um museu procuram se posicionar a uma distância adequada. Um olhar que comporta perspectiva e profundidade, que encara o mundo como uma paisagem.

A pintura reproduzia, tradicionalmente, na sua própria estrutura, este dispositivo. O mesmo vale para o cinema, agora tido como depositário das imagens ainda dotadas de significado. Como um veículo capaz de contar histórias e construir personagens com espessura. Capaz de exigir uma atenção privilegiada, obrigando o espectador a ir até ele, comprar ingresso e sentar-se numa sala escura, o olhar concentrado na tela.

A televisão, porém, a princípio contrapõe-se radicalmente à contemplação. Em primeiro lugar porque na TV a imagem nos passa por frações de segundo, sem exigir do espectador a distância que requer um quadro ou uma paisagem. Assistimos à TV com uma atenção dispersa, sem concentração, apenas deixando que aquele fluxo ininterrupto nos atravesse. A televisão é este contínuo de imagens, em que o telejornal se confunde com o anúncio de pasta de dentes, que é semelhante à novela, que se mistura com a transmissão de futebol. Os programas mal se distinguem uns dos outros. O espetáculo consiste na própria seqüência, cada vez mais vertiginosa, de imagens.

A introdução do *zapping* — a prática de mudar de canal a qualquer pretexto, à menor queda de interesse do programa, graças ao controle-remoto — viria acentuar a desagregação do que restava da continuidade da programação. O espectador de televisão não assiste mais a programas inteiros, mas salta continuamente de um canal a outro, articulando, de modo desconcertante, imagens as mais desconexas. O programa deixa de se apresentar a ele como algo acabado, cujo desenvolvimento deva respeitar e acompanhar.

O "efeito *zapping*"[5] resulta desta absoluta impaciência do espectador em relação a qualquer vestígio de duração e continuidade. Uma ânsia de evasão, uma busca frenética da surpresa, que implicam verdadeira obsessão pelo corte, pela trituração de tudo o que é homogêneo. As imagens aparecem para ele como fragmentos ou trailers de histórias que nunca acontecerão por inteiro. Dissolução que acaba contaminando a própria produção dos programas, que deixam de ser narrativas conclusivas e passam a confundir gêneros e formatos. Nada se completa mais.

No limite, este nomadismo resulta inútil. A pressa, a falta de tempo, priva as imagens de toda particularidade e consistência. O movimento contínuo em direção a outros enunciados acaba na reiteração infinita do mesmo. Em todos os canais, obtêm-se sempre as mesmas imagens. Primeira questão suscitada por este frenesi do controle-remoto: ressaltaria uma certa homogeneidade estrutural básica das imagens e sons da televisão?[6]

Mas a falta de inteireza do fluxo imagético televisivo põe, antes de mais nada, nas nossas relações com a mídia, um problema verdadeiramente ético. A luta contra a insubstancialidade do mundo contemporâneo, a falta de consistência das coisas e personagens, não são apenas uma questão estética. Dizem respeito à necessidade de resgatar a integridade das imagens. Uma questão, enfim, não epistemológica mas ética. Integridade das imagens entendida não só como unicidade, mas também como a capacidade de serem verdadeiras. Imagens que nos digam a verdade. Imagens que — tarefa que Deleuze atribui ao cinema[7] — nos restituam, depois de todos estes processos midiáticos desagregadores, um pouco de real e de mundo.

A evolução da postura da crítica — de início refratária à TV, responsabilizando-a pela decadência do cinema — pode ser rastreada nos filmes de Wim Wenders. *Alice nas cidades* (1973) e *O estado das coisas* (1981) são libelos contra a TV, vinculada à banalização da paisagem contemporânea e à perda de significado das imagens. Seu último filme, no entanto, *Cadernos sobre cidades e vestuário* (1989), não apenas resgata o papel da TV na constituição do imaginário contemporâneo como assimila a própria textura de suas imagens — pelo recurso constante à imagem-vídeo — ao filme.

Mas foi em *Chambre 666*, um curta-metragem de 1982, que Wenders apresentou de modo particularmente engenhoso o conflito entre cinema e TV. Chamando vários cineastas presentes no Festival de Cannes para — sozinhos em seu quarto de hotel com a câmera e um aparelho de TV ligado — deporem sobre o futuro do cinema, ele desenhou um amplo espectro das diferentes atitudes possíveis com relação à TV. Um cineasta filipino, de início, passou a discursar sobre a vinculação entre o destino do cinema e a luta dos novos oprimidos, sem dar-se conta de que, atrás dele, a TV mostrava um filme japonês de monstros, ressaltando pateticamente a derrisão da pregação ideológica.

Já a primeira coisa que faz o cineasta italiano Antonioni ao entrar no quarto é desligar o aparelho de TV e abrir a janela. O futuro do cinema, diz ele, está aqui, apontando para a praia e o mar sem fim que se descortina aos nossos olhos. As grandes paisagens, as travessias do espaço, que são a marca dos seus filmes. Por fim, entra Godard. Ao ver a TV ligada, ele simplesmente vira sua cadeira de costas para a câmera e passa a assistir a ela. "A TV não ameaça o cinema. Ela é pequenina, não dá medo em ninguém. No cinema, aquelas figuras enormes parecem querer engolir a gente. Mas com a TV se pode brincar, desligar, ligar na hora que se quiser." Toda uma história de nossas relações com as imagens contemporâneas está contida neste pequeno filme.

Não por acaso Godard seria — junto com Coppola — o cineasta a levar mais longe a aproximação do cinema com o vídeo e a TV. E não apenas porque fez uma história do cinema para a TV. Ninguém melhor que ele percebeu o princípio básico da televisão e assimilou-o à linguagem cinematográfica: a emissão ao vivo. Desde seus primeiros filmes, como *Acossado*, quando a ação do protagonista é por várias vezes anunciada e comentada antecipadamente, percebe-se este efeito televisivo em operação. Estreita-se o intervalo entre o real e a informação sobre ele.

Soigne ta droite (1988), justamente sobre a questão do futuro do cinema, narra a realização de um filme que deve ser finalizado e projetado num só dia. O trajeto de um avião é o tempo das filmagens. À chegada, o filme está feito, ainda que nem tenha sido rodado. É que, no meio tempo, aconteceu de tudo: uma partida de tênis, uma peça de teatro, missa, clipes musicais, noticiário, filme histórico... Como na TV. Mais: evidenciando a composição e o sentido que percorre todos estes fragmentos.[8] Godard faz cinema "ao vivo".

Nossas questões são: podem as imagens salvar as coisas de sua crescente miséria? Haveria ainda imagens essenciais, realmente únicas e insubstituíveis? Será que elas — em particular a imagem-vídeo — ainda têm a força de significar e nos mobilizar?

Poderia a televisão, comumente associada à avalanche de imagens que inunda nosso horizonte visual, ao clamor ensurdecedor com que coisas e sentimentos reivindicam sua presença, contribuir para sustar a fugacidade de tudo o que nos cerca? A TV, tida sempre por responsável pela cancerosa proliferação das imagens, pelo fluxo vertiginoso onde nada dura, onde tudo se desfaz, poderia servir para selecionar e conservar as coisas? Para isso, é preciso que as imagens televisivas tenham tempo, que a TV saiba esperar. Deixar as coisas crescerem, as situações se cristalizarem.

Uma *durée* que se acredita própria apenas à literatura e, às vezes, ao cinema. Em meio a tudo aquilo que proclama insistentemente sua existência — em particular pela publicidade — seriam estas imagens mais contemporâneas também capazes de fazer cada coisa esperar a sua vez? Poderiam servir para, em vez de descartar as coisas, preservá-las? Como diz Deleuze, se até hoje o vídeo tem sido utilizado, especialmente pelos americanos, "para andar mais rápido, como restituir ao vídeo a lentidão que escapa ao controle e conserva, como ensinar-lhe a ir mais lentamente?".[9]

O cinema foi capaz de efetivamente fazer aflorar essa dimensão essencial, a temporalidade. Mizoguchi, o cineasta japonês, inventou — em filmes como *Crisântemos tardios* (1939) — o "plano-seqüência". De qual cultura, com efeito, poderia provir olhar cinematográfico mais contemplativo? Este plano, também conhecido como *one scene/one shot*, consiste em fazer uma seqüência inteira em uma só tomada, sem cortes. Não há montagem. Em vez de reconstituir, pela edição de diversos pontos de vista, sinteticamente, um acontecimento, a câmera — estática ou percorrendo a cena — apenas observa o seu desenrolar.

Não é o cinema que cria o evento, mas este é que ocorre à nossa vista. Faz-se presença. O plano-seqüência é mais longo, dura mais. Dá tempo para o acontecer. O cinema respeita o ritmo e a disposição das coisas. É o que faz com que suas imagens sejam reais. Imagens únicas, essenciais. Este distanciamento, a não-interferência no fluxo da realidade filmada, é para este cinema condição para se chegar à essência do real. A *nouvelle vague*, com o princípio da *montage interdit*, se inspiraria diretamente em Mizoguchi. Mas poucos são os momentos, no cinema contemporâneo, em que podemos sentir o escoar do tempo. No geral, ele é arrastado pela vertiginosa intensidade da ação e da violência.

Dentre os cineastas recentes, Jarmusch — não por acaso muito influenciado pelos japoneses e pelo cinema europeu — é o que mais claramente colocaria a questão. *Stranger than paradise* é um filme fundado na busca do tempo real.[10] Num universo tomado pelo imaginário criado pela indústria cultural, onde realidade e ficção não se distinguem, um cinema que procura se colar ao real. Trata-se, para ele, de "filmar o jeito de as pessoas serem atualmente, dia a dia". A questão da relação entre imagem e realidade é aqui recolocada em termos inteiramente outros.

Trabalhar apenas com planos-seqüências implica o exercício de uma *durée*. Fazendo cada cena ser contida num só plano, Jarmusch filma no presente. O decorrer de cada uma delas se confunde com o fluir do tempo. O presente de um filme advém da sensação de que as coisas, sob os nossos olhos, no presente da visão, estão ocorrendo na medida de sua própria imprevisibilidade. Como se escapassem da vontade do diretor. A recusa a manipular a cena pela decupagem ou pela montagem converte o filme num espaço vivo, onde tudo vai efetivamente acontecendo.

Mais: ao fazer filmes em plano-seqüência, Jarmusch está optando por fazer ficção em tempo real, técnica narrativa raramente empregada no cinema. A história — voluntariamente minimal, fragmentária, lacônica — é então remetida a um grande "extracampo", os hiatos de uma narrativa contínua, preenchidos por intervalos negros, como os dos filmes antigos, em que a tela fica completamente escura. Na impossibilidade de articular diretamente cada seqüência à precedente, pressuposto de um filme em que as coisas devem ocorrer "como na vida", ele evidencia este extracampo temporal. Cada intervalo em *fade-out* (fusão em negro) significa tempo que está transcorrendo. Mais uma vez, o efeito do presente. Jarmusch filma o tempo, a passagem do tempo.

Mas é Tarkovski que, no cinema, nos faria sentir o tempo. Para o autor de *Stalker* (1979) e *O sacrifício* (1986), dentre outros filmes, o tempo é a própria condição de existência da imagem. O cinema, antes de mais nada, é a possibilidade de — pela primeira vez — apreender um fenômeno na sua duração. Mas não é só isso: a imagem, para ele, torna-se verdadeiramente cinematográfica quando não apenas vive no tempo, mas quando o tempo também está vivo em seu interior, em cada um de seus fotogramas.

O artista, neste cinema existencial, é aquele que vive em busca de imagens verdadeiras. Na tentativa de apreender a singularidade dos acontecimentos e a absoluta individualidade de seus protagonistas. Os símbolos carregam os eventos e coisas de significados que lhes são alheios. As imagens, ao contrário, são capazes de expressar um fato específico, único. Porque o tomam no decorrer do tempo. É este caráter único e singular — como a própria vida — que torna a imagem verdadeira, essencial.

O ritmo então, diz Tarkovski, é o fato determinante da imagem cinematográfica. Mas este fluir do tempo se dá não na montagem mas no interior do quadro. As tomadas já são impregnadas de tempo. Uma tendência interior do material filmado, a sua natureza e unidade essenciais, acaba determinando — se soubermos reconhecer este seu significado e princípio vital — o ritmo das imagens.

Assim, não é a extensão das tomadas mas a pressão do tempo que passa através delas que deve modular a montagem. Tempo que se torna perceptível, em cada seqüência, quando sentimos algo de significativo para além do que está sendo mostrado, indícios de algo que não se esgota no quadro, que leva a imagem a apontar para o infinito. Ao diretor cabe captar esse fluxo temporal, registrado no fotograma. Permitir que o tempo escoe com independência e dignidade, pois só assim as coisas encontrarão nele o seu lugar. Fazer cinema é "esculpir o tempo".[11]

Mas o sublime — o efeito de grandeza para além de toda representação, a satisfação de apreciar o infinito — pode transparecer no simples gesto. É o que sugere A. Masson.[12] O gesto que rompe com os movimentos utilitários, que se suspende no espaço (pintura) e no tempo (cinema), que possui um élan e uma amplitude sem medida. A manifestação mais corporal possível do indefinido.

Este gesto intensivo constitui a evidência do inapreensível: em vez de significar, ele encarna uma emoçao. Ozu e Mizoguchi, mas também Bresson, Mann e Griffith, são os mestres cinematográficos destas composições gestuais. A televisão, porém, para Masson, não daria chance aos gestos: ela é pequena demais. Como, de fato, a grandeza, esta sugestão de infinitude, poderia emergir de imagens reduzidas?

Seria possível produzir imagens televisivas dotadas da mesma duração, portanto de permanência? Imagens tão carregadas de tempo quanto os planos-seqüências cinematográficos? Não se trata de, simplesmente, transpor esta linguagem para o vídeo. Poderia este suporte encontrar imagens equivalentes? Como mídia, no seu conjunto, é ainda difícil dizer. Só podemos evocar programas — feitos em vídeo para transmissão — específicos. Portanto, situações limítrofes, ainda entre o cinema e a TV. Mas onde a magia da técnica antiga parece subsistir no novo produto.

Dekalog, a série — inspirada nos dez mandamentos judaico-cristãos — feita para a TV pelo polonês Krzysztof Kieslowski, em 1988, é o primeiro exemplo. A versão cinematográfica de um dos episódios, *Não amarás*, tem sido exibida aqui. Histórias curtas, narradas de forma simples e direta, ambientadas num mesmo conjunto habitacional de Varsóvia: formato e linguagem propriamente televisivos. Mas, ao mesmo tempo, tudo escapa aos padrões.

Primeiro, pela temática: todas as histórias tratam de dilemas morais, de indivíduos tomados pela necessidade de valores e a dificuldade de sustentá-los num mundo em que as diferenças entre o bem e o mal, verdade e mentira, tendem a se diluir. Quando a TV é dominada por histórias onde nada tem significado — a ação se justificando por si mesma — e por personagens desprovidas de qualquer drama interior, Kieslowski nos apresenta indivíduos confrontados com a crença, a integridade, a intimidade e a verdadeira entrega amorosa. Não se poderiam imaginar questões mais distantes do horizonte televisivo contemporâneo. E, no entanto, o resultado são situações comoventes, carregadas de suspense e dramaticidade. Quando tudo é cada vez mais encenado e artificial, temos um mundo inequivocamente humano e vital. A TV pode ser veículo de histórias morais.

Por outro lado, a série elege o palco mais adequado para estas singelas parábolas: o cotidiano, pequenos apartamentos, lugares anônimos, pessoas comuns. Um universo menor, povoado por gestos sutis, tensões pouco explicitadas e dramas pessoais que, no entanto, transcendem seus limites para atingir o essencial. As questões básicas da existência humana, da vida e da morte. Para isso o diretor empreendeu uma verdadeira depuração estilística: ''Com a idade'', disse, ''aprendi a simplicidade''. Todo supérfluo é descartado, tudo é reduzido ao fundamental.

Estas imagens evitam a banalidade do atual: cada instante é a cristalização de toda uma existência. Uma mulher chora ao descobrir que estava sendo verdadeiramente amada por alguém que parecia espioná-la; um médico mente para fazer a paciente ter um filho que não é de seu marido; um homem estende a mão para a pia de água benta e, ao notar que a água congelou, leva ao rosto o gelo bento... Consistência e sentido são devolvidos a estes gestos tão simples. Este momentos são verdadeiros estados de graça.

America, série apresentada em 1989 — com direção de João Moreira Salles —, procurou apresentar como estas questões aparecem na cultura mais contemporânea. Tentando fazê-las transparecer na própria linguagem do programa. Buscamos a cada momento a adequação entre espaço e tempo. Nos primeiros programas, nos quais o movimento é lento, predominam os grandes espaços, dotados de extensão e profundidade. As coisas se sucedem mais devagar, têm tempo para encontrarem seu lugar. À medida que se acelera o movimento, o espaço vai se condensando, reduzido à unidimensionalidade de uma tela. As coisas, então, se precipitam vertiginosamente.

Esta rarefação de um mundo cada vez mais cinético é que leva poetas e artistas a voltarem seus olhos para tudo o que é material e permanente. As últimas imagens do programa reencontram a gravidade e a duração das primeiras. Mas um longo trajeto foi percorrido: elas não são mais dadas, mas apenas evocadas. Escavadas neste horizonte saturado de clichês, aludem ao que não pode ser imediatamente visto, a tudo o que realmente existe, à presença.

O especial sobre Chico Buarque, *O país da delicadeza perdida* (1990), de Walter Salles Jr., é outro exemplo, na produção brasileira mais recente, de uma busca neste sentido. O lirismo do cantor é um pretexto para evocar um estado de espírito: a cordialidade. Um sentimento, além do mais em desaparição — poderia haver algo menos visual, menos televisivo? —, que as imagens devem deixar transparecer. Não falar de nossos sentimentos e emoções, mas mostrar intensidades latentes naquilo que é visto. O programa, efetivamente, dá tempo para que a própria paisagem carioca exale este sentimento. As imagens possuem o vagar do mar, do entardecer, do passo das pessoas. Não são apenas lentas, têm o ritmo de um mundo cordial. Emanam toda a delicadeza — para sempre perdida, daí também sua melancolia — de uma cidade que inspirou o chorinho e a bossa nova, o Rio.

O destino das imagens não está mais sendo jogado no experimentalismo de vanguarda nem no engajamento ideológico, discursos completamente integrados no sistema de produção de clichês. O futuro das imagens está na procura do sublime. O sagrado, refugiado nos objetos e paisagens tão sem transcendência do mundo contemporâneo. Poderia a televisão, ruidoso universo do descartável, nos emudecer e voltar nossos olhos para o infinito? Poderia ganhar poder evocador, carregando-se de história? Para isso, porém, é preciso saber ouvir o seu peculiar silêncio, sentir o ritmo particular da vida nas suas imagens.

NOTAS

(1) Jean Baudrillard, *L'autre par lui-même* (Paris, Galilée, 1987). Em visita a São Paulo, Baudrillard notou os imensos outdoors publicitários, cobrindo laterais inteiras de prédios, com anúncios de lingerie. Evidentemente fetichistas, pois mostram apenas partes do corpo dos modelos. Tal cena, segundo ele, seria impossível em Paris. Nunca vira cidade tão sem pudor, a se expor dessa maneira.

(2) Otília Arantes, ''Arquitetura simulada'', in *O olhar* (São Paulo, Companhia das Letras, 1988).

(3) Y. Ishaghpour, *Cinéma contemporain* (Paris, Ed. de la Difference, 1986).

(4) S. Daney, "Zappeur et cinéphile", in *Cahiers du cinéma*, n? 406, 1989.

(5) A. Machado, "O efeito *zapping*", in *Folha de S. Paulo*, 7/1/1989.

(6) Idem, ibidem.

(7) G. Deleuze, *Cinema 2: A imagem-tempo* (São Paulo, Brasiliense, 1990)

(8) J.-P. Fargier, "Le cinéma plus l'électricité", in *Cahiers du cinéma*, n? 406, 1989.

(9) G. Deleuze, *Optimisme, pessimisme et voyage*, prefácio de S. Daney, "Cine'-Journal" (ed. Cahiers du Cinéma, 1986).

(10) P. Elhem, *Stranger than paradise* (Paris, Yellow Now, 1988).

(11) A. Tarkovski, *Esculpir o tempo* (São Paulo, Martins Fontes, 1990).

(12) A. Masson, "Le geste, en peinture et sur l'écran", in *Peinture et cinéma* (Paris, Quimper, 1986).

O OLHAR MELANCÓLICO

Adauto Novaes

Lemos nas notas de trabalho de *O visível e o invisível*, de Merleau-Ponty, que cada sentido é um mundo absolutamente incomunicável com os outros sentidos, mas que, no entanto, "constrói *algo* que, pela sua estrutura, se abre de imediato para o mundo dos outros sentidos e com eles constitui um único Ser".

Através do olhar, a televisão domina silenciosamente todos os sentidos, e só somos sensíveis a esse domínio se ficarmos atentos à participação do nosso corpo. O *algo* que a televisão constrói pelo olhar é um campo de força do desejo de ver e do desejo de ser visto. Ela tece uma rede de fenômenos que produzem efeitos de encantamento que atingem direto o coração, a consciência e o sistema oculto da vida neurovisceral. Desloca tensões e leva o homem ao esquecimento e à perda de si mesmo nas imagens que vê: absorvido pelas imagens que contempla, na realidade é o objeto que se mostra nele, armadura de um mundo invisível, "infra-estrutura corporal que sustenta o edifício das nossas representações".[1]

A televisão define um tipo de relação absolutamente singular: ao contrário do que acontece com as artes do movimento, que sempre reivindicaram a ação do corpo — como é o caso da dança —, a televisão é uma técnica do movimento, que age sobre um corpo em repouso. Basta observar o telespectador e seu espaço. Em uma sala de televisão, o contorno e a profundidade são alterados, perde-se o domínio do olhar: história, pensamento, expressão, tudo converge para um ponto fixo e luminoso. O mundo que rodeia esse ponto fixo perde literalmente a nitidez e, com ela, a profundidade, condição para que as coisas coexistam e deslizem umas nas outras; cessa a luta entre as coisas, altera-se a resistência do nosso olhar — que é precisamente o que constitui a realidade dos objetos — e, com isso, a luta entre elas para ocupar o nosso olhar. O mundo passa a ser um espetáculo permanente que reduz o campo de percepção, na medida em que uma parte se apaga, e outra se organiza de forma racional diante dos nossos olhos nem sempre seguindo nossas expectativas: nosso espírito nem sempre está lá, e, no entanto, não podemos dizer onde ele está. Cria-se tal familiaridade, e uma relação de intimidade tão intensa, com as imagens que todo o resto do mundo é ignorado. O espectador se sente ao mesmo tempo íntimo e universal; este é um dos elementos de sedução, que modela os desejos de quem vê. O segredo é a posse constante e única, e o que atesta a fidelidade é exatamente a falta, ou melhor, as promessas que a TV não cumpre. O fascínio dessa presença absoluta dissimula até mesmo o trabalho dos sentidos. Certa vez, uma telespectadora desatenta dizia que muitas vezes ela podia se ver diante de um melodrama sem sentir as lágrimas que lhe desciam dos olhos. Certamente um choro mecânico, irresistível, louca mistura com o simulacro, absoluto abandono de si. Mas essa impotência atinge todo o corpo, muito mais do que os olhos. A televisão produz, pois, a figura clássica do melancólico: o corpo se põe numa imobilidade quase completa. Vemos repetida, à sua maneira, a tradicional representação do melancólico diante do espelho, o olhar dirigido sobre a imagem refletida, em uma absurda espera infinita. Há algo de perturbador nessa afasia, nesse abandono em que todas as coisas, para ele, se apresentam como iguais, indiferença que abole o julgamento e a possibilidade da diferença de opinião. Ou melhor, não se dá crédito a nenhuma opinião: impossível afirmar ou negar alguma coisa. A televisão constrói uma base material para essa indiferença: todas as coisas são, por natureza, obscuras, jamais conhecemos o processo de produção do que é mostrado.

Como não se trata de condenar o meio, mas de entender por que a televisão produz hoje a figura do melancólico, e, se reconhecemos que é o objeto que se revela e não o sujeito que se mostra diante da televisão, o que mais nos interessa é conhecer a natureza desse objeto; por que e como ele cria e alimenta uma relação de prazer perverso no espectador.

O sentido de um gesto é dado pelo próprio gesto: emblemas sensíveis revelam diretamente a nossa maneira de estar no mundo. "Este mundo, que tinha a aparência de ser sem mim, de me envolver e me ultrapassar, sou eu quem o faz ser. Sou pois uma consciência, uma presença imediata no mundo. Nada existe que possa pretender ser sem, de alguma maneira, estar preso no tecido da minha experiência",[2] ou seja, o corpo e seu meio não podem ser definidos isoladamente, e "todo o esforço para descrever a constituição de um pressupõe a referência à constituição do outro".[3] Estas idéias são a crítica radical à divisão clássica sujeito/objeto, idéia/coisa, corpo/espírito... Pensando assim, é preciso reconhecer que a televisão trabalha com essa misteriosa junção da pura atividade do meio com a pura passividade do espectador. Assim, podemos observar como funciona a apatia e entender melhor a frase enigmática de Alain, mestre de Merleau-Ponty: o corpo humano é o túmulo dos deuses. O corpo evoca, pois, paixões.

O que isso quer dizer?

Costuma-se dividir os sentidos em internos e externos. Dos cinco sentidos externos, aqueles que estão na parte mais elevada do corpo humano são os mais puros; dentre eles, destacam-se os olhos, localizados no alto e aliados naturais da luz: entre os puros, é o sentido mais puro, porque tem a percepção das coisas sem a necessidade de se aproximar delas. Quatro são os sentidos internos, na definição de Cornelius Agrippa, em sua *Filosofia oculta*:[4] o senso comum, o primeiro que recebe, reúne e aperfeiçoa todas as imagens que lhe são apresentadas pelos sentidos externos; a força ou virtude imaginativa, que retém as imagens que recebeu dos primeiros sentidos e os apresenta a uma terceira natureza ou espécie de sentido, a fantasia, que é a força e potência de supor e pensar, cujo trabalho é, ao receber as imagens, compreender e julgar de que espécie e de que estado provêm para, em seguida, confiá-las à memória, a quarta faculdade dos sentidos. As imagens são, pois, a fonte da memória.

Dessa hierarquia dos sentidos, a televisão brasileira, tal como é estruturada hoje, privilegia um deles, trabalha com apenas um deles, ignorando a existência de todos os outros. É por isso que se costuma dizer que ela é o reino do senso comum; o que quer dizer trabalhar com o senso comum? O que representa apenas recolher imagens, sem permitir que elas façam o percurso do pensamento, da criação, da memória e da própria história? Por que, nas dimensões do tempo, a televisão nega aquilo a que Valéry chamou as duas maiores invenções da humanidade, ou seja, o passado e o futuro? Por que, enfim, o presente eterno ou a eterna repetição do presente, "luta atroz com a defesa do Espírito, cuja essência é a não-repetição"?[5]

O senso comum repete: o homem está no mundo. Isso quer dizer que o homem acolhe o mundo e, com ele, todas as ambigüidades, paradoxos, enigmas, promiscuidade: está, portanto, sujeito a todas as paixões. Estes corpos exteriores dão ao corpo certa unidade, mas uma unidade desfeita e refeita pelo esforço para perseverar no próprio Ser, que é o primeiro e único fundamento da potência de pensar e agir. Este é o fundamento da potência e o fundamento da virtude, no comentário de Alain à Ética em Espinosa e ao movimento das paixões: "Toda potência é definida por sua essência individual, isto é, pelo esforço para perseverar no ser. Portanto, quanto mais um ser se esforça para buscar o que lhe é útil, isto é, perseverar no ser, mais ele tem virtude; e, ao contrário, um homem é escravo na medida em que não cuida do que lhe é útil, isto é, conservar seu ser. É preciso partir daí para fundar uma vida racional e livre. Eis por que não se deve procurar suprimir a vida passional, que resulta do nosso esforço para perseverar no ser; destruí-la é destruir o corpo, é suprimir, em conseqüência, a existência da alma. Não se trata, jamais, de trocar a vida passional pela vida racional. Trata-se de superpor a vida racional à vida passional".[6] Ora, segundo Espinosa, quando a alma concebe a si mesma, concebe sua potência de Agir e, necessariamente, se alegra. Ou seja, o conhecimento racional é fonte de alegria. Isto é, as paixões alegres, aquelas que aumentam a nossa potência de pensar e agir, são sempre um bem, uma vez que são o signo certo de nossa passagem a maior perfeição, ou seja, seguem o percurso do pensamento que começa com as imagens dadas. A razão, como escreveu Alain, se superpõe à vida passional, mas ela não se desenvolve à parte: "Ela é sentimento, ela é alegria; e, por isso, ela modifica todo o nosso ser, e ela o modifica tanto mais que o sentimento que acompanha o exercício da razão é sempre alegria e jamais tristeza, sempre desejo, jamais aversão [...]. A prudência no homem racional, mesmo quando ela o conduz a agir como agiria um homem passional, não o torna pois escravo. O que os homens fazem porque os acontecimentos o levam a isso, ele o faz porque quer, e ele o quer na medida em que usa da razão, na medida em que forma idéias adequadas".[7]

O que os homens fazem porque os acontecimentos o levam a isso. Estes homens são os que esquecem seu ser e vivem dominados por causas exteriores, e, na medida em que as ações se explicam por algo exterior, eles padecem: é o domínio das paixões e não das ações. Mais ainda: eles ignoram as causas exteriores que os modificam a tal ponto que seu corpo passa a ter uma nova natureza e diminui, ao mesmo tempo, a potência de pensar e agir. A atividade do homem não lhe pode ser, pois, inteiramente atribuída: essa atividade, reafirma Léon Brunschvicg, é antes de tudo passividade, uma vez que determinada com rigorosa necessidade pela atividade de corpos externos a ela. "Em relação a nós, os atos dos quais são somos verdadeiros autores, que resultam de nossa dependência em relação ao universo, não são propriamente ações, mas paixões."[8] A vida do indivíduo, entregue apenas ao primeiro gênero de conhecimento, isto é, ao senso comum, é uma vida dominada por paixões tristes. Não sendo, pois, causa adequada das ações, mas apenas causa parcial, quanto mais o ser se esquecer de si, mais ele será determinado pelos acontecimentos e menos terá potência.

Os autores de televisão costumam se repetir, dizendo que a força dos programas está em trabalhar as emoções do espectador. Ora, a emoção, como descreve Alain, é um regime de movimento que se estabelece no corpo sem a permissão da vontade e que muda de repente os pensamentos. Pode-se distinguir dois tipos de emoção: umas desprendidas, finas e sutis, como a alegria, o sorriso; outras são reprimidas, sufocadas, como o medo e a cólera. Não é difícil descrever os tipos de emoção e paixão trabalhadas pela televisão brasileira, basta um breve relato dos temas das novelas: ambição (emoção que nasce da cólera), arrogância, avareza (''paixão que resulta da emoção do medo''), delação, lisonja (que é um tipo de mentira), ódio, vingança, cólera, ciúme, covardia, medo e, por fim — o mais comum dos temas —, a violência, que é um gênero de ''força apaixonada e que visa a quebrar a resistência pelo terror''. Ora, todos sabem que estes são os ingredientes comuns às novelas e, agora, também aos telejornais, combinação do slogan que definiu a linha de trabalho de todas as grandes redes de televisão: ''show em forma de notícia e notícia em forma de show''. Tudo é espetáculo e, portanto, pura constatação das aparências. Cada uma dessas paixões tristes deixa sinais no espectador, e não é por acaso que a sociedade brasileira é movida a depressão. Por uma imitação atenta, os gestos na televisão tornam-se modelo: no início, os signos são apenas signos, e esta é a grande força da televisão — os signos impregnam, deixam marcas no corpo e no espírito do espectador, antes mesmo de se conhecer o sentido deles. Ou, como diz ainda Valéry, é uma sensibilidade que é criada insensivelmente, isto é, em um longo período de tempo: ''Acontece que uma espécie de construção se faz lentamente *na alma*, que organiza pouco a pouco *lembranças e possíveis*, esperas, potenciais, e se encadeia a uma imagem, nutre aderências, dá força a formações fortuitas que deveriam desaparecer com o seu instante. Esta penetração e organização parasita se declara de repente, e verifica-se que a *liberdade* está perdida — que o espaço da vontade, o tempo do intelecto não são mais da mesma estrutura. Há um campo de forças — ou de massas ocultas — que dá ao objeto propriedades centrais [...]. De repente, paixões são reveladas. Em poucos instantes, o ser cai do alto da torre que ele se construiu em alguns anos (ou *em algumas horas que valem anos*)''.[9]

Este campo de *força* apaixonada, no sentido literal de violência, é o legado da televisão brasileira hoje.

NOTAS

(1) Lefort, Claude. ''Maurice Merleau-Ponty'', in *Histoire de la philosophie*. Vol. 3 (Encyclopédie de la Pléiade. Paris, Gallimard, 1974).

(2) Merleau-Ponty, Maurice. ''Le roman et la metaphysique'', in *Sens et non-sens* (Paris, Nagel, 1966).

(3) Lefort, Claude. Op. cit.

(4) Cornelius Agrippa. *La philosophie occulte* (Bibliothèque Chacornac. Paris, 1910).

(5) Valéry, Paul. *Cahiers II* (Bibliothèque de la Pléiade. Paris, Gallimard, 1974).

(6) Alain. *La philosophie de Spinoza* (Collection Tel. Paris, Gallimard, 1986).

(7) Idem, ibidem.

(8) Brunschvicg, Léon. *Spinoza* (Paris, Félix Alcan, 1894).

(9) Valéry, Paul. Op. cit.

A CULTURA DA VIGILÂNCIA

Arlindo Machado

Nossa sociedade, como já observou Michel Foucault,[1] é menos a dos espetáculos do que a da vigilância. Encontro-me num aeroporto qualquer, em qualquer parte do globo, esperando meu vôo para qualquer lugar. Coloco minha bagagem numa esteira rolante; imediatamente ela é bombardeada por um feixe de raios X, que vasculha o seu conteúdo em busca de substâncias ou instrumentos ilegais. Eu próprio devo me encaminhar até uma simulação de porta ou coisa parecida, onde outro dispositivo examina meu corpo e o interior de minhas roupas. Não tendo sido detectado nada suspeito, recebo do olho mecânico o *go-ahead* que me permite retomar a bagagem e prosseguir minha jornada em direção à sala de espera. Sento-me numa poltrona e, enquanto observo o movimento, noto que há uma câmera, discretamente colocada num canto qualquer da sala, apontada para a minha direção, vasculhando todas as minhas ações. Aliás, não há só uma; são várias, espalhadas estrategicamente por todo o saguão, de modo a não deixar um único espaço livre do escrutínio desse olhar anônimo e onividente. Então me dou conta de que todas essas câmeras já estavam me seguindo desde que desci do táxi à entrada do aeroporto, acompanhando-me ao bar quando pedi um café e quando parei numa banca para comprar um jornal.

Como os demais passageiros da sala de espera, coloco uma ficha na ranhura de um dos braços da poltrona e imediatamente se acende à minha frente a tela de um pequeno receptor de TV de cinco polegadas, que me permite matar o tempo assistindo à programação local. Minha atenção, entretanto, dispersa-se e logo estou olhando para outras telas, enfileiradas em vários pontos do aeroporto: os monitores dos sistemas de vigilância, que me dão as imagens assépticas do próprio aeroporto, de seus outros salões, de seu exterior e de seus campos de pouso e decolagem. Dou-me conta de uma *muzak* repousante que já estava coçando meus ouvidos desde que entrara e que serve de fundo à voz monótona da locutora de avisos.

> O aeroporto pode ser qualquer um. O La Guardia de Nova York, o Heathrow de Londres ou o Orly de Paris, pouco importa. Aparentemente neutros em sua placidez, os aeroportos dissimulam seu olhar atento e escrutinador sob a aparência de telas impessoais e simples estruturas arquitetônicas. [...] Os aeroportos modernos se tornaram a representação mais poderosa do novo ambiente que habitamos: um espaço de múltiplas telas, de dispositivos eletrônicos invisíveis e de um ruído incessante que ouvimos ao longe. Vamos levar ainda algum tempo para compreender a fundo o impacto em nossos sentidos e em nosso pensamento dessa nova paisagem cultural, cuja relação primeira se dá entre nós e a ubiqüidade da tela.[2]

Os sistemas eletrônicos de vigilância multiplicam-se em progressão geométrica por toda a parte. Não apenas os aeroportos ou estações de trem e metrô, mas agora até mesmo as estradas, os túneis, os supermercados, os grandes magazines, os bancos, as fábricas e, no limite, as escolas e instituições psiquiátricas, estão submetidos aos olhares técnicos e impessoais das câmeras de observação. Só na cidade de Hamburgo, sendo Kramer e Klier,[3] há 3 mil câmeras movidas por controle-remoto e espalhadas por toda a zona urbana, para monitoração do sistema de tráfego. Essas câmeras estão colocadas nos lugares mais estratégicos, ocupando os ângulos mais privilegiados de visão e distribuídas no espaço, de modo a não deixar um único ponto livre do voyeurismo automático. Locais ocultos ou de configuração acidentada são refletidos para a câmera através de espelhos convexos colocados na paisagem. Na sala de controle do departamento municipal de trânsito, pode-se dar um close-up em qualquer transeunte que circula pelas calçadas, segui-lo secretamente até o seu destino, "cortando" de uma câmera para outra, penetrar em sua intimidade e desvendar os seus segredos.

As câmeras de vigilância se distribuem como uma rede sobre a paisagem social, ocupando todos os espaços e os submetendo ao seu poder de invasão branca, à sua penetração invisível e indolor. A elas se acrescentam ainda outros dispositivos de vigilância mais localizados, como os grampeamentos de telefones e os microfones unidirecionais poderosos, capazes de captar um diálogo em voz baixa a longa distância. Depois de Watergate, não pode restar dúvidas de que as esferas do público e do privado se interpenetram cada vez mais. E, em escala mais planetária, os satélites de observação e espionagem estão em condições de obter informações visuais ou acústicas de uma vasta região do globo, a ponto de poderem detectar, a duzentos quilômetros de altura, uma batida de coração ou a posição de uma agulha. Quando estourou, em 1978, o escândalo em torno dos satélites-câmeras norte-americanos

Big Bird, que durante cinco anos espionaram áreas militares soviéticas, os técnicos da CIA declararam que esses engenhos eram capazes de distinguir do espaço pessoas em trajes civis e militares, a marca de um automóvel e até mesmo a sua chapa.[4]

Em 1983, o artista tcheco radicado em Berlim Michel Klier, monitorando circuitos de vigilância e outros dispositivos de coerção policial, compôs o poema videográfico *Der Riese* [O gigante], uma das peças-chave da arte de nosso tempo, além de uma visão perturbadora do Estado policial moderno. A idéia básica desse vídeo é construir, mediante o acesso às salas de controle de um grande número de sistemas de vigilância espalhados por toda a Alemanha, uma colagem de cenas aleatórias obtidas por olhos mecânicos espiões, de modo a configurar, segundo palavras do próprio realizador,[5] "um movimento no qual o ordinário e o banal do funcionamento desses sistemas transfiguram-se em imagens assombrosas de um pesadelo". Registros do dispositivo de controle do trânsito de Hamburgo, do sistema de vigilância de uma empresa de carros blindados para transporte de numerário em Frankfurt, ou de uma loja de departamentos em Berlim, ou ainda de um *peep show* na mesma localidade, além do aparato de segurança de uma parada militar no lado oriental da cidade, tudo isso é alinhavado com outras imagens, mais emblemáticas ou de função coercitiva menos evidente, como aquelas sintetizadas numa máquina de retrato falado da polícia de Düsseldorf, num simulador de vôo de uma companhia de transporte aéreo em Ulm, ou obtidas de uma câmera oculta numa sessão de psiquiatria legal e até mesmo de dispositivos de penetração em nosso mundo interior, como os gráficos de eletrencefalograma. O objetivo implícito é traçar um mapa do que poderia ser a reencarnação moderna de um Panóptico dissimulado e quase invisível, que se estende por todas as dimensões de nossa vida como uma teia esgarçada, porém implacável.

O dispositivo do Panóptico já é bem conhecido. Formulado pela primeira vez pelo jurista britânico Jeremy Bentham, ele era originalmente um projeto de prisão modelar, em que os prisioneiros ficariam enclausurados em celas individuais, dispostas em círculo ao redor de uma torre central, onde estaria colocado estrategicamente o encarregado da vigilância. Cada cela seria dotada de duas janelas, uma que daria para o exterior e através da qual a luz penetraria no compartimento, outra que daria para o interior do círculo e através da qual a silhueta do detento se projetaria para fora, para os olhos da sentinela da torre central. Assim, graças ao efeito da contraluz, todos os prisioneiros resultariam perfeitamente visíveis àquele que os vigiasse. Mas a recíproca não era verdadeira: do interior de sua cela, cada detento só poderia constatar a onipresença constrangedora da torre central, mas não perceberia o vigia, protegido que este estaria por persianas e um sistema de biombos destinado a impedir a visibilidade do interior da sala de controle. Dessa forma, os detentos poderiam ser vistos pelo vigia, mas não poderiam vê-lo em contrapartida, de modo que a sua presença ou ausência seria sempre inverificável. Cumprir-se-ia assim o efeito mais importante do Panóptico: fazer com que os detentos, "por uma simples idéia de arquitetura",[6] se sentissem vigiados, mesmo quando não houvesse vigia algum na torre central e mesmo quando eles não estivessem sendo diretamente observados. Em outras palavras, o poder não teria mais necessidade de se impor efetivamente, a atualidade de seu exercício se tornaria mesmo inútil; o mais importante era que o detento estivesse imbuído pela idéia de uma permanente visibilidade e que fosse ele próprio, por efeito de um simples dispositivo arquitetônico, o portador de uma relação de poder.

O corolário inevitável de todo dispositivo panóptico é que ele desindividualiza o poder, livra-o do arbítrio do inspetor, do xerife, do chefe, transformando-o numa máquina anônima, num engenho de tecnologia política de que o sistema arquitetônico é o diagrama. "Quem está submetido a um campo de visibilidade, e sabe disso, retoma por sua conta as limitações do poder; fá-las funcionar espontaneamente sobre si mesmo; inscreve em si a relação de poder na qual ele desempenha simultaneamente os dois papéis; torna-se o princípio de sua própria sujeição."[7] Os próprios vigias tornam-se eles também vigiados. Mas vigiados por quem? Pelo olho do público, que pode ser o olho de qualquer um. O Panóptico é, antes de tudo, uma escola de virtudes, onde personagens odiosas encenam diariamente o drama da punição. Como tal, ele deve ser aberto à visitação pública, deve ser um local de instrução, um teatro educativo para onde os pais levam em passeio os seus filhos, considerados criminosos potenciais. Essa circulação intensa e constante de pessoas ("por lá passarão curiosos, transeuntes, parentes dos prisioneiros, amigos dos inspetores e outros oficiais da prisão, cada um deles animado por um motivo diferente")[8] faz aumentar para o prisioneiro o risco de ser surpreendido, ampliando assim a eficácia do dispositivo e submetendo ainda o arbítrio do vigia ao controle público. A eficácia do Panóptico reside, portanto, na despersonalização do poder, na sua transformação em pura figura geométrica, uma arquitetura exemplar de que todos participam em alguma instância.

O que são os modernos sistemas de vigilância senão a atualização e a universalização do Panóptico? Bentham já havia profetizado, a seu tempo, que o seu modelo "racional" de prisão poderia ser generalizado para qualquer instituição social baseada nos princípios do controle e da produtividade: fábricas, hospitais, asilos, escolas e assim por diante. Esse modelo permitiria reformar a moral dos homens, difundir a instrução, incrementar a produtividade industrial, aumentar a eficiência de todos os ambientes de trabalho, inibindo, em contrapartida, a desobediência às leis, a improdutividade e a subversão da ordem. Em 1797, tendo o Parlamento inglês adiado a decisão de construir prisões panópticas, o famoso jurista se põe a trabalhar numa adaptação de sua máquina polivalente para alojamento de desempregados, com vistas a enfrentar a grave crise social de seus país.[9] O Panóptico pode então ser compreendido como um modelo universal de máquina disciplinar, um dispositivo fechado destinado a definir as relações de poder na vida cotidiana e a preservar as prerrogativas da lei e da ordem. "O esquema panóptico", conforme observa Foucault,[10] "é um intensificador para qualquer aparelho de poder: assegura sua economia (em material, em pessoal, em tempo); assegura sua eficácia por seu caráter preventivo, seu funcionamento contínuo e seus mecanismos automáticos." Da mesma forma, os modernos sistemas de vigilância se difundem também e cada vez mais no corpo social, de modo a assumir uma função universalizadora; eles realizam agora, na era da eletrônica e da informática, o mesmo papel paradoxal da máquina benthamiana, ao mesmo tempo difuso e centralizador, alicerçando os mecanismos disciplinares de toda a sociedade.

Tal como o Panóptico de Bentham, os dispositivos eletrônicos de vigilância generalizam para toda a sociedade métodos de coerção nascidos no interior de presídios ou antes utilizados apenas localizadamente, na investigação ou repressão policial. Com a expansão do modelo do observatório central, a vigilância eletrônica se transforma também num sistema abstrato de disciplinamento, já que, na prática, é inviável exercer uma vigilância direta sobre instituições sociais, dada a magnitude estatística dos observados. Imagine-se o aparato que seria necessário para vigiar todas as conversas telefônicas de uma megalópole como São Paulo, ou para censurar todas as cartas que passam pelos seus serviços de correio. A densidade demográfica dos grandes centros urbanos não autoriza mais esquemas de controle direto, baseados no poder repressor de uma autoridade central. A própria teoria dos sistemas — disciplina que manifesta em nível teórico mais ou menos a mesma produtividade do Panóptico em nível prático — tem demonstrado que qualquer rede de distribuição não pode estar submetida a um controle centralizado, assim que ultrapassa um certo nível crítico de magnitude, exigindo, em contrapartida, outras estratégias de operação, de ordem estocástica ou probabilística.[11] Assim, a fantasia orwelliana de uma sociedade centralizada pela autoridade de um Big Brother torna-se inverossímil, largamente ultrapassada pelo modelo benthamiano de sociedade, baseado numa coerção imaginária, ficção de policiamento cultivada pela proliferação inexorável das máquinas de vigiar.

Essas máquinas, a rigor, vigiam muito pouco. Nas salas de controle, para onde afluem as imagens captadas pelos inúmeros olhos mecânicos, nunca há mais que dois ou três vigias acompanhando monotonamente o fluxo das ações cotidianas. Se eles logram flagrar uma transgressão qualquer, isso se dá mais por golpe do acaso do que por alguma pretensa infalibilidade do aparato, já que as máquinas de vigiar não podem funcionar senão de forma aleatória. O filme de Wim Wenders *Der Amerikanische Freund* [O amigo americano], de 1977, nos mostra um assassinato no metrô de Paris, captado por inúmeras câmeras de vigilância e difundido para uma quantidade ainda maior de monitores espalhados por todo o subterrâneo, sem que, todavia, ele fosse flagrado por qualquer vigia ou transeunte. No limite, a eficácia das redes de vigilância está menos na sua força imediata como agente repressor do que nos efeitos de homogeneidade do campo escópico que elas produzem. É preciso que vivamos permanentemente sob a suspeita de estarmos sendo vigiados, numa atmosfera de paranóia artificialmente produzida, para que a ação transgressiva possa ser coibida antes mesmo de praticada, para que o efeito de coerção seja permanente, mesmo que, na prática, a vigilância seja descontínua ou até mesmo inexistente. A sujeição real decorre, portanto, de uma relação imaginária: a vigilância torna-se função representativa de um código disciplinar, cujos designantes simbólicos são os olhos técnicos espalhados na paisagem.

É possível que, dentro de algum tempo, com os progressos no campo da Inteligência Artificial, a presença do vigia seja suprimida em definitivo, substituída pela prótese da percepção, a visão sintética assistida por computador. Essa "máquina de visão", como a chama Paul Virilio,[12] permitirá obter algo assim como uma "visão sem olhar", a percepção de uma câmera de vigilância digitalizada por um computador capaz de analisar os dados ópticos colhidos, confrontá-los com um padrão de referências e interpretar automaticamente o que ocorre dentro do campo visual. Com a automação da percepção — a *visiônica*, como já se convencionou chamar essa área da tecnologia — estaremos delegando inteiramente à máquina a função disciplinar e, por conseqüência, despersonalizando em definitivo o exercício do poder. Todo o sistema hierárquico que ainda organiza certas estruturas de poder em nossa sociedade tenderá a se tornar obsoleto, cabendo então à percepção sintética e aos *expert systems* o controle automático de atividades tão diferenciadas como a produção industrial, o trabalho nos escritórios, o lazer em espaços públicos, a espionagem militar e assim por diante. O Panóptico atinge assim o seu ponto máximo de eficiência, na medida mesmo em que se reduz a uma fórmula inteiramente abstrata, quase uma equação matemática, na medida ainda em que, livre da falibilidade humana, põe-se a constranger os homens com a lógica implacável de seu mecanismo técnico.

Já houve quem fizesse[13] uma aproximação conceitual entre o sistema eletrônico de vigilância e a estrutura de funcionamento da televisão. Ora por causa do uso comum de câmeras e monitores da mesma natureza, ora devido à semelhança entre o regime broadcasting de difusão e a estrutura em teia de aranha do dispositivo panóptico de vigilância, outras vezes ainda pelo fato de, na televisão, os apresentadores se endereçarem diretamente à câmera, dando aos espectadores a impressão de estarem sendo, senão vigiados, pelo menos interpelados por um olhar. A comparação é, na maioria dos casos, apenas metafórica, mas não deixa de apontar para alguma coisa mais funda, menos evidente e mais difícil de formular. Virilio[14] nos sugere que há algo de muito significante no fato de os aparelhos receptores de televisão serem agora instalados nas celas dos prisioneiros em unidades individuais e não mais, como ocorria antes, em salas públicas destinadas a um coletivo. E também no fato de as medidas de audiência televisual serem agora realizadas por um aparelho instalado dentro do próprio televisor e conectado com a central de estatísticas por cabo telefônico. Esse aparelho não apenas registra o canal sintonizado e o tempo de sintonia, mas também, por meio de sensores fotelétricos, se o telespectador está de fato presente diante da tela, se ele não se ausentou apesar do aparelho ligado. A tática dá às redes de emissão e aos seus patrocinadores alguma garantia de controle sobre os efeitos dispersivos do *zapping* televisual, mas prefigura também o rascunho, ainda que bastante primário, de um olho fotelétrico de vigilância. Primário mas destinado a evoluir, e não é difícil de imaginar, dentro de algum tempo, a generalização do procedimento, com os dispositivos de registro de audiência já incorporados a todos os aparelhos de recepção e conectados à central pela mesma via eletromagnética do sinal televisual.

Certamente, não se trata de um complô maquiavélico destinado a constranger o cidadao, como em certas ficções pseudocientíficas. O novo dispositivo panóptico permanece, como o antigo, dirigido no sentido de uma otimização dos sistemas legal e econômico: trata-se de extrair a produtividade máxima das redes eletrônicas de difusão já implantadas profundamente na vida social. Nesse sentido, aquilo que, por enquanto, permanece uma promessa apenas hipotética no âmbito do modelo broadcasting de televisão é já uma realidade no terreno das modalidades *narrowcasting* (televisões "especializadas" e de distribuição seletiva). Um terminal de videotexto, por exemplo, pode ser inteiramente controlado na base de dados: ali são registrados todos os acessos aos seus arquivos, computados os tempos de acesso, tabuladas as preferências de cada usuário e os seus períodos de lazer e de trabalho, confrontando-se os resultados com a faixa etária, a condição econômica e o grau de instrução do indivíduo em questão. Informações, sem dúvida, preciosas para o aprimoramento do próprio sistema de difusão, além de favorecer ainda a constituição de estratégias comerciais (mas às vezes também ideológicas) dirigidas especificamente para cada usuário. Certos regimes de TV a cabo ou bidirecionais favorecem também estratégias semelhantes. É verdade que, em casos isolados, pode haver coerção direta ao usuário, sobretudo quando este, inadvertidamente, desconhecedor da centralização das redes de dados, utiliza seu terminal para finalidades consideradas indesejáveis, tais como o envio de mensagens pornográficas a outros usuários, ou a resposta indelicada a questionários dos programas. O que salta à vista, porém, em qualquer dos casos, é a perda progressiva da privacidade do cidadão, invadida suavemente pelos dispositivos de aferição estatística, a própria essência da formalização panóptica.

Nossa sociedade — retomando novamente Foucault — é menos a dos espetáculos do que a da vigilância. Mas a sua sabedoria está em transformar o próprio espetáculo em observatório de vigilância. "A partir do momento em que os telespectadores ligam seus receptores, são eles mesmos, prisioneiros ou não, que entram no campo da televisão, um campo sobre o qual eles não têm qualquer poder de intervenção."[15] Mas a recíproca também é verdadeira: em nossa sociedade marcada pelo destino do Panóptico, a própria vigilância resulta também em espetáculo. As telas dos monitores de vigilância, por exemplo, não são mais objetos secretos, reservados apenas às salas de controle e observação. Antes, elas se esparramam pela paisagem vigiada, oferecendo-se como espetáculo aos seus próprios protagonistas, para que o olho público assuma ele mesmo a tarefa da vigilância. Ademais, é de se notar a maneira como a própria televisão consegue transformar em atração situações típicas de vigilância. O exemplo clássico é *Candid camera*, programa animado por Allen Funt e levado ao ar pela primeira vez na televisão americana em 1948. Nele, "pessoas comuns" eram filmadas por câmeras ocultas em situações ridículas ou humorísticas provocadas pela própria equipe de produção. Colocado na situação de voyeurismo explícito, o público americano se divertiu durante várias décadas com o vexame alheio. No Brasil, Sílvio Santos utilizou procedimentos de câmera cândida em seu programa dominical, mas já inseridos numa situação controlada de gincana eletrônica. Com a generalização da técnica para programas de outra natureza, o telejornalismo acabou por revelar-se o "gênero" por excelência da câmera cândida, a ponto de seus achados de espionagem e bisbilhotice serem saudados como "furos" de reportagens. O assim chamado jornalismo investigativo, aliás, se confunde cada vez mais com a investigação policial propriamente dita, a ponto de realizar, muitas vezes, o sonho benthamiano de uma sociedade autovigiada.

Circuitos fechados de televisão são hoje largamente utilizados em motéis como recursos de estimulação erótica: os amantes se colocam no campo de visão da câmera e, enquanto se acariciam, contemplam-se na tela do monitor, esperando pela intensificação do estímulo sexual. Há casais que já não conseguem mais sentir atração sexual se não puderem contemplar-se, ao mesmo tempo, numa tela de TV. As cenas de estimulação eletrônica são evidentemente privadas, mas já se conhecem muito bem as formas como elas são contrabandeadas pelos motéis. Em alguns casos, o circuito fechado se converte em verdadeiro sistema de vigilância, através do qual a administração do motel controla o que se passa dentro de cada quarto. Em outros, as cenas dos amantes são gravadas através de cabos ocultos e utilizadas no próprio estabelecimento para a estimulação de outros amantes, após terem sido digitalizadas as faces dos primeiros para esconder suas identidades. O mais surpreendente é que, às vezes, os amantes sabem disso e nem por isso se inibem das câmeras; até pelo contrário, a eventualidade de estar sendo vigiados dá um sabor de emoção à aventura.

O que há de paradoxal nesse exemplo é que ele torna evidente a facilidade com que se pode, diante da imagem eletrônica, passar da condição de observador a observado, ou de espectador a espetáculo, dada a reversibilidade das tecnologias de registro e exibição. Na vitrine de uma loja de artigos eletrônicos, contemplo os aparelhos receptores de TV, que me dão a programação das redes, mas contemplo-me também a mim mesmo nos monitores dos circuitos de vigilância, que se misturam àqueles e com eles se confundem. A linha de separação entre o vigia e o vigiado é tão tênue quanto aquela que separava, no Panóptico de Bentham, a sentinela dos enclausurados, de um lado, e dos visitantes, de outro.

No começo do século, Freud[16] já previa a reversão da pulsão do olhar no seu oposto (a pulsão de sentir-se olhado). Isso significa, na linguagem das perversões, que voyeurismo e exibicionismo eram duas faces de uma mesma moeda: olhar não era outra coisa que se mirar no espelho do olho do outro. Posteriormente, Merleau-Ponty e Lacan, para ficar apenas nos nomes mais marcantes, retomaram o tema freudiano da reversibilidade do olhar entre os pólos vidente e visível. O mesmo campo escópico que constitui o sujeito — explicaram eles — é também o local onde o sujeito fracassa como fonte originária, como foco, como "ponto de vista", pois não é o olhar senão um *quiasma*, ponto de cruzamento e de reversibilidade do eu e do outro, dupla inscrição do dentro e do fora.[17] Toda essa conceituação, entretanto, que no discurso abstrato da filosofia e da psicanálise aparece como esforço de retórica ou jogo de expressão, resulta claramente colocada em evidência nas máquinas de vigiar e concretizada na ambigüidade ocular do Panóptico universal. A multiplicação das camêras de vigilância na paisagem social põe a nu esse desdobramento do ponto de vista, não sendo mais de ninguém o olho do outro, mas apenas uma virtualidade escópica que pode ser ocupada por qualquer um. Amanhã, quando vier a prótese ocular, o olho sintético e infográfico da máquina, não será mais uma figura de linguagem dizer, como os psicanalistas, que as pedras nos vêem. Os olhos estarão não apenas fora de nós mas também fora do vivente como espécie. "Por detrás do muro, já não vejo mais o cartaz; diante do muro, o cartaz se impõe a mim, sua imagem me percebe." Não é Lacan quem fala; é Virilio.[18]

O último filme de Fritz Lang, *Die Tausend Augen des Dr. Mabuse* [Os mil olhos do dr. Mabuse], de 1960, foi construído inteiramente em cima da idéia da onipresença das máquinas de vigiar. Acredita-se que a concepção do filme nasceu de uma informação, veiculada na época de sua realização, de que os nazistas haviam planejado construir um hotel, destinado a diplomatas e personalidades políticas, cujos quartos estariam dotados de microfones ocultos, antecipando em cerca de trinta anos o episódio de Watergate. O novo Mabuse adquiriu um hotel inacabado ao término da guerra e finalizou sua construção, equipando-o com câmeras de vigilância dissimuladas. Assim, colocado na sala de controle do hotel, Mabuse acompanha tudo o que se passa nos quartos através das imagens e dos sons exibidos nos monitores. Desse local, ele executa uma verdadeira *mise-en-scène*, transformando os hóspedes em personagens de uma trama policial que ele próprio arquitetou. Sem o saber e dirigidas secretamente pelo astucioso bandido, as personalidades do hotel cumprem os planos de Mabuse até as últimas conseqüências, transformando-se inadvertidamente em seus cúmplices.

O circuito de vigilância de Mabuse, entretanto, resulta imperfeito como dispositivo panóptico. Pois, se há algo que marca a essência mesma da vigilância eletrônica, é que nela nenhum vidente está mais implicado. As câmeras de vigilância não dependem, para funcionar, de um operador centralizado, muito menos de um gênio da manipulação que, da sua sala de controle, rege o destino dos observados como peças de um tabuleiro de xadrez. É bem mais provável que não haja mais ninguém olhando para os monitores de vigilância, a não ser os próprios transeuntes, a título de distração. Ou que os próprios monitores já estejam sendo substituídos por olhos sintéticos regidos por um programa. Sempre dissemos, a propósito da fotografia, do cinema e mesmo da televisão, que não há câmera sem que um olho humano esteja implicado nela, donde o tema romântico do artista atrás da câmera. Os circuitos de vigilância, entretanto, parecem dispostos a dispensar inteiramente o homem que fica atrás da câmera. Tudo neles se automatiza e caminha na direção da prótese perceptiva. Neles não há mais lugar para um mestre regente, nem mesmo para um dr. Mabuse.

Na contramão dos tempos, Michel Klier decide realizar uma obra que é o último traço da subjetividade visual, o "canto de cisne" definitivo do artista atrás da câmera, mas também e paradoxalmente o primeiro exemplar de uma arte da prótese perceptiva, "o ponto de mutação do avanço inexorável das tecnologias da representação, de sua instrumentalização militar, científica e policial ao longo dos séculos".[19] Tal como Mabuse, mas não mais no nível da fábula e da ficção, Klier senta-se diante dos monitores das salas de controle dos aeroportos, supermercados e serviços de trânsito, coloca sob sua direção os dispositivos de controle-remoto das câmeras e põe-se a reger não uma trama maquiavélica como a de Lang, mas o que bem poderia ser o espetáculo de uma dramaturgia crepuscular deste final de milênio. Estamos falando, é claro, de *Der Riese*.

Tarefa difícil, quase impossível, pois a máquina resiste a uma abordagem qualitativa, teima em exibir sua natureza mecânica e não oferece elementos para qualquer atribuição desviante de sua finalidade exclusiva de vigilância. Os percursos das câmeras, fortemente marcados, rigidamente estabelecidos, sempre em linha reta e na posição das coordenadas cartesianas (para cima ou para baixo, para a direita ou para a esquerda), não lembram em nada os *travellings* suaves do cinema, favorecidos pelos tripés de cabeça fluida, ou as suas panorâmicas ágeis e elegantes. Antes, aqui os movimentos são imotivados, o olhar é errático e arbitrário, em geral governado apenas pelas surpresas do acaso. Não havendo intenção significante, o olho mecânico não transmite, a princípio, qualquer informação. Ele se contenta apenas em ficar permanentemente funcionando, registrando em tempo real a banalidade de um cotidiano anódino. "O mais assombroso nessa fita é, sem dúvida, a insignificância, a vacuidade desse olhar cego. Trata-se aqui de um pensamento ou de um olhar vazio, puramente tecnológico."[20] Nenhum sentido; talvez apenas um, secundário, imotivado, resultando de uma associação semântica: na tela dos monitores de vigilância, todos parecem suspeitos; até mesmo o mais vulgar dos homens, como nos romances de Kafka, parece acometido de culpa; os cenários lembram insistentemente a paisagem de um crime que está prestes a ser cometido. Tudo miragem, pois na verdade nada acontece, nada pode acontecer.

Porém, na sala de controle, diante das telas eletrônicas e dos botões de monitoramento, Klier força o sentido: segue longamente o percurso de uma simples pomba na calçada à procura de comida; instaura um esboço de ficção, fazendo simular um assalto num supermercado; edita "com continuidade" o percurso dos transportadores de valores, parodiando um efeito cinematográfico; detém o fluxo das pessoas nas ruas, fazendo-as caminhar em câmera lenta ou congelando-as num único *frame*. E, quando tudo isso ainda não lhe parece suficiente, salta para o contracampo do dispositivo de segurança, tornando visíveis as câmeras ocultas e os monitores das salas de controle. Numa das seqüências mais amargas do vídeo, ele se senta diante de uma máquina de retrato falado e se põe a construir rostos artificiais, rostos que, pelo fato mesmo de desfilarem num banco de imagens fisionômicas da polícia, sugerem uma multidão de deserdados anônimos, criminosos, psicopatas, assassinados e atropelados que talvez nunca existiram, mas que poderiam ter existido ou vir ainda a existir. Metade reais e metade imaginários, esses rostos sintéticos se parecem estreitamente como aqueles que desfilam ininterruptamente nas telas dos monitores de vigilância. Mas eles são, paradoxalmente, as únicas faces "humanas" vistas em close-up no vídeo (a seqüência do monitoramento da sessão de psiquiatria é mostrada em plano americano), o que não deixa de ser uma inversão de valores bastante significativa.

Há alguns momentos, entretanto, de pura transcendência, em que as imagens saltam para fora de sua couraça disciplinar. Esses momentos são possibilitados pelo único elemento estranho dentro do campo da vigilância, algo que está inapelavelmente fora do quadro, num espaço off inassimilável ao dispositivo panóptico: a música acrescentada às imagens. A trilha sonora de *Der Riese* combina som direto, captado pelas próprias câmeras de vigilância, com uma seleção musical criteriosa e significante. Essa trilha sonora, ao mesmo tempo em que sugere o lado dramático de um mundo enclausurado, introjeta também emoção nessas paisagens descarnadas, invertendo a linha de força das imagens. Tais momentos de intensidade expressiva nós os encontramos particularmente na seqüência dos rostos sintéticos, ou da gravação do traçado encefalogramático, ou ainda da estação de veraneio, onde até mesmo o ato inocente de tomar sol à beira-mar é dissecado por poderosos aparatos de vigilância.

> Dramática, pesada, perturbada, pregnante, repleta de intenção, sacudida por súbitas quedas e pausas, a trilha sonora de *Der Riese* — verdadeiro arquétipo do que se entende por música de filme — redobra longinquamente o circuito fechado das imagens, mas força também a sua abertura, como decorrência de suas secreções — um feixe de ondas, carregado de certezas e incertezas, prováveis índices e falsas pistas, cadeias forçadas de eventos, conhecimentos assumidos, segredos ameaçados —, sementes de ficção que aspiram ao interior, tensões centrais em direção às margens. A música joga o centro para fora.[21]

Surpreendente é ver nascer uma nova geração de artistas capaz de redescobrir a vida num mundo centralizado pelas máquinas, num mundo que toma para si o destino do Panóptico. Um modesto filme do canadense Atom Egoyan, *Family viewing* (1987), demonstrou recentemente que a proliferação de máquinas à nossa volta, a sua penetração dentro de nossas próprias casas e até mesmo na nossa vida mais íntima estão criando outras relações humanas e até mesmo dando expressão a emoções novas, nunca antes experimentadas. Em escala um pouco mais reduzida, encontramos essa constatação também no *Paris, Texas* (1984), de Wim Wenders, sobretudo na surpreendente figura do menino que redescobre a comunicação por meio de seu walkie-talkie. Klier faz parte dessa geração emergente de poetas capaz de transformar em exercícios de sensibilidade e paixão (mas também em conhecimento crítico) as novas e intrincadas relações subjetivas e objetivas colocadas pelas sociedades industriais avançadas. Ao invés de apropriar-se das imagens de vigilância apenas como pretexto para uma interpretação semântica distanciada, ele se esforça para torná-las sensíveis em toda a sua intensidade, em toda a sua extensão, em todas as suas contradições, de modo que possamos estar mais maduros para viver, entender e superar o nosso tempo.

QUESTÕES

Todos esses recursos que o senhor citou não poderiam também ser utilizados de forma positiva, em benefício da sociedade? Quero dizer: os dispositivos panópticos não poderiam ajudar as agências de pesquisa e estatística, para tornar as pesquisas mais reais?

Talvez eu não tenha conseguido me fazer entender corretamente. Todo dispositivo de vigilância busca sempre a utilidade máxima, toda a eficiência possível. O fundamento mesmo do modelo benthamiano é a absoluta racionalidade do sistema, o que quer dizer — para os seus articuladores — uma forma de beneficiar a sociedade. No fundo, o que se visa é um contexto social onde tudo funciona bem, onde todos desempenham o seu papel (e nada mais do que isso), onde a lei, a ordem econômica e os agentes sociais estão todos em harmonia. Talvez a pergunta que nós possamos fazer em relação a esses sistemas seja outra: como podemos nós tornar inúteis tais dispositivos? Como podemos nós reverter a sua utilidade programada? Será possível fazer desses engenhos algum tipo de utilização desviante? Uma exposição realizada em Los Angeles em 1987 tentou dar uma resposta a essas questões. A exposição — chamada justamente ''Surveillance'' [Vigilância] — contou com a participação de artistas de várias partes do mundo e constituiu uma das experiências estéticas mais impressionantes dos últimos anos. A idéia básica da exposição foi convocar algumas dezenas de artistas para trabalhar com essa idéia de uma permanente vigilância. Como desviar a racionalidade dos dispositivos panópticos? Cada artista deu a sua resposta a essa pergunta sob forma de uma utilização insólita e crítica dos aparatos de controle e vigilância. Vários trabalhos interessantes foram realizados sob forma de intervenções ou performances aos aparatos de vigilância já instalados em bancos, supermercados, motéis etc. Por exemplo: um sujeito (Michael Shamberg) entra num supermercado com sua câmera, gravando tudo. A segurança chega e tenta impedi-lo, argumentando que ali é proibido filmar. "Mas então vocês estão violando a lei", argumenta o artista. "Olha lá, aquela câmera de vigilância está me filmando desde que eu entrei. Aliás, deve ter sido por intermédio dela que vocês me localizaram." Uma outra artista, Margia Kramer, graças a um mandato judicial, devassou os arquivos da atriz Jean Seberg nos computadores do FBI, revelando como a instituição interpreta e classifica dados referentes à vida privada das pessoas e como procede em relação à diferença em termos de costumes, ética e ideologia. Outros artistas realizaram performances para as câmeras de vigilância das fronteiras dos Estados Unidos com o México. "Surveillance", enfim, demonstrou com exemplos práticos como agem as instituições modernas em relação aos seus cidadãos e como é possível responder criticamente a elas.

E qual é a eficiência desses sistemas de vigilância?

Não tenho uma resposta precisa para lhe dar, mas, olhando para o que se passa ao nosso redor, podemos dizer que, felizmente, eles não são tão eficientes assim. Há sempre uma margem de mobilização dentro da qual podemos atuar. Acho que nunca houve — nem mesmo por ocasião do nazismo — um aparato suficientemente fechado, ou um dispositivo de controle tão eficiente a ponto de imobilizar inteiramente a capacidade de resposta das pessoas. Um aparato de controle perfeito é uma utopia. Sempre haverá uma margem de ineficiência no sistema, graças à qual podemos agir.

Queria que você falasse de vigilância, mas do ponto de vista do condicionamento que as televisões produzem: padrões de comportamento, formas de agir que são impostas às pessoas, inclusive transformando até a vida íntima em espetáculo. Muitas pessoas se dirigem a determinados programas de auditório para se fazerem notar, para se converterem em espetáculo. Mas, no mesmo momento em que se tornam espetáculo, elas também se tornam ridículas. A televisão só transforma as pessoas comuns em espetáculo na medida em que as pode tornar ridículas. Tudo isso também é uma forma de vigilância. Mediante o controle dos significados, padrões de comportamento, você dita o que as pessoas podem ou não fazer. Gostaria que também falasse do fenômeno do zapping. Como o vêem os institutos de pesquisa? Tem muita gente que vê televisão de quatro a cinco horas por dia e fica trocando de canal o tempo todo.

Na verdade, o aperfeiçoamento dos sistemas de aferição de audiência é uma resposta das instituições aos efeitos dispersivos do *zapping*. Uma vez que o espectador muda de canal com uma freqüência cada vez maior, uma vez que o espectador se torna cada vez mais inquieto, é preciso ter dispositivos de aferição cada vez mais finos e rápidos, para que se possa, em cada instante, ter uma idéia do número de pessoas que estão sintonizadas em cada canal. Os métodos antigos já não funcionam mais, são demasiado lentos. O espectador, com seu controle-remoto nas mãos, é mais rápido do que eles. A cada dia que passa, aumentam as opções de canais. A possibilidade de se mudar de canal aumenta na mesma proporção com que aumentam as ofertas de canais. Na menor queda de ritmo, na menor queda de interesse — pronto! —, já se foi o espectador para outro canal. Imagine como é difícil averiguar a audiência quando o espectador não se fixa mais em programa algum, quando ele fica o tempo todo varrendo os canais para lá e para cá. Mas o *zapping* é também um efeito ambíguo. De um lado, é um trabalho de resistência do espectador, uma espécie de resposta ao rolo compressor da mediocridade que lhe é imposta. Mas o sistema sabe trabalhar inteligentemente com as respostas negativas do espectador. Essas respostas acabam sempre sendo incorporadas à própria produtividade do aparato. Hoje, a gente já vê o *zapping* incorporado à própria linguagem da televisão. Comerciais são realizados utilizando recursos de *zapping*. Videoclipes também lançam mão do *zapping* televisual. Chegamos a um ponto em que o *zapping* foi absorvido pela própria programação. A resposta do público acaba sendo, mais cedo ou mais tarde, domesticada pela televisão.

Quanto à primeira parte da sua pergunta, na verdade você fez uma colocação, expôs o seu ponto de vista. O que eu sinto é que esses sistemas de vigilância também desempenham um papel ambíguo: eles colocam as pessoas dentro do universo simbólico da televisão, que é, no fim das contas, aquilo que as pessoas querem. Se o sonho da maioria das pessoas é um dia aparecer na televisão, os sistemas de vigilância estão permanentemente colocando-as na televisão. Quando há um sistema de vigilância exposto na vitrine de uma loja, é muito comum ver as pessoas se arrumando do lado de fora para se verem enquadradas no monitor. No metrô de São Paulo, é muito comum ver as pessoas usarem o sistema de vigilância como espelho, por exemplo, para pentearem os cabelos. Por razões dessa espécie, a vigilância se encaixa perfeitamente nesse ponto de reversibilidade do voyeurismo e do exibicionismo, tal como analisado por Freud. Antigamente se colocavam espelhos dentro dos elevadores e também dos banheiros, como um recurso de inibição de pessoas, para evitar que eles grafitassem as paredes, por exemplo. Um espelho na parede — ou, melhor ainda, dois espelhos, um de cada lado — multiplica a imagem do sujeito, de modo que ele se sente tolhido em sua privacidade, como que observado. Essa é a razão por que se colocavam espelhos em banheiros e elevadores: para dar uma impressão de vigilância. Hoje, os sistemas eletrônicos de vigilância substituem os espelhos. Conforme já observou Paul Virilio, os monitores do sistema de vigilância ocupam hoje os lugares que antes eram destinados aos grandes espelhos nos metrôs e aeroportos. Mas trata-se de um espelho traiçoeiro: ele permite que o cidadão mire-se a si mesmo, mas ao mesmo tempo torna-o mirado por outros olhos que não são os seus.

Você fala de vigilância, coloca as observações de Foucault e de Virilio e a gente fica imersa num clima de paranóia. Você não acha que a relação com a onipresença das imagens é uma coisa natural para isso que você chama de "sujeito" e que, no entanto, brinca de ser objeto para as câmeras?

Não entendi. Dá para explicar melhor?

Uma coisa é um sujeito pensar que está sendo vigiado o tempo todo e ficar apavorado com isso, cair na paranóia. Mas hoje, com as pessoas todas vivendo em relação às imagens, com essa onipresença das imagens, esses espelhos todos, não só a gente é vista, como também atua para as câmeras. Eu brinco de ser objeto, sem deixar de atuar como sujeito. Um pouco assim como, no motel, o casal, suspeitando de que está sendo vigiado, transforma essa suspeita num elemento estimulante e acaba fazendo uma performance para a câmera oculta.

Acho que você tem razão. As relações humanas são cada vez mais intermediadas pelas máquinas de enunciação simbólica. Essas máquinas estão cada vez mais próximas de nós, elas penetram cada vez mais em nossa intimidade. Eu não vejo isso de uma forma puramente negativa. Acho que os homens vão aprendendo a viver sob essas circunstâncias. Alguns artistas têm sido muito sensíveis a essa nova paisagem que agora se descortina diante de nós. Eu já citei os exemplos de Klier e Wenders. Muitas obras recentes estão conseguindo colocar de uma forma inovadora as novas relações humanas que nascem dessa nova paisagem povoada de máquinas. De repente, as câmeras eletrônicas podem funcionar como dispositivos para as pessoas redescobrirem certas emoções que haviam sido perdidas. Aos poucos, nós vamos aprendendo a trabalhar as máquinas enunciadoras para o resgate de uma sensibilidade que supúnhamos perdida. Enfim, ao invés de assumir a paranóia, o que é preciso é reinventar o aparato tecnológico que nos é imposto, reverter a sua racionalidade programada.

Você quer dizer que nós não deveríamos tentar mudar o sistema, mas dominá-lo?

Eu penso que nós temos condições de viver da melhor maneira possível, da maneira mais inventiva, povoando com algum tipo de energia o espaço que habitamos. Nem sempre é preciso uma virada radical de modelos econômicos, políticos ou sociais para que isso possa se tornar viável. Não penso mais a história em termos teleológicos.

Eu estava aqui imaginando como deve ser horrível um sistema exaustivo, no qual você está submetido a uma vigilância constante. Mas, por outro lado, pensando na sedução do consumo, da publicidade, as pessoas, na verdade, também estão solidárias com o poder. Quando as pessoas aparecem na televisão, usam a roupa da moda, não têm elas um certo prazer, um certo poder que deriva da própria participação? Ao invés de se sentir vigiado, você não está compartilhando do poder?

Não entendi bem a sua pergunta, mas vou usá-la como gancho para fechar o que estava dizendo a respeito da possibilidade que temos de reverter a racionalidade dos dispositivos panópticos. Acho que a situação de um indivíduo que vive sob coação de um sistema de vigilância não é absolutamente uma situação desesperada, paranóica. Acho que é apenas uma situação conformada. Sempre que entramos num shopping center, num supermercado, num banco, nós estamos sendo vigiados. Não há nada de constrangedor, muito menos de apocalíptico nisso. Nós apenas nos tornamos passivos diante desses dispositivos. Mas nós poderíamos assumir um papel mais ativo em relação a eles. Um pouco como já o faz o office-boy, que passa diante da câmera de vigilância e lhe mostra a língua, faz-lhe uma careta ou um gesto obsceno. Ele não se deixa intimidar pelo dispositivo, ele desafia. Enfim, é preciso saber agir em relação aos dispositivos panópticos com maior energia do que habitualmente o fazemos, é preciso resistir a eles com maior ênfase. Eles são bem menos eficientes e poderosos do que podemos supor. Eles não têm de fato um poder repressor. A nossa sujeição é estúpida, num certo sentido, pois o santo é de barro.

Mas o que dizer de casos como aqueles que você citou do videotexto? Como se poderia reagir a uma repressão direta?

Mas eu disse que o sistema não é usado para controle, muito menos para repressão. Economicamente, não há interesse em se criar um aparato da magnitude do videotexto para reprimir maus usuários. Imagine se o capital vai investir numa mídia apenas para poder flagrar aqueles que transgridem as regras da própria mídia!

Mas ela pode ser usada assim...

De fato, pode. Mas, quando digo que a nossa resposta poderia ser mais ativa, certamente não me refiro simplesmente à resposta solitária do usuário ingênuo que emite mensagens pornográficas ao banco de dados. Penso em coisas como as rádios e televisões livres, quando elas começam a pesar como força social, colocando em questão o sistema inteiro da mídia. Quando a capacidade de resposta à racionalidade do sistema começa a se tornar coletiva, a repressão direta é inviável e a eficácia imaginária dos dispositivos panópticos esfarela como areia entre os dedos.

NOTAS

(1) Michel Foucault, *Vigiar e punir: história da violência nas prisões* (Petrópolis, Vozes, 1988), p. 190.

(2) Rosetta Brooks, "Seeing with our ears: music for TV", in *The arts for television*, ed. Kathy Rae Huffman e Dorine Mignot (Los Angeles/Amsterdam, The Museum of Contemporary Art/Stedelijk Museum, 1987), p. 66.

(3) Brigitte Kramer & Michel Klier, "Der Riese", in *Surveillance*, ed. Branda Miller e Deborah Irmas (Los Angeles, LACE, 1987), p. 29.

(4) Hal Glatzer, *The birds of Babel* (Indianapolis, Howard W. Sams, 1983), p. 197.

(5) Kramer & Klier, op. cit., p. 124.

(6) Jeremy Bentham, *Oeuvres* (Bruxelas, Louis Hauman, 1829), v. 1, p. 248.

(7) Foucault, op. cit., p. 179.

(8) Bentham, op. cit., p. 249.

(9) Jacques-Alain Miller, "Jeremy Bentham's panoptic device", in *October* (Cambridge), n.º 41, versão de 1987, p. 16.

(10) Foucault, op. cit., p. 182.

(11) Hans Magnus Enzensberger, *Elementos para una teoría de los medios de comunicación* (Barcelona, Anagrama, 1972), p. 14.

(12) Paul Virilio, *La machine de vision* (Paris, Galilée, 1988), p. 125.

(13) Patricia Mellencamp, "Avant-garde TV: Simulation and surveillance", in *Video*, ed. René Payant (Montreal, Artexte, 1986), pp. 197-204. David James, "Intervention: The contexts of negation for video and its criticism", in *Resolution: A critique of video art*, ed. Patti Podesta (Los Angeles, LACE, 1986), p. 88. Muniz Sodré, *A máquina de Narciso* (Rio de Janeiro, Achiamé, 1984), pp. 24 ss.

(14) Virilio, op. cit., p. 136.

(15) Idem, ibidem, p. 136.

(16) Sigmund Freud, "Pulsions et destins des pulsions", in *Métapsychologie* (Paris, Gallimard, 1972), pp. 11-44.

(17) Maurice Merleau-Ponty, *O visível e o invisível* (São Paulo, Perspectiva, 1971), p. 235-7. Jacques Lacan, Seminário 11: *Os quatro conceitos fundamentais da psicanálise* (Rio de Janeiro, Jorge Zahar, 1985), pp. 90-115.

(18) Virilio, op. cit., p. 131.

(19) Virilio, op. cit., p. 104.

(20) Florence de Mèredieu, "Le crustacé et la prothèse", in *Paysages virtuels* (Paris, Dis Voir, 1988), p. 17.

(21) Jean-Paul Fargier, "The hidden side of the moon", in *Het lumineuze beeld: The luminous image*, ed. Dorine Mignot (Amsterdam, Stedelijk Museum, 1984), p. 44.

O IMAGINÁRIO DA MORTE

Teixeira Coelho

"Fui educado pela imaginação", escreve Fernando Pessoa num poema que continua:

Viajei pela mão dela sempre,
Amei, odiei, falei, pensei sempre por isso
E todos os dias têm essa janela por diante,
E todas as horas parecem minhas dessa maneira.

De seu lado, o filósofo Gaston Bachelard notava, há cinqüenta anos, que as imagens que estão por aí nos impedem de imaginar.

Ainda é possível educar-se pela imaginação, viajar com ela, apoderar-se do mundo através dela ou tudo isso nos é agora negado no exato momento em que as imagens nos envolvem por todos os lados, da manhã à noite, na publicidade e na política, na guerra como na escola e no esporte? Os jornais cada vez têm mais imagens no lugar das palavras, o cinema de massa segue os caminhos da televisão e pretende alcançar o estágio de pura ação, sem reflexão. E a TV aproxima-se sempre mais do clipe: profusão de imagens sobrepostas, imagens de pessoas, de coisas, de sons, de idéias, imagens, imagens. Que imaginação essas imagens permitem? E, sendo a TV a principal geradora de imagens, que tipo de imaginação é por ela produzido?

Antes de esboçar uma resposta a esta última pergunta, aquela que hoje nos interessa discutir, parece ser ainda necessário chamar a atenção para a necessidade de pôr-se de lado a idéia de que a imaginação é, na família que habita a cabeça do homem, o membro que não pode ser mostrado às visitas, aquele que, por ter um "desvio" qualquer, não está à altura de ser visto com os demais. Mesmo no final do século XX não é incomum encontrar uma distinção entre a lógica, o raciocínio "correto", aquele que gera tudo o que é bom para o homem e a sociedade, e a imaginação, responsabilizada ainda pelos "excessos", por tudo o que sai da norma, por fazer o homem andar com a cabeça nas nuvens, perdido em devaneios tolos. No entanto, deveria ser pacífico que sem a imaginação não há lógica, nem raciocínio "bom" ou "correto" ou "adequado", ao contrário do que se defendia num passado (da filosofia e da ciência) que deveria estar mais longe do que está.

A imaginação é um dos modos pelos quais a consciência apreende o mundo e o elabora. A consciência dispõe de diferentes graus da imagem à sua disposição, permitindo dois modos de conhecimento e modalidades intermediárias entre eles. Numa ponta, está o conhecimento direto, conseguido através de imagens que apontam imediatamente para seu objeto por com ele manterem uma relação clara ou fortemente convencionada. Na outra, está o conhecimento indireto, o pensamento indireto, que alcança seu objeto apenas através de algum tipo de desvio, menos ou mais longo ou tortuoso, entre a imagem que forma desse objeto e aquilo por ela representado.

A alegoria é um exemplo desta modalidade indireta do pensamento e do conhecimento. Na impossibilidade de fornecer um retrato imediato do que pretende significar, a alegoria monta um cenário onde esse significado aparece mediatizado. Para significar a justiça, por exemplo, usa-se com freqüência a alegoria da imagem de uma personagem que pune ou absolve. O significado de justiça é montado não apenas através dessa figura em si como de seus emblemas, os objetos que envolvem aquela personagem: as tábuas da lei sob o braço, como no *Moisés*, de Michelangelo, uma espada, uma balança, a venda sobre os olhos.

O símbolo, outro recurso do conhecimento indireto, é o oposto da alegoria. Na concepção de Jung, o símbolo é a melhor figura possível de uma coisa relativamente desconhecida que não se saberia designar de modo mais claro ou característico. O símbolo tem um significado que não é apresentável ou representável. O símbolo se refere a um sentido, não a um objeto sensível. A cruz, por exemplo, como símbolo não remete especificamente a dois pedaços de madeira nos quais se suplicia alguém, mas à idéia de um modo de relacionamento com o outro e o mundo — tanto quanto a foice e o martelo. Uma catedral gótica pode funcionar, em sua verticalidade, como símbolo da ascensão, do desejo de divinização ou purificação do homem.

Quando comparado com o signo, o símbolo mostra suas diferenças. O signo pode ter um significante arbitrário (como na linguagem escrita, onde, por convenção, *cão* indica o tipo de animal que conhecemos) ou adequado (como numa foto, em que a figura representada tem alguns traços semelhantes ao da coisa ou pessoa fotografada). Já o símbolo tem um significante que é não arbitrário mas determinado pelo que significa (como no caso da catedral, que materializa uma trajetória para cima). O significado a que remete o signo pode ser apreendi-

110

do pelo pensamento direto, enquanto o símbolo nunca se deixa apreender pelo pensamento direto. O significado do signo é fornecido antes do significante, que é o portador material do signo (no caso da palavra escrita, os traços que a desenham; para o signo verbal, os sons que o sustentam; na fotografia, os pontos da retícula que, reunidos, a compõem); posso não estar diante de nenhum caso concreto da palavra *cão*, mas seu sentido já está fixado e seja qual for a variante formal sob a qual aparecer, no momento que for, sei desde logo o que pretende transmitir. O significado do símbolo nunca é fornecido fora do processo simbólico, o que quer dizer que, contrariamente à crença comum manifesta em práticas como a dos interpretadores de sonhos ou manuais de decifração de símbolos, não existe um elenco de símbolos com significado preciso e invariável. Já os signos, por serem fortemente convencionados, devem ter seus significados imutáveis.

É com esse material que opera a imaginação. Sendo um recurso privilegiado do conhecimento indireto, ela não está ausente do conhecimento direto — do mesmo modo como, atuando preferencialmente com símbolos, ela não despreza os signos. Dizer que o símbolo é a imaginação do signo pode parecer um jogo de palavras e um modo de rebaixar a função do signo. Não se trata disso: o que se diz com essa observação é que há níveis distintos de significação, um mais à superfície, outro mais profundo. Para a superfície, bastam os modos de operação que lidam com as convenções, os critérios estabelecidos, as normas da lógica comum, os princípios do "deve ser"; para as profundezas (ou as alturas) da significação, vigora o princípio do "pode ser", livre das injunções do "real" e dos códigos fixos. Para calcular a estrutura de uma ponte, são suficientes os dados "de superfície"; para projetar a forma viável dessa ponte, será eventualmente necessário recorrer às "profundezas" (às alturas), à imaginação simbólica. Para o homem, mesmo em sua vida cotidiana, estas duas dimensões são inseparáveis: eliminar qualquer delas é condená-lo a uma vida diminuída.

O conjunto dos resultados com essas operações de signo e de símbolo forma o imaginário de um indivíduo ou grupo de indivíduos. O imaginário não é irreal: é, "apenas", a representação que esse indivíduo ou grupo faz de si mesmo e de suas relações de existência no mundo. Simplesmente por existir, essa representação é tão real quanto o corpo físico de quem a gerou. É ela que organiza a vida desse indivíduo ou grupo, seus valores, seus projetos, sua produção. A idéia de que o Brasil é o país do Carnaval faz parte de um certo imaginário desta terra compartilhado por estrangeiros e brasileiros. É a soma de imagens como essa (e outras, algumas já em desuso como a deste país enquanto terra do futebol) que produz o quadro maior do que se costuma chamar de uma cultura nacional.

111

O cenário dessas imagens não é estável, embora apresente tendências determinadas. As imagens se modificam, se sobrepõem, se anulam, se transformam. Acima de tudo, elas se reproduzem. Esta é a era da imagem e da imagem visual de modo particular, que destronou outras como a táctil e a sonora (o poder de atração do rock não deve confundir: um espetáculo de rock é, antes, uma parafernália de imagens visuais, das quais as sonoras são complemento imprescindível embora não elemento suficiente). Curioso, porém, é constatar a multiplicidade de indícios que apontam para nossa entrada numa nova era iconoclasta. Há períodos históricos marcados pela destruição das imagens, por sua eliminação física, pelo apagamento da maior quantidade possível delas: a história das religiões está repleta desses momentos. E há outros, como este atual, nos quais a eliminação das imagens se faz por excesso, por acumulação. O que ocorre, nestes instantes, é uma espécie de evaporação, se não das imagens em si, pelo menos de seu sentido — como numa panela com água que vai fervendo, aumentando a agitação das moléculas até que a água simplesmente desmancha no ar —, e que seria própria da cultura ocidental a partir de um determinado período. Nos dois séculos que se encerraram ao redor do final da Segunda Guerra Mundial, prevaleceu um saber estruturado numa espécie de dogmatismo da palavra, verificável nos princípios da observação, da descrição e classificação que desembocou num cientificismo do signo contrário à imaginação como um todo e à imaginação simbólica em particular. Esse período assinalou um movimento iconoclasta de tipo eliminatório: a imagem nesse momento brilhou por sua ausência.

Em seguida, passo a passo a imagem foi reconquistando seus direitos. Seu ponto culminante pode ser exemplificado na crença da nova geração de surfistas na inutilidade da palavra, vista como supérflua, incapaz de dizer algo que não possa ser manifestado melhor por outros meios. De modo nada paradoxal, esse auge assinala simultaneamente a derrocada da imagem: inicia-se um período iconoclasta por excesso. A profusão das imagens elimina não apenas todo sentido como as próprias imagens. Há quem veja no Barroco um caso desse iconoclasmo por excesso: a argumentação, nesse caso, é que as imagens acabam despidas de todo sentido segundo e se transformam em meros ornamentos. Esta concepção é, na verdade, datada: ela mesma é fruto de um iconoclasmo por falta, o iconoclasmo por eliminação próprio do período clássico (ou, mais apropriadamente, dos períodos clássicos). Mas, se há exagero em dizer-se isso sobre o Barroco, fica difícil deixar de ver na situação atual o predomínio de uma visão de mundo que tende a eliminar a função essencial da imagem e da imaginação simbólica, aquela que permite uma religação do indivíduo consigo mesmo, com sua própria memória, com a memória da terra, com a memória de seus ideais e projetos. As imagens estão por aí, aos borbotões, mas não são mais o que eram: não provocam mais a imaginação, transfiguraram-se no que se chama tecnicamente de sintemas, imagens que têm por função primeira e quase única um reconhecimento social, uma segregação convencional, um isolamento no convencional — são símbolos reduzidos a sua potência sociológica, como os da TV. Estamos atravessando um período em que se recusa a imagem como ícone, como forma de uma epifania individual e coletiva. A TV, por exemplo, detesta alusões: tudo nela é o que é (ou ela assim pretende, é aquilo por que luta). Quando se propõe a promover alusões, como na recente novela *Que rei sou eu?*, poderosa como cabo eleitoral na última eleição presidencial, só o faz desbastadamente. Como é fundamental para a TV (e para os meios de comunicação de massa em geral) que as coisas sejam o que são, cada coisa tem de ser representada por um único signo ou por um único suposto símbolo — e tem início um processo que conhecemos bem em outro domínio, o processo da inflação. No caso, a inflação simbólica, que leva a uma dessimbolização da imagem e ao iconoclasmo por excesso. Uma imagem vale outra, uma imagem tem de ser semelhante a outra (este é o verdadeiro princípio da publicidade em TV e da TV como um todo: apenas na aparência se busca a inovação, a novidade; o que importa mesmo é apaziguar o telespectador com as imagens da mesmice, levemente matizada pela diferença), e o próprio princípio do pensamento por imagem se perde.

Esse iconoclasmo por excesso é um dos geradores desta cultura doente. Uma cultura cai doente quando o pensamento perde seu poder de analogia, quando não consegue mais passar do campo do que é e deve ser para o campo do pode ser, do que pode ter sido, ou poderá ser. A cultura adoece quando os símbolos se desfazem, se desimpregnam de sentido. O simbolismo pode ainda funcionar, mas o faz de modo rígido, dirigido por um único regime. A função simbólica forte reúne os contrários sem resolvê-los, ao contrário do que propõe a dialética tradicional (tese, antítese, e síntese que resolve as duas anteriores): na função simbólica, os contrários são mantidos em tensão, é isso que mantém unido o sentido consciente que capta e recorta com exatidão os objetos junto com a matéria-prima que emana do inconsciente, das formas culturais básicas que estão recalcadas, de tudo aquilo que não é diretamente sensível mas que é indispensável para o equilíbrio do sujeito enquanto indivíduo, do grupo enquanto entidade psicossocial e da cultura como forma macroantropológica.

O que esse iconoclasmo por excesso provoca é uma interação entre os esquemas simbólicos, que passam a se contradizer, a se expulsarem mutuamente: o simbolismo político atropela o familiar, o religioso choca-se com o social, os mitos do progresso acotovelam-se com os apelos ao passado. Em vez de somarem-se para alimentar a tensão capaz de permitir equilibrar e realimentar o sistema, entram em conflito e geram ansiedade, perplexidade, repetições, vislumbres de falsas saídas. Quando isso acontece, a sociedade pode entrar num processo de diluição de seus tecidos que dificilmente, dada sua natureza, resulta em algo animador (e que é, em grande parte, a situação vivida hoje neste país).

Essa proliferação de imagens não parece ser exclusividade nossa. Cada época teve sua própria forma de multiplicação das imagens. No século XVI Inácio de Loyola travava uma luta contra o que lhe parecia um borboletear das imagens, mal cujo remédio encontra em seu método de educação da imaginação que deve ter a função de selecionar as imagens e conseguir a concentração da mente naquelas que importam, o que se consegue por meio da expulsão, da mente, de todas as imagens flutuantes que invadem o espírito como moscas ou macacos, e que produzem na verdade um esvaziamento de imagens. A imaginação que propõe é modo de luta contra a inexistência real de imagens, o que significa que já em seu tempo Loyola concluía pela existência de um iconoclasmo por excesso. O que Loyola queria obter era uma ressimbolização das imagens propondo — e isto é importante para nós, neste momento, como ponto de reflexão para uma pedagogia do imaginário — uma articulação dessas imagens ao redor de um código, de um tema, de um objetivo, de uma poética que exercesse uma função humanizante do homem para além da objetividade seca dos signos convencionais e da subjetividade viscosa do misticismo fechado em si mesmo, tanto quanto para longe do dogmatismo. O objetivo de Loyola pode parecer assustador: tratava-se de fazer com que as pessoas ficassem disponíveis como cadáveres (*perinde ac cadaver*, na expressão que ficou gravada em nossa cultura), de ressonância desagradável mas que é para ser entendido como um estado de indiferença aberta para uma virtualidade de possíveis. O que a TV consegue hoje, com o sinal trocado, é exatamente essa condição em seus espectadores, levados a se inclinar para cá ou para lá ao sabor de conveniências e interesses situados fora dele e freqüentemente contra ele. Os telespectadores se tornam disponíveis como cadáveres (ou é o que a TV esperaria) para o imaginário defendido pelo sistema representado ou mantido pela TV. A indiferença inaciana significava ficar livre de qualquer apego desordenado, de modo a não se inclinar previamente para a aceitação ou rejeição do que era proposto. A mente liberada não se inclinava a nada, a não ser a inclinar-se a nada. Ficava livre para seguir o que a interessasse verdadeiramente — no caso de Inácio, a glória de Deus e a salvação da alma do interessado. Em nosso caso, um outro objetivo que nos cabe a nós mesmos determinar.

Esses exercícios tinham por função construir uma pedagogia da imaginação como a que Calvino enuncia em *Seis propostas para o próximo milênio*: uma práxis que signifique controlar a visão interior sem sufocá-la e sem deixar que caia em confuso e passageiro fantasiar, próprio deste momento de iconoclastia por excesso. Uma práxis (e aqui a palavra é usada em seu sentido arcaico de ciência que repousa sobre uma operação propriamente alternativa que consiste em dispor, no projeto de uma conduta, de pontos de bifurcação que são examinados um a um, a partir do que se escolhe um e não o outro e se passa ao ponto seguinte, em que a operação se renova e assim até o infinito — como em "O jardim de caminhos que se bifurcam", de Borges), uma práxis, dizia, que permite cristalizar a imagem e ressimbolizá-la. Uma prática que pode evitar que nossa mente continue a se apresentar, para nós, como o depósito do lixo que a TV sobre ela despeja cotidianamente. São práticas como essa que podem permitir a "chuva dentro da alta fantasia", como no verso de Dante prezado por Calvino, entendendo-se por "alta fantasia" talvez não tanto o símbolo visto como modo de expressão de objetos um tanto místicos ou metafísicos, mas pelo menos o contrário daquilo que Calvino chamou de "imaginação corpórea" e que abrange o caos dos sonhos tanto quanto o balbucio das construções conscientes embaladas por imagens a serem repetidas mecanicamente — essa alta fantasia que resulta da aceitação da lógica interna e invisível das imagens submetida à intervenção de uma intenção racional e que define a criação artística em todas as suas formas.

Traçado esse quadro geral e sumário da imagem e do imaginário, podemos passar para a tentativa de isolar e discutir algumas das imagens do grande iconoclasta de hoje que é a TV e identificar o imaginário por elas construído neste país. Mesmo com a proliferação virótica das imagens, o que delas resta na mente do telespectador tem força suficiente para gerar imaginários, que devem ser delineados. Como se trata aqui de um esboço, o elemento sistemático da análise não está presente como poderia e deveria, significando que as imagens e seus correspondentes imaginários não serão apresentados numa ordem de importância semântica ou quantitativa.

1) Um mundo pré-moderno: o Bem, a Verdade e o Divino. A TV brasileira, que se pretende tão pós-moderna, arrasta-se ainda em plena pré-modernidade. Um dos traços típicos da modernidade legada pelo século XVIII foi a separação entre os diversos setores da sociedade (Estado e Igreja, por exemplo) tanto quanto a distinção entre as diferentes modalidades do conhecimento (a lógica, a estética, a ética). Na pré-modernidade vigorara a indistinção entre esses domínios: a estética não

tinha campo próprio, subordinava-se à religião tanto quanto ao Estado. O Bem, a Verdade e o Divino formavam uma única entidade, o que correspondia a expulsar o homem para o Mal e o Erro. É sobre este paradigma da identidade absoluta entre Bem, Verdade e Divino que a TV brasileira ainda opera, entidade inteiramente visível não apenas nas telenovelas como nos noticiários: Saddam Hussein é o Mal, o que significa que é a Mentira e, automaticamente, Satã. Essa mesma TV criticava o medievalismo do Irã, com seu dogmatismo e seu maniqueísmo; as intervenções de Khomeini contra o Ocidente (quer dizer, contra os EUA, por ele identificados como Satã em pessoa) eram pela TV expostas à execração pública. Os métodos pré-modernos de Khomeini, no entanto, são exatamente aqueles praticados por essa TV. Esta TV não chegou à modernidade e quer apresentar-se como pós-moderna. Para fazê-lo, teria de operar com o trinômio Mal-Plural-Banal. Não para expulsar de cena o trinômio anterior, mas para com ele entrar numa tensão capaz de revelar o sentido submerso das ações do homem em sociedade.

Talvez não seja necessário discorrer sobre o Mal. Quanto ao Banal, não se deve entendê-lo como coisa sem importância: *banal*, como ainda registram os dicionários, indicava algo que era para o uso de todos. Nos domínios do senhor feudal, tudo lhe pertencia, inclusive moinhos e fornos para assar pão. Num dia da semana, mediante pagamento, as "pessoas comuns" podiam usar moinhos, fornos etc., que se transformavam então em fornos banais, moinhos banais. É como se deve entender a ascendência do Banal sobre o Divino: as pessoas comuns, quer dizer, todos os homens, é que devem ocupar a primeira cena, não os Divinos (o que inclui tanto os deuses como seus "representantes" na terra, os poderosos, os grandes senhores). E, quando se abre espaço para os banais, abre-se espaço para a pluralidade — de crenças, aspirações políticas, preferências estéticas e sexuais. A TV brasileira, com as exceções de regra, está longe disso. Moderna, pós-moderna, essa TV? Pré-moderna.

2) O mundo do homem, do belo, do jovem. Os pares de opostos homem vs. mulher, belo vs. feio, jovem vs. velho constituem temas eternos, sem dúvida. Nem por isso devem deter o predomínio absoluto nas formas de expressão e comunicação. Menos ainda quando figurados na forma de conflito encerrado pelo predomínio de um sobre o outro. No caso do Homem vs. Mulher, a idade da TV brasileira é a idade do cinema americano dos anos 30 e 40, inundado por esse conflito que o "código de ética" das produtoras cinematográficas amenizava invariavelmente no final com o homem se rendendo à sensibilidade e argúcia da mulher e a mulher, ao poder lógico e visão social do homem — o que significava que o homem ganhava. Acima das imagens do conflito homem vs. mulher, acima mesmo da imagem do ho-

mem como vencedor, o que impressiona é o apego da TV à categoria do conflito, um conflito que deve resultar na exclusão, na derrota de um dos adversários — excluindo tanto a hipótese (moderna) da síntese entre os pontos de vista de um e outro quanto a versão (pós-moderna) da tensão irresolvida entre os dois lados.

O mesmo ocorre com a luta Belo vs. Feio, herdeira direta da tríade Bem-Verdade-Divino: o que é belo é bom, verdadeiro e divino, com exceção do que é excessivamente Belo — isto só pode ser obra do Mal —, do mesmo modo como o radicalmente Feio tem de ser Bom (o mito de Quasímodo).

Impressiona mais o par Jovem vs. Velho, resolvido sempre em favor do Jovem. O país do Corpo e do Sexo só pode ser o país do Jovem. Uma universidade de Campinas (quer dizer, não se trata do interior de um estado interior do Brasil) abriu sua Universidade da Terceira Idade, que recebe os que têm mais de 45 anos. Uma instituição internacional dedicada à recepção de jovens viajantes, os Albergues da Juventude, acolhe pessoas até os 45 anos. A conclusão é inevitável e esmagadora: neste país prepara-se um massacre... Bioy Casares escreveu *Diário da guerra dos porcos*, cujo argumento é uma luta mortal que os jovens declaram aos velhos. Este livro, com mais de duas décadas de existência, era uma premonição. No Japão, país moderno e pós-moderno, alguém com sessenta-setenta anos está, se não na flor da idade, pelo menos na idade correta para muita coisa: presidente de firma, chefe de departamento, primeiro-ministro. No Brasil, pagamos o preço por construirmos um imaginário da juventude — inclusive na política...

3) É moderno o mundo que tem uma sintaxe "moderna", símbolo proposto de um conteúdo moderno. A TV brasileira, junto com seus telespectadores, considera traço indiscutível de modernidade a rapidez na linguagem de suas novelas e séries: os planos são rápidos, as seqüências, curtas e intercaladas. Nada deve durar muito. O resultado é um acúmulo de signos, criador do ambiente propício à inflação simbólica e à dessimbolização do mundo.

Há, sem dúvida, uma origem econômica para essa sintaxe: tempo é dinheiro, um "comercial" não dura mais de um minuto, trinta segundos bastam. A partir desse treinamento a que se submete o telespectador, se pressupõe que ele não tem paciência para suportar outras durações, e oferece-se, portanto, essa linguagem visual monossilábica — que rapidamente exibe sempre repetições do mesmo, provocando, claro, o cansaço no telespectador...

Mais grave é a conseqüência disso: o dogma, defendido com arrogância flatulenta pelos publicitários, de que tudo o que vale a pena ser dito, deve ser dito em trinta segundos. O que se arrasa com isso é a argumentação, o que se instala, na melhor das hipóteses e se é que se

117

deve honrar esse "pensamento" com este rótulo, é o sofisma. A propaganda política demonstra claramente o que deriva da "sintaxe dos trinta segundos": a viscosidade subjetiva, a vacuidade programática.

Nesse clima, o "formato" ideal é o do videoclipe, movido pelo princípio da ejaculação precoce na música como na imagem, no discurso político como no sexo, na notícia como na vida.

Há "sofisticações" nesse esquema, claro: a brevidade de planos e seqüências é contrabalançada pela longa duração das novelas nacionais e das séries estrangeiras (*Dallas*). Isto, porém, não equilibra e, menos ainda, elimina aquilo.

4) O mundo dos sujeitos desmaterializados, desamarrados. A TV fala para um sujeito qualquer numa situação qualquer, isto é, em nenhuma situação. O sujeito está fora de cena, como fora de cena está a voz da TV que fala em off nos comerciais, nos comentários das notícias. As TVs têm uma cara, a de seus apresentadores ou "âncoras". Mas, por cima destas caras, prevalece uma voz etérea, a voz que nos comerciais quer convencer, orientar, ordenar.

Isto não é traço exclusivo específico da TV brasileira. O que varia é a forma e o conteúdo dessa voz: na França é quase sempre a voz fina, juvenil, infantilmente sexy (tipo Brigitte Bardot) de uma jovem mulher sedutora e coquete, como se dizia (é com este tipo de material que se fazem os imaginários de um país...); nos EUA, é uma voz plena de homem, empostada, grave, sonora, voz que se abre como uma caverna cálida onde o ouvinte encontra abrigo; portanto, é a voz da Verdade, a voz que tem razão; é a voz de Bush, de Reagan (a voz, no Brasil paródica, do anúncio do "Bom de boca"). No Brasil, é predominantemente (ou assim parece, dada sua ênfase) uma voz de homem que grita, se exaspera num discurso rápido, uma voz que manda, ordena, uma voz de sargento, voz de locutor de futebol, para sacudir o telespectador, chamálo às falas. O telespectador pode não saber onde está, o que é, nem se é: mas sabe que foi feito para ser mandado. Não é, em seus efeitos, uma voz pior que a americana: é "apenas" o modo brasileiro de tratar o telespectador...

5) O universo mediado. A imagem, num processo simbólico forte, é o caldo em que o homem se encontra com seu mundo: não há distância entre a imagem, o homem e o mundo; ao mesmo tempo em que representa o mundo, a imagem é o mundo. Na TV, a imagem é mediação entre o homem e o mundo: há distâncias entre essas três entidades, e quem pode aboli-las é a TV. Primeira conseqüência paradoxal: o mundo é a TV. Segunda conseqüência paradoxal: eu sou a TV, a TV sou eu. Paradoxal porque a TV diz abolir essas distâncias, mas seu interesse e sua prática real consistem em firmá-las sempre mais.

Uma aplicação deste princípio, que de início pareceu dar certo mas que acabou não funcionando, foi vista na eleição para governador em São Paulo neste ano de 1990: a simples visão de um determinado candidato era e é tida por seus próprios adeptos como capaz de provocar ojeriza e rejeição; a saída foi encontrada na mediação entre esse candidato e seu público-alvo, feita pela TV (o comício de rua virou showmício porque existe apenas para fornecer os rapidíssimos flashes a serem exibidos como comício na TV, aquele que de fato importa: um comício onde nada se vê e nada se ouve porque o som não é direto) e todos os seus truques. O candidato seria mostrado o menos possível, outros falariam por ele. A TV faria as vezes do candidato. O candidato seria a TV, e, como eu, telespectador, sou a TV, logo sou o candidato. Como se sabe, o truque acabou não funcionando e o candidato, outra vez derrotado — o que vale para nos alertar sobre as limitações da supostamente todo-poderosa TV, tanto quanto deveria alertar os candidatos (que os pagam com ouro puro, ou dólar, sua versão nacional) sobre os reais poderes dos publicitários, erigidos em magos mediúnicos (é bem a palavra) da política. Vale também para lembrar que os signos (as convenções) pouco podem contra os símbolos que, como se viu acima, não são arbitrários mas necessários, motivados e permitem um acesso, indireto embora, à revelação da essência.

6) A vida como um jogo de conflito ou de azar. De todos os tipos em que os jogos (representações da vida) podem ser classificados (entre eles, o da imitação, do turbilhão, da competição ou antagonismo e do acaso), a TV brasileira privilegia um único: o da competição, o jogo agônico (a competição, neste sentido, implica a vitória de um e a morte do outro). É a constante: nos espetáculos esportivos, claro, e nos programas "infantis", na programação das tardes de domingo, nos debates políticos em véspera de eleição (quando os há), nas mesas-redondas e nas notícias. Mesmo quando em cena entra o princípio do acaso (um dado que rola), a linha norteadora é a competição: quem lança o dado não o lança por si, lança-o contra o outro. A vida é um conflito e um acaso, nada há a fazer a não ser resignar-se ao combate e portanto ao poderio do mais forte disfarçado pelas leis do destino. O nome do jogo, na verdade, é resignação.

7) O mundo da metonímia. Sob certo ângulo, há dois modos de conhecimento, de inserção do sujeito no mundo, de geração de significados em todos os sistemas, inclusive o existencial: pelo modo metafórico, um símbolo (ou um signo) substitui o evento primeiro, material, e é depois substituído por outro e por outro, ao infinito; estabelece-se uma cadeia vertical capaz de criar novos símbolos (e signos) que remetem diretamente (embora mediatamente) à coisa em si. Pelo modo metonímico, os símbolos gerados pelo modo metafórico são não re-

criados em si, mas dispostos uns ao lado dos outros em ordens eventualmente variadas, passíveis de alterar o significado inicial e que, porém, não criam novos símbolos em si. Estes dois modos operam em conjunto, separá-los é fragmentar o conhecimento e a significação, fraturando o sujeito e instalando nele o que se chama adequadamente de alienação porque, entre outras coisas, o modo metafórico é o modo do comportamento, da práxis, enquanto o modo metonímico é o modo do discurso, do falar sobre o fazer. Um não é mais importante que o outro: se pelo modo metafórico o sujeito se constrói na prática, pelo metonímico ele reconhece os outros e se dá a reconhecer. Um sem o outro nada é. Na TV brasileira, porém, prevalece o mundo metonímico: símbolos não são criados, apenas tirados de seus locais de origem e combinados em ordens menos ou mais variadas; os símbolos se encostam uns nos outros, mas não se substituem; acionam o mundo do discurso mas não o do fazer; permitem e provocam o reconhecimento (se falar assim, falarei como o carioca; se me vestir assim, me visto como o paulista) mas não a construção e a autoconstrução. Aponta para o imediato (função básica da metonímia) e impede a abstração, a generalização, a expansão da reflexão. Nenhuma TV está obrigada, por algum hipotético traço caracterial, a ser apenas metonímica. Se o faz, é por opção.

8) Um mundo violento. A TV gera violência ou apenas fala da violência, registra o que existe no mundo fora dela? Os espíritos bem pensantes e bem-falantes (os intelectuais brasileiros sofrem da compulsão de sempre "ficar de bem" com os meios de comunicação de massa) habituaram-se a dizer que a violência é do mundo e que todos têm o direito de ser bem informados — curiosamente, os mesmos argumentos que a TV usa quando acuada. Nesses momentos, costuma-se esquecer que a força e a violência são técnicas bem-sucedidas de controle social e que a violência é a forma exacerbada de poder. Autoridade, poder, força e violência, no Brasil, são sinônimos. E há três décadas inteiras que a TV tem sido violenta, tem usado a violência, mostrado a violência, glorificado a violência. Não o faz por morbidez: usa a violência como forma de controle social. Atemoriza a sociedade para que o poder apareça como recurso salvador. Na década de 60 era o "terrorismo político" que ameaçava a felicidade cotidiana nacional tanto quanto o comunismo internacional espreitava o mundo para desgraçá-lo. Quando esses temas soçobraram, criou-se a violência interna, do roubo, do assalto, do seqüestro, do assassinato. Quando escrevo "criou-se", estou dizendo que a TV gerou essa violência tanto quanto foi ela provocada pelas condições políticas, econômicas e sociais deste país. A TV não retrata apenas, ela estimula ao fornecer o modelo de cuja existência depende para continuar a divulgá-lo e com isso atemorizar e con-

trolar a sociedade. O que faz a TV ao mostrar cenas de violência — e isto é obscenidade, contra a qual nenhum governo nem a moral de grupos organizados se levantam porque não lhes interessa — é apanhar o homem no momento em que, pelo código corroído em vigor, se faz mais homem, o momento em que se impõe ao outro, o momento em que faz do outro instrumento de sua vontade. "Estupra, mas não mata": esta frase do mesmo candidato citado antes deve ficar registrada na história como representante deste imaginário — mais do que convite, é uma incitação à violência ao mesmo tempo em que exterioriza os valores da classe a que pertence seu autor. Não é outra coisa que a TV faz, em seu conjunto.

Quando comparada com as TVs de outros países, como Itália, França, Inglaterra, EUA, Alemanha, Cuba, Argentina e tantas outras que, como se vê, não configuram particularismos geográficos, étnicos ou políticos, a TV brasileira dispara na frente em termos de tempo dedicado às notícias de violência: desastres, assaltos, mortes, seqüestros, desgraças. Não há comparação em termos de espaço aberto a esse tipo de "informação". O mundo que a TV mostra é um mundo perigoso. Melhor ficar em casa e concordar não tanto com medidas de repressão à violência, inexistentes, mas com a própria idéia do poder, da necessidade de um poder maior, central, externo.

Tem-se, aqui, o símbolo em seu pleno funcionamento: não remete a algo de concreto mas a um sentido. A violência como símbolo remete ao sentido do poder e de sua necessidade — que a própria TV encarna e representa. A TV brasileira vive da violência, como o poder no Brasil. A TV brasileira não pode combater a violência, tem de estimulá-la. A TV brasileira gera violência. Porque precisa atemorizar os habitantes deste país. Em outros lugares, a violência já existe especificamente para a TV: os torcedores de futebol ingleses pintam a cara com tintas de guerra e partem para o combate por saberem-se focalizados pela TV (chegaremos lá, aqui também). A diferença é que a TV inglesa não convida à prática, não a reforça com sua divulgação. O Brasil é um país violento porque vive sob condições políticas, sociais e econômicas injustas e porque tem uma TV injusta. Não é mais complicado que isso.

Prova? A operação com o Bem, a Verdade e o Divino. Se não fosse o endeusamento da violência, a TV não precisaria apelar para este trinômio como forma hipócrita de tentar salvar a própria pele e a dos Divinos: façam o que eu mando fazer, mas não o façam comigo porque, lembrem-se, existe o Bem, a Verdade e o Divino que sou eu mesma.

Prova? Um nono ponto: o mundo da limpeza, o mundo do padrão de excelência — o mundo colorido, de bom som, boa imagem, de pessoas bonitas, de sintaxe moderna, capaz de ser reconhecido e exigido até pelos cubanos. O mundo lá fora é violento e tem de continuar vio-

121

lento; o mundo aqui dentro da TV é bonito e brilhante; eu, a TV, sou esse mundo bonito; eu, a TV, não sou esse mundo violento (que é meu mundo, da TV, que sou eu, a TV). De fato, o imaginário da TV não é homogêneo nem não contraditório, é infantilismo pensar o contrário. É na verdade um mundo necessariamente assim conflitivo para que essa fragmentação, com sua lógica neurótica e neurotizante, favoreça o controle social.

Este não é todo o imaginário criado pelas imagens multiplicadas pela TV brasileira. É, porém, seu bom retrato: sob a máscara da limpeza visual e da tecnologia, da modernidade sintática, da juventude bela e eterna, um imaginário pré-moderno, discursivo, antagonístico, agônico, intolerante e violento. Um imaginário dominado pelo princípio de morte. Um imaginário do tamanho do país. Sem uma pedagogia do imaginário que se contraponha a essa, não se educará mais nenhum Fernando Pessoa e Bachelard terá definitivamente razão. Ou se terá, sim, uma educação: a educação para a fragmentação, o aniquilamento, para a morte. Um amigo escreveu, há algum tempo, um livro cujo título, cheio de ironia, é *O paraíso via Embratel*; o significado subentendido, o nome certo, ele concordará, é *O inferno via Embratel*.

BIBLIOGRAFIA DE BOLSO

Arendt, Hannah. *On violence*. Nova York, Harvest Books, s. d.

Calvino, Italo. *Seis propostas para o próximo milênio*. São Paulo, Companhia das Letras, 1990.

Canevacci, Massimo. *Antropologia da comunicação visual*. São Paulo, Brasiliense, 1990.

Durand, Gilbert. *A imaginação simbólica*. São Paulo, Edusp/Cultrix, 1988.

_____ *Les structures anthropologiques de l'imaginaire*. Paris, Bordas, 1974.

Herbert, Thomas. *El proceso ideologico*. Buenos Aires, Tiempo Contemporaneo, 1971.

Maffesoli, Michel. *O conhecimento comum*. São Paulo, Brasiliense, 1989.

Milanesi, Luiz. *O paraíso via Embratel*. São Paulo, Paz e Terra, 1978.

Nietzsche, F. *Crépuscule des idoles*. Paris, Gallimard, s. d.

O SENTIDO DO SOM

Leonardo Sá

A questão do som na televisão não está restrita à dimensão musical do assunto. A música, aliás, vem a ser apenas um detalhe nesse contexto que, envolvendo-a, vai da palavra à sonoplastia. Trata-se, pois, de algo que, de maneira ampla, chamaremos de "expressão sonora".

Lembremos que todos os povos, todas as sociedades, de alguma forma se expressam sonoramente. Na cultura ocidental encontramos esta manifestação específica à qual denominamos "música", que implica uma determinada relação com o som. Não é, porém, o que ocorre em outros grupos culturais, nos quais, por exemplo, o som jamais é concebido isoladamente mas, sempre, vinculado a outros tipos de sensações, tais como a cor, o cheiro, ou ao gesto. E lembremos também que em nosso meio a questão sonora ultrapassa, e muito, os parâmetros musicais estritos, sendo esta expressão formante do complexo televisivo.

Vou dividir esta nossa conversa em pequenas partes. O título geral é "O sentido do som", apontando para os aspectos da TV no Brasil, e, as etapas, as seguintes: o som como é sentido; indícios, símbolos e ícones; o imaginário sonoro em construção; silêncios; imagens acústicas e simulacros; a pré-auditibilidade desejada; a imaginação ensurdecida; a televisão como ponto de escuta.

O SOM COMO É SENTIDO

O som é uma sensação. Uma sensação decorrente da percepção, pelo aparelho auditivo, das ondas provocadas por um objeto em movimento vibratório.

Não haveria sensação sonora se não houvesse um aparato orgânico que transformasse as vibrações em imagem mental, em imagem acústica. Falar em vibração não significa, portanto, falar em som, uma vez que a percepção sonora se dá em um campo bastante restrito das freqüências ocorrentes na natureza, no campo das chamadas audiofreqüências, ou seja, aquelas passíveis de serem traduzidas em imagens acústicas pelo aparelho auditivo humano. Tudo o que estiver fora desse campo é percebido como silêncio..., ainda que vibrações ocorram de fato.

A expressão sonora é, pois, aquela que tem o som (e o próprio silêncio) como suporte, como substância ou como principal material. A expressão sonora supõe uma determinada percepção, a qual também é bastante peculiar se considerarmos outras percepções sensoriais de que dispomos.

Poderíamos, por exemplo, observar que a percepção visual tem um aspecto fortemente analítico e que a percepção auditiva é essencialmente sintética. Por síntese entenda-se esta capacidade de unir ou reunir; por análise entenda-se a capacidade de distinguir, de separar.

Aqui, diante de mim, tenho um copo d'água. É esta a primeira impressão que tenho ao vê-lo, de relance, embora desde já a idéia do todo se configure em minha mente: um copo. Em um segundo instante percebo características de sua forma, reflexos do líquido, sua quantidade... Num terceiro, num quarto instante enriqueço minha memória com novos dados acerca deste copo d'água, fixando-o melhor e, portanto, distinguindo-o dos demais. A percepção iniciou-se com a noção do todo e, sucessivamente, foi complementada pela apreensão das partes. Este caminho do todo para as partes é analítico.

A percepção auditiva não poderia, contudo, cumprir a mesma trajetória. Ela tem de considerar as partes, ponto por ponto, e, afinal, reuni-las memorialmente. Temos de ouvir um a um cada um dos sons ou complexos sonoros de um evento para, afinal, termos completa a idéia, a imagem acústica, a forma e as características do fenômeno observado. A percepção auditiva inicia-se com a apreensão das partes e, progressivamente, chega ao todo. Este caminho das partes para o todo é sintético.

INDÍCIOS, SÍMBOLOS E ÍCONES

A todo fenômeno percebido atribuímos ou tentamos atribuir um determinado significado. A relação, no entanto, que estabelecemos nesse processo varia conforme as circunstâncias. Observando as diferenças é que indicamos alguns princípios para a compreensão das relações sígnicas que têm o som como suporte. Nesse sentido, iniciamos aqui a segunda parte, aproveitando os conceitos de "indício", "símbolo" e "ícone" como instrumentos de nossa análise.

Um disco de efeitos especiais nos é muito útil para a demonstração que pretendemos. Por exemplo, se temos a gravação do som de água corrente, com certas peculiaridades, inevitavelmente pensamos em um riacho, em um ambiente bucólico etc. Em termos objetivos, não nos detemos no som em si, a imagem produzida nos remete a um outro referente (o riacho), mesmo que a gravação, por hipótese, tenha sido produzida em condições outras: num tanque, talvez. O importante é que atribuímos ao evento sonoro um significado, ou seja, nos remetemos a referências memoriais anteriores, servindo a gravação como um indicador, como um índice do principal referente.

Um signo indicial é aquele que estabelece uma contigüidade com o objeto ao qual se refere, não se confundindo com ele e, principalmente, fazendo com que o intérprete não se detenha no fenômeno e passe, de imediato, ao referido. É o caso do som de passos numa rua, do silvar do vento nas árvores e janelas, do silêncio inesperado do motor de um carro quando giro a chave de ignição, indicando haver algum defeito (não fora isso ouviríamos o ruído próprio da partida), ou, no caso da percepção visual, a visão de fumaça fazendo-nos pensar em fogo, a imagem de uma pegada de animal na terra etc.

De tudo isso podemos inferir muitas coisas, como o fato de nos exemplos expostos não haver, necessariamente, intencionalidade por parte do emissor do signo, quer dizer, o esforço de conferir aos fenômenos algum atributo de significado caberia mais a quem percebe.

Em uma outra hipótese o mesmo não ocorreria. Se ouço o apito de um juiz de futebol, ou de um guarda de trânsito, se escuto a sirene das fábricas ou a campainha de um telefone, nesses casos não poderia dizer que se trata de meros indícios ou, muito menos, que não haja alguma intencionalidade. Todos esses eventos supõem algum tipo de pacto ou de código, todos eles significam algo previamente combinado, e em todos é fundamental determos alguma informação prévia a respeito para que possamos, de fato, atribuir significado ao que ouvimos.

Alguém que jamais viu um telefone, por exemplo, não entenderia o soar da campainha como chamado de outrem e não saberia distinguir os sinais de linha, ocupado etc... que nós cotidianamente utilizamos. Aqueles que não vivem em cidades ou bairros industriais não sabem o que indicam as sirenes e outros ruídos emitidos pelas indústrias, bem como quem não conhece leis de trânsito ignora o que um guarda pretende ao apitar de tal ou qual maneira. Os torcedores de futebol emocionam-se ou enraivecem-se conforme o juiz apita nessa ou naquela circunstância, mas alguém que não tenha nenhuma intimidade com esse tipo de jogo permanecerá indiferente ou confuso diante da ocorrência.

Em outras palavras, todos esses sons citados (apitos, sirenes e campainhas) envolvem uma relação de referências e referentes, implicam códigos ou pactos, supõem intenções específicas, o que os distingue dos primeiros exemplos, dos signos indiciais. Da mesma forma, ao ouvirmos o Hino Nacional Brasileiro, ou Hino da Seleção, ou a marchinha *Cidade maravilhosa*, fazemos uma série de associações que ultrapassam a simples audição de peças musicais. Nesses casos, as melodias têm um atributo simbólico, uma função específica, e nos remetem a diferentes instâncias de significação. Por isso, para efeito de nossa análise, observamos que hinos, campainhas, sirenes e apitos apresentam algo em comum: são casos de signos intencionais, signos que supõem uma vinculação proposital entre o sinal e o referente, signos cuja referência depende de um contexto cultural bastante determinado. A esses signos nos referimos como símbolos.

O terceiro caso, além dos signos indiciais e simbólicos, diz respeito aos ícones, ou seja, aqueles signos que apresentam similitude em relação aos seus objetos referentes. Quando, por exemplo, desenho uma casa, realizo um signo icônico. Não se trata de um índice, nem muito menos de um símbolo (símbolo seria a palavra *casa*, escrita ou fonada); trata-se de uma redução gráfica, condicionada culturalmente, que estabelece um grau de similitude com o referente (ou seja, com a casa real). O desenho é um ícone, bem como são ícones sonoros alguns efeitos especiais, ou trechos de obras musicais que "imitam" fatos ou fenômenos (o caso, digamos, da flauta em *Pedro e o lobo*, de S. Prokofiev, representando o passarinho). Os sonoplastas criam constantemente ícones sonoros para os programas radiofônicos ou de TV, ou seja, ao ouvirmos o produto de seus trabalhos, remetendo-nos diretamente a significados específicos, diferentemente de quando nos deparamos com signos de tipo simbólico ou indicial.

O fato é que estas categorias sígnicas sempre ocorrem conjugadas e de maneira complementar. No processo comunicativo é a partir de suas relações que o imaginário vai sendo construído, porém isto já é matéria para a terceira parte de nossa conversa.

O IMAGINÁRIO SONORO EM CONSTRUÇÃO

A música é um trabalho como qualquer outro trabalho, é uma produção, é a atuação do homem sobre algo, com o auxílio de determinados instrumentos, visando a obter alguma coisa que atenderá a necessidades materiais ou ideais existentes.

E é a necessidade que leva o homem a expressar-se sonoramente; a expressão sonora tem como suporte os próprios sons e os silêncios, ambos elementos entendidos conforme a perspectiva do contexto cultural no qual têm lugar e função. Silêncios e sons devem, pois, ser compreendidos como matérias-primas da expressão abordada, e devem ser analisados já como produtos diretos da cultura que os utiliza e não apenas enquanto fenômenos físicos, referências quase abstratas ou desvinculadas das circunstâncias históricas e sociais de seus usuários.

Todos os povos, todas as sociedades produzem fontes sonoras. E aqui podemos fazer uma distinção entre estas, que implicam uma abrangência bem ampla, e os instrumentos musicais, cuja dimensão é mais restrita. A distinção é necessária, e interessa-nos, posto que revela alguns procedimentos e ocorrências no processo expressivo da cultura brasileira. Adiante veremos.

Inicialmente consideremos que por "fontes sonoras" entende-se todo objeto, produzido ou não pelo homem, que serve para a emissão de sons. E por "instrumentos musicais" entende-se determinados objetos, especificamente produzidos para o fim de participarem de um contexto expressivo, que supõem formas e técnicas de engendramento de linguagem.

Assim sendo, compreende-se que o conceito de "fonte sonora" envolve o conceito de "instrumento musical", não correspondendo o inverso. E, nesse caso, a análise da expressão sonora há de deter-se, primeiro, na questão das fontes para, posteriormente, enfocar os instrumentos.

Duas pedras podem ser percutidas uma na outra e, dessa maneira, afiguram-se como fontes geradoras de som. Pedaços de madeira, folhas, metais, o próprio solo, muitas são as possibilidades de transformar objetos quaisquer em objetos sonoros. As sirenes que anteriormente citamos, as campainhas, são estes produtos humanos projetados como fontes sonoras para fins determinados, ainda que não se incluam, em princípio, os fins musicais tradicionais. Fontes sonoras, portanto, são todas essas possibilidades materiais de emissão, sejam elas decorrentes da construção do homem ou não.

Um piano, no entanto, é mais que uma fonte em sentido genérico. Implica todo um sistema de organização dos fenômenos sonoros, implica uma função de linguagem determinada, supõe um certo repertório histórico, um conjunto de feitos e de processos, condicionados pela organicidade de uma certa cultura. O mesmo diríamos se abordássemos instrumentos distintos, mais ou menos complexos, sejam eles flautas, atabaques, sintetizadores ou violinos. São todos exemplos de contextos que exigiram um planejamento estrito para as suas construções, e todos eles supuseram, também, formas e procedimentos musicais próprios.

Um outro caso surge quando temos objetos que se tornam fontes sonoras ou instrumentos musicais circunstanciais. São exemplos, diríamos, as garrafas de cerveja, as caixinhas de fósforos, os pratos, colhe-

127

res, mesas e bancos que, num bar, servem como instrumentos para a batucada do samba, para o acompanhamento do canto, e isto sem que quaisquer critérios organológicos norteiem os seus fabricantes, apesar da já tradicional utilização em tais circunstâncias. Historicamente temos, talvez, alguns casos de afirmação definitiva de objetos primeiramente utilizados como instrumentos circunstanciais e que, depois, passam a ser também produzidos com fins especificamente musicais. Isto ocorreu com as claves (bastonetes de madeira), no Caribe, que derivaram dos *clavos* utilizados pelos barcos espanhóis para a forma de instrumentos hoje comuníssimos nas escolas, nas bandinhas, na música popular em geral e também no instrumental de percussão das orquestras sinfônicas contemporâneas.

Estas considerações nos levam à constatação de que a expressão sonora dá-se em condições nas quais as imagens sonoras vivenciadas compõem um conjunto de possibilidades que transitam pelo imaginário dos indivíduos e da cultura, espaço este que a imaginação cria e recria a depender das condições de seu exercício e desenvolvimento. Também nos permitem, estas considerações, constatar que toda criação decorre da experiência, da vivência, e que percepção e expressão implicam um binômio inseparável.

Pensamos sons a partir dos sons que percebemos e, adiante, novos sons ou possibilidades sonoras imaginamos quanto mais tenhamos condições efetivas de vivenciar os seus meios, as suas fontes, os seus instrumentos. A imaginação trabalha no espaço do imaginário e tem nas imagens acústicas as suas referências fundamentais.

Se sugiro a vocês que imaginem uma música qualquer tocada em um piano, creio que não haverá maiores dificuldades de fazê-lo, e por quê? O piano, afinal, é uma fonte, um instrumento largamente conhecido, seu timbre e suas características são razoavelmente sabidos por pessoas que tenham ou não tenham formação musical, por aqueles que saibam ou não tocar piano. O piano, enquanto imagem acústica, é um fato, o imaginário já o situa com determinados atributos de significado e, sem muito esforço, a imaginação encontra condições para realizar uma divagação mais ou menos complexa.

E, se sugiro a vocês que imaginem um outro trecho musical, agora tocado por três flautas, talvez alguns tenham alguma dificuldade, mas, ainda assim, as flautas são também instrumentos conhecidos quanto às suas características, seu timbre etc. Imaginar, ainda, um terceiro trecho musical executado por três trombones não seria, creio, uma sugestão absurda. Trombones, flautas e pianos fazem parte do repertório cultural que utilizamos, mesmo que os atributos afetivos e de significação que conferimos a estes instrumentos sejam distintos, limitados ou tecnicamente dominados. O fato é que, por força de sua função e ocor-

128

rência no contexto musical por nós conhecido, os trechos musicais sugeridos não seriam equivalentes, ou seja, a tendência da maioria das pessoas é atribuir às flautas um perfil mais brando, mais suave, mais tranqüilo, e aos trombones uma função mais épica, mais forte ou mais dramática, mesmo que do ponto de vista orquestral não haja qualquer rigor quanto a esses atributos (trombones podem soar suavíssimos e flautas assumir funções bastante incisivas...). O importante é que o imaginário depende de imagens vivenciadas, e são as imagens sonoras experimentadas aquelas que constroem o imaginário musical que nossa imaginação percorre.

Se, contudo, sugiro que imaginem trechos musicais executados por instrumentos desconhecidos (inexistentes ou pertencentes a contextos culturais distantes), vocês não conseguirão realizar a sugestão, ou, no máximo, farão reduções e aproximações, isto é, retornarão, compulsoriamente, aos contextos conhecidos e vivenciados.

O imaginário sonoro ocorre em âmbito estrito, da mesma forma que a percepção sonora depende das audiofreqüências. Ultra-sons e infra-sons não se apresentam como materiais possíveis de expressão, e, para efeito da percepção, demonstram-se como silêncios, simplesmente. Mas há silêncios que dizem respeito à imaginação, ao imaginário, e decorrem do não-acesso às possibilidades de vivência e experiência de imagens sonoras. Na parte seguinte abordaremos aspectos desse assunto.

SILÊNCIOS

A ausência de discurso é silêncio. Do ponto de vista físico-acústico, sabemos, o silêncio absoluto apenas é possível em condições de vácuo, ou seja, em circunstâncias laboratoriais. Não é deste silêncio que trataremos, contudo, e sim dos aspectos relativos aos processos comunicativos, nos quais, como disse, o silêncio é a ausência de discurso.

E há dois tipos de silêncio quando analisamos a questão em um enfoque musical: primeiro, o silêncio que antecede e sucede ao discurso, ou seja, aquele que é ''interrompido'' pelo fato artístico; em segundo lugar, o silêncio que é formante do próprio discurso, os lapsos silenciosos que têm valor dinâmico, posto que são também suporte e matéria da expressão. Tecnicamente, os silêncios deste segundo caso são denominados ''pausas'' e têm um valor positivo no engendramento do texto.

Uma sociedade pensa e faz música através de sons e de silêncios, sendo o silêncio, portanto, também ele matéria da criação, imagem, personagem do imaginário. Trabalhar o silêncio passa a ser, a partir de um certo momento, preocupação consciente na estética contemporânea, redimensionando este elemento e suas potencialidades expressivas, conferindo-lhe, inclusive, em alguns casos, prioridade e destaque, e, assim, invertendo o tratamento que mais tradicionalmente lhe era dado.

O silêncio enquanto formante do discurso expressivo é entendido em sua forma dinâmica, em contraposição àquele que corresponde à ausência de discurso. Este, por sua vez, ganha amplitude e gravidade quando extrapola o âmbito aqui situado e passa a ser um perfil de comportamento, isto é, quando passa a ser uma atitude assumida por (e imposta a) segmentos sociais que não "discursam", mas que apenas silenciam, que exercem a expressão em dimensão mínima e deixam projetar-se no discurso de outrem como sendo o seu discurso. Esta forma alienada do silêncio nega o que anteriormente sugerimos, nega a imaginação, anula o imaginário, e passa a ser um traço característico da massa. A idéia, por isso, de "massas silenciosas", implica a existência de amplos segmentos sociais que, não discursando, não emitindo, apenas absorvem o que a indústria cultural projeta. A ausência de discurso é aqui um silêncio de dominação, não deixando margem para que ele se torne elemento dinâmico, personagem ativa da cultura, mas conservando-o, sempre, sintoma de uma conjuntura histórica e política na qual o acesso aos meios de produção e expressão é limitado, na qual o silêncio é condição e não matéria criativa.

IMAGENS ACÚSTICAS E SIMULACROS

As pessoas pensam: eu vou estudar piano, eu quero estudar violino, eu quero tocar flauta, eu preciso aprender guitarra... etc. Pensamos sobre isso e concluímos: não é verdade, ninguém aprende guitarra, ou aprende flauta, ou aprende violino, ou aprende piano. É uma forma de dizer, é claro, e por isso pode haver um certo preciosismo em nossa dedução, mas há toda uma perspectiva oculta por essa "forma de dizer".

A rigor, nós estudamos e tocamos um determinado repertório musical de acordo com determinados preceitos interpretativos através de determinados instrumentos e conforme determinadas técnicas. E o aprendizado dessas técnicas instrumentais está condicionado pelas necessidades estéticas do repertório pretendido. Por outro lado, este repertório é responsável pelo conjunto de imagens que compõem o nosso imaginário sonoro, o qual tem suporte na ocorrência cultural das fontes e na forma tal qual elas são acionadas. A técnica (e o aprendizado dessa técnica), portanto, tem por referência os instrumentos em sua ocorrência histórica e estética em função das exigências da produção específica, alterando-se a cada vez que outra produção é abordada.

As pessoas pensam: eu vou estudar piano. Na verdade, estuda-se uma forma (dentre infinitas) de conceber o piano enquanto fonte sonora. Aqui, portanto, recaímos sobre o conceito de "instrumento musical" e seu vínculo com o imaginário de uma cultura: o piano é "estudado" conforme as exigências de um repertório pretendido (por exemplo, o programa de conservatórios, ou jazz), e isto significa, finalmente, adestrar-se física e mentalmente para a realização de um certo tipo de música. O próprio piano enquanto idéia para quem pretende "estudá-lo" já traz em si um repertório potencial, quer dizer, o desejo de aprender a tocá-lo passa, primeiro, pelo desejo de realizar este ou aquele tipo de discurso musical, e não, como poderíamos supor, pelo desejo de poder realizar todo e qualquer tipo de discurso através do piano enquanto fonte sonora (o que suporia, inclusive, a utilização de quaisquer recursos e formas para acioná-lo, além dos tidos por "tradicionais").

Nesta quinta parte de nossa conversa trataremos das imagens acústicas, e é por esta razão que inicialmente abordei a questão dos instrumentos musicais e de seu aprendizado. Entendemos que o aprendizado musical é uma forma de conquista, é uma forma de apropriação e de domínio de meio de expressão, o que significa poder ampliar e intensificar a intervenção do indivíduo no contexto cultural. Esta intervenção se dá na medida em que percepção e expressão são um binômio importante e inseparável, e na medida em que, dispondo de informações e de técnicas que ampliem sua capacidade expressiva, o indivíduo também amplia a sua capacidade perceptiva. Melhor perceber implica maior apreensão e conhecimento da própria realidade, e implica também maior grau de participação ou transformação, por parte do indivíduo, desta mesma realidade.

Ora, as imagens acústicas formantes do imaginário de uma cultura decorrem, inexoravelmente, das relações que esta cultura estabelece com os sons, com as formas de emissão e de elaboração dos sons, e com as fontes sonoras e instrumentos existentes, disponíveis e acessíveis. O desejo de aprender a tocar este ou aquele instrumento supõe outras ambições, é evidente, como a de poder apropriar-se também das imagens que estes instrumentos geram (ou que mediante eles são geradas...); daí que logo se estabelece um eixo que vai do indivíduo às fontes no sentido das imagens.

Mas num contexto como o do Brasil, no qual há uma perversa concentração de privilégios, e no qual o acesso aos meios disponíveis é restrito, outra vez coloca-se a questão que abordamos ao falar dos silêncios: apenas alguns segmentos sociais "emitem", enquanto amplas maiorias tornam-se "silenciosas", resultando daí que as imagens acústicas encontram suporte em meios que por razões tecnológicas e culturais são inacessíveis às massas. Por conseguinte, este monólogo passa

131

a gerar imagens sobre si mesmo, imagens de imagens, sem diálogo, produtos fortuitos que a indústria da cultura massifica, difunde, impõe, substitui, esquece, retoma, redimensiona, rejeita e reinventa... As razões do "silêncio", portanto, são também razões sociais e econômicas. Neste silêncio o que se absorve não são apenas imagens mas, também, o imaginário em seu conjunto, pré-delimitado, um imaginário que não identifica as fontes de suas imagens, que nem sequer preocupa-se em identificá-las, que aos poucos esquece-as ou desinteressa-se de poder também, de alguma forma, exercê-las. Instrumentos musicais, fontes sonoras renovadas, tecnologicamente desenvolvidas, confundidas com o próprio discurso dos meios de comunicação, acabam por manter o público maior em postura passiva, no silêncio, neste "silêncio" que a si próprio desconhece e em torno do qual orbita o discurso para as massas. Deste "silêncio", por isso, as razões são também políticas.

A PRÉ-AUDITIBILIDADE DESEJADA

Mas a tecnologia e suas benesses deveriam propiciar democracia, e não o inverso. Inversamente temos, porém, a concentração e a alienação, a passividade e a imposição, o discurso e... o silêncio.

Vejamos o rádio, ouçamos a televisão: todo um universo é ali arquitetado e seria ingênuo destacarmos um simples aspecto para centrar nele uma crítica impiedosa. Na verdade, sabemos, não são os meios as questões-problemas, mas como fazer com que os meios façam-se meios para a plenitude da cidadania e não meios para a asfixia de tantos indivíduos. Seria ingênuo destacar dentre tantos simulacros a questão isolada das imagens acústicas para fundamentar a crítica, contudo é fundamental entender a essência deste processo para estabelecer critérios de desempenho e participação. Vejamos o rádio, este contexto de múltiplos sinais significativos, com seus ícones, símbolos e indícios. Ouçamos a televisão, este outro contexto no qual a sociedade mergulha diuturnamente buscando ali suas referências e realizações e nela encontrando os elementos indicadores, simbólicos e icônicos, visuais e acústicos, com os quais o Brasil vai construindo o seu imaginário.

A essa hora, por exemplo, podemos ligar o aparelho de TV e, muito provavelmente, em alguns dos canais estará passando um desses programas, ou novelas ou filmes que compõem a maior parte da programação das emissoras. Em cada uma das hipóteses podemos afirmar que tudo é muito previsível, quer dizer, que numa certa medida temos um conhecimento prévio da evolução e desfecho prováveis dos acontecimentos trazidos pela narrativa em questão. Tudo é muito previsível. Entretanto, a maioria absoluta das pessoas assiste a esses programas, emociona-se, interessa-se, pergunta, relata e, muitas vezes, revê. A maioria das pessoas, talvez, ficaria chocada ou insatisfeita se o desfecho fosse outro, se a evolução negasse a expectativa, se a narrativa rompesse esta previsibilidade. Ora, se é justamente no alto índice de redundância que vamos aprendendo a encontrar o prazer e o lazer, é natural que nos incomode a ruptura, é compreensível a reação frente a um evento que, por acaso, viesse a negar a evolução e o desfecho que intuímos para a narrativa, que viesse a impedir a sua adorável previsibilidade. É natural, até, que reajamos à informação e, daí, nós sempre preferimos o já-conhecido que se traveste de não-conhecido, o velho fato que vira fato novo, a notícia tantas vezes anunciada para o próximo bloco que, no próximo bloco, surge como nada mais que a reprodução da manchete tantas vezes citada; mesmo assim, satisfazemo-nos com a informação redundante com que a ''cobertura completa'' nos presenteia com ''exclusividade'', ou seja, o gancho vale como ''suspense'' para os anúncios e nós retomamos a grata sensação de que também o fato é bastante previsível.

Contudo, não há apenas ''previsibilidade'', realmente. Há também — e muito — pré-auditibilidade... Há também este já-saber-o-que-se-vai-ouvir, o que é importante, o que é bastante comum e necessário para a manutenção de determinados índices de consumo e audiência. Mas como isto se dá, como funciona este processo?

Primeiro, é bom lembrar que o fato sonoro (não me refiro ao fato musical exclusivamente, portanto) é um fenômeno complexo, exigindo percepções em diferentes níveis, a começar pela consciência temporal e as características materiais do evento, tais como timbres, intensidades, freqüências, ataques, volumes, densidades, direcionalidade, seqüencialidade, simultaneidade, morfologia etc. etc.

Em segundo lugar, cumpre observar o repertório sonoro veiculado e seu grau de informação ou de redundância com relação a outros repertórios anteriores, seja isto no concernente aos efeitos, chamadas, vinhetas, seja no concernente à produção musical difundida. Em ambos os casos não poderíamos deter-nos na superfície dos eventos, e sim, necessariamente, deveríamos observar a estrutura e organização de seus elementos. Neste último nível é que se fundamenta o redundante, e nem tanto na aparência primeira.

Assim sendo, tanto no que se refere ao repertório, quanto ao que se refere às características da sua percepção, encontramos nos meios de comunicação esta tendência à pré-auditibilidade, esta tendência a apresentar imagens acústicas que, a rigor, somam pouquíssimas variantes, indo isto desde a tímbrica de seus eventos até a própria morfologia musical veiculada. Passamos boa parte de nosso tempo ouvindo cada vez menos num índice cada vez maior de repertório difundido, quer dizer, cada vez mais vivenciamos menos experiências reais e, sempre mais, recebemos produtos menos diferenciados. Isto vai moldando a expectativa da massa consumidora no sentido de identificar-se em profundidade com um certo tipo de produção, e nem tanto com os resultados em si dessa produção, porém com o discurso implícito que esta produção encerra, com as idéias nas quais a cosmovisão desta produção trafega, com as imagens acústicas que compõem este imaginário pré-delimitado, pré-audível, e no qual a imaginação estanca desmotivada, posto que tudo lhe chega "satisfatoriamente" pronto, realizado e preparado por outrem. A imaginação submerge, também ela, no silêncio.

A IMAGINAÇÃO ENSURDECIDA

O fato de um número pequeno de pessoas ter acesso aos meios avançados de expressão sonora, o fato de um número bem restrito de pessoas ter condições de "emitir" num contexto de maiorias silenciosas, o fato de poucas pessoas dominarem as técnicas de difusão e engendramento musical, aliados, estes fatos, às circunstâncias da produção cultural brasileira, às condições de acesso às tecnologias aplicadas à prática artística, fazem com que a satisfação da audição se dê, sempre mais, apenas no nível da representação e não no nível da realização enquanto experiência direta. Passamos, assim, a transitar, somente, no espaço exíguo das imagens sonoras permitidas ou concebidas, e não no amplo espaço de um imaginário no qual a imaginação exerça a sua vocação. Passamos a ter na representação o nível mais alto de prazer sem, contudo, estimar que este seria o estágio prévio de uma realização mais profunda, integradora, uma realização que na consciência encontraria instrumentos para sua ampliação e maior e melhor transformação da própria realidade.

Expressão sonora e prazer podem (e devem) estar em contraponto. Prazer e lazer não são rimas, são necessidades, e a projeção simbólica do homem encontra neles campo propício e fecundo. Esta projeção simbólica, aliás, é o fator que nos humaniza, ou seja, é o que nos permite inventar a dimensão de nossa humanidade, não sendo isto outra coisa senão a nossa invenção e criação à nossa própria imagem e semelhança.

As manifestações expressivas, as artes, a produção cultural, são formas de trabalho, de transformação, de atuação sobre o meio. E, se a sociedade distribui espaços e meios, também é certo que a estes corresponde um tempo, um tempo social, ou seja, o quanto e quando alguém está imerso nas relações e ações que a cultura em sentido amplo implica.

134

O tempo social integra outros tempos. Cada indivíduo exerce vários tempos em seu próprio tempo. E aí temos o tempo-trabalho, aquele no qual o homem define-se na divisão social da produção, aquele no qual exerce sua atividade definidora e que o faz operário, médico, poeta, motorista, soldado, músico, camponês etc. E aí temos o tempo-recuperação, aquele no qual o homem repõe suas energias, durante o qual descansa, se alimenta, faz higiene, cuida de sua saúde, está com a família etc. E aí temos o tempo-lazer, aquele no qual o homem exerce alguma atividade que não aquela que o define em termos produtivos, aquele tempo que dedica a um passeio, uma visita, um ofício qualquer, aquele tempo gasto em esporte, assistindo a um espetáculo, a um filme etc. etc. No tempo-trabalho realiza uma produção, no tempo-recuperação realiza o seu próprio físico e sua capacidade de atuação, no tempo-lazer realiza a sua dimensão enquanto ser cultural.

Ocorre, no entanto, que, em termos de Brasil, tal como sucede na economia, observamos, no que diz respeito aos diferentes "tempos", também um processo de concentração extrema, ou seja, tal como vemos existir uma crescente concentração de renda, vemos também surgir uma concentração de tempo-trabalho em alguns ou de tempo-lazer em outros... Vemos que a grande maioria da população brasileira despende boa parte de seu tempo social na atividade-trabalho e, por conseguinte, tendo de fundir e confundir tempo-recuperação com tempo-lazer. Isto significa uma superposição, num certo aspecto, e, noutro, uma supressão. Significa a redução crescente das perspectivas de lazer e sua fusão com as necessidades de restauração. Significa a associação direta de lazer com exaustão, gerando, assim, prazer, mas um prazer cuja essência é a alienação, a dispersão, e não a dedicação a uma determinada atividade, outra, distinta daquela definidora de sua produtividade social, e que dá ao indivídio uma dimensão ativa de sua identidade cultural ou, como dissemos antes, que permite uma realização enquanto experiência direta e não somente enquanto representação.

A indústria cultural tem por público basicamente a massa de indivíduos cujo tempo-lazer inexiste ou é apenas residual. Os indivíduos que se projetam no imaginário que lhes chega enquanto simulacro da própria vida, que estão literalmente desarmados e fragilizados, pois o tempo que lhes resta disponível é justo aquele necessário à própria recuperação. Assim sendo, constatamos que os investimentos financeiros e os investimentos políticos em atividades de lazer correspondem à proporção de concentração de tempo-lazer pelos diferentes segmentos sociais da sociedade brasileira. Correspondem, os investimentos, por um lado, a atividades de lazer mais sofisticadas, em geral identificadas como uma espécie de "cultura oficial" e, por outro, a atividades de lazer de massa, aí incluídos os meios de comunicação, algumas práticas esportivas etc.

Para um indivíduo fragilizado, desarmado, que se coloca frente a uma televisão após um dia ou uma semana de trabalho, em geral cansado e disposto a "relaxar" ou esquecer, oferece-se, com competência, um repertório de redundâncias, ou tudo aquilo que é "adoravelmente" previsível e/ou pré-audível. Para este indivíduo, aliás, qualquer proposta de esforço deve ser evitada, pois, ao contrário, o que se busca é o fácil e facilmente identificável, ainda que disfarçado ou embalado pelas melhores técnicas de apresentação.

O público ouve sempre a mesma coisa, o mesmo discurso sonoro, com o mesmo timbre, a mesma direção, o mesmo significado, a mesma estrutura, as mesmas características. Mas o público é alertado, e outra vez alertado, de que é uma nova forma, um novo som, o som da nova estação, a nova proposta, a coisa nova. E o público mergulha, prazeroso, nesta nova-imagem-nova, a mesma, entendendo-a outra e diferente (como "diferentes" são os frisos de um novo modelo ou as cores da próxima coleção ou o estilo do conjunto-revelação que traz o balanço deste verão).

O público. Sempre o público. O público comanda, mas não manda. Comandante comandado, o público abdica de sua condição social, dissipa-se na condição de massa, dilui as individualidades sob a condição de que todos, cada um, reconstruam o singular à semelhança desta imagem simulada: a de público.

Pois imagem é esta representação que a mente arquiteta e que na memória se faz referência. Pois imaginário é este espaço substantivo, mais que adjetivo, no qual as imagens tramam a textura de uma cultura. Pois imaginação é este exercício liberto que faz transitar no imaginário a projeção simbólica do ser humano a referir-se e a recriar imagens referentes do visto e do por-ser-visto. Pois imaginação, imaginário e imagens sonoras precisam de meios e formas de desenvolvimento, necessitam condições de participação ativa, e não só passiva. Pois, se as imagens se atrofiam, se o imaginário restringe-se, a imaginação submerge, em definitivo, no silêncio. E, aí, o que resta, ao público, surdo para tudo mais, é a própria imaginação também ela ensurdecida.

A TELEVISÃO COMO PONTO DE ESCUTA

Um ponto de vista determina um certo ângulo de visão que condiciona uma dada abordagem de um fenômeno ou de um assunto. Um ponto de escuta situa a audição.

Na televisão revive (mas não só nela) o princípio do leitmotiv, um recurso (ou uma técnica) explorado por compositores desde o período barroco mas que teve seu ponto alto de referência na obra de Richard

Wagner, no século XIX. Na verdade, o leitmotiv é quase sempre associado a Wagner justamente pela sutileza que este autor empregou na utilização da técnica, especialmente no que dizia respeito à relação entre o texto dramático e o texto musical em suas óperas. Até então o recurso existia, sem dúvida, mas a contribuição wagneriana viu-se realçada quando Hans von Wolzogen batizou-o especificamente em função das obras daquele compositor, surgindo, a partir de então, o termo leitmotiv, ou seja, "motivo condutor", para designar o procedimento musical nas narrativas.

Trata-se, em resumo, de algum elemento melódico, ou rítmico, ou harmônico, ou mesmo tímbrico que é associado, no transcurso de uma obra, a alguma personagem, ou situação ou idéia. Dessa maneira, a vinculação faz com que o espectador tenha instrumentos de acompanhamento da trama além daqueles que o texto explícito fornece. O espectador passa a usufruir de uma espécie de cumplicidade com o autor, passa a dispor de uma capacidade ampliada de entendimento e/ou de identificação com o enredo. O leitmotiv sugere um domínio de previsibilidade mediante a auditibilidade de um determinado elemento.

O leitmotiv é um signo simbólico, ou seja, estabelece-se um pacto autor-ouvinte, compositor-espectador, um vínculo que passa por um repertório de imagens acústicas anteriormente vivenciadas, as quais fundamentam o novo símbolo como signo possível. Este processo já ocorrera em outras épocas e estéticas, antes de Wagner; são exemplos a função dos corais nas *Cantatas*, de J. S. Bach, especialmente nas *Paixões*; a retomada, por Mozart, na abertura de *Cosí fan tutte*, de um tema das *Bodas de Fígaro*, ou as alusões temáticas, também por Mozart, em *Don Giovanni*; ou, ainda, a utilização, por H. Berlioz, do tema da "idéia fixa" na *Sinfonia fantástica*. Wagner, contudo, explorou sistematicamente o recurso, especialmente nas quatro óperas de *O anel do Nibelungo*, bem como em *Tristão e Isolda*, em *Os mestres cantores* e *Parsifal*, muito embora nestes três últimos exemplos a incidência de motivos condutores fosse mais moderada.

O leitmotiv permite que o espectador "veja" o que está ausente, sinta ou pressinta o que as personagens não podem sentir, ou que ele adivinhe, mediante esta cumplicidade com o autor, aquilo que no enredo ou no texto ou em cena não está explícito. Entretanto, o leitmotiv não poderia ser colocado de uma forma demasiado simplista, ou não poderia ser apresentado como fruto tão-somente de uma associação de idéias ou vinculação de tema e situação. Na verdade, não bastaria um inventário temático ou estatístico em uma obra para delimitar a extensão do efeito deste recurso. Não bastaria porque o leitmotiv seria inócuo se funcionasse apenas no plano consciente, na relação direta de elementos narrativos. O leitmotiv funciona para além desta relação, sendo menos importante o sentimento de associação e recordação e, mais, o sentimento de reflexo, de intuição. Em outras palavras, o leitmotiv funciona na medida em que o ouvinte-espectador não se dá conta dele, na medida em que o indivíduo tem o "pressentimento", ou tem a sensação exata, quase profética, acerca daquilo que vai suceder na obra. Este é o princípio fundamental do leitmotiv, a sua essência, e é isto que, atualmente, revive na televisão (e não apenas no plano auditivo, com toda a certeza).

O espectador está sendo continuamente alertado. Durante todo o tempo o espectador recebe sinais, mais ou menos sutis, a depender, sobre aquilo que vai acontecer, sobre aquilo que teria acontecido, sobre o próprio veículo televisivo, e, até, sobre aquilo que deverá fazer ou desejar para que possa fruir, ao máximo, o prazer que a programação lhe oferece. O espectador é o consumidor, sem dúvida, porém acaba sendo, também, o grande produto desta máquina refinada.

O som da televisão é uniforme, orgânico, inconfundível, personificado, às vezes. Isto não supõe a monotonia, sabemos que não, ao contrário, no entanto, está baseado, o discurso sonoro, num estreito perfil tímbrico, facilmente identificável. Aliás, ainda que se alterem as mensagens explícitas, as formas melódicas e rítmicas, os recursos de desenvolvimento de motivos ou temas, o perfil é reconhecível, sempre, é identificável, cada vez mais, é como uma certeza que afinal aconchega o espectador-ouvinte mesmo que pequenas alterações de tempos em tempos lhe sejam introduzidas. Mas estas, certamente, fazem parte do processo de vitalização do discurso, de garantia de sua reprodução de permanência e, nunca, proposta de ruptura. Qualquer ruptura, sem dúvida, é investida de tamanha previsibilidade que, ao ocorrer, deixa de sê-lo efetivamente, confirmando-se como manutenção ou... tradição. As imagens sonoras, quase todas, reportam-se à função de leitmotiv, desde as vinhetas publicitárias até a música incidental ou o próprio produto musical veiculado. Em todas as modalidades antecede ao fato a expectativa do fato, o desejo de ouvi-lo, a intuição de como soa, a premonição de sua ocorrência. A desejada pré-auditibilidade passa, pois, a ser uma exigência de cunho comportamental, condicionando a estética ou, melhor, o curso da estética aí produzida.

Uma televisão democrática implica a democratização de tudo isso que a televisão hoje em dia envolve, vale dizer, a sociedade como um todo, as próprias relações sociais, o espaço social, o tempo social. Imaginar que o simples acesso aos meios diretos, à tecnologia, resolveria a questão, seria, no mínimo, ingenuidade de quem assim pretendesse. Mas este acesso, com certeza, é preciso, é necessário, e é importante que o homem contemporâneo tenha condições de exercer um discurso criativo a partir das fontes que, de alguma forma, engendram o seu imaginário, que produzem as suas imagens mais profundas, que, ainda, lhe seqüestram a imaginação.

Se ouço um tema de novela, digamos, e vou ao piano para tocá-lo, faço um esforço supremo para aceitar o que realizo como comparável àquilo que diariamente ouço. E por quê? Porque sou capaz de reproduzir a linha melódica, a harmonia, a rítmica, sou capaz de entoar e cantar a letra, mas, na verdade, sou incapaz de reproduzir, "para mim", o efeito tal e qual me chega, uma vez que o instrumento ao qual tenho acesso difere dos meios que, afinal, geraram a imagem acústica que persigo. E, cada vez mais, mais e mais distantes nos sentimos desta possibilidade de elaborar (e criar) sobre os referentes que vivenciamos, que ouvimos. Cada vez mais silenciamos e assistimos. Cada vez mais torna-se fugaz a percepção, posto que a expressão também assim tornou-se. E, mais e mais, atrofia-se o imaginário para ceder lugar a uma passividade crônica, silenciosa, na qual a imaginação se ensurdece e as imagens vão e vêm sem permanência.

A grande maioria da população não tem sequer acesso a instrumentos. Não tem sequer acesso, portanto, a formas básicas de expressão direta, haja vista que o próprio idioma permanece como conquista difícil, e a leitura e a escrita restritas às funcionalidades mais imediatas e utilitárias.

Uma televisão democrática, verdadeiramente, implica uma sociedade em plena democracia. Neste caso, sim, podemos imaginar que, em toda a sua extenção e profundidade, em todas as suas possibilidades e capacidades, em todas as suas formas e variáveis, seja possível, e inteligível, ao homem brasileiro, o domínio e a compreensão do sentido do som.

SIMBOLOGIA DO CONSUMO NA TV

Décio Pignatari

Combater o consumo é uma forma de repressão; combater o *consumismo* é uma forma de saneamento socioeconômico e cultural. O consumismo é uma doença que se insinua entre o valor de troca e o valor de uso das coisas materiais, privilegiando hegemonicamente o primeiro: é algo assim como a elefantíase ou a AIDS do consumo. Comprar e vender é parte integrante de todo o tráfego existencial, social e cultural. Mas, quando a prática do consumo é exacerbada por uma superfetação neurótica, provocada por distorções graves na relação capital/lucro e nos próprios valores da comunidade, ingressa-se na faixa do consumismo, na qual você é induzido, especialmente pelo poder de persuasão da publicidade e das mídias, a comprar além do que autorizaria a sua capacidade econômico-financeira. Todo o organismo social é pervertido no sentido de tornar-se, simplesmente, mercado. A idéia de mercado domina as idéias de comunidade ou povo.

No universo do consumo, tudo o que se compra está voltado para o prazer: ninguém está a fim de adquirir desprazer. Trata-se de um universo monetariamente quantificável e, em princípio, acessível. E, como são incertas e inseguras as áreas qualitativas — do sentimento, da sexualidade, da ideologia política, da cultura — no âmbito do consumo, tem-se a certeza de um bem, há a certeza de um prazer, que é o benefício embutido num produto ou num serviço. Ao falar de sua idéia de *comunismo*, Joaquim de Sousândrade, falecido em 1902 e o maior poeta brasileiro do século passado (em que pese a ignorância dos departamentos de letras de nossas universidades), uniu ambas as coisas, de forma notável, ao dizer: "Coisas em comum, não coisas comuns". Esse equilíbrio, essa justiça material paralela à justiça social, pode ser observado em países como a Suécia, a Dinamarca e, mesmo, a Alemanha e a França; já o vírus do consumismo, oriundo dos Estados Unidos, propagou-se pelo Japão e, mais recentemente, por caminhos obs-

140

curos, atingiu a Itália. Bertolucci e o recém-falecido Moravia mostraram-se horrorizados com seu país, que estaria dominado pelo sexo e pelo dinheiro.

De fato, sexo e dinheiro são traços distintivos dessas sociedades de consumo, ou melhor, dessas sociedades de consumismo, dessas sociedades de consumo compulsivo e/ou compulsório. Uma camiseta com o texto "Lugar de mulher é no shopping" tem feito muito sucesso nos Estados Unidos... O fenômeno mais estranho, porém, é observarmos que países subdesenvolvidos, como o Brasil, não só imitam as sociedades de consumo nas médias e grandes urbes, como já deixam transparecer alguns traços de consumismo, nas camadas mais altas da renda concentracionária de modo especial. Todos os que estão se iniciando na área da comunicação sempre perguntam: "Por que tanto nu, tanto sexo, na televisão? Por que tanto sexo na publicidade?". A resposta é relativamente simples. A ligação entre o prazer erótico-sexual e os bens de consumo foi uma das sacadas mais certeiras do sistema publicitário e promocional. Mesmo antes de Freud — ou melhor, antes de ele ser mais amplamente divulgado — mulheres supostamente charmosas e sedutoras compareciam nos primeiros anúncios de charutos ou de coca-cola. Vincular a mais marcante, senão a mais profunda satisfação física, tal como a propiciada pelo relacionamento erótico-sexual, ao prazer proporcionado pela compra de bens materiais é uma operação sempre vitoriosa, pois suas raízes se abeberam no lençol freático que irriga os mitos arquetípicos do amor, do prazer, da riqueza, do sucesso, da felicidade — e da realização do ego ou da tribo.

E por que a presença da mulher, quase sempre? A televisão, sobre ser infantil, é feminina; cerca de 70% do consumo induzido pelas mensagens televisuais é efetuado por uma grande massa de mulheres, adolescentes e crianças. Mulher e bens de consumo são fontes de prazer — sem falar na obviedade de que a mulher, há milênios, é ícone e símbolo da beleza, na tradição ocidental. De outra parte, como já foi observado, a maior ou menor freqüência da presença da imagem feminina nas representações da cultura de um povo indica o grau de sua importância e (des)valorização na sociedade. A Revolução Industrial potencializou enormemente essa importância, no Ocidente, ao recrutar a força de trabalho feminina em escala gigantesca — e mais ainda depois que essa revolução ingressou em sua segunda fase, de natureza eletroeletrônica e informatizada, quando a força física já não é tão requerida. O advento da pílula anticoncepcional, juntamente com a elevação dos índices de escolaridade e o definitivo sepultamento do direito de primogenitura deram à mulher um status jamais alcançado em qualquer sociedade, liberando extraordinárias energias socioeconômicas e culturais. Não surpreende, portanto, que a todo momento vejamos interligados, no universo do consumo, os ícones e os símbolos da mulher, sexo e prazer. Desde uma simples geléia de morango, cujo rótulo tenta indicar o prazer de degustar morangos naturais, até às evoluções de dança quase humana de um automóvel num comercial de televisão, sem falar na escritura erotizada da lingerie em leguminosos corpos femininos — tudo aí se confunde com o prazeroso, o belo e o bom.

Grande é a pujança, estupendas são as virtudes informacionais e educativas da televisão, sob as vestes do entretenimento. O que ensina a televisão? Ensina mundo, em sua ágil linguagem icônica e metonímica: na telinha, o mapa-múndi humano, natural e artificial, é composto e recomposto continuamente, através da chuva de elétrons coloridos projetados na face interna do seu olho cinescópico, vindos de algum portentoso cérebro, visível e invisível a um só tempo, a que chamamos Terra. Trata-se, contudo, de uma educação compromissada e comprometida com a sociedade de mercado e de consumo; à televisão comercial só interessa o homem enquanto consumidor e não enquanto agente social. Sua própria linguagem busca sempre acomodar-se ao *timing* agilíssimo de seus comerciais e jingles; extraiam-se os comerciais de uma programação normal e toda a engrenagem desanda, fora de ritmo e compasso. É por esta razão que as televisões propriamente educativas, nas quais não há comerciais, apresentam um outro *pace*, um outro andamento, mais lento. Às vezes lento demais, como o de muitas emissoras estatais da Europa, por exemplo, que buscaram agilizar-se introduzindo mensagens publicitárias em sua programação. Com isso, o telespectador é jogado para longe (crise no golfo Pérsico) e trazido de longe (um copo de cerveja), em questão de segundos — e reiteradamente.

Alfabetizado não é simplesmente aquele que sabe ler e escrever, mas aquele que efetivamente lê e escreve; de outro lado, anotemos que a televisão encontrou um parceiro perfeito no computador. As crianças e os adolescentes das classes privilegiadas não apenas estão sendo alfabetizados em português, como também em ''televisualês'' *cum* computador. Já os menores de baixo repertório econômico e sígnico, movendo-se num âmbito de alfabetização estreita e precária, só estão em condições de assimilar um ''televisualês'' deformado, em que se agigantam os signos do consumo e se apequenam os signos da leitura de um mundo mais amplo; com isso, sem o filtro crítico de outras mídias — especialmente a mídia escrita — não contam senão com um frágil escudo para defender-se dos raios desferidos pelo He-Man do consumismo. E, para muitos, a cartilha em ''televisualês'' chega antes do que a cartilha em português. Sim, porque você, primeiro, consome signos — e só depois vai atrás do que eles representam.

O mundo do consumo é o mundo do aqui-e-agora. Uma sociedade inteira consome equipamentos urbanos, edifícios avançados, alta tecnologia — e não sabe de onde surgiu a cidade em que vive, nem para onde ela vai. Tudo é só presente. Se você não sabe realmente ler e escrever e não tem uma consciência histórica básica, então você não tem meios para enfrentar o He-Man do consumo televisual; se você não dispõe de antídotos culturais, você está com AIDS sígnica, o seu escudo está furado e você vai ser atacado por todos os vírus-signos da televisão. São todos signos prazerosos: a novela, o nu da novela, as pessoas, a roupa, o ambiente. São também comerciais, embora não pareçam, e precisam usar de criatividade (alguma) no tratamento do binômio sexo-consumo (o sucesso inicial da novela *Pantanal*, da Rede Manchete, deveu-se, basicamente, à introdução do "sexo ecológico" no mundo da telenovela: a transa se transferiu da cama para o mato e para a água...). Você ignora, mas, socialmente, está indo para trás, voltando a mergulhar na massa *lumpen* a que pertence, a sorrir para o videoparaíso do consumo. O que temos aqui é uma alta tecnologia industrial a serviço da exploração de uma baixa tecnologia socioeconômica e cultural.

Ideologicamente, temos o prazer e a repressão do prazer, o consumo e a repressão do consumo. Os países nascidos da idéia comunista apostavam na produção; os capitalistas, no consumo. É que os primeiros precisavam industrializar-se, enquanto os segundos precisavam de novos mercados. A pressão igualitária dos primeiros sobre os segundos — "Não progridam, até que a gente possa alcançá-los" — foi uma das maiores empulhações stalinistas em relação ao pensamento marxista e uma das críticas mais errôneas à dinâmica da sociedade burguesa de consumo. O capitalismo conseguiu chegar antes ao consumo de massa porque conseguiu chegar antes ao universo letrado. No chamado Terceiro Mundo, entre o analfabetismo e a televisão, há uma força dominante, o *Lumpenproletariat* — o proletariado de farrapos, a falsa massa trabalhadora parasita das classes dominantes —, que destroça a esquerda terceiro-mundista, conduzindo à vitória as forças conservadoras burguesas. É isto que ajuda a compreender o disparate social de uma sociedade pobre que é também consumista. Uns compram pelos outros...

Em lugar de facultar o voto ao analfabeto e ao jovem de dezesseis anos — o que aumenta a massa *lumpen*, faz inchar o lumpesinato —, precisamos de mais televisões educativas e de televisões alternativas. Graças a elas, novas armas pacíficas surgirão para combater a hegemonia centralizadora das grandes redes, a indecência das verbas estatais destinadas à publicidade e a vidiotice consumista. Consumir é bom desde que o consumo não nos consuma...

QUESTÕES

Você colocaria a cultura no consumo ou no consumismo?

No nível do receptor ou destinatário, que é o nível da nossa conversa ou discurso, para evitar extrapolar ao modo brasileiro, a cultura se situa no nível do consumo. Mas não está isenta ou imune ao vírus consumista. Nenhum signo tem garantias imunológicas no universo do consumo. Tomemos, como exemplo, a dança. Enquanto linguagem, enquanto sistema de signos, ela obedece aos mesmos princípios que comandam o universo das signagens. O balé clássico, a dança-teatro ou a dança abstrata pertencem aos altos repertórios de consumo: são danças com griffe (embora não necessariamente ricas em significados ou derivações futuras). Já a Xuxa, com suas baixinhas saracoteantes, representa o consumismo na dança, o best-seller dançante. Sempre existe o mercado. Digamos apenas que, no primeiro caso, temos um mercado qualitativo; no segundo, um mercado quantitativo. São duas felicidades possíveis, em conflito. No chamado mundo das letras, o fenômeno não é diferente. O best-seller aponta para o consumismo e consumismo quer dizer (do lado do vendedor): vender o mais rápido possível, vender o máximo no menor tempo. Já o consumo normal, civilizatório, cultural significa: vender *sempre* ao longo dos séculos. O consumismo é o consumo meramente quantificado; o segundo é o consumo qualificado.

Qual a relação entre o lumpen *e o descamisado?*

O presidente Collor, em sua campanha eleitoral, empregou a expressão "descamisado" sem declarar a fonte. E a fonte é Perón, o sargentão argentino que levantou essa bandeira para chegar ao poder há quarenta anos, quando a Argentina, o primeiro país civilizado da América Latina, caiu da segunda para a terceira divisão (passagem do domínio do capital inglês para o domínio do capital americano). Seguindo o exemplo de Getúlio Vargas, no Brasil, Perón e sua Evita Vaudeville conseguiram cooptar os homens e as mulheres argentinas da classe média para baixo, lumpenisando o operariado argentino, embora este fosse melhor organizado do que o operariado brasileiro. A Argentina "antiga" produziu Borges; a "nova" Argentina conduziu ao desastre das Malvinas. O mais engraçado é ver um presidente alagoano declarar que vai levar o Brasil ao Primeiro Mundo apelando para os descamisados, rubrica claramente *lumpen.*

Lembrando o dito de Oswald — "A massa ainda comerá do biscoito fino que eu fabrico" —, há possibilidade de obras de alta complexidade serem consumidas por um público maior?

O que há é a possibilidade de reduzir a defasagem entre o baixo repertório de consumo da cultura e o alto repertório que vai criar os modelos do futuro. Se a sociedade se enriquece como um todo, se você tem alternativas culturais, sociais, de entretenimento, você amadurece criticamente em relação aos meios de comunicação de massa dominantes. Estes meios não são sempre negativos. Por exemplo: no Brasil, somente uns poucos estudantes de letras leram, de verdade, *Grande sertão: veredas*. Transformado em minissérie televisual, um número muito maior de gente dirigiu-se ao romance. A tradução de um sistema de signos para o mesmo sistema ou para um sistema sígnico diverso é sempre interessante: há um perde/ganha de significados e valores que sempre enriquece a cultura do pensamento e do sentimento.

Isto acarreta, necessariamente, um barateamento do repertório?

Num caso como este, o repertório literário é reduzido, mas o televisual é aumentado. Quando se tem consciência dos limites de um sistema de signos, limítrofes de outros sistemas, tem-se consciência da liberdade — é o que ensina Bakhtin, em seu ensaio sobre Rabelais, um dos maiores deste século. Um teor mais alto de informação para poucos e um teor mais baixo de informação para muitos — eis o princípio básico da comunicação. Mas há um interprincípio, digamos: é o relacionamento dinâmico entre esses repertórios. Ora o povo precisa da informação da elite, ora a elite pede socorro ao povo. Num bom relacionamento homeostático, como se diz em cibernética, reside aquele equilíbrio sociocriativo a que chamamos de democracia.

ALFABETIZAÇÃO, LEITURA E SOCIEDADE DE MASSA

Silviano Santiago

A distinção entre espetáculo (manifestação legítima da cultura) e simulacro (entretenimento da indústria cultural) tornou-se corrente entre os analistas que se ancoram nos valores modernistas para a compreensão da pós-modernidade. Segundo eles, no campo da produção simbólica e da produção propriamente cultural, a pós-modernidade estaria se manifestando pela proliferação abusiva e avassaladora de imagens eletrônicas, de simulacros, e mais e mais estaria privilegiando-os. A distinção entre espetáculo e simulacro é correta e deve ser acatada, pois ajuda a melhor compreender o universo simbólico e cultural de hoje.

Como quer Fredric Jameson em "Pós-modernidade e sociedade de consumo", o campo de experiência do homem atual se circunscreve às paredes da caverna de Platão: o sujeito pós-moderno já não fita diretamente, com seus próprios olhos, o mundo real à procura do referente, da coisa em si, mas é forçado a buscar as suas imagens mentais do mundo nas paredes do seu confinamento. Para ele, permanece a concepção triádica que temos do signo (significante, significado e referente). No entanto, em lugar de se privilegiar o referente, como acontece nas teorias clássicas e modernistas do *realismo*, afirma-se a onipresença da imagem, isto é, da cadeia significante. A realidade (se não for abusivo o uso desse conceito neste contexto) se dá a ver mais e mais em representações de representações, como querem ainda os teóricos da pós-modernidade.

A distinção entre espetáculo e simulacro é correta; no entanto, em mãos de teóricos modernos, traz em si uma estratégia de avaliação negativa da pós-modernidade, muitas vezes pouco discreta. Ela visa privilegiar o reino da experiência viva, *in corpore*, e desclassificar a experiência pela imagem, *in absentia*. Visa também classificar o espetáculo (que se dá em museus, salas de teatro, de concerto etc.) como forma autêntica da cultura e desclassificar o simulacro (que se dá sobretudo pela televisão) como arremedo bastardo produzido pela indústria cultural. O primeiro leva à reflexão e o outro serve para matar o tempo. Visa ainda e finalmente qualificar os meios de comunicação de massa como principais responsáveis pelo aviltamento da vida pública. Para os idealizadores da distinção e defensores do espetáculo está em jogo preservar a todo custo, numa sociedade que se quer democrática, a possibilidade de uma opinião pública, e esta só pode se dar plena numa crítica avassaladora dos meios de comunicação de massa que divulgam à exaustão imagens e mais imagens — simulacros — para o consumo indigesto das grandes massas.

Num país como o Brasil, culturalmente miserável, torna-se crucial o problema levantado pelo debate acima rapidamente caracterizado. Aqui, até mesmo o analfabetismo fonético não foi enfrentado na sua devida época, ou seja, em fins do século XIX. Euclides da Cunha pregou em vão, depois do "crime" de Canudos, a tarefa a ser cumprida pelo mestre-escola, refazendo o percurso destruidor das tropas militares. Nos países mais avançados, a questão existe e preocupa. Menos. Menos porque houve um processo de alfabetização fonética em massa ocorrido no século XIX e um subseqüente processo de educação universitária, também em massa, feito a partir dos anos 60, processo este que redundou na revolução cultural dos anos 60/70. Esta teve como epicentros a Universidade de Berkeley (Califórnia) e a Sorbonne.

Nos países avançados o jogo entre espetáculo e simulacro, se não tem como vencedor o espetáculo, termina certamente por um empate. Bibliotecas, museus, salas de teatro, de concerto, competem — e mais importante: convivem — com a televisão. Existe público pagante para o espetáculo caríssimo da encenação de uma grande ópera e existe um grande público não privilegiado (economicamente, geograficamente, culturalmente etc.) para a retransmissão pela TV desse espetáculo. Certos "espetáculos" já nem existem como tal, já surgem como simulacros (isto é, produzidos só para a transmissão eletrônica).

No Brasil, a disputa entre espetáculo e simulacro, entre modernidade cultural e sociedade de massa, já tem a sua história. Começa e passa pela discussão em torno do consumo extremamente restrito do produto literário (o livro) pelo mercado brasileiro. Antonio Candido, em ensaio de 1973, publicado em plena ditadura militar e em época de Mobral, discutia a relação entre literatura e subdesenvolvimento e chamava a atenção para o fato de que nos países latino-americanos se criava uma "condição negativa prévia" para a fruição de obras literárias — essa condição era o número restrito de alfabetizados. O escritor moderno, da periferia subdesenvolvida, estava fadado a ser "um produtor para minorias", já que as grandes massas estavam "mergulhadas numa etapa folclórica de comunicação oral". Entre parênteses, lembre-se que,

147

para os pensadores do Iluminismo, o acesso à obra de arte e a subseqüente fruição dela significavam um estágio superior no processo de emancipação do indivíduo.

Examinando de maneira simples a constatação de Candido, chegaríamos a uma solução também simples: bastava que se alfabetizassem os brasileiros para que a situação artística se modificasse e para que, em primeira instância, se emancipasse o cidadão. Já em 1973 o argumento era falacioso para Candido, pois havia uma grave e para ele danosa interferência dos meios de comunicação de massa na relação entre produção cultural erudita e seu possível público alfabetizado. Dizia ele: "Quando alfabetizadas e absorvidas pelo processo de urbanização, [as grandes massas] passam para o domínio do rádio, da televisão, da história em quadrinhos, constituindo a base de uma cultura de massa". E conclui: "Daí a alfabetização não aumentar proporcionalmente o número de leitores da literatura, como a concebemos aqui; mas atirar os alfabetizados, junto com os analfabetos, diretamente da fase folclórica para essa espécie de folclore urbano que é a cultura massificada".

Em outras palavras: a massa de alfabetizados recentes e de analfabetos continuaria a passar ao largo do livro e da cultura erudita e se encontraria diante do aparelho aceso da TV. Para o aprimoramento social do brasileiro era pouco ou nada eficaz a máquina milionária de alfabetização fonética montada pelo Mobral — eis a mensagem cifrada do artigo em 1973.

A conclusão de Candido é constrangedora e aflitiva: qualquer processo de alfabetização fonética encontrará, nos países da periferia subdesenvolvida, um inimigo voraz e feroz, a cultura massificada, responsável, por sua vez, por uma "catequese às avessas", segundo a expressão do crítico. Se a catequese jesuítica, a primeira, se valia do espetáculo do teatro para converter índios e negros, esta segunda catequese se vale dos simulacros produzidos pelos veículos de comunicação de massa. Estes chegam "até à inculcação subliminar, impondo valores duvidosos e bem diferentes dos que o homem culto busca na arte e na literatura". Repitamos: era uma catequese "às avessas" e portanto bem menos positiva do que a sua antecessora na época colonial. A primeira tinha um fim básico e altamente positivo: preparar o índio e o negro para o acesso ao melhor do pensamento cristão e erudito europeu. A segunda catequese joga de volta a massa pobre dos brasileiros à barbárie do mundo.

Candido, como bom pensador modernista, via (1) os meios de comunicação de massa como o grande inimigo a ser combatido pelos educadores e intelectuais e (2) os valores tradicionais impostos pela arte e pela literatura eruditas como os únicos a serem preservados, apesar de as condições econômicas, sociais e políticas do mundo e do país

148

indicarem um caminho outro e mais ricamente pavimentado. Cabia, pois, aos defensores da arte e da literatura eruditas uma tarefa inglória: resistir à invasão milionária e alienante dos meios de comunicação de massa.

Vamos a uma primeira crítica a essa atitude. Não ocorreu aos defensores dos valores da Ilustração uma reflexão um pouco mais devastadora: o processo de alfabetização, tal como configurado por eles, era o caminho real da emancipação há um século, quando o acesso ao saber moderno se dava basicamente pelo domínio que cada indivíduo deveria ter da escrita fonética. Em pleno século XIX e ainda em começos deste século, sem o livro e sem o jornal não se tinha acesso *ao mínimo* de informação que poderia conduzir ao conhecimento da complexidade do acervo humano e dos fatos históricos e atuais. As coisas começaram a mudar de figura com o jornal cinematográfico, mudaram mais ainda com o gênero "documentário" (basta que se analise a importância desse tipo de filme na Inglaterra dos anos 30 e do nosso Alberto Cavalcânti), mudaram definitivamente com a entrada maciça da televisão nos lares de alfabetizados e analfabetizados. Isso sem mencionar o que pode advir de conhecimento da leitura propriamente dita da produção ficcional veiculada por esses meios de comunicação.

Acatada essa primeira crítica, coloca-se uma dupla tarefa para os analistas da nossa sociedade atual. Trata-se de repensar o que se deve entender por "alfabetização" numa sociedade de massa que não passou pela alfabetização fonética na sua devida época e que, por isso também, perdeu a educação universitária na sua década gloriosa. Trata-se, em seguida, de saber o que se deve entender por "leitura" hoje.

Em outras palavras: um homem de boa vontade hoje, um cidadão, mesmo analfabeto, tem uma quantidade de informação que ultrapassa e muito a informação que tinha um homem de boa vontade, um cidadão, mesmo alfabetizado, há meio século. O grave problema é o de saber como transformar a quantidade de informação em conhecimento, como conduzir um cidadão a incorporá-la qualitativamente para que dela se possa valer na sua compreensão da sociedade e do mundo em que vive. Já sabemos que nos países periféricos não será pela simples e espinhosa alfabetização fonética.

A segunda crítica decorre da primeira e insiste numa contradição encontrada no próprio campo da avaliação da produção artística contemporânea. A tradição erudita (isto é, a que vela pela difusão das obras de arte que se dão como únicas ou então pelas que se valem da escrita fonética) tem considerado excelentes certos produtos culturais das duas últimas décadas que menos e menos fazem a distinção entre cultura erudita e pop. Um exemplo: torna-se impossível para o leitor captar com correção a obra ficcional de um Manuel Puig se não estiver familiariza-

149

do com a novela radiofônica (*Boquitas pintadas*) ou com os filmes hollywoodianos chamados B (*O beijo da mulher-aranha*). Como diz Jameson, fica "cada vez mais difícil discernir a linha entre arte erudita e arte comercial". Portanto, os próprios artistas estão investindo a sua imaginação criadora em outros e novos campos, isto é, estão descobrindo novos modos de "ler" uma produção cultural que não se manifesta pela escrita, como a indicar que existe na disseminação massificada de simulacros um universo a ser investigado para que se tenha uma visão de mundo que finca pé na atualidade. Eles estão como que a dizer aos seus *leitores*: vejam como eu tive de aperfeiçoar outras formas de "leitura" para ser contemporâneo, por que vocês não tentam também? Há que se ter menos preconceito para com as formas pop de produção artística.

Uma terceira crítica aos pensadores modernos se encontra na confusão que fazem, na análise do fenômeno TV, entre o modo como o veículo está sendo usado pela indústria cultural estrangeira e brasileira e o veículo em si. Há nesse tipo de confusão uma forma velada de obscurantismo, preconceito contra os avanços tecnológicos: é como se fôssemos contra o avião porque foi ele que possibilitou jogar a bomba atômica em Hiroshima. O que merece nossa total e irrestrita desaprovação é a bomba atômica e o fato de a bomba ter sido usada contra uma população civil. O avião é um veículo que pode, por outro lado, ser usado para socorrer mais rapidamente as vítimas de um acidente.

No caso dos meios de comunicação de massa, a confusão entre o que merece repúdio (o produto) e o que é mero instrumento de comunicação (o veículo) advém do fato de que, ao se analisar e privilegiar o modo de produção da mercadoria cultural e não o modo de produção da recepção daquela mercadoria, desclassifica-se *a priori* o veículo quando a má qualidade pode se referir (e muitas vezes é o caso) apenas ao produto. Mais importante e desolador: ao se desclassificar o produto, desclassifica-se também e *a priori* o "leitor". Os teóricos modernos estão sempre a dizer que só um espectador de quinta categoria, um analfabeto fonético, pode interessar-se por aquele tipo de produto. Veículo, produtor, produto e espectador ficam restritos ao gueto da má qualidade, parte que são todos de um mesmo sistema visto e encarado em total pessimismo pelos críticos modernos.

Da confusão entre veículo e produto, estabelecida a partir da compreensão exclusiva do modo de produção, conclui-se que o simulacro nada mais é do que parte diabólica de um sistema que, por contágio, se torna também diabólico. Vacilou, dançou — reza o dito popular.

Tomemos, como exemplo de confusão, o caso de uma missa solene (espetáculo) e a sua retransmissão pela televisão (simulacro). Se se enfatiza o modo como é produzido o simulacro dela, veremos uma equipe de técnicos que com equipamentos e luz transtornam a visão do espetáculo e com ruído e vozes impedem o fervor e a contrição dos fiéis. Mas, se se pensa no modo de recepção, pode-se detectar que muitos dos participantes *in corpore* pouco se interessam pelo espetáculo, pouco se integram a ele e ali estão em busca de status. Ao contrário, nada impede que uma população periférica e econômica e geograficamente desprivilegiada possa ter acesso, pelo simulacro, ao espetáculo de alguns poucos, participando de maneira verdadeiramente religiosa do santo sacrifício. Só o simulacro possibilita hoje uma experiência da pobreza, tomando a expressão em muitos sentidos, inclusive o que lhe é dado por Walter Benjamin.

Trata-se, primeiro, de colocar a tônica na possibilidade de aprimoramento do *ato de leitura*. Esta deve ser compreendida como uma atividade que transcende a experiência da escrita fonética. Deve-se buscar, na sociedade de massa, a maneira de aprimorar a produção de sentido do espetáculo e/ou do simulacro por parte de todo e qualquer cidadão. A produção de sentido deixa de ser feita apenas por grupos restritos e inegavelmente mais sofisticados. Por isso, não há um sentido único e autoritário dado pela configuração feita por um grupo legitimador (a crítica, como é o caso tradicionalmente). O sentido da produção simbólica e/ou cultural é plural e inalcançável na sua pluralidade. O sentido é produto de uma tensão que não é mais necessária e unicamente articulada pelas instituições do saber. Não se trata de questão teórica fácil de ser resolvida, sobretudo porque ainda nos situamos prazerosamente (ou ansiosamente) nas hermenêuticas da profundidade instituídas pela Modernidade. Contentemo-nos em apresentá-la para o debate, sugerindo que há necessidade de se repensar radicalmente o problema da avaliação do produto cultural na sociedade de massa.

Trata-se, em segundo lugar, de criticar a propaganda do atual governo que tem uma visão oitocentista de alfabetização. É impensável que se peça a um trabalhador e pai de família que todas as noites se informa (bem ou mal, esta é a mesma questão, mas por outro viés) tanto do que se passa em Brasília quanto em Berlim, tanto do que se passa em Moscou quanto no golfo Pérsico, é impensável que se peça a ele para que se alfabetize foneticamente a fim de se tornar um cidadão emancipado. Não se pode compará-lo com o futuro cidadão do final do século XIX. A alfabetização fonética em si e tal como estará sendo instrumentalizada pelo Ministério da Educação representará um atraso concreto para ele e não o acesso à cidadania. Vale dizer: será pura perda de tempo. É preciso buscar caminhos e meios para torná-lo um leitor mais consciente do seu universo simbólico e cultural, da sua parede na caverna de Platão. E nesta estão "impressos" tanto o telejornal quanto a novela, tanto a retransmissão de um concerto de música clássica quanto uma discussão por intelectuais numa televisão educativa.

Trata-se, em terceiro lugar, de se dar conta de que não adianta querer exigir dos produtores culturais de simulacro uma melhor qualidade a priori. Esta, caso dada a um público não preparado para recebê-la, não terá nenhuma repercussão. Fracasso de público, e estamos conversados. A melhoria da qualidade dos produtos culturais de massa não está em exigências autoritárias do Estado (mesmo o mais avançado politicamente) aos grupos que detêm o seu poder e não está também na transferência pelo Estado para o próprio Estado desse poder. Está na melhoria de qualidade do gosto dos espectadores, dos consumidores, e esta é a tarefa de uma Educação afinada com o seu tempo. Os espectadores, isto é, os novos "leitores", mais ou menos "alfabetizados", mais ou menos exigentes, é que passarão a definir os padrões de excelência, assim como no passado era o teste da crítica e da universidade que os definia. Aviso: não se trata de excluir crítica e universidade, mas de retirar-lhes o cetro de únicas avaliadoras.

Finalmente, todo crítico literário sabe que um mau livro pode ser objeto de uma boa leitura e sabe também que um bom livro pode ser objeto de uma leitura medíocre. Apenas críticos ranhetas insistem em que só os clássicos devem ser lidos. A discussão política dos anos 80 nos mostrou que os valores universais guardam fortes compromissos com *centramentos* étnicos, sociais, sexuais etc. A luta dos grupos minoritários pela busca da própria identidade passa necessariamente pela pesquisa e recuperação de objetos de cultura julgados inferiores pela tradição moderna a partir dos seus padrões centrados (considerados "objetivos") de avaliação. O valor de um objeto cultural depende também do sentido que se lhe dá a partir de uma nova leitura, sobretudo se esta desconstrói leituras alicerçadas no solo do preconceito.

Espetáculo e simulacro são bons e ruins. Depende. Existem para a razão apaixonada do leitor-cidadão. Ou não.

A CONSTRUÇÃO
DO IMAGINÁRIO

AS REDES DE TV E
OS SENHORES DA ALDEIA GLOBAL

Argemiro Ferreira

I

Apesar de todas as queixas acumuladas contra o modelo atual da televisão brasileira como um todo e a Rede Globo de Televisão em particular, existe pouca consciência para o fato de que o fenômeno, mesmo sendo brasileiro, com particularidades muito nossas, não contraria, mas apenas confirma, uma tendência internacional. Se não acordar a tempo para o problema, o Brasil ainda corre o risco de, ao invés de realizar o sonho da democratização no campo da informação e da comunicação, ver o modelo ser levado ao extremo, caindo no pesadelo do controle da mídia por grandes corporações transnacionais.

Uma organização dos Estados Unidos dedicada à crítica da mídia — Project Censored — elege todos os anos as dez histórias mais censuradas pelos meios de comunicação. O resultado correspondente ao ano de 1989 foi divulgado há pouco. E, de acordo com a avaliação dos especialistas ouvidos, nada foi tão escandalosamente censurado como um assunto que diz respeito à própria mídia: o controle crescente dos meios de comunicação de massa por um número cada vez menor de corporações gigantescas.[1]

Confirmando as previsões mais sombrias de especialistas, até alguns empresários do ramo[2] já prevêem que ao fim desta década de 90 só umas poucas megaempresas controlarão as redes mundiais de informação e entretenimento — estações de televisão e rádio, produtoras e distribuidoras de programas e filmes, editoras de jornais, revistas, livros etc. De acordo com um estudo fartamente documentado do especialista em comunicação Ben H. Bagdikian[3] — jornalista durante três décadas, ex-chefe de redação do diário *The Washington Post*, ex-diretor da Escola de Jornalismo da Universidade de Berkeley, agora dedicado em tempo integral ao estudo da mídia —, os "senhores da aldeia global" têm sua própria agenda política e resistem a quaisquer mudanças econômicas que não se ajustem aos interesses financeiros deles. Escreve Bagdikian:

> Juntos, eles exercem um poder homogeneizante sobre as idéias, a cultura e o comércio que afeta as maiores populações de que se tem notícia na história. Nem César, nem Hitler, nem Franklin Roosevelt e nem qualquer papa tiveram tanto poder como eles para moldar a informação da qual tantas pessoas dependem para tomar decisões sobre qualquer coisa — desde em quem votar, até o que comer.

II

O ano passado foi especialmente revelador sobre a ação deles, a partir do anúncio da fusão entre a Time Inc. e a Warner Communications, que outro gigante — a Paramount, do grupo Gulf + Western — tentou impedir com um lance de 10,7 bilhões de dólares para comprar a Time. Por causa da repentina oferta desestabilizadora, à qual não esteve alheio o Citibank, cada ação da Time subiu 47,25 dólares, totalizando 107,25, e nada menos de 12,5 milhões de ações trocaram de mãos. Entre disputas judiciais e confrontos de advogados, nasceu afinal o império Time-Warner Inc., de 18 bilhões de dólares (superior à soma do PNB de sete países: Jordânia, Bolívia, Nicarágua, Albânia, Laos, Libéria e Mali), consumando a maior transação da história da mídia.[4]

As outras quatro corporações são: Bertelsmann AG, com sede na Alemanha, de propriedade de Reinhard Mohn; News Corporation Ltd., o império do australiano (naturalizado norte-americano) Rupert Murdoch, cujos tentáculos se estendem por três continentes; a Capital Cities/ABC Inc., proprietária de uma das três maiores redes comerciais de televisão dos EUA; e a Hachette SA, maior editora de revistas do mundo, sediada na França e cujo proprietário, Jean-Luc Lagardère, também é dono da Matra SA, gigante da produção de armas. Com a Time-Warner e mais 23 elas controlam hoje, esmagadoramente, os negócios da mídia. Eis a relação completa, em ordem alfabética e com o ramo principal de atividade: Bertelsmann AG (livros); Capital Cities/ABC (jornais, televisão); Central Newspapers (jornais); Coca-Cola (filmes)*; Cox Communications (jornais); Dow Jones (jornais); Enciclopaedia Britannica (livros); Freedom Newspapers (jornais); Gannett (jornais); General Electric (televisão); Gulf + Western (livros, filmes); Harcourt Brace Jova-

---

(*) Ao ser elaborada a relação por Bagdikian, a Coca-Cola ainda não tinha vendido sua subsidiária Columbia para outra corporação gigante, a japonesa Sony, já dona também da gravadora CBS.

156

novich (livros); Hearst (jornais, revistas); International Thomson (jornais, revistas, livros); Knight Ridder (jornais); Macmillan (livros); McGraw-Hill (revistas, livros); News (jornais, revistas, televisão); Reader's Digest (livros, revistas); Scripps Howard (jornais); Time-Warner (revistas, livros, televisão); Times Mirror (jornais); Triangle (revistas); Tribune Company (jornais); Universal-MCA (filmes).

Os gigantes da mídia, como adverte Bagdikian, têm duas enormes vantagens: "[...] controlam a imagem pública dos líderes nacionais que, em razão disso, temem e favorecem as pretensões dos magnatas da mídia; e estes controlam a informação e o entretenimento que ajudam a estabelecer as atitudes sociais, políticas e culturais de populações cada vez maiores". Quando foi publicada a primeira edição do livro de Bagdikian sobre a tendência à concentração, eram cinqüenta corporações. Ao sair a segunda edição, conforme registra num novo prefácio, elas já estavam reduzidas, em apenas três anos, a 29 (após a transação Time-Warner, 28).

Duas das três grandes redes comerciais de televisão dos Estados Unidos (detentoras de mais da metade da audiência regular do país) são controladas por duas dessas gigantescas corporações (a NBC pela General Electric/RCA; a ABC pela Capital Cities); a CBS, enfraquecida pelos custos de processo judicial movido pelo general William Westmoreland, devido às revelações desconcertantes de uma reportagem jornalística veiculada na rede ("The uncounted enemy") sobre a manipulação fraudulenta do Pentágono durante a Guerra do Vietnã, viu-se forçada a oferecer participação de 25% a uma corporação de interesses muito diversificados, Lowes Co., cujo presidente, Lawrence Tisch, acabou por assumir a direção da rede.*

Outras das corporações do grupo de 28 também são donas de emissoras — como a News, de Rupert Murdoch, dona do canal Fox (que, na prática, já é uma rede), ou a Time-Warner, que tem emissoras a cabo. Assim, menos de três dezenas de corporações já controlam a maior parte do que os norte-americanos vêem, lêem e ouvem — e esse controle ameaça estender-se ao resto do mundo, não apenas através dos programas (filmes, séries, enlatados em geral) e das editoras de livros e revistas, subsidiárias delas, mas também das transmissões diretas via satélite e da compra ou concessão de canais e redes.

(*) A CBS ganhou o processo, o que acabou sendo uma vitória de Pirro, devido às custas e honorários advocatícios. A causa de Westmoreland, ídolo dos conservadores, foi financiada por milionários de extrema direita, empenhados em denunciar a emissora como "excessivamente liberal" e em intimidar e silenciar outros críticos da mídia. Para muita gente, a CBS — em dificuldades até hoje — acabará engolida por uma corporação gigante.

III

Numa avaliação de conteúdo mais ideológico, dois pesquisadores norte-americanos da área acadêmica, Noam Chomsky e Edward S. Herman, vão mais longe ao interpretar os efeitos dessa situação. Eles estão convencidos de que a mídia se tornou um cachorrinho amestrado, o que permite alimentar o público com desinformação, sempre de acordo com os interesses das grandes corporações.[5] Por isso, preferem chamar a receita norte-americana de "modelo de propaganda" (dando a esta palavra o sentido pejorativo de doutrinação, que tem na língua inglesa). Ao invés de refletir a opinião pública, como seria de se esperar numa democracia, a mídia sob controle das grandes corporações busca, com tal modelo, criar a opinião pública ("fabricar a aquiescência", conforme a expressão "manufacturing consent", que dá título ao livro).*

É comum nos meios jornalísticos a afirmação de que os critérios da notícia estão a cargo de profissionais tecnicamente dotados para fazer avaliações. Mesmo a comunidade intelectual costuma aceitar, por exemplo, o que se convencionou chamar "jornalismo objetivo". Herman & Chomsky, contudo, observam que, se os poderosos estabelecem as premissas do discurso, para decidir o que se permitirá à massa ver, ouvir ou pensar, e se manipulam a opinião pública através de campanhas regulares de propaganda, será inevitável que prevaleçam — como opinião padronizada — conceitos distantes da realidade na avaliação geral do funcionamento do sistema.

Graças a isso, as críticas institucionais — aquelas que não atingem apenas detalhes periféricos mais ou menos inofensivos e sim a própria instituição, como a crítica feita em *Manufacturing consent* — são deliberadamente descartadas e marginalizadas, quando se tenta ridicularizá-las como "teorias conspiratórias". Herman & Chomsky fazem questão de declarar que não abraçam qualquer hipótese conspiratória.

"Nosso tratamento fica muito próximo de uma análise de livre mercado e seus resultados são em grande parte produzidos pelos efeitos das forças do mercado", dizem eles. Nesse contexto, conforme acrescentam, a maioria das opções facciosas da mídia nasce da seleção prévia de gente com o "pensamento certo", prejulgamentos internalizados, e da adaptação das pessoas às restrições do proprietário, da organização, do mercado e do poder político.

(*) Os autores revivem expressão que Walter Lippman, considerado um dos filósofos da imprensa norte-americana, tinha usado nos anos 20 para caracterizar a importância da propaganda para se forjar o consenso. Só que Lippman não emprestava sentido crítico à expressão. O chamado "consenso da guerra fria", que anos depois jogaria o país nos braços da histeria macarthista, tornou-se exemplo prático de uma "fabricação de aquiescência".

A censura, nesse quadro, é em grande parte autocensura. Vem de repórteres, redatores e comentaristas que se amoldam à realidade das exigências organizacionais da mídia e também da fonte. E vem, igualmente, de pessoas do escalão superior na corporação da mídia, escolhidas exatamente para implementar tais restrições, geralmente por já terem internalizado as restrições impostas pelo proprietário e por outros centros de poder do mercado e do governo. Os autores se referem a um "sistema dirigido de mercado", no qual a linha é ditada pelo governo, por líderes das corporações, por grandes proprietários e executivos da mídia e por indivíduos e grupos selecionados que são encarregados de adotar iniciativas construtivas (ou simplesmente têm permissão para isso).

Os meios de comunicação de massa, assim, funcionariam como um sistema para comunicar mensagens e símbolos às massas em geral — com a missão de divertir, entreter e informar, como também de inculcar nos indivíduos valores, crenças e códigos de comportamento que os integrarão em estruturas institucionais da sociedade mais ampla. Fica mais fácil perceber as características do sistema quando as alavancas do poder estão nas mãos de uma burocracia estatal e se recorre à censura oficial. Elas se tornam menos perceptíveis quando a mídia está nas mãos da iniciativa privada e inexiste a censura formal, ostensiva.

O livro também procura traçar as rotas pelas quais o dinheiro e o poder filtram as notícias a serem publicadas, marginalizam a dissensão e permitem que o governo e os interesses privados dominantes transmitam suas mensagens. São cinco "filtros", assim descritos: 1) a dimensão, a propriedade concentrada e a orientação para o lucro das firmas dominantes da mídia; 2) a publicidade como fonte de receita primária dos meios de comunicação de massa; 3) a confiança na informação fornecida pelo governo, pelo empresariado (business) e pelos "experts" cujos recursos vêm dessas fontes primárias e agentes do poder; 4) as reações em flocos (protestos, cartas etc.), organizadas ou não, ao que é publicado; 5) o "anticomunismo" como religião nacional e mecanismo de controle. Esses elementos — dizem Chomsky & Herman — se mesclam e interagem, reforçando-se uns aos outros.

Na prática, depoimentos contundentes confirmam muitas das observações tanto de Bagdikian como de Chomsky & Herman. O escritor Gore Vidal, com a irreverência habitual, fala de sua larga experiência em televisão. Desde o início dos anos 50, aprendeu a encarar o veículo como agente principal do "marketing simultâneo para a venda de bens de consumo e da opinião do estado de segurança nacional". Mas admite ter passado a entender bem melhor a TV graças aos livros *The media monopoly* e *Manufacturing consent*. Escreve Vidal:

Os dois estudos demonstraram exatamente como uns poucos manipulam a opinião pública. Para início de conversa, a casa do americano médio mantém um televisor ligado sete horas por dia. Isso significa que o americano médio já viu 350 mil comerciais ao chegar aos dezessete anos. Como a opinião da maioria é controlada agora por 29 corporações, conclui-se que os 29 executivos-chefes são uma espécie de politburo ou colégio de cardeais, encarregados daquilo que o povo deve ou não deve pensar. Além disso, eles escolhem os presidentes e o Congresso — ou, para ser preciso, determinam até sobre o que os políticos podem falar em época de eleição.[6]

IV

Um nome em particular tornou-se símbolo da era da concentração — o do magnata australiano Rupert Murdoch, que iniciou seu império em Sydney, estendeu-o às ilhas Britânicas, atravessou o Atlântico para penetrar no mercado dos Estados Unidos (naturalizando-se norte-americano para cumprir a legislação local e apoderando-se de jornais, revistas e estações de TV) e hoje avança agressivamente sobre o continente europeu, onde seu Sky Channel chega em toda parte, via satélite.[7]

Como campo inexplorado, a Europa tornou-se um mercado particularmente atraente para as corporações gigantes: ali a televisão estava tradicionalmente em poder de monopólios estatais, atuando quase sempre como serviço público. Os progressos tecnológicos nas comunicações por satélite e cabo, aliados à onda de desregulamentação que passou a varrer o continente, começaram então a abrir largas brechas no sistema, a partir das ilhas Britânicas.

A França privatizou sua principal rede pública, enquanto Itália e Alemanha reformulavam a legislação no campo das telecomunicações para permitir a criação de emissoras privadas, sustentadas pela veiculação de anúncios.[8] Na ofensiva sobre a Europa, quatro grupos, de quatro barões da mídia, encarregaram-se de dramatizar a tendência à concentração — Murdoch, o tcheco (naturalizado britânico) Robert Maxwell, o italiano Silvio Berlusconi e o alemão Leo Kirch (grupo Beta-Taurus). Apesar de freqüentemente rivais, eles às vezes se associam e criam *joint ventures* destinadas a garantir o domínio sobre novas redes.

O fato de ter o Brasil abraçado desde cedo o modelo comercial norte-americano de informação e comunicação — especialmente no campo da televisão, onde a Rede Globo reproduz e ainda leva a extremos as deformações de lá — facilita uma invasão das corporações estrangeiras. Elas parecem atentas, há algum tempo, ao mercado latino-americano, como atestam movimentos recentes do australiano Rupert Murdoch e do tcheco-britânico Robert Maxwell.[9]

Também favorece essa tendência mundial à concentração o detalhe de serem nossas redes propriedade de famílias (correndo as empresas o risco da pulverização entre os herdeiros, em caso de morte do patriarca) ou grupos empresariais frágeis. Em compensação, as mudanças saudáveis introduzidas pela Constituinte no campo das telecomunicações e nas regras de concessão de canais de televisão e rádio como a tomada de consciência da sociedade civil para o poder desmedido dos donos da mídia constituem complicadores que as corporações estrangeiras serão forçadas a levar em consideração.

V

Na verdade, chegou a haver, há 26 anos, um princípio de invasão de corporações estrangeiras, com os acordos da Globo com o grupo Time-Life, antes mesmo da emissora entrar no ar. A concessão do canal de televisão à Globo foi assinada em 1957 pelo presidente Juscelino Kubitschek. Outros favores vieram em 1962, ainda no governo João Goulart, mas as primeiras transmissões da emissora só começaram em 1965, já sob a proteção — que não mais faltou — do regime militar, à sombra do qual consolidou-se o império do sr. Roberto Marinho.[10]

O maior dos favores foi precisamente a firmeza com que tanto o general Castelo Branco como seu sucessor no Planalto, general Costa e Silva, preferiram ignorar uma reveladora investigação do Congresso e sucessivas denúncias contundentes de personalidades como o governador Carlos Lacerda e empresas jornalísticas concorrentes — O Estado de S. Paulo e os Diários Associados, entre outras — sobre as relações da Globo com o grupo Time-Life.[11] Um dos contratos Globo-Time foi devolvido a Marinho sem objeções, segundo depoimento no Congresso do próprio dono da TV, pelo Conselho de Segurança Nacional, em ofício firmado por seu então secretário, general João Baptista Figueiredo, mais tarde também presidente da República.[12]

Os documentos ainda disponíveis sobre o escândalo Time-Life sugerem que a invasão estrangeira na mídia brasileira pode ter sido evitada na época, pelo menos em parte, pelo próprio desejo do sr. Roberto Marinho de privar os concorrentes de contratos semelhantes de injeções de dólares e "assistência técnica". Um autor refere-se, por exemplo, à defesa feita pelo Jornal do Brasil dos negócios de Marinho, por estar também o sr. M. F. do Nascimento Brito, naquele momento, tentando acertar condições parecidas, ou com a rede ABC, ou com a CBS.[13] Em depoimento na CPI da Câmara, Carlos Lacerda afirmou que proposta igual à da Time-Life (associação com empresa estrangeira) tinha sido feita também aos srs. Júlio de Mesquita Filho (O Estado de S. Paulo) e Edmundo Monteiro (Diários Associados), que preferiram rejeitá-las.[14]

161

Embora tenha recebido do grupo Time-Life até abril de 1966 — segundo números citados pelo deputado João Calmon na época[15] — mais de 5 milhões de dólares para montar a infra-estrutura da sua Rede Globo, o sr. Roberto Marinho conseguiu depois livrar-se dos sócios estrangeiros. Para tanto, foi ajudado pelo próprio barulho da campanha contra a "invasão estrangeira", que levou o governo a dar-lhe prazo para ajustar a situação à legislação brasileira. A campanha também o ajudara, anteriormente, a livrar-se de concorrentes eventualmente fortalecidos por associação semelhante, já que nenhuma outra empresa ousou fazer o mesmo. A Globo pôde então dar o grande salto — para a liderança de audiência e para o domínio total do mercado — precisamente depois de ser nacionalizada (a partir de 1969).

Hoje, o grupo das organizações Globo dá-se ao luxo de reproduzir em escala nacional, a seu favor, o quadro de dominação existente no plano internacional e até de meter-se na aventura européia da Tele-Montecarlo, onde convive com os gigantes, eventualmente somando-se aos interesses deles (por exemplo, num acordo com a CBS[16] para apresentar na Itália e na Suíça o noticiário diário da emissora norte-americana).

Como o mexicano Emilio Azcarraga (grupo Televisa), Marinho fica em plano inferior, embora tenha conseguido exportar novelas para muitos países graças a lições aprendidas com o modelo dos Estados Unidos — no qual o produto pode ser oferecido no mercado externo a baixos preços por já sair de casa inteiramente pago pelo mercado nacional. Não seria surpresa se o sonho da Globo-Montecarlo fosse uma integração àqueles gigantes, mas à primeira vista parece duvidoso que o conseguisse sem o respaldo decisivo que sempre teve do governo brasileiro ao tempo do autoritarismo.

As grandes corporações não estão sempre disputando o mercado. Segundo um autor francês,[17] na etapa decisiva os grupos que mantêm agências de imagens (como a Visnews, ligada à Reuter, NBC e BBC; e WTN, ligada à ABC), "ao invés de simplesmente fornecer matéria-prima (as imagens brutas que as televisões-clientes devem editar e comentar), se propõem a vender o produto finalizado, isto é, telejornais e outros programas jornalísticos prontos e acabados". Acrescenta ele:

> Essa ofensiva comercial corresponde a uma nova fase de modernização e de reforço dos grandes grupos de comunicação anglo-saxões no setor da informação. Por trás das rivalidades escancaradas e do aparente formigamento da concorrência, assiste-se na verdade a uma forte concentração e à emergência de algumas grandes alianças mais ou menos formalizadas, entre líderes do mercado, grupos de imprensa e de edição, televisões "clássicas", agências de imagens, redes por satélites, empresas de cabo, produtores, distribuidores. Caminhamos para um mercado da informação controlado por um pequeno número de grupos muito poderosos, meio rivais, meio associados.

VI

O Brasil viveu nos últimos anos uma experiência amarga em conseqüência da situação privilegiada na mídia do grupo que reproduz as deformações do modelo de fora. É possível que tal situação só tenha paralelo em regimes de partido único e controle centralizado dos meios de comunicação, mas o caso da Televisa mexicana — que alguns encaram como transposição para o campo da mídia do monopólio do poder exercido pelo Partido Revolucionário Institucional (PRI) desde a revolução — fica bem próximo do das organizações Globo. A diferença é que a sociedade mexicana parece ter tomado consciência disso muito antes, como demonstrou em 1983 um Foro de Consulta Popular sobre Comunicação Social, realizado simultaneamente em quatro cidades (Guadalajara, Hermosillo, Mérida e Monterrey).

Apesar de promovido pelo próprio governo mexicano, a singular reunião recebeu propostas e estudos não apenas de professores e pesquisadores da área da comunicação mas ainda de jornalistas, empresários, parlamentares e dirigentes de partidos e de organizações operárias e camponesas de todo o espectro político do país. Das mais de 2 mil propostas apresentadas (sobre televisão, cinema, rádio, imprensa escrita etc.), 686 referiam-se à televisão e o tema mais freqüente foi o poder da Televisa e a necessidade de corrigir os graves desequilíbrios decorrentes da situação.[18] Segundo a avaliação inicial de um jornalista mexicano, a "nacionalização do grupo Televisa, o maior monopólio privado de rádio, televisão e publicidade do México, foi a proposta predominante".[19] Aparentemente, nenhuma mudança concreta ocorreu no México depois disso.

No Brasil, as organizações Globo ainda estão por merecer um julgamento coletivo desse nível, mas as queixas contra o grupo se repetem cada vez com mais freqüência. No período agudo do autoritarismo, a Rede Globo era acusada de prestar-se ao papel de porta-voz oficial da ditadura, a quem efetivamente serviu com dedicada lealdade. Quando os brasileiros começaram a recuperar as liberdades democráticas, tiveram de derrotá-la junto com o poder militar — em episódios como os das greves do ABC (no qual os próprios jornalistas da Globo insurgiram-se contra a deformação da realidade nos noticiários da emissora) e a campanha das Diretas (que só chegou à tela da Globo tardiamente, quando já não se podia ignorar a presença das multidões na rua).*

(*) Até a noite do primeiro grande comício de São Paulo, os veículos das organizações Globo nada tinham publicado sobre o acontecimento, aparentemente sob instruções do governo.

Tirando partido da ambigüidade que caracterizou o processo de transição, o grupo manteve sob controle o Ministério das Comunicações.*

O paradoxo do Brasil de hoje é a sobrevivência da situação privilegiada da Globo mesmo depois de mudanças — ainda tímidas, mas já significativas — no campo da comunicação. Nos termos da nova Constituição, o presidente da República não mais tem o poder absoluto nessa área — o Congresso precisa ser ouvido. Além disso, a sociedade registrou conquistas democráticas relevantes como o horário eleitoral gratuito na televisão e no rádio, algo sem precedentes mesmo em países com legislação mais avançada. Assim, no período imediatamente anterior às eleições, cai extraordinariamente o poder de manipulação política de uma Rede Globo, graças ao acesso gratuito garantido pela Constituição.

Talvez por isso a esquerda se indignou tanto nas últimas eleições presidenciais, quando a Globo promoveu a edição manipulada no *Jornal nacional* do último debate entre os dois candidatos. Uma avaliação fria, no entanto, convenceria hoje qualquer estudioso da matéria de que, em outras condições — antes da atual legislação eleitoral que rege o comportamento da mídia —, isso seria o mínimo a se esperar da rede.

A reação violenta da Globo, secundada pelas demais emissoras, ante o esforço do Congresso para impor alguns minutos diários sobre a atividade parlamentar é igualmente reveladora: nesse espaço, numa rede nacional de todas as emissoras, poderiam aparecer na tela, inclusive da Globo, aquelas personagens da política que, por uma razão ou outra, tinham sido inexoravelmente condenadas ao desaparecimento nos veículos do império Roberto Marinho. Um horário do Congresso tende a ser muito mais democrático do que qualquer programa privado, já que reflete inevitavelmente a composição político-partidária da casa — e não a vontade imperial de uma pessoa determinada a premiar ou castigar os que se submetem ou não aos interesses de seu grupo.

VII

De qualquer forma, o sonho da democratização da mídia no Brasil não pode perder de vista o pesadelo da tendência mundial à concentração nas mãos de um número cada vez mais reduzido de grandes corporações transnacionais. Essa ameaça maior que vem de fora foi esti-

(*) A ligação escancarou-se quando a emissora da família do ministro das Comunicações de Tancredo Neves e José Sarney, Antônio Carlos Magalhães, foi contemplada com o status cobiçado de afiliada da Rede Globo — em detrimento da concorrente, que recorreu inutilmente à Justiça.

mulada nos últimos anos pela exaltação neoliberal do lucro, da ganância e da desregulamentação reaganista — e, no Brasil de hoje, desregulamentação e privatização também se tornaram palavras mágicas, como se prevalecesse aqui não o capitalismo selvagem, e sim os desvios e deformações stalinistas que ajudaram a corroer os ideais socialistas no Leste europeu.

No campo da mídia, a concentração tende a consagrar como doutrina da moda o sinergismo* que padroniza a informação, as idéias e a cultura, ao articular as ações multinacionais de subsidiárias de televisão, cinema, livros, jornais, revistas, vídeo, discos. A nova religião dos impérios transnacionais da mídia patrocina uma espécie de linha de montagem que sufoca a criatividade, a liberdade de expressão e a imprensa livre. Os exemplos recentes de fenômenos específicos como Batman e Dick Tracy, empacotados para o mundo inteiro sob as mais diversas formas, representam um desafio que não pode ser ignorado nem em nome da eventual simpatia das personagens de quadrinhos utilizadas.

Nos grandes impérios da mídia, os profissionais sensíveis aos interesses da corporação e que assimilam os critérios empresariais de avaliação — enfim, os que se adaptam às regras do sinergismo — obtêm a adequada compensação. Exemplo prático no jornalismo foi a cobertura da fusão Time-Warner — transação sistematicamente apresentada como fascinante aventura empresarial, cheia de lances de habilidade e esperteza. A mídia desprezou solenemente o efeito disso no quadro preocupante da concentração no setor e os danos ao direito do público de ser informado.

O potencial antidemocrático do controle emergente das corporações, como advertiu Bagdikian, é um buraco negro no universo da mídia, mas os imensos problemas sociais decorrentes da concentração não aparecem nas notícias. Escreveu ele:

> Aquilo que chega ao conhecimento do público é largamente influenciado pelo que serve aos interesses econômicos e políticos das corporações proprietárias da mídia. Como os donos da mídia estão agora tão ampla e profundamente envolvidos nos mais altos escalões da economia, as notícias e demais informações públicas ficam grandemente desequilibradas em favor dos valores das corporações.[20]

Os impérios da mídia impõem suas opções políticas e até religiosas, freqüentemente sem que o consumidor se dê conta. Personagens

---

(*) *Sinergia*, na definição do *Dicionário Aurélio*, é o fato ou esforço coordenado de vários órgãos na realização de uma função. Ou ainda a associação simultânea de vários fatores que contribuem para uma ação coordenada. Em teologia, *sinergismo* é a doutrina protestante segundo a qual a salvação do homem se alcança mediante a colaboração da graça divina com a vontade humana.

desaparecem quando revelam reflexões consideradas inconvenientes, ao mesmo tempo em que qualquer pregação religiosa obscurantista encontra respaldo. O escritor Gore Vidal contou, em artigo,[21] como seu nome passou a receber veto formal, mesmo depois de ter obtido os mais altos índices de audiência fazendo comentários sobre convenções partidárias. "Já que não são ouvidas outras vozes além das que participam do consenso nacional, como o espectador poderá saber que também existem outros pontos de vista?", pergunta ele.

O pecado de Vidal, obviamente, é o de encarar a história norte-americana, que conhece tão bem, sob ângulo inteligente e fora dos padrões aceitos. E parece sintomático que, enquanto um intelectual brilhante é marginalizado no veículo, nem uma sucessão de escândalos de sexo e corrupção consiga reduzir a força na televisão dos pregadores evangélicos, responsáveis no vídeo pelo que já foi chamado de "apoteose da religião-espetáculo".[22] À sombra dos impérios da mídia, florescem os templos desse tipo de religiões-espetáculos, já organizadas em lucrativos ministérios — o maior dos quais está atualmente privado de seu fundador, um pastor que cumpre pena de prisão por fraude. Diferentes cruzadas religiosas, dotadas de estúdios sofisticados e auditórios gigantescos, veiculam suas receitas de salvação eterna em diferentes canais e as exportam para o mundo — um exemplo que já está sendo seguido no Brasil, com ou sem os canais de TV e rádio distribuídos pelo governo em troca de eventuais apoios.

VIII

É possível lutar ao mesmo tempo contra as deformações daqui e a ameaça de fora? A resistência no exterior tem sido pouco divulgada aqui, o que sugere a ausência de uma tomada de consciência coletiva. Mas na Europa, é bom não esquecer, o modelo da concentração já encontra alguma reação pública. Em janeiro deste ano, uma greve nacional de jornalistas chamou a atenção da Itália para o problema.[23] Com o movimento, todos os sindicatos, federações e lideranças dos jornalistas pediram o apoio do público à aprovação de um projeto de lei antitruste, destinado a impedir a concentração dos meios de comunicação nas mãos de poderosos grupos econômicos e defender o direito dos cidadãos a uma informação pluralista.

Os alvos principais da greve eram Silvio Berlusconi (Mondadori, Fininvest) e Gianni Agnelli (Fiat), principalmente o primeiro. Os dois já controlavam, àquela altura, 39,5% de todos os jornais, 53,17% das revistas e 55% de todas as verbas publicitárias da Itália. E Berlusconi ainda detém o monopólio da TV privada, mediante cinco redes, já que no ano de 1989 seu grupo Fininvest transmitiu 56,4% da publicidade veiculada por todas as emissoras do país. Em maio último, ele também firmou acordo na Alemanha com outro gigante da Europa, a Bertelsmann.

E onde estaria a saída para o Brasil?

Obviamente, não existe qualquer receita mágica, mas é constrangedora a leviandade com que os profissionais da mídia se omitem em todo esse quadro. Aparentemente, continua distante uma tomada de consciência para a perigosa realidade atual da mídia no país. E é tempo também de envolver o público — a sociedade civil como um todo — para uma tomada de consciência coletiva. O modelo que prevalece aqui, como aquele que já se oferece como alternativa (a disputa entre as grandes corporações transnacionais), revela-se tão antidemocrático quanto o que está desmoronando na Europa Oriental.

O quadro da televisão, exatamente pelo poder da imagem, pela força extraordinária do veículo, é o mais dramático. Até há pouco tempo, acreditávamos dispor de uma alternativa na Europa Ocidental, onde havia prioridades — na Inglaterra, na França, na Itália, na Alemanha — que agora começam a sucumbir ante o assalto dos senhores da aldeia global.

Há muito a aprender com a soma das lições do antigo modelo europeu e de certas experiências norte-americanas recentes do rádio e da televisão pública. Alguém poderia encontrar aí um modelo diferente, misto — uma convivência do modelo comercial com emissoras públicas, mas sem a padronização, o nivelamento por baixo, a colonização cultural.

Seria preciso, aliás, fazer uma distinção aqui entre televisão estatal controlada pelo Executivo, tal como a conhecemos no Brasil, e televisão pública, com um estatuto próprio, na forma de uma fundação autônoma, gerida por conselhos com mandatos definidos, sob regime democrático. Nesse sentido, muitas lições também podem ser aprendidas com a experiência da BBC de Londres, também uma fundação com relativa autonomia e teoricamente sem interferência do Executivo.

A nova Constituição avançou no campo da comunicação, criando um conselho para pôr fim à orgia vergonhosa da distribuição de canais de rádio e televisão como favores políticos. Mas não foi suficientemente longe para entregar os canais do Estado a fundações geridas democraticamente (sob um conselho com representação de diferentes tendências do Congresso, por exemplo) e sem ingerência do Executivo.

É uma discussão que tem de ser aprofundada, com a participação tanto dos profissionais da comunicação quanto da sociedade em geral. Mas o tema reclama urgência, pois em toda a parte corações e mentes das pessoas — conforme adverte Bagdikian — estão sendo encurralados pelos magnatas da mídia, pelos ''senhores da aldeia global''. E tal situação, convenhamos, pode até ser pior do que o controle da informação pelo Estado.

NOTAS

(1) Project Censored, "The top censored stories of 1989", in *Utne Reader*, n.º 41, set.-out. 1990.

(2) Declarações nesse sentido são atribuídas a pelo menos dois empresários: o magnata Robert Maxwell, da Grã-Bretanha, e Richard Snyder, da editora Simon & Schuster: ver "Brotherly media", in *The Nation*, n.º 23, v. 248, 12/6/1990. Um dos primeiros estudiosos a alertar para o novo papel das corporações transnacionais na mídia foi o professor Herbert I. Schiller (da Universidade da Califórnia, em San Diego), autor de *Communication and cultural domination* (Nova York, M. E. Sharpe, 1976); *Who knows: Information in the age of the Fortune 500* (Nova Jersey, Ablex, 1981); *Information and the crisis of economy* (Oxford University Press, 1986); e *Culture, Inc.: The corporate takeover of public expression* (Oxford, 1989).

(3) No livro *The media monopoly* (Boston, Beacon Press, 1983), Ben H. Bagdikian apresenta o diagnóstico contundente da tendência à concentração na mídia. No artigo "Cornering hearts and minds: The lords of the global village", publicado na revista *The Nation*, n.º 23, v. 248, 12/6/1989, oferece dados mais recentes que atualizam o quadro.

(4) "Fusão da Time e Warner forma gigante da mídia", in *Jornal do Brasil*, 6/3/1989; "GE e Murdoch podem entrar na luta pela Time", in *O Globo*, 15/6/1989; "Time e Warner aprovam um novo acordo de fusão", in *O Globo*, 17/6/1989; "Juiz aceita fusão Time-Warner", in *O Estado de S. Paulo*, 15/7/1989.

(5) Edward S. Herman e Noam Chomsky, *Manufacturing consent: The political economy of the mass media* (Nova York, Pantheon Books, 1988).

(6) Gore Vidal, "Our television politburo: Cue the Green God, Ted", in *The Nation*, n.º 5, v. 249, 7-14/8/1989.

(7) Até na França, que mais tem resistido a essa invasão, a News Corporation de Murdoch já está presente — inicialmente, através da Twentieth Century Fox-France e Utell-France (serviço de reservas hoteleiras). Ele se associou ainda à Hachette para a publicação de *Elle* na Grã-Bretanha e nos Estados Unidos; com um consórcio de dezesseis televisões européias, Murdoch iniciou depois a criação de uma cadeia esportiva, com 51% das ações. Seu grupo busca aumentar a participação no capital da Reuter, com 15% da agência britânica (uma das proprietárias, por sua vez, da agência de imagens para televisão Visnews). Tem ainda 20% da Pearson PLC, proprietária do *Financial Times*, que comprou o grupo francês Echos. Ver Schofield Coryell, "Recettes américaines", in *Le Monde Diplomatique*, dez. 1986.

(8) Sobre o assalto das corporações ao mercado europeu, ver ainda: Michael Palmer, "L'offensive des grands groupes", in *Le Monde Diplomatique*, maio 1987; William Fisher e Mark Shapiro, "Four titans carve up european TV", in *The Nation*, n.º 2, v. 248, 9-16/1/1989; Steven Greenhouse, "TV americana invade a Europa", in *O Estado de S. Paulo*, 1/8/1989.

(9) Em novembro do ano passado Maxwell iniciou negociações na Argentina para realizar investimentos na área de comunicação, petróleo e hotelaria, inclusive numa fábrica de papel-jornal e no diário *La Razón*. Roger Ferreira, "Maxwell compra ações de fábrica argentina", in *Folha de S. Paulo*, 13/2/1990.

(10) Hoje o dono da Globo demonstra pouca gratidão ao regime que o tratou tão bem. Ver, a propósito, sua entrevista a Armando Ourique, "Globo não recebeu TV de militares, diz Roberto Marinho", in *Folha de S. Paulo*, 24/9/1988.

(11) Detalhes dos contratos da Globo com o grupo Time-Life, das manobras de bastidores de Marinho e da campanha contra a invasão estrangeira estão em Daniel Herz, *A história secreta da Rede Globo* (Porto Alegre, Tchê! Editora, 1987); e também em Hamilton Almeida Filho, et alii, *O ópio do povo: O sonho e a realidade* (São Paulo, Edi-

ções Símbolo, 1976, Extra Realidade Brasileira). Mais dados sobre o caso Globo e tentativas semelhantes envolvendo outras empresas estão em Nélson Werneck Sodré, *Historia da imprensa no Brasil* (Rio de Janeiro, Civilização Brasileira, 1966).

(12) Registrado por D. Herz, op. cit., p. 122.

(13) N. W. Sodré, op. cit., p. 505. Bem mais tarde, quando não conseguiu montar com recursos próprios uma estação de televisão, após também ter sido contemplado com concessão pelo regime militar, o *Jornal do Brasil* envolveu-se numa polêmica com *O Globo*.

(14) *O Estado de S. Paulo*, 12/8/1966, citado em H. Almeida Filho et alii, op. cit, p. 53.

(15) *Diário de S. Paulo*, 27/4/1966, citado em H. Almeida Filho et alii, op. cit., p. 49.

(16) O fato é registrado em Yves Eudes, "Um 'show' planétaire: l'information télévisée", in *Le Monde Diplomatique* (jun. 1988).

(17) Idem, ibidem.

(18) Ver "Se presentaron en el Foro 2 mil 20 ponencias; 686 de TV, 542 de radio, 456 de prensa y 336 de cine", in *Uno Más Uno*, 14/5/1983. As propostas sobre televisão foram reunidas num caderno especial pelo mesmo jornal, em 13 de abril de 1983. A reunião foi realizada entre 2 e 8 de maio de 1983.

(19) Mario de Cautin, "Mexicanos pedem o fim do monopólio na TV", in *Tribuna da Imprensa*, 5/5/1983. Trata-se de tradução de despacho da agência de notícias Interpress Service (IPS).

(20) B. H. Bagdikian, *The media monopoly*.

(21) G. Vidal, op. cit.

(22) Ingrid Carlander, "Apothéose de la religion-spectacle", in *Le Monde Diplomatique*, jun. 1988.

(23) Araújo Netto, "Jornalistas italianos param um dia contra os monopólios", in *Jornal do Brasil*, 30/1/1990.

169

A DESORDEM DO MUNDO
E A ORDEM DO JORNAL

Ricardo Arnt

Eu tinha preparado duas coisas diferentes para dizer a vocês. A primeira, com alguns pressupostos sobre a economia política das mídias, como elas funcionam; e uma outra sobre a minha experiência prática na televisão. Tinha decidido falar da segunda parte logo. Mas tenho a impressão de que é necessário voltar um pouquinho a essa parte teórica, pelo menos para colocar certos pressupostos que põem a questão da mídia dentro de um marco específico, o das disciplinas modernas.

Vou dizer, de imediato, que penso em outra direção, divergente dessa visão concentracionista, segundo a qual algumas pessoas, em cima, controlam determinados mecanismos que fazem com que, embaixo, todos obedeçam e ninguém tenha condição de se defender. Acho interessante explorar um pouco a mecânica, a engenharia da recepção da mídia; como ela urde e como produz, ou não, os efeitos que intenta.

Os meios de comunicação são uma potência produtiva. Produzem socialização expansiva e integração planetária a mercados. Linguagem, discursos e comunicação são forças da economia política.

Penso que, com as funções que desempenha nas sociedades atuais, a mídia é uma instituição recente. Só no século XIX é que o dispositivo se consolidou como sistema disciplinar de efeitos e rendimentos. Trata-se de um instrumento de ordem capaz de ajudar a gerir e regular a vida social e econômica, um instrumento vital para a governabilidade.

A mídia surge e se consolida com a urbanização e a alfabetização, junto às ferrovias, ao telégrafo e à melhoria dos serviços de correio e transporte. A linotipia surge em 1814, na Inglaterra.

Na decolagem econômica do Ocidente capitalista, a imprensa impõe à desordem do mundo a ordem do jornal. A forma com que o jornal apresenta o mundo é a forma de torná-lo consumível. A liberdade de expressão desenvolve-se junto à liberdade de comércio. De tal forma que o processo de produção da notícia é indissociável da transformação em notícia do processo de produção.

A expansão demográfica do século XVII, com uma nova distribuição espacial e social da riqueza industrial e agrícola, e a mudança em escala quantitativa dos grupos que importa administrar tornaram necessários controles sociais de um novo tipo. Com a expansão da indústria, a população concentra-se nas cidades. Assenta-se o sentimento de nacionalidade. Fixam-se os idiomas.

A mídia surge para estabelecer vínculos e ligações necessárias entre práticas sociais diversas. Ela circunscreve campos simbólicos, desenha uma nova territorialidade, propaga ideologias, torna pública a vida pública e enquadra a vida cotidiana. Ajuda a conjurar o aleatório e a ordem caótica, desordenada e desordeira das sociedades pré-capitalistas. Ela cimenta a ordem do mercado.

Se a imprensa não existisse, seria preciso inventá-la. Porque é preciso assegurar para todos os cidadãos, ou para o maior número possível, as informações necessárias à vida social. Não só as leis, mas as normas de trânsito, de higiene e de conduta, o funcionamento dos serviços públicos, os costumes e as virtudes, a civilidade, a moral, os fatos da política, as prerrogativas do poder e seus limites, a temporalidade e o território social.

A observação do marquês Cesare Beccaria, que Michel Foucault usou para assinalar a evolução da legislação penal, pode ser usada para definir a transição ordenada pela imprensa: "Só a imprensa pode tornar todo o público, e não alguns particulares, depositários do código sagrado das leis".[1]

A mídia é esse elemento geral de certeza que reforça a eficácia do sistema em diferentes domínios. A sociedade é seu assunto. Que as leis e os costumes sejam claros a fim de que cada membro da sociedade possa distinguir o certo do errado, o vício e o crime. Que essas leis gerais da vida social, recolhidas, comentadas e disseminadas, norteiem a cidadania. Que se imprimam as informações para o conhecimento de todos. A mídia deposita em cada indivíduo o respeito à norma, assegurando a introjeção da moral pública.

A mídia, então, constitui, produz positividade. Ajuda a organizar o que era disperso. Ao contrário dos sistemas puramente repressivos e censuradores da sociedade pré-capitalista, o poder disciplinar que se consolida no século XIX ordena a multiplicidade. Sua função não é excluir os indivíduos, mas enquadrá-los, fixá-los ao processo de produção. A mídia fabrica. O indivíduo é alvo e resultado. Ela revela o mundo, amplia horizontes, agencia uma multiplicidade de eventos atomizados, costura e adensa um conhecimento da realidade, distribuindo poder e contrapoderes, norteando a governabilidade e a cidadania. Ela aumenta a docilidade e a utilidade dos elementos. Não obstante, "informar" — "impor formas", no sentido aristotélico — é uma prática fabril cujo código é uma prerrogativa de poder. A mídia tem a sua economia política própria.

Há muita literatura a respeito. Muita coisa deve ser dita e examinada neste seminário. Eu diria, apenas, que penso que a ordem da mídia repousa em um "dispositivo de encenação".[2] Processos de seleção, elaboração, formulação e distribuição multiplicam ao infinito os acontecimentos, ao mesmo tempo em que os enquadram, codificam e exorcizam. Há um arsenal de operações semânticas, técnicas e truques de encenação para produzir os acontecimentos, como enquadramento, atualização, contextualização, totalização, titulação, paginação, descrição, conotação, sonorização etc.

A essas operações somam-se, ou não, as distorções propositais, as interdições editoriais, as estratégias de marketing e de censura. A mídia, como todos percebem, produz um mundo de acontecimentos maquiados. Mas torná-los consumíveis não significa necessariamente falsificá-los.

O consumo é uma relação. A mediação da imprensa não é apenas um conjunto de técnicas de difusão. É uma sugestão de modelos de significação: modelo de família, de cidadania, de aspiração social, hábitos e costumes. A ordem do consumo é unidimensional, vem de cima para baixo, de uns poucos para todos. Ela se oferece para ser tomada e usada. O consumo implica adesão, ou rejeição, mas não admite troca, contraproposta. Eis por que certos autores consideram a TV o controle social em casa: a TV despeja paradigmas em nossa casa, e os repete diariamente.

No capitalismo liberal, a mídia veicula liberdade de imprensa à empresa privada, permitindo que grupos mais ou menos associados aos centros de dominação econômica e política administrem a comunicação de forma a obter rentabilidade nas suas inversões, reforçando ou corroendo as ideologias que lhes convêm, escorando a hegemonia conquistada e induzindo os grupos sociais a consumos proporcionais à demanda inoculada no mercado.

É um poder invasor e insinuante. O consumo estendeu seus modelos a práticas até há pouco improdutivas, como o ócio, a angústia e o sexo, antepondo aos sujeitos e seus desejos uma mercadoria que os valoriza e quantifica. E o sistema se realimenta. Não que a mídia invente os acontecimentos (se bem que também o faça), mas os detecta, dramatiza, potencia e produz. E, como em qualquer indústria, é necessário assegurar o ritmo de produção, controlar a oferta e a demanda e manter uma boa reserva de matéria-prima.

Dito isso, exposto um pouco dessa engrenagem, queria dizer, agora, que erramos ao atribuir à mídia rendimentos e funções de que ela não dispõe (embora talvez o deseje). Acho que existe uma profunda diferença entre intenção e realização. Existem disfunções, desregulagens e limites. E, principalmente, não há por que supor que o público esteja desarmado, sem meios de fazer valer o seu poder.

Gostaria de ressaltar isso. O poder circula e funciona em cadeia. Os indivíduos estão sempre em condição de exercê-lo e sofrer sua ação. Nunca são um alvo inerte ou consentido. Também são centros de transmissão.

O poder da mídia está atravessado por fora e por dentro por contra-poderes. É possível expô-lo, miná-lo, debilitá-lo e barrá-lo, e ele não está imune ao contra-ataque.

Vamos distinguir uma coisa: o ser que se reflete no signo, não apenas nele se reflete, mas se refrata. O que determina essa refração é o confronto de interesses das comunidades semióticas. Classes, grupos e segmentos sociais criam comunidades semióticas distintas, para as quais todo signo comporta significações e leituras diferenciadas.

Mikhail Bakhtin nos mostrou que em todo signo confrontam-se índices de valor contraditórios; a ambivalência é um dado da linguagem. Como Jano, o signo tem duas faces. "Toda crítica viva pode tornar-se um elogio, toda verdade viva não pode deixar de parecer para alguns a maior das mentiras."[3] Esse cruzamento de valores na recepção é o que torna o signo vivo e dinâmico. É como se estivessem atravessados por um sentido que convida a retirar deles o significado que se prefere.

Penso que a universalidade que a informação de massa procura na indústria cultural reside precisamente em impregnar o signo de maior conversibilidade, franqueando o recurso à decodificação e às possibilidades conotativas e de significação.

Para mim, o que diferencia a informação no capitalismo e nas sociedades ditas socialistas é a maior taxa de ambigüidade e de fruição, a maior variabilidade de interpretações que permite. No socialismo você tem censura, univocidade, repetição e monopólio tentando impor leitura em uma mesma direção hegemônica, que não sofre concorrência ou contestação. Mesmo assim, não funciona.

Acho que, diante do Fidel Castro, o Roberto Marinho é amador. Ele controla mal os fenômenos com que mexe. A esquerda é muito mais competente do que a direita para a dominação. A diferença entre capitalismo e socialismo é que o primeiro é mais descontrolado, para o bem e para o mal.

Penso que entre comunicação e efeito existe uma mecânica complexa. Uns produzem efeitos previsíveis e reguláveis, como em uma engenharia da recepção. Outros produzem efeitos vagos e, às vezes, uma resposta bumerangue, em direção oposta às intenções.

Acho que a "massa passiva" dispõe de mecanismos de demarcação que o poder das mídias não pode conjurar. Acho que o consenso de grupo aos quais os indivíduos pertencem propicia-lhes referências para julgamento. As pessoas decidem-se a comprar, a votar ou ver televisão de acordo com as outras pessoas em que confiam. Práticas sociais, valores compartilhados em família, com amigos, vizinhos, no sindicato, entre companheiros de trabalho, a escolaridade, as identificações políticas e ideológicas cingem a recepção. O público delimita seleções e recortes nas mensagens a partir dos seus interesses, demarcando sentido sobre a matéria dos enunciados fornecidos.

Todo o processo de produção da mídia está atravessado por essa recepção diferenciada, pelas práticas sociais que informam o processo de leitura-consumo. Penso que o feedback é um dado da estrutura do sistema, que o obriga à reatualização e à diferenciação. Na minha opinião, não há paranóia concentracionista que conjure a diversidade das práticas sociais.

Essas reflexões se contrapõem àquelas segundo as quais as mudanças de sentido no discurso são irrelevantes diante da permanência da sua forma autoritária, ou seja, da unidimensionalidade do consumo (como afirma Jean Baudrillard, por exemplo).

Estou querendo dizer que o poder da mídia não é absoluto e não é totalizante. Que está cheio de fissuras. Que a polissemia é um atributo dos significados e permite um consumo seletivo. É o que nos permite assistir à mídia com seriedade, com emoção, com raiva, com estranhamento, com desdém ou com tédio. É o que nos permite rir, xingar e ignorar jornalistas. É o que nos permite tirar o som e desligar.

Não acredito nessa teoria da atitude beócia diante da mídia, que pressupõe um público de aparvalhados diante de quatro sujeitos intangíveis que puxam cordões em Washington e fazem marionetes em São Paulo reagirem teleguiados, como em uma tela de radar. Mas também acho que é preciso fazer uma distinção clara entre a economia política das mídias e a economia política das mídias no Brasil.

No Brasil, efetivamente, a hegemonia da imprensa, e em especial da televisão, tem uma potência especial. Este é um país onde a audiência do *Xou da Xuxa* é maior do que a circulação diária total dos jornais. A precariedade das instituições políticas e a desarticulação da sociedade civil conferem às mídias uma influência despropositada. A imprensa brasileira é um mandarinato. Os grandes jornalistas são seres poderosos, arrogantes, impunes, messias ou salvadores da pátria. Fazem mais política que os políticos, mas permanecem recolhidos, protegidos da atenção pública, e dando as cartas. O mercado da imprensa no Brasil é pequeno e não comporta críticas. Por isso, existe tanta inflação de ego na imprensa brasileira. É muito poder nas mãos.

A objetividade está para o jornalismo brasileiro como a autogestão para o programa do PDS — como um glacê. E o círculo se fecha por outro lado: as relações de força na sociedade são tão desequilibradas, que os jornalistas são impelidos à condição de porta-vozes da sociedade civil (embora ninguém os tenha eleito).

Cada sociedade tem a TV que merece.

Fui editor de notícias internacionais do *Jornal nacional*, da TV Globo, de 1981 a 1986. Cabia a mim organizar a desordem do mundo na ordem do jornal. O *Jornal nacional* tem vinte a 25 minutos de duração e está dividido em quatro ou cinco blocos, de cinco minutos cada, separados por intervalos comerciais. Desses quatro blocos, um era dedicado às notícias internacionais.

Eu tinha cinco minutos para mostrar o mundo. O que se pode fazer em cinco minutos? Um bloco comporta quatro, cinco notícias: três filmes de 1min20 e duas notas de cinqüenta segundos, ilustradas com slides, mapas ou radiofotos. Escreve-se por segundo. Fiz dezoito anos da era Brejnev em 1min13.

As notícias são escritas para serem "ouvidas" e não "lidas", porque não há releitura. As palavras devem ser as mais simples e as frases as mais curtas. Escrevemos como se fôssemos à janela e gritássemos ao vizinho: "Morreu o presidente. Sofreu um ataque cardíaco. O vice vai assumir. O povo foi para as ruas em Brasília. Os militares baixaram toque de recolher. Ninguém sai de casa depois das dez da noite".

Não há muita sofisticação possível. Os limites são claros. Uma parte expressiva da audiência é analfabeta. Boa parte dela, talvez a maioria, desconhece códigos básicos. As notícias devem ser entendidas, no principal, por quem não dispõe de informações suplementares. A maioria não irá lê-las no dia seguinte, no jornal. Por isso, a TV no Brasil afronta as pessoas inteligentes. Por isso, é tão tedioso assistir à televisão no Brasil. Por isso, ela é tão burra, tão superficial, tão necessariamente superficial.

À exigüidade do tempo, à superficialidade enfática, a toda aquela neurose gesticulante dos repórteres que pontuam ênfase com a mão, somam-se os modelinhos de encenação (as fórmulas) e a arbitrariedade das políticas de cada veículo. Emissoras com linhas políticas estritas podem compensar o desgaste de noticiários nacionais censurados com tolerância maior na cobertura dos acontecimentos internacionais. Por isso, censuram-se greves em São Paulo e veiculam-se greves na Itália.

O cotidiano dos jornalistas dentro desses limites começa com o telex, que transmite telegramas das agências de notícias. Diariamente, chegam, por satélite, imagens das emissoras de TV da Europa e dos Estados Unidos. Durante o dia, segue-se o desdobramento das notícias por telex. No final da tarde, recebidas as imagens, escreve-se um texto ilustrado com elas, monta-se um pequeno filme. Na verdade, a ordem é inversa: o predomínio é da imagem. Se você não tem as imagens de um fato, provavelmente não o veiculará.

Uma boa imagem produz mais impacto do que páginas e mais páginas de jornalismo impresso. É fácil criticar a mediocridade da TV, mas pouco se reconhece a superioridade jornalística da imagem sobre o texto. Imagens, por mais editadas que sejam, oferecem plurissignificância, várias dimensões. No *heavy metal* do dia-a-dia, o jornalista da TV dá um banho no jornalista da imprensa.

Uma boa imagem diz mais do que cinqüenta páginas de descrição e 250 de análise. Como a imagem do general Augusto Pinochet, ao lado do seu carro crivado de balas, depois de um atentado. Como a seqüência do atentado que matou o presidente Anwar Sadat. Como a truculência do general Newton Cruz com os jornalistas em Brasília.

Nos anos 70, a TV forneceu uma exposição em cores dos políticos brasileiros, em suas falas, trejeitos e estilos, que a imprensa escrita jamais seria capaz de revelar.

Os principais fornecedores de imagens ao Brasil (e a boa parte da América Latina e do mundo) são as redes: WTN (coligada à emissora americana ABC), Visnews (com material diário da BBC de Londres, da CBC canadense e da NBC americana), CBS e CNN (hoje a mais ativa e atuante no mundo todo).

A Globo, hoje, recebe material da CBS e da Visnews. Quando eu estava lá, recebia três satélites (Visnews, a ex-ITN, da Europa, e a NBC, dos Estados Unidos). A Visnews, hoje, fornece imagens a quase todas as emissoras brasileiras. Por isso, você encontra as cenas de um mesmo cinegrafista, no Líbano, no Iraque ou em Washington, em todos os canais. Poucas emissoras brasileiras têm condição de produzir seu próprio material.

Na Europa, o satélite Eurovision coleta diariamente material das emissoras ZDF e ARD (alemãs), da RAI-1 e da RAI-2 (italianas), da Antenne 2 e da TEF-1 (da França), da BBC inglesa e de emissoras da Espanha e da Áustria. As televisões européias em geral são mais atentas e curiosas em relação ao mundo do que as americanas. Cobrem, com mais freqüência, assuntos que as grandes redes americanas desprezam.

É notável a ausência de imagens da América Latina. Para o Brasil receber uma imagem da Venezuela, é preciso que uma emissora americana compre imagens de uma emissora venezuelana e as coloque no seu satélite, gerado para a América Latina. Emissoras de TV no Brasil, Chile, Argentina, México, Peru etc. não formam rede e não dispõem de satélite próprio. O aluguel de canais de satélite e as operações em

176

terra custam caro. Se a Manchete ou a Globo não mandarem equipes à Argentina, provavelmente só receberão imagens desse país via Nova York, às vezes com um ou dois dias de atraso.

Gostaria, agora, de abrir uma linha de raciocínio diferente dessa que o Argemiro Ferreira expôs com acuidade, a análise da concentração das empresas que controlam a mídia.

Nós vemos diariamente essas disputas de compra, venda e transferência de impérios, as aventuras de Rupert Murdoch, Berlusconi, dos japoneses comprando indústrias cinematográficas americanas etc. Mas tenho a impressão de que, simultaneamente, há uma outra tendência, inversa.

Discordo das profecias de um futuro com informações concentradas por algumas grandes corporações. Acho que há um forte movimento de desconcentração expansiva, de multiplicação de oferta, de segmentação do mercado, fragmentação e pulverização. O sentido, para mim, é de uma verdadeira indigestão de informação. Cada vez mais teremos acesso a mais informação. Basta querer e procurar.

Nos Estados Unidos, em menos de dez anos, a rede CNN, que está sempre no ar, exclusivamente com notícias, acabou com o telejornalismo das grandes redes, a ABC, a CBS e a NBC. Subverteu sistemas, fórmulas e hábitos.

Na Europa, TVs privadas e independentes produzem seu próprio material jornalístico, como o Canal Plus, na França, a SAT-1, na Alemanha, a Thames, a Granada e a Central Television (que produzem para o Canal 4, na Inglaterra, e já apresentaram excelentes documentários sobre a Amazônia e o Brasil).

Também na Inglaterra, a Sky Television, de Murdoch, tem feito boa cobertura dos eventos no golfo Pérsico. Em Nova York, a Fox Television já está começando a virar a quarta rede americana.

Todo mês as grandes redes americanas perdem audiência. Já estão programando shows de entretenimento antes do noticiário para ''segurar'' o público, como a Globo faz com o *Jornal nacional*, entre novelas. O crescimento das TVs independentes e a fragmentação do mercado aumenta com a expansão da TV a cabo e com o sistema DBS (Domestic Broadcasting System), que exige apenas pequenas antenas-pratos na janela. Há mais de seiscentas emissoras de TV nos Estados Unidos. O poder dos superdepartamentos de telejornalismo e dos anchor-men-superstars, como Dan Rather (CBS), Tom Brokaw (NBC) e Peter Jennings (ABC), está sendo corroído. O *Evening news* está deixando de ser um totem.

É evidente que as grandes redes continuam e continuarão influenciando o grande público, com suas boas ou más estratégias políticas. É evidente que as pequenas terão menos influência. Mas como poderia ser diferente? Às vezes, certos críticos da indústria cultural parecem esperar que todas as pessoas leiam Kant.

Devemos discutir a tendência para a concentração da propriedade das redes de comunicação à luz da multiplicação dos outros tipos de influências sobre o público, e de outras redes.

Não acredito que o futuro esteja sitiado por um punhado de gigantescas corporações transnacionais que vai controlar tudo aquilo que lemos, vemos e ouvimos.

O melhor antídoto para a teleinvasão é a variedade e a liberdade de escolha. Isso não é uma apologia do mercado. Penso que as forças do mercado estão menos interessadas na democratização da comunicação do que a sociedade. Por isso, precisamos de um empurrão do Estado.

Estamos longe, no Brasil, de uma situação em que várias emissoras cubram os fatos jornalísticos, oferecendo informação diferenciada a públicos específicos (se bem que já temos a Globo, a Manchete, o SBT e a Bandeirantes; houve um tempo em que o *Jornal nacional* mandava sozinho).

Em suma, não é verdade que não saibamos desconfiar dos comerciais que oferecem o sabão em pó que realmente lava mais branco. Ou que não percebamos que o Alexandre Garcia está sempre do lado do poder. Acho que a capacidade de discernimento, socialmente produzida, atua sobre a persuasão da mídia. A mídia dependente estruturalmente de vontades do público sobre as quais não tem controle.

Para mim, a teoria concentracionista de que as mídias colonizaram o sexo, o ócio e a angústia simplesmente não é verdadeira.

Obrigado.

NOTAS

(1) Beccaria, apud, Michel Foucault, *Vigiar e punir* (Petrópolis, Vozes, 1977), p. 87.

(2) Jesus Martin Barbero, *Comunicación massiva: Discurso y poder* (Quito, Ciespal, 1978).

(3) Mikhail Bakhtin, *Marxismo e filosofia da linguagem* (São Paulo, Hucitec, 1979), p. 33.

A TERCEIRA IDADE DA TV:
O LOCAL E O INTERNACIONAL

Regina Festa
Luiz Fernando Santoro

Este trabalho, preparado inicialmente para uma fala, pretende abordar os avanços da televisão nos anos 80, as perspectivas para a década de 90 e a convivência entre a TV local, *networks*, TVs regionais, TV segmentada e TV transfronteira.

Os temas serão tratados na seguinte ordem: Década de 80: anos perdidos para quem?; Televisão: a modernização sem pluralismo; Desafios para os anos 90; A segmentação veio para ficar; Os filhos pródigos do espaço audivisual; Algumas conclusões.

DÉCADA DE 80: ANOS PERDIDOS PARA QUEM?

Estudiosos de diversas áreas avaliam que a década de 80 foi perdida em relação ao desenvolvimento dos países latino-americanos e à sua inserção na nova ordem internacional. Os motivos foram amplamente discutidos: estagnação econômica, dívida externa exaurindo o crescimento interno, protecionismos, fisiologismos, concentração da renda, descaso com as culturas autóctones, com as minorias e com o meio ambiente. Soma-se a isso a crise social, dos partidos políticos, de governabilidade, e outras, afastando a América Latina da modernidade, das decisões internacionais e dos novos blocos econômicos mundiais.

Analisa-se, por exemplo, como na atual geopolítica latino-americana o México aproxima-se do bloco econômico norte-americano (México, Estados Unidos, Canadá), a América Central, mergulhada em profunda crise econômica e social, busca há décadas a formação do mercado centro-americano e a América do Sul continua dividida: de um lado o bloco dos países amazônicos (o coração das riquezas naturais, ambientais e do novo mercado), de outro o Pacto Andino, que se organiza, há anos, sem resultados visíveis. Na ponta do iceberg, o Cone Sul, que se estrutura com dificuldade para a formação do bloco entre Brasil, Argentina, Paraguai, Uruguai e Chile, países com democracias frágeis, economias desiguais, alguma estabilidade social e todos postulantes à economia de livre mercado.

Recentemente, discursando na abertura da Assembléia das Nações Unidas, o presidente Fernando Collor disse que "os países amazônicos, os andinos e do Cone Sul conferem, a cada dia, maior densidade a seu entendimento. Entre esses esforços, avulta a determinação do Brasil e da Argentina de criarem um mercado comum antes de dezembro de 1994". No mesmo discurso, o presidente reafirmou sua confiança na articulação do Grupo do Rio, uma coordenação diplomática incumbida de explorar novas oportunidades de cooperação com os Estados Unidos (com apoio do presidente Bush), Europa Ocidental e Japão.[1]

Com a mesma ênfase do presidente Collor, os governos da América Latina-90 são unânimes ao expressar que, agora, só a democracia, subentendida como estado de direito e modernização das forças produtivas, pode assegurar a paz, o equilíbrio social, a integração na interdependência, escamoteando nesse novo projeto a estratégia neoliberal.

A lógica desse pressuposto faz crer que do passado pouco se salva e que o futuro de plenitude está em nossas mãos. Trata-se de um ardil. No campo das comunicações, os anos 80 foram marcados pelo maior avanço da história latino-americana. Assistimos a um aumento singular do número de emissoras de televisão, o lançamento de satélites domésticos, o enlace mundial de satélite, a implantação e inserção na rede mundial de transmissão de dados, a introdução da TV a cabo, da TV por assinatura, a abertura de emissoras em UHF, a formação de redes regionais de televisão, a introdução de parabólicas em todos os países, e a entrada indiscriminada de equipamentos de telecomunicações e de radiodifusão por intermédio das corporações internacionais, com o beneplácito da maioria dos governos e apesar das leis e protecionismos.

Todo esse desenvolvimento, implantado de modo desigual pelo continente, contraria toda intervenção pública corretora do processo democrático e tende, se não houver reação efetiva, a consolidar as desigualdades internas, regionais, entre os países, entre o Norte e o Sul, fortalecendo o mercado e as velhas relações de privilégio. Por outro lado, o atual processo de diversificação da mídia, empreendido por grupos informativos, coincide com uma concentração maior dos monopólios que, atuando como autênticos poderes paralelos, dificultam o pluralismo entendido como igualdade de direitos.

Com efeito, no campo dos meios de comunicação, os anos 80 marcaram a construção de uma vasta rede de normatização social sem precedentes, por meio da qual foram passados massivamente informação, valores sociais, formas estéticas, orientação de consumo e a cons-

180

trução sistemática e cumulativa de modos simbólicos e de relações sociais.

Se do ponto de vista dos economistas, dos sociólogos e dos cientistas políticos, os anos 80 foram perdidos para nós, o mesmo não se pode dizer em relação aos avanços na área tecnológica e à internacionalização da América Latina. Assistimos nesse período a uma nova revolução no continente com alcances impensados e até há pouco tempo inimagináveis. Essa revolução, que não foi acompanhada de uma política industrial ou de comunicações, dispõe de três ferramentas interdependentes: a microcomputação, as telecomunicações e o espaço audivisual. Toda essa "revolução descontrolada" aumenta os desequilíbrios e coloca a América Latina frente ao mundo internacional com uma vulnerabilidade profunda. Mais do que nunca, dependemos dos países centrais e das corporações internacionais para enfrentarmos os grandes desafios do desenvolvimento, da democratização, da estabilidade social e econômica ante a nova ordem mundial.

Poucos de nós alcançam o significado de tantas mudanças, nesse quadro de parcas informações: quem controla o quê e em quais condições, como se dá a crescente perda de autonomia dos Estados nacionais e o que implicam, realmente, os planos de estabilização econômica para as sociedades latino-americanas.

Em vista desse quadro, é mister reconhecer que o vértice das mudanças nas comunicações e telecomunicações — e a audácia política neoliberal — surpreendeu mais uma vez os setores progressistas que, na maioria dos casos, se encontram tímidos ou reticentes diante dos novos desafios. Em alguns setores, as forças progressistas ainda transladam para a revolução tecnológica em curso as mesmas desconfianças com que já se opuseram ao advento do maquinismo no século XIX e aplicam categorias de análise próprias ao maniqueísmo e à ação valorativa.[2]

TELEVISÃO: A MODERNIZAÇÃO SEM PLURALISMO

Vejamos o caso da televisão, considerada o meio de comunicação de massa por excelência.

Em 1989 existiam na América Latina e Caribe 516 estações de TV (VHF e UHF), excluindo o serviço de televisão por cabo. Argentina, México, Brasil, Chile, Colômbia e Uruguai são os países que concentram o valor mais alto de potência irradiada. Por outro lado, México e Brasil, com 54% da população latino-americana e caribenha, possuem 54% das emissoras de TV[3]

e as duas redes mais potentes: Televisa e a Rede Globo.

Ao contrário da Europa, a TV na América Latina já nasceu em mãos da propriedade privada, com perfeita assimilação do modo de operar norte-americano quanto à programação, publicidade e gerenciamento. Apesar de a propriedade das ondas radiofônicas ser pública, as emissoras comerciais privadas do continente controlam 84,3% das estações registradas, segundo um levantamento realizado por Alejandro Alfonzo, pelo Ministério da Cultura da Venezuela, e concluído em julho de 1990.[4]

Desse total o Brasil possui mais de duzentas emissoras e o México cerca de duzentas. O número de receptores na América Latina era estimado, em 1988, em 71 milhões de unidades. Levando-se em conta que em cada lar cinco pessoas em média têm acesso ao aparelho de TV, calcula-se que 350 milhões de latino-americanos vêem televisão. Isto é, mais da metade da população, estimada em 1987 em 426 milhões de habitantes, tem acesso atualmente a esse meio, que consome mais horas de atenção que qualquer outro. Nas capitais e grandes cidades de vários países, como, por exemplo, Buenos Aires, Lima, Caracas, Cidade do México, Quito, Santiago, Bogotá, São Paulo, mais de 90% das casas têm pelo menos um aparelho de televisão. Estima-se que, nessas capitais, as pessoas assistam à televisão durante três a cinco horas, diariamente.[5]

Dentro desse contexto, levantamos dois aspectos fundamentais: a programação e a legislação.

1) Em nível mundial, a maioria dos programas são produzidos nos Estados Unidos, seguidos em menor grau pela Europa Ocidental e Japão.* O conteúdo desses programas está conformado basicamente por temas de natureza recreativa e entretenimento, como filmes, esportes, segundo um estudo de Tapio Varis para a UNESCO.[6]

Em 1986, os Estados Unidos exportavam para o Terceiro Mundo 150 mil horas de programas. Na América Latina, 77% da programação das televisões nacionais provém dos Estados Unidos, enquanto a presença da Europa é praticamente insignificante, com apenas 4%. Segundo a UNESCO, calcula-se que o conjunto das importações dos programas televisivos representavam em 1986 a cifra de 5110 horas anuais de programação.

O quadro a seguir mostra a porcentagem de programas importados pelos países latino-americanos:[7]

(*) A internacionalização da produção audiovisual na etapa atual cria novas relações de mercado. Embora os Estados Unidos sejam os maiores exportadores de programas, o Japão detém atualmente 25% da indústria do cinema norte-americano, após a compra da Columbia pela Sony e da MCA/Universal pela Matsushita, ambas em 1990.

182

Argentina	40%
Bolívia	80%
Brasil	39%
Chile	54%
Colômbia	45%
Equador	79%
Peru	70%
República Dominicana	40%
Uruguai	68%
Venezuela	57%

O custo de compra desses programas varia de país para país. O Chile, por exemplo, pagou em 1980 cerca de setecentos a oitocentos dólares por hora de programa, ao passo que o Equador, em 1989, pagou em média de quatrocentos a setecentos dólares por hora. Filmes como, por exemplo, *Guerra nas estrelas*, custaram à Televisa, do México, 200 mil dólares, enquanto pacotes de filmes mais baratos podem custar 4 mil dólares. Dependendo das negociações, o custo unitário de filmes pode chegar a até trezentos dólares.

Já o custo unitário da produção local é variado. Segundo estimativas, também da UNESCO, uma emissora de televisão, para transmitir cem horas semanais, necessitaria de um orçamento variável de 16 a 52 milhões de dólares anuais para produção. Portanto, seguindo essa linha de raciocínio, se a maioria das televisões da América Latina não importassem programas de baixo custo, elas seriam inviáveis economicamente.

2) Em nenhum país da América Latina foi elaborada uma política e uma legislação democrática sobre a gestão dos meios de comunicação. Várias tentativas foram realizadas no Brasil, México, Venezuela, Chile, Peru, Colômbia, para citar alguns, onde setores da sociedade civil e governamentais tentaram alterar a prática, o controle e a gestão da propriedade dos meios massivos, sem, entretanto, lograr mudanças efetivas e por longo tempo no processo hegemônico de comunicação. Assim, a década de 80 foi marcada pela presença autoritária da televisão na vida pública e privada dos latino-americanos, que assistiram, à margem, ao crescimento vertiginoso das *networks*, das emissoras locais e regionais em VHF, UHF, SHF, por cabo e das emissões transfronteiras por satélite. No Brasil, o Plano de Distribuição de Canais e Freqüências previa para televisão, em 1988, um total de 319 espaços, dos quais 258 preenchidos até o final do mandato do presidente Sarney, restando disponíveis apenas 19,1% das freqüências.[8]

DESAFIOS PARA OS ANOS 90

Os anos 90 chegam trazendo grandes desafios no campo da comunicação para a democratização das sociedades latino-americanas. Vários projetos sociais e planos governamentais estão sobre a mesa.

No Brasil, a Constituição obriga a regulamentação de vários artigos, que podem levar a novas formas de organização do poder das emissoras na sociedade e nas regiões; ao pluralismo nas concessões; ao direito de resposta; à defesa da privacidade; à participação da sociedade no controle da informação e das mensagens; à produção regionalizada da cultura e da informação.[9] Tudo vai depender da capacidade de articulação da sociedade civil e da atuação dos partidos e dos novos parlamentares no Congresso Nacional. Um exemplo é o trabalho empreendido pelo Fórum Permanente dos Artistas e Intelectuais e a crescente participação das organizações sociais, sindicatos, universidades, artistas, políticos e até empresários nesse debate.

Na Venezuela, o governo desenvolve um plano diretor destinado a reforçar a capacidade de cobertura, difusão, transmissão, produção, programação e operação dos canais culturais 5 e 8, pertencentes ao Estado. Este projeto está respaldado pelo programa das Nações Unidas e pela União Internacional de Telecomunicações.[10]

Na Colômbia, iniciou-se em 1989 um processo para a definição e execução de políticas de comunicação com participação da sociedade civil, aprovado pelo Congresso Nacional. Nesse país talvez estejam ocorrendo as experiências mais elucidativas do continente quanto à regionalização, pois ali a produção local e a existência de TVs regionais são exigências legais. As emissoras gozam de total independência em nível de produção e elaboração da programação, podendo inclusive importar programas para transmissão local.

No Equador, o Plano Nacional de Desenvolvimento Econômico e Social, de 1989 a 1992, propõe a formulação e execução de uma política de comunicação e reivindica o papel do Estado democrático na elaboração de uma política setorial.

No México, acaba de ser criado o Conselho Consultivo de Televisão e o Comitê do Conselho Nacional de Meios Audiovisuais, com participação da sociedade civil. O Fórum Popular sobre Comunicação, que existe desde meados dos anos 80, acaba de realizar o primeiro concurso de roteiros para as televisões do México, intervindo a partir do social no massivo.

A Bolívia, no começo dos anos 90, solicitou uma missão da UNESCO para examinar e sugerir fórmulas para a modernização e democratização de todo o seu sistema de radiodifusão, que deverá operar a partir de 1991, com participação da sociedade civil.

No Peru, as organizações sociais, após a vitória do presidente Fujimori, solicitaram o direito constitucional de transmitir uma programação semanal da sociedade civil. Começa a se estudar mudanças nas leis de comunicação no país.

No Chile, após a posse de Patricio Aylwin, o Canal 7, TV nacional, propriedade do Estado, abriu a programação para programas autóctones e produção independente, conseguindo subir para o primeiro e segundo lugar de audiência no horário nobre.

Prefeituras locais de vários países estão estudando a possibilidade de instalação de TVs públicas com participação da sociedade. Na Argentina, desde 1988, vive-se a explosão de emissoras comunitárias de baixa potência para rádio e televisão.

Os anos 90 anunciam grandes mudanças na TV brasileira. Temos atualmente cerca de duzentas emissoras, quatro grandes redes e uma quinta, a TV Record, organizando sua *network*. Mas vejamos o que está acontecendo na Grande São Paulo. Nessa região, segundo o *Jornal de Telecomunicações*,[11] já existem 25 emissoras de televisão. Sete são em VHF, nove em UHF e nove em SHF. São elas:

Em VHF: Globo, Manchete, Bandeirantes, SBT, Cultura, Gazeta, Record.

Em UHF e SHF (de domínio público):

Emissora	Canal	Proprietário
TV Jovem Pan	canal 16	Rádio Jovem Pan
TV Paulista Metro	canal 19s	Globo
TV Luqui	canal 21	Luciano do Vale
TV Abril	canal 24s	Editora Abril
TV Abril	canal 32	Editora Abril
Canal + UHF 29	canal 29	Sharp*
TV Trindade	canal 53e	Fundação Evangélica Trindade
TV Alpha	canal 50s	Lauro Fontoura**
TV ABC	canal 40	Rádio Diário do Grande ABC
TV Metropolitana	canal 49e	Jair Sanzoni, Mogi das Cruzes
TV Metropolitana	canal 58e	Jair Sanzoni, Guarulhos
TV Diadema	canal 26e	

(*) Transmite a TVM, a CNN, a RAI e a SPN.
(**) Começará a transmitir, em maio de 1991, a BBC, de Londres.

A revista *Imprensa* de outubro de 1990 publicou uma reportagem sobre a TV Abril na qual a repórter, Renata Soares Neto, entrevistou a equipe de produção da emissora que afirmou: o investimento foi da

185

ordem de 20 milhões de dólares para que a árvore da Abril esteja nas telinhas do Rio, Londrina, Maringá, Cascavel e Sorocaba, todas emitindo em UHF. Em São Paulo, onde está a sede da emissora, a TV Abril canal 32 (MTV) foi a primeira emissora a transmitir em UHF. E concluiu: "Queremos ter afiliadas produzindo jornalismo e clipe em todo o Brasil".[12]

Quanto à Jovem Pan, canal 16, cuja sede em São Paulo está quase pronta, sabe-se apenas que ela está se organizando em termos de rede para todo o estado.

A mesma edição da revista *Imprensa* publicou um encarte sobre o aniversário do SBT onde se lê que o SBT, hoje, é uma coligação de 51 emissoras em todo o país que corresponde à cobertura de oito Holandas, seis Dinamarcas, seis Suíças, três Franças, duas Inglaterras, duas Suécias, dois Portugais, duas Espanhas e duas Itálias, ou seja, cobertura suficiente para um Brasil.[13]

Há uma tendência também à criação de redes regionais, vinculadas a poderes políticos locais, que retransmitem as grandes redes nacionais e valorizam o jornalismo local como uma forma de fortalecimento dos pólos de poder. Vejamos alguns exemplos do SBT. Na região Norte ele está coligado com a TV A Crítica, que pertence à Rede Calderaro de Comunicações, composta de mais de dez emissoras locais; a TV Belém, canal 5, que cobre 70% dos domicílios do estado do Pará; a TV Rio Branco, canal 8, do Grupo Mendes Carlos, que iniciou suas operações em 1989 e mantém o *TJ Acre*, o *RB notícias* e outros programas regionais; a TV Floresta, canal 12, de Tucuruí, que entrou em operação em março de 1990 e atinge toda a população da barragem; a TV Marabá, canal 13, instalada no quilômetro 4 da rodovia Transamazônica; e, em implantação, estão a TV Tropical, de Boa Vista, em Roraima, e a TV Sentinela, em Óbidos (PA).

Na região Nordeste, o SBT está coligado, por exemplo, com a TV Alvorada, canal 7, que cobre todo o estado do Maranhão e uma parte do Tocantins; a TV Jornal, canal 2, do Grupo Bom Preço, que, por sua vez, está ligada à TV Jornal, de Caruaru; e a TV O Norte, canal 10, que atinge 90% da população economicamente ativa do estado da Paraíba.

Na região Sudeste, o SBT é proprietário da TVS, canal 4, de São Paulo, da TVS Ribeirão Preto (SP), canal 5, da TVS Jaú (SP), canal 12, da TVS Rio de Janeiro, canal 11, e da TVS Nova Friburgo (RJ), canal 3. São afiliadas: a TV Diário do Povo, de Campinas (SP), do complexo Diário do Povo, que, desde abril de 1990, cobre 45 municípios da região; a TV Alterosa (MG), canal 5, uma empresa do grupo dos Diários e Emissoras Associados, cujo sinal chega a 250 municípios mineiros; a TV Tribuna (ES), canal 7, do Grupo João Santos, que tem uma outra emissora em Cachoeiro de Itapemirim; a TV Tiradentes, de Juiz de Fora (MG), que está no ar desde fevereiro de 1990 e atinge outros 56 municípios da região; a TV Cancella de Ituiutaba (MG), canal 3, do Sistema Cancella de Comunicações, que iniciou suas operações para o Triângulo Mineiro em 30 de julho de 1989. Emissoras em implantação: TV Araçá, de Araçatuba (SP), e TV Vanguarda Sorocaba, no interior de São Paulo.

Na região Sul, o SBT cobre 90% dos municípios ou mais de 19 milhões de habitantes por meio da TVS Porto Alegre, canal 5, e das afiliadas: TV Iguaçu, TV Tibaji de Apucarana e TV Tibaji de Maringá, TV Naipi, TV Cidade de Londrina, do Grupo Paulo Pimentel, que, sozinha, atinge 271 municípios, onde vivem mais de 8 milhões e meio de pessoas; e das TVS Planalto (Florianópolis) e O Estado, canal 4 e 10, de Florianópolis e Chapecó respectivamente, do Grupo Sistema Catarinense de Comunicações, que cobre todo o estado de Santa Catarina.

Na região Centro-Oeste está a TVS Brasília, canal 12, que cobre todo o Distrito Federal, e as afiliadas: TV Serra Dourada, canal 9, de Goiânia, captada por mais de 400 mil domicílios e pertencente ao Grupo Empresarial Arisco, que integra o SBT desde maio de 1989; TV Campo Grande, canal 8, TV Dourados, canal 9, e TV Rio Brilhante, canal 10, que retransmitem o sinal para o interior de Mato Grosso do Sul; e a TV Nortão, canal 5, de Alta Floresta (MT). Está em implantação a TV Cidade Verde, em Cuiabá (MT).

Como um agregado informativo nessa rápida entrada na questão da TV no Brasil, faremos algumas referências ao setor de telecomunicações. Recentemente, o sr. Joel Marciano Rauber, secretário nacional de Comunicações, anunciou no I Encontro Nacional das Comunicações, realizado em junho de 1990, em São Paulo, o fim das reservas de mercado, a abertura à entrada de novos fornecedores estrangeiros, o abrandamento da proteção ao produto nacional e a privatização de alguns serviços de telecomunicações. Disse ainda: "estamos estudando a legislação para ver os serviços onde a privatização é possível. Na comunicação de dados via satélite, por exemplo, nada impede que alguns usuários formem grupos e explorem diretamente o serviço".[14] Na parte de radiodifusão, "as concessões de canais de rádio e TV serão norteadas por critérios estritamente técnicos. As propostas serão minuciosamente estudadas e, se houver necessidade de desempate, a escolha poderá ser decidida por sorteio ou plebiscito. Estamos abertos a sugestões sobre a melhor forma de decisão", concluiu o sr. Rauber.[15]

No mesmo encontro, o sr. Joost van Damme, presidente da Telebrás, contou que "há um ditado popular que diz: o melhor negócio do mundo, depois do petróleo, é a exploração dos serviços de telecomunicações".[16] Com efeito, são freqüentes notícias como a entrada no Brasil do grupo Hachette, francês; a Villares diversificando para a área de telecomunicações; a NEC ampliando suas atividades; a Philips e a própria Victory (do sr. Roberto Marinho) realizando lobbies pela privatização de serviços de telefonia; a Fiat instalando o seu próprio sistema de transmissão de dados; e o sistema financeiro organizando-se autonomamente na área de telecomunicações.*

Só por esses exemplos podem-se inferir os desafios para a sociedade no campo da televisão e das telecomunicações para os anos 90. Os novos governos latino-americanos também enfrentam, com a estratégia da modernização, os desafios da dependência ao ampliarem o aparato tecnológico e o de telecomunicações, à venda pelas corporações internacionais. No caso específico do Brasil e México, o Estado se vê compelido a reduzir a força da Globo e da Televisa, que competem em poder político com a atual etapa de construção social. A regionalização e a segmentação, inevitáveis com a entrada no mercado de novas emissoras, tendem a mudar substantivamente o caráter da televisão e da comunicação nos próximos anos. O que resta colocar sobre a mesa é o quanto estamos preparados (se é que nos preparamos) para enfrentar as mudanças em curso.

Nesse momento, a crise econômica que afeta o continente já carrega elementos de mudança: várias emissoras tentam uma outra inserção no mercado, vendendo seu espaço publicitário a preços muito baixos; outras estão substituindo o patrocinador de programas da emissora pela venda inteira do horário. Por outro lado, com o barateamento do uso dos satélites, a impossibilidade de controle das transmissões transfronteiriças, tornou-se inevitável a entrada em toda a América Latina de emissoras internacionais como CNN (EUA), RAI (Itália), TVE (Espanha), BBC (Inglaterra), Globo (Brasil) nos países vizinhos, para citar algumas.

A reorganização do mercado de compra e venda de imagens também deve sofrer mudanças, sobretudo com a entrada das novas emissoras em UHF, atingindo as áreas de cinema, produção seriada de televisão e vídeo. De acordo com estimativas de profissionais do setor, o novo mercado até o final da década vai exigir oito vezes mais horas de programação que o atual. E a grande pergunta é: quem vai preencher os novos espaços?

Certamente a tendência mais simples será a importação de progra-

(*) O Ministério da Infra-Estrutura anunciou, no dia 8 de novembro de 1990, seis medidas para desregulamentar o setor de telecomunicações e abrir espaço à iniciativa privada, por meio de decretos e portarias. Pretende-se que 50% da telefonia móvel seja passada à iniciativa privada; acaba-se com o monopólio da Embratel tanto para a exploração de sistemas de satélite quanto para transmissão de dados; abre-se à iniciativa privada a instalação de redes de telefonia etc. Com exceção da Victory, do sr. Roberto Marinho, todas as empresas que já se candidataram à prestação de serviços são corporações internacionais. Mas a própria Victory está ligada à NEC, do Japão.

mas e a compra de reprises. O grande desafio, portanto, é fazer da presente multiplicidade de canais um elemento que favoreça a democratização dos meios. Claro que mais canais de transmissão não garantem a pluralidade, mas são condição primordial para isso, já que a intervenção nas redes existentes é difícil, tanto por seu tamanho, peso político e econômico quanto por sua capacidade de lobby.

Quanto aos satélites domésticos — Brasilsat (Brasil) e Morelos (México) —, eles permanecem na América Latina sob controle do Estado. Aqui no Brasil, ainda não iniciamos as discussões sobre o direito de uso para transmissão de imagens e som, nem mesmo do tempo ocioso. Em outros países de legislação democrática, têm sido realizadas experiências interessantes por meio de aluguel do tempo ocioso do satélite. Um exemplo é a Deep Dish TV, nos Estados Unidos, que aluga o horário do satélite e transmite para todo o país pacotes de programas sobre temas de interesse social, feitos por produtoras independentes e grupos sociais organizados. Outro exemplo, também nos Estados Unidos, é o programa *South Africa*, feito por um grupo de intelectuais progressistas que juntos produzem uma hora semanal de informação sobre a África do Sul, e distribuído por satélite para os Estados Unidos e para os países da África austral. No Brasil, a única experiência bem-sucedida por parte da sociedade civil é a da transmissão de dados, a partir do *nodo* montado pelo Ibase, no Rio de Janeiro, que possibilita o acesso das instituições sociais à rede de bancos de dados, ao correio eletrônico e à organização de um sistema informativo para as organizações não governamentais de toda a América Latina. O projeto foi apoiado pelas Nações Unidas.

A SEGMENTAÇÃO VEIO PARA FICAR

A segmentação, ou a delimitação do campo de mensagem (só música jovem, esporte, jornalismo, filme, desenho animado etc.), é o novo mercado que se abre na área de televisão, assim como o que já existe nas rádios FM. Decorre da expansão do mercado, da entrada de outros grupos empresariais de informação e de tecnologias que facilitam novas possibilidades de produção e distribuição.

Os novos canais de televisão, de alcance limitado, não poderão introduzir regras e processos de produção com equipamentos e custos iguais aos das grandes redes. A segmentação, portanto, é uma alternativa para a televisão, uma busca de novos públicos, com custos reduzidos e com a mesma lógica das *networks*. Elas avançam no sentido da internacionalização acelerada do conteúdo. Os chamados critérios de qualidade são transferidos para outros níveis de sofisticação técnica, rapidez informativa, transmissões ao vivo e outros processos criativos, principalmente através do envolvimento direto do público cativo.

A nova realidade, com a aprovação dos canais em UHF e SHF, passa pela multiplicidade dos canais, atomização das mensagens e disputa acirrada da audiência. Do ponto de vista da democratização da sociedade, de nada adianta termos dezenas de emissoras, nas quais o lucro seja o único parâmetro de funcionamento e a segmentação da programação não tenha limites.

Para que a sociedade como um todo possa estar presente nesse novo espaço audiovisual, ela deve ter o direito de controlar parte desse espaço, estabelecendo prioridades que atendam a suas necessidades informativas, escolhendo o que vê e produzindo o que não está disponível.

A segmentação, que veio para ficar, traz consigo a terceira idade da televisão e requer ampla discussão por parte da sociedade civil.

OS FILHOS PRÓDIGOS DO ESPAÇO AUDIOVISUAL

A produção independente de vídeo é o filho pródigo de tudo o que acontece de mais significativo dentro da revolução do espaço audiovisual. Na década de 80, o vídeo começou a ocupar um lugar público e de destaque no espaço audiovisual latino-americano. A introdução e o acesso fácil à tecnologia do vídeo doméstico: videocassete, câmeras, acessórios, fitas, permitiram um crescimento indiscriminado do uso desse recurso em toda a América Latina. A maioria dos equipamentos entrou por contrabando, facilitado nas zonas livres, e como parte da estratégia de mercado das multinacionais da área.

Em meados dos anos 80, dizia-se que dessa cruzada havia surgido um videoclube em cada esquina. A verdade é que o filho pródigo converteu-se em um insuperável bem para distintos usuários. As organizações sociais e muitos comunicadores viam um novo tempo para a comunicação audiovisual, principalmente a partir do acesso ao vídeo por parte dos setores populares, ex-cineastas, jovens de diversos estamentos. Chile, Peru e Brasil apresentaram as melhores realizações com programas que desvendavam um novo mundo de informações. Foram criadas nesse período associações de videastas populares, alternativos, independentes, com apoio em alguns países de cineastas eminentes do Cinema Novo.

Os usos foram múltiplos: doméstico, social, educativo, empresarial, científico, turístico, sindical, e outros, com interesses completamente diferenciados. Por exemplo, no setor empresarial, o vídeo foi introduzido para treinamento dos trabalhadores, de profissionais especializados, nas escolas e fundações mantidas pela indústria. Isso aconteceu principalmente no Brasil, Argentina, México e Venezuela. De seu lado, os trabalhadores também organizaram seus esquemas de produção para documentação e para a formação em sindicatos, nas escolas sindicais, na cidade e no campo. Com tudo isso, apropriaram-se do vídeo (doméstico e até o broadcasting, em alguns casos) os mais diferentes setores da sociedade: trabalhadores, sindicatos, comunidades de base, mulheres, ecologistas, negros, indígenas, associações de bairro, empresários, microempresários, estudantes, indústrias, escolas, universidades, centros de pesquisa e outros.

Algumas experiências marcaram de forma irreversível o uso do vídeo na América Latina, nos anos 80: o Grupo Teleanálisis (atual Nueva Imagen), do Chile, produziu e distribuiu uma vídeo-revista para as organizações sociais, durante o período de Pinochet, transformando-se em modelo de uso alternativo do vídeo; na Bolívia, foi implantado o primeiro programa semanal de televisão em língua quíchua para as comunidades indígenas; no México, surgiu a TV Oaxaca das comunidades indígenas do Sul, gerida pela comunidade; no Peru, com apoio da FAO, foram produzidos 85 pacotes de oito teleclasses cada um, que foram exibidos como vídeo de formação para mais de 200 mil camponeses da região andina. Na Argentina, pipocaram as chamadas TVs Truchas, ou TVs a cabo comunitárias, com captação dos satélites e distribuição para bairros ou comunidades, acopladas à produção local. No Brasil, surgiram as TVs de rua, com exibição através de telões, caminhões, ônibus, ou simples kits de exibição; as produções independentes com alto nível de qualidade; e a apropriação da televisão, com recursos broadcasting, por parte dos trabalhadores organizados, para citar alguns exemplos, porque em todos os países ocorreram experiências próprias e significativas.

Todo esse desenvolvimento do uso do vídeo por diferentes setores da sociedade provocou o surgimento de grupos de estudo, pesquisa, na área popular, empresarial etc. A maioria das faculdades de comunicação da América Latina se viu obrigada a introduzir o vídeo ao lado da televisão e do cinema, como matéria curricular. Nesse momento, é incalculável o número de teses sobre vídeo em preparação por jovens estudantes nas universidades do Brasil, Peru, Colômbia, México, Argentina, Equador, Venezuela e outros. Com todo esse crescimento, a profissionalização foi um imperativo. Começaram a surgir cursos de vídeo, seminários, encontros e festivais por todo lado. Em 1988, no Festival de Cinema de Havana, que comemorava vinte anos do Cinema Novo, cineastas e jovens videastas assinaram em conjunto um documento assinalando a integração do vídeo com o cinema e a televisão. A partir daí, realizaram-se vários encontros latino-americanos de vídeo: no Chile, Costa Rica, Bolívia e Uruguai, com um aumento crescente de videastas de todo o continente. Da mesma forma, no setor empresarial, universitário, na área indígena, nas organizações de mulheres, na realização profissional independente, os encontros sobre produção, exibição e uso transcendem as fronteiras.

De todo esse movimento, que é latente nos países, surgiram as mostras. No Brasil, México, Argentina, Equador, Peru e Chile foram criadas salas especiais para exibição de vídeos, além dos videoclubes de arte, dos bares e livrarias.

Segundo dados do "Directory of film and video production resources in Latin America and the Caribbean",[17] existiam em 1988 mais de quatrocentos grupos populares e alternativos de produção de vídeo. A estimativa é de que esse número é bem maior, na medida em que é inestimável o número de realizadores não vinculados ainda a qualquer tipo de associação de interesse. A pesquisa, evidentemente, não contemplou a produção independente, universitária e de outras áreas, que aumentariam significativamente o quadro acima.

Fruto desse auge do vídeo, surgiram nos anos 80 algumas redes que procuram coordenar o intercâmbio entre produtores e produtoras, grupos e instituições nos diversos países do continente. São elas: a Videored IPAL, com sede em Lima, Peru; a Videoteca del Sur, com sede em Nova York; e a Red de Video Pastoral, com sede em Quito, Equador.

Nos últimos anos, o vídeo latino-americano é parte integrante dos festivais da Europa Ocidental, Estados Unidos e Canadá. Surgiram também distribuidoras e redes de difusão cultural orientadas para a produção de vídeo e cinema independentes. Por exemplo, a Crocevia e CIES, na Itália, a Médiathèque des Trois Mondes, na França, a River Side TV-Film, na Dinamarca, a Zebra, na Bélgica, a Asociación de Tres Mondes, na Espanha, a International Broadcasting Trust, na Inglaterra, a Video Tiers Monde e a Carrefour International, no Canadá, e, atualmente, está sendo implantada a Screening Days, na Suécia, e o Instituto de Cooperación Iberoamericano, na Espanha, motivado pelo quinto centenário da América.

O espaço do vídeo é amplo e com tendências de crescimento acelerado. Na mesma proporção, caminham os problemas: por exemplo, a área de vídeo carece de leis que regulamentem e apóiem a produção cultural, educativa, e a entrada dessa produção nos meios massivos, regionais e locais; de processos organizativos mais eficazes e pluralistas; de parâmetros entre produção, recursos tecnológicos e distribuição — local, massiva e internacional — que sinalizem o risco da dependência e da massificação; da criação de um mercado latino-americano eficiente e profissional; da criação de pólos de co-produção, centros de pesquisas e de escolas que promovam a formação de alto nível técnico e humanístico, ou seja, uma verdadeira cultura da imagem e do som, que atenda aos novos tempos.

ALGUMAS CONCLUSÕES

1) A década de 80 foi um paraíso para corporações internacionais, *joint ventures*, e para a expansão das telecomunicações e da televisão na América Latina e no Brasil. Se considerarmos que não dispomos de uma indústria avançada no setor — com raras exceções —, comprovamos o novo celeiro telemático instalado em nosso continente, que dará seus frutos na década de 90.

2) Os atuais projetos de expansão e aparente democratização dos meios de comunicação — é preciso ter claro — interessam principalmente ao livre mercado e ao frenesi neoliberal. O Brasil acaba de derrubar, lenta e gradualmente, a reserva de mercado. A compra dos dois novos satélites evidenciou a força dos Estados Unidos junto ao governo brasileiro com relação à concorrência franco-canadense. Por outro lado, a Espanha promete um verdadeiro Plano Marshall para as telecomunicações na Argentina, já em andamento,[18] e a Itália acaba de assinar um amplo contrato para a expansão dos serviços de telefonia no Brasil,[19] enquanto o Pacto Andino prepara o lançamento do satélite Simón Bolívar, como parte do Projeto Condor etc.

3) Enquanto tudo isso aconteceu, não se pode afirmar que a decisão sobre esses projetos foi democrática, com a participação da sociedade civil. O mais correto seria afirmar que a maioria dos latino-americanos não tem idéia do que está acontecendo e do que tudo isso representa para cada cidadão e para o futuro do continente.

4) Urge pensar em alternativas concretas para a formação de uma frente democrática que busque: *a*) fortalecer e organizar movimentos sociais em defesa da democracia, da democratização dos meios de comunicação, para garantir os direitos civis e o direito de defesa e de acesso à informação e aos meios de comunicação; *b*) formar urgentemente um bloco parlamentar progressista para mudar as leis de comunicação e de telecomunicações e regulamentar a nova Constituição; *c*) preparar profissionais conscientes da vulnerabilidade do atual processo de comunicação para a verdadeira democracia social; *d*) pesquisar e formar um mercado de produção audiovisual endógena, que possa reduzir a importação dos enlatados, a exemplo da Comunidade Econômica Européia; *e*) debater amplamente com a sociedade civil sobre os seus direitos individuais, sobre TV pública e de acesso público, TV segmentada, regionalização, e TV transfronteira, sobre a formação de conselhos de comunicação, de associações de telespectadores etc., como já fazem outros países preocupados com seu futuro.

O tempo está contra: mais do que nunca os setores progressistas têm diante de si a grande responsabilidade de ajudar a sociedade civil a criar instrumentos de defesa contra a massificação total e a internacionalização cultural e definitiva de nossos países.

NOTAS

(1) *Folha de S. Paulo*, 25/9/1990, p. A-8.

(2) Para maior análise e aprofundamento ver artigo de Antonio Kindelán J., "La izquierda y la comunicación social", in *El País*. Madrid, 3/11/1988, p. 34.

(3) Alejandro Alfonzo L., *Televisión de servicio público, televisión lucrativa en America Latina (documento de trabajo, Ministerio de la Cultura de Venezuela)*, Caracas, jul. 1990, p. 4.

(4) Idem, ibidem, p. ii.

(5) Idem, ibidem, p. 7.

(6) Tapio Varis, "International flow of television programmes", in *Estudios y documentos de comunicación social*, UNESCO, n? 100.

(7) Fonte: *World Radio/TV Handbook*, edição de 1988, elaboração de A. Alfonzo. No caso brasileiro, há emissoras como a TV Globo e a TV Cultura, para citar dois exemplos, cuja produção atinge cerca de 80% da programação da emissora, transmitida em rede.

(8) Daniel Herz, "Quadro-síntese das concessões e permissões outorgadas durante o governo Sarney", mimeo, 1989.

(9) Vale a pena recordar algumas leis da Constituição brasileira: art. 5?, inc. v: "é assegurado o direito de resposta, proporcional ao agravo, além da indenização por dano material, moral ou à imagem"; art. 5?, inc. ix: "é livre a expressão da atividade intelectual, artística, científica, e de comunicação, independentemente de censura ou licença"; art. 5?, inc. xxvii: "aos autores pertence o direito exclusivo de utilização, publicação ou reprodução de suas obras, transmissível aos herdeiros pelo tempo que a lei fixar"; art. 5?, inc. lxxi: "conceder-se-á mandado de injunção sempre que a falta de norma regulamentadora torne inviável o exercício dos direitos e liberdades constitucionais e das prerrogativas inerentes à nacionalidade, à soberania e à cidadania"; art. 21, inc. xi: "compete à União explorar, diretamente ou mediante concessão a empresas sob controle acionário estatal, os serviços telefônicos, telegráficos, de transmissão de dados e demais serviços públicos de telecomunicações, assegurada a prestação de serviços de informações por entidades de direito privado através da rede pública de telecomunicações explorada pela União"; art. 220, § 5?: "os meios de comunicação social não podem, direta ou indiretamente, ser objeto de monopólio ou oligopólio"; art. 221, inc. iii (sobre a regionalização da televisão): "regionalização da produção cultural, artística e jornalística, conforme percentuais estabelecidos em lei"; art. 223 (sobre as concessões e outorgas de rádio e TV), § 3?: "o ato de outorga ou renovação somente produzirá efeitos legais após deliberação do Congresso Nacional [...]"; art. 224: "O Congresso Nacional instituirá, como seu órgão auxiliar, o Conselho de Comunicação Social, na forma da lei (a ser regulamentado)".

(10) Alejandro Alfonzo L., op. cit., p. i.

(11) *Jornal de Telecomunicações*, São Paulo, mar. 1990, p. 8.

(12) Revista *Imprensa*, São Paulo, Ano iii, n? 36, ago. 1990, pp. 36-7.

(13) Ibidem, p. 19.

(14) *Revista Nacional de Telemática*, São Paulo, jun. 1990, p. 8.

(15) Ibidem, p. 9.

(16) Ibidem, p. 9.

(17) Karen Ranucci (org.), "Directory of film and video production resources in Latin America and the Caribbean", Foundation for Independent Video and Film, Nova York, 1989.

(18) A privatização da ENTEL, da Argentina, é a de maior envergadura realizada até agora na América Latina. Foi comprada pelo capital espanhol, assim formado: 10% pela Telefónica de España; 8,4% pelo Banco Central de España; 5% pelo Banco Hispano; 0,9% pelo Banco Atlântico; todos se somaram a um pacote de 26,3% da COINTEL, sociedade proprietária da TASA, Telefónica Argentina, segundo informações de *El País*, Madrid, edição internacional, 26/11/1990, p. 25.

(19) O Ministério da Infra-Estrutura assinou contrato no dia 4 de dezembro de 1990 com a Telespazio, da Itália, que vai investir 60 milhões de dólares na rede telefônica brasileira, priorizando a região amazônica, segundo notícia do *Jornal da Bandeirantes*, 19h30, 4/12/1990. A título de informação: a Telespazio, da Itália, faz parte do projeto espacial Columbus, que é a estação orbital da Europa, e do Centro de Controle de Órbita da Olympus, também da Europa.

O DIA SEGUINTE

Sérgio Miceli

Pretendo expor aqui o primeiro resultado de uma pesquisa comparativa, sobre a recepção dos meios de comunicação de massa, feita em cinco capitais latino-americanas: Santiago, Buenos Aires, Cidade do México, São Paulo e Lima. Esta pesquisa não traz nenhuma novidade do ponto de vista de informação sobre a exposição dos diversos segmentos do público à mídia. Isso tudo já se sabe no Brasil, a pesquisa de mercado faz esse acompanhamento semanal. Mas a pesquisa é interessante num outro sentido. No questionário, há uma bateria de perguntas sobre a imagem institucional que a televisão possui na cabeça, no imaginário, na representação dos diversos segmentos do público telespectador: se a pessoa entrevistada acha que a televisão tem publicidade demais ou se tem uma quantidade suficiente de publicidade; se a televisão é um meio de comunicação mais fiel à verdade; em qualquer dos casos, qual é a sua posição nessa hierarquia de credibilidade em termos de meio de comunicação mais fiel à verdade; se a pessoa entrevistada gostaria de modificar alguma coisa na programação ou se acha que a programação deveria ser mantida.

O que eu queria suscitar na discussão é o que dá título a minha participação no seminário, "O dia seguinte", que pretende ser uma reflexão sobre o que significa a edição dos debates políticos na televisão e com que tipo de visualidade lida esse gênero de programas na mídia eletrônica brasileira. A televisão tem um notável cacife político e uma incrível capacidade de influir politicamente. Exatamente por isso é importante discutir essa força política da televisão no Brasil.

Desejo basicamente levantar algumas questões relativas às razões pelas quais a televisão desfruta, no entender do público espectador, de uma situação de virtual hegemonia no interior da indústria cultural brasileira. Ou seja, não vou me referir, por exemplo, à ancoragem da televisão numa rede complexa de interesses econômicos. Como se sabe, a televisão brasileira faz parte hoje de um esquema de exploração econômica onde se integram as grandes empresas da mídia cultural, os grandes conglomerados financeiros e os grandes anunciantes (um dos maiores é o próprio governo federal e os governos estaduais). Ou seja, esse conglomerado de interesses que está por trás da televisão é um dado absolutamente indispensável para qualificar o cacife político que a televisão possui. Mas hoje não é esse o foco da atenção.

Vamos às perguntas do questionário. Farei agora uma análise sucinta das respostas às questões que buscavam uma caracterização das opiniões dos entrevistados sobre televisão, independentemente do fato de serem ou não espectadores habituais do veículo. Indagados, por exemplo, se a televisão tem publicidade demais, ou, ao contrário, se tem uma quantidade normal de publicidade, cerca de 70% parecem se situar na faixa de concordância com a primeira alternativa. Outros 25% se pronunciam aceitando a situação atual, e, portanto, se orientando nos marcos da segunda alternativa. Talvez se devesse esperar uma distribuição de respostas exatamente nessa direção, mas não exatamente obedecendo à mesma distribuição. O grau de receptividade explícita às mensagens publicitárias é um tanto surpreendente. Podemos ora interpretá-lo como indício de uma identificação acentuada com o veículo em questão, ora tomá-lo como sinal de incorporação da publicidade à definição mesma do veículo.

Estou chamando a atenção para um fato que todos já sabemos pela experiência prática de telespectador nativo. O que essa resposta e sobretudo esta agregação de respostas demonstram é o fato de que as pessoas não conseguem discernir o bloco do programa do bloco publicitário. Os espectadores costumam migrar visualmente de um para o outro porque consideram haver um encaixe quase perfeito entre ambos. E alguns telespectadores, se fossem incitados a se pronunciar em determinados momentos da programação, nao hesitariam em admitir que preferem a publicidade ao bloco de programas. Então, isso vai dar um pouco a idéia de que a publicidade não é algo sem tessitura, destituída de realidade própria, alguma coisa da qual um telespectador possa se livrar a seu bel-prazer. É parte integrante da mensagem televisiva e prestar atenção na publicidade é o mesmo que se ligar no bloco do programa, pois ambos fazem menção o tempo todo um ao outro. Grande parte da publicidade é um manejo da visualidade e da cultura do próprio espectador: os atores da televisão, as referências da cultura da televisão, a referência a uma tradição cultural, a sinalização da utilização de imagens, de vinhetas, de uma série de estereótipos sociais. Ou seja, o fato de as pessoas terem dado esse nível de respostas às questões indicadas (se tem publicidade demais etc.) mostra apenas que a publicidade está muito mais internalizada na percepção do telespectador do que em geral se admite.

Em seguida, procuro qualificar mostrando como essa opinião é favorável à publicidade, e muito maior quanto mais baixos os níveis de renda e de instrução, e, portanto, maior o grau de exposição à mídia eletrônica. Quando interrogados sobre qual seria o meio de comunicação mais fiel à verdade, e a despeito do fato de que jornais e televisão tenham obtido escores bastante próximos, ambos oscilando na faixa de 30% a 32%, dependendo da variável de cruzamento (quer dizer, se for renda, aumenta um pouquinho para televisão, se for nível de instrução, aumenta um pouco para mídia impressa), os segmentos mais instruídos, mais jovens e de renda mais elevada, se manifestam preferencialmente em favor da mídia impressa, sobretudo jornais, enquanto os menos educados, os mais velhos, e os mais destituídos em termos de renda, se mostram mais adesivos e reverentes à televisão.

Aliás, como era de se esperar, é expressiva a porcentagem de entrevistados com escolaridade elevada que preferem se abster de conceder credibilidade a qualquer dos veículos propostos. Este segmento se iguala, praticamente, aos que optaram pela mídia televisão. O virtual empate entre os grupos optantes pelos jornais e pela televisão talvez fosse resolvido em favor da televisão caso fossem canceladas as alternativas rádio e revista (com uma votação muito baixa no ranking) que nublaram um pouco a posição central entre mídias impressa e eletrônica. Cumpre ainda ressaltar que os percentuais obtidos nesta questão parecem também revelar uma imagem pública institucional bastante mais positiva destes veículos que teriam logrado impor-se como "serviços" prestados à coletividade. Ou seja, o diferencial por assim dizer institucional da televisão e da mídia impressa, em relação ao rádio e às revistas, prende-se ao fato de que ambos logram veicular uma imagem institucional de que eles não são privados, de que estariam prestando um serviço público, e, portanto, estariam diluindo, na proposta de constituir um serviço público, a força e o teor de seu interesse privado.

A adesão à TV Globo, por exemplo, é praticamente o dobro nos setores menos instruídos do que nos segmentos mais instruídos. Quanto mais se eleva o grau de escolaridade, tanto mais renhida se mostra a competição pela legitimidade, ampliando-se as notas que o entrevistado concede aos canais de redes comerciais concorrentes. No interior do segmento mais instruído, não apenas cai bastante a taxa de adesão à Globo, como se manifestam duas atitudes características de um povo educado. Ou seja, todo público educado procura demarcar o seu consumo daquele que ele entende ser mais massificado. Então, por exemplo, acontecem duas coisas com o público educado. É o único segmento em que aparece alguma adesão à TV Cultura, por exemplo. É uma maneira de se demarcar socialmente. Além do fato de se poder gostar da TV Cultura — o que é uma coisa perfeitamente razoável, é o meu caso por exemplo, o que não me isenta das marcas sociais associadas a tal disposição — pode-se também apreciar algo educativo, pedagógico. Aqui a adesão dos entrevistados a mensagens ou artefatos culturais, quando instados a avaliar a mídia eletrônica, a dizer em que consiste uma mídia massificada, está sendo interpretada como uma maneira de se revelar uma vantagem social, como indício de uma superioridade social e cultural. Isso é plenamente confirmado quando se efetua o cruzamento entre a adesão aos diversos canais com a adesão aos programas. Então, o público mais instruído e de renda mais elevada revela justamente preferência por todos os programas que parecem não ser os programas populares, colados a uma definição massificada.

Colocados diante da possibilidade de mudarem a programação da televisão, ou mais precisamente, interrogados sobre qual tipo de programas eliminariam, os menos instruídos são aqueles mais receptivos ao *status quo* da televisão brasileira, contribuindo com quase 50% dos que se manifestaram a favor da manutenção da atual programação. Pertencem a esse mesmo segmento os que se manifestaram pouco receptivos ao horário político, às novelas e aos programas considerados "imorais". Ao contrário, os segmentos mais instruídos se mostram arredios aos programas de auditório, de cujo público pretendem se distinguir, nesse empenho de construir uma marca social, e ao mesmo tempo receptivos ao horário político, evidenciando uma atitude cultural lastreada em todas as modalidades de capital, costumeiramente incorporadas através de uma exposição prolongada à instituição escolar. Uma parcela significativa das propostas de eliminação se refere a programas efetivamente existentes e não ao conjunto de programas passíveis de serem definidos como gêneros, tais como shows, reportagens, humor. Ou seja, parece haver um número muito maior de entrevistados que não aprecia determinados programas do que um contingente tendente a se pronunciar contra algum gênero em particular, a não ser no caso das novelas que ganham uma rejeição em torno de 10%.

Quais as razões dessa atitude? A rejeição à novela, quando acontece, deriva de uma recusa desse tipo de mensagem como algo imoral e está associada em geral ao fato de se pertencer a uma confissão religiosa, do tipo pentecostal por exemplo, vinculando-se assim a uma forte identidade confessional. Além dos 13% favoráveis à manutenção da programação, outros 22% não se manifestam a respeito. O que também não deixa de ser uma maneira acanhada de se dizer a mesma coisa, sem explicitá-la na direção esperada. Quando se sabe que 53% dos entrevistados nessa categoria têm baixíssimo nível de instrução, constata-se que parecem possuir um perfil escolar e social bastante similar ao maior contingente dentre os que se manifestaram a favor da programação atual.

Diante da questão "que tipos de programas acrescentaria?", novamente volta a surpreender a quantidade de entrevistados que declaram "nenhum", indicando assim a sua relativa satisfação com a programação atual da televisão brasileira. Seria possível aprofundar a análise dessas questões mas isso não acrescentaria nenhum dado significativo ao núcleo do argumento. Ou seja, tais evidências permitem caracterizar o nível surpreendentemente elevado de credibilidade de que desfruta a televisão em todos os segmentos entrevistados, embora mui diferencialmente. E tal credibilidade parece tanto maior quanto menos instruído e menor o nível de renda do entrevistado. Pode-se então imaginar a notável capacidade de influência política que a televisão alcança através quer do horário político, quer sobretudo dos debates. O que ocorre durante o debate? O que acontece aí em termos de visualidade passa por um confronto entre a construção do espectador em relação ao que assistiu e a arrumação posterior proposta pelo próprio veículo a respeito do que se passou, daquilo que teria acontecido.

O que estou propondo é o seguinte: nós todos vemos o debate no dia em que ele é transmitido, mas que tipo de reação temos? Começamos animados, depois ficamos chateados, até choramos se o "nosso" candidato não está indo bem. Seja como for, a gente percebe quem está ganhando o debate. Todo mundo faz uma idéia sobre a vitória ou a derrota. Todos constroem uma leitura de como foi o debate. Cada um tem dentro de si uma percepção, vai juntando todas aquelas impressões de desempenho dos candidatos e consegue fazer uma imagem aproximada de quem ganhou e de quem perdeu, ou melhor, nós conseguimos identificar quem ganhou e quem perdeu mesmo quando não é o "nosso" candidato. Esse é o quadro de leituras que a televisão tem de enfrentar. É a leitura do telespectador, porque ele saiu do debate achando de fato alguma coisa. O que acontece então com a edição do debate?

Aparentemente, a edição do debate é uma compilação ajuizada de imagens veiculadas ao longo do debate. O que não aconteceu de modo algum no debate é a frase visual que a edição do "dia seguinte" constrói com as imagens da transmissão original. Farei uma analogia com o *replay* do gol do futebol transmitido agora na Copa ou em qualquer partida. O que acontece com o gol? Quem está no campo ou assistindo da arquibancada enxerga um certo tipo de gol, eis uma situação ótima para explicitar o problema porque cada um está enxergando o gol a partir de uma certa posição no campo, ou seja, cada um teria uma perspectiva visual do gol em função da posição que ocupa no estádio. A mesma coisa acontece com os bandeirinhas e com o juiz. Por isso, muitas vezes o bandeirinha sinaliza de uma maneira que parece equivocada, ou o bandeirinha ou o juiz, ou ambos, e a torcida reage ao que viu, ou ao que imagina ter visto. De qualquer maneira, o que acontece no *replay*? Trata-se de uma reconstrução visual completamente inacessível a qualquer espectador situado no interior do estádio. Agora, nós todos que estamos em casa, "não está vendo que foi gol?". Ou seja, há uma edição do gol que não corresponde a nenhuma percepção visual real de quem está no campo ou próximo dele. O *replay* é uma linguagem plástica, é uma proposta visual, sendo a tal ponto uma construção visual que pode ser divisível numa série de pontos na telinha, tendo pouco a ver com o que se passou de fato. Vale dizer, pode-se até confirmar que foi gol o que não foi, mas a pergunta é: o que foi gol? O que foi gol em campo pode acabar sendo mutilado na tela, e vice-versa. O que foi gol depende em última instância daquele que legitimou visualmente o lance em finalização. Porque o gol tem de ser confirmado, crível, o gol tem de ser reconhecido.

O que aconteceu no debate político é mais ou menos a mesma coisa. Em que se apóia a elaboração visual da televisão? Os políticos e o pessoal responsável pela campanha imaginam que fazendo *brainstorms* fabulosos, com pencas de assessores, montanhas de dados etc., vão se preparar melhor para o desempenho do "seu" candidato no debate. Mas o que se passa na televisão não tem nada a ver com esse nível da informação. Por quê? O que está em jogo no debate, por exemplo, entre Collor e Lula, não é a vida pregressa, evidentemente, de nenhum dos dois, não são as alusões aos pontos fracos de quaisquer dos candidatos, também não é o programa do partido, não é o passado de cada partido, nada disso é o que vai decidir o que se passa na televisão. No meu entender, o que decide o debate é uma avaliação de desempenho a partir de pequeninos lances que têm a ver com o uso das mãos, a "espontaneidade", a "naturalidade", o "artificialismo", têm a ver com a rapidez e a eficácia da resposta em termos do *timing* do próprio veículo (como se sabe, uns segundos apenas "plantado" na defensiva pode parecer uma eternidade!), têm a ver com vestuário, o comportamento corporal, a gestualização, e com tudo o que tais linguagens transmitem sobre segurança social, firmeza intelectual, confiabilidade, e assim por diante. Ou seja, o que é terrível na linguagem de televisão é o fato de que tudo que sucede ao nível da telinha não escapa aos constrangimentos característicos de uma construção visual clássica. Em outros termos, aquela telinha obedece a uma lógica própria que não depende das informações que trazemos de fora, ou melhor, para sermos exatos, depende delas menos do que gostamos de admitir. O que há de terrível num debate político é o fato de que ele se soluciona como vitória ou derrota de cada um dos candidatos naquele exato momento. Alguém vai ganhar ou perder em função do desempenho ao longo do evento.

Darei o exemplo do que ocorreu entre o Covas e o Afif Domingos num outro debate. A imprensa pode dizer no dia seguinte: "O Covas ganhou o debate". Mas não foi o Covas que ganhou o debate, foi o Afif que perdeu o debate. Porque o que acabou se sedimentando no plano propriamente visual provinha menos da postura ofensiva do Covas dizendo "Você sempre votou contra os trabalhadores na Constituinte" do que da reação hesitante do Afif. Quase todo mundo já sabia do que o Covas estava falando. Não havia nenhuma novidade naquilo e o Afif assim mesmo poderia ter se saído melhor dessa acusação se ele não se mostrasse atingido, desmontado, destruído visualmente. Antes de ser politicamente prejudicado, o Afif foi visualmente derrotado. Ele não foi derrotado por conta das acusações que lhe foram endereçadas, ou em função dos conteúdos doutrinários presentes em sua fala. Ele foi derrotado pelo fato de ter se mostrado acachapado, olhando para a câmera como se não tivesse nenhuma resposta, como se dissesse: "Agora, o que eu faço?". A derrota está contida no que se vê no plano da imagem, a derrota é antes de tudo uma sentença (no duplo sentido do termo) visual.

Qual é a proposta da análise? No dia seguinte, procede-se à edição visual do que aconteceu, ou seja, elabora-se uma nova seqüência de imagens, uma frase visual a partir de materiais transmitidos, mas segundo uma perspectiva de interesse político daquele que se pretende mostrar e apontar como vitorioso. O que aconteceu no primeiro debate entre Lula e Collor? O PT saiu correndo na frente e editou o debate. Vitória acachapante de Lula. Nem quero discutir se o Lula ganhou ou não efetivamente o debate no primeiro dia. Minha idéia é de que só se ganha o debate com a edição. Só ganha o debate quem logra impor a versão vitoriosa do debate. Não basta ganhar o debate diante do espectador. Cada um de nós, espectadores, pode ranger os dentes e perder politicamente o debate. Porque o debate se perde ou se ganha em dois níveis: primeiro no plano visual da própria mídia, em seguida no âmbito propriamente político.

O espectador fica, por sua vez, dramaticamente autorizado ou desautorizado na sua versão. O que faz a edição do dia seguinte? De uma certa maneira, ela cauteriza o olhar do espectador, sussurrando-lhe: "O que você viu não foi bem assim como você imagina". Você viu algo que na verdade pode ser construído nesta ou naquela direção. Então o que acontece com o espectador é que todos nós percebemos a fraude. A rigor, a edição do dia seguinte é uma forma de fraudar a véspera. É um jeito de construir a véspera numa chave caricata, extrapolada, exorbitando numa direção ou noutra.

Um pouco da força política da televisão está no fato — aliás, não há muita novidade nisso — de conseguir impor um sistema plástico e visual. A mídia televisão dispõe de tamanha autoridade simbólica, de tanta credibilidade cultural, que todos se sentem como que desautorizados, desconfirmados na leitura que fizeram, emocionados e apaixonados quando eram espectadores em condições de discernir entre todos os lances que estavam ocorrendo no debate do dia anterior.

Comentário:
NA MARCA DO PÊNALTI

Paulo Betti

O óbvio é ululante. A eleição presidencial foi decidida na televisão. Não no segundo debate Lula/Collor, mas na edição do debate no *Jornal nacional*, na sexta-feira, antes da votação. Seria estúpido não considerar outros fatores: o caso Diniz, a falta de ônibus, os boatos espalhados por todo o país sobre o confisco das propriedades se Lula fosse eleito, noticiário parcial de quase toda a imprensa, tudo isso teve seu peso, sua importância. Mas foram, usando o jargão futebolístico, faltas apitadas na linha intermediária. A edição de sexta foi um pênalti. E sem que o goleiro (Lula) pudesse defender-se. Em apenas três minutos, com muita eficácia, mostrou-se quem tinha ''idéias mais claras'', ''quem falava melhor'', quem estava ''mais preparado''. E tudo confirmado por dados do instituto de pesquisa Vox Populi que — pasmem! — trabalhava para Collor.

Depois do primeiro debate, no horário gratuito, a equipe do PT também fez uma edição. Lógico, a favor de Lula. Mas a edição de Collor foi no *Jornal nacional*. Um espaço que para o espectador é neutro. Portanto, com mais credibilidade. Quantos votos valem três minutos de *Jornal nacional*, na véspera da eleição, num universo de eleitores que tinha 30% de indecisos e, como todos os brasileiros, ligados na televisão? A diferença de 4 milhões de votos a favor de Collor foi obra da edição do *Jornal nacional*. É óbvio. Os preços astronômicos do espaço comercial desse programa jornalístico endossam o que estou dizendo. Vende-se muito mais do que esses 4 milhões num anúncio bemfeito inserido nesse programa. E a edição não era um simples anúncio. Era muito mais. Era notícia. Portanto, para a maioria dos brasileiros era a *verdade*.

Vamos lembrar (desculpem) do general Médici que dizia: ''Sinto-me feliz, todas as noites, quando ligo a televisão para assistir ao jornal. Em outros países, greves, atentados, conflitos. No Brasil, não. O Brasil marcha em paz rumo ao desenvolvimento. É como se eu tomasse um tranqüilizante, após um dia de trabalho''.

A edição é mais importante do que o debate porque é condensada. O debate foi muito longo para o costume dos telespectadores. Muitos não sabiam quem tinha ganho. Ficaram confusos. Usando novamente o futebol: é como se estivessem no estádio assistindo à partida — saiu o gol e o espectador distraído ou mal colocado no campo não viu direito. No outro dia ele liga a TV para ver o gol. Só então o gol passa a ser verdade. Só então ele viu. A edição funciona como *replay* do gol. Além disso, a edição é um juiz que diz ao telespectador quem ganhou. E prova por meio de dados de um instituto de pesquisa. Ninguém ficou sabendo que os indecisos — muito importantes naquele momento — preferiram Lula no debate. A edição, é óbvio, não mostrou esse gol de Lula. Portanto, para a maioria dos eleitores ele nunca existiu.

O Partido dos Trabalhadores representou ao ministro do Tribunal Eleitoral, sr. Francisco Rezek, requisitando uma compensação no jornal de sábado. Nada conseguiu. Até hoje Francisco Rezek deve uma explicação aos eleitores. Ele que era o árbitro da peleja eleitoral agora é ministro das Relações Exteriores do governo que por, no mínimo, omissão ajudou a eleger. Se nosso povo entendesse de política como entende de futebol, Rezek seria linchado. Nos estádios chamamos os árbitros de ladrões!

Há um outro exemplo da força do *Jornal nacional*. Dois dias antes do debate, um sindicalista do Rio passou ao Lula uma idéia genial. No último minuto ele sacaria a carteira profissional e faria o encerramento, falando de seu compromisso com os trabalhadores. Pelas regras Collor não poderia responder. Gol!!! No entanto, Lula preferiu utilizar o livreto da Constituição. Não levou em conta que a profissional é o verdadeiro símbolo do trabalhador brasileiro. A azulzinha desbastada nos cantos, no bolso de trás da calça.

A CONSTRUÇÃO DA NOTÍCIA (1)

Eric Nepomuceno

1) Sempre que penso no assunto, acho que devo um — ou, pelo menos um — agradecimento à televisão brasileira. Ou, mais especificamente, à Rede Globo de Televisão.

Explico: em agosto de 1983 eu estava voltando ao Brasil após dez anos e meio de ausência praticamente ininterrupta, e vim diretamente para trabalhar na Globo.

O país era, naquele 1983, certamente diferente do que eu havia deixado, e vivia um lento e arrastado processo de abertura democrática. Eu voltava trazendo na bagagem da memória aquilo que vivi nas reviravoltas políticas da Argentina de 1973 e na Espanha de 1976, onde processos de abertura haviam trazido ventos de esperança e ansiedade ao povo. E também as imagens de brutais fechamentos no Uruguai e no Chile, sempre em 1973, e na própria Argentina três anos depois. Havia ainda o renascer da esperança na Nicarágua de 1979. Eu vinha de volta, enfim, com uma bagagem variada de experiência em processos políticos que mexeram com a vida cotidiana em diferentes países. E o Brasil, sempre tão peculiar, guardava mistérios que a Globo rapidamente me ajudou a começar a desvendar. E nem tanto pelo que eu via nas telas, mas sobretudo pelo que eu via da *maneira* de levar a notícia às telas. O poder, os mecanismos de controle do poder.

2) Eu estava de regresso fazia poucas semanas, e vivia aquelas marés de reencontros e redescobertas. Naquele tempo, os postos de gasolina fechavam depois das oito da noite, e não abriam aos domingos. E, um belo domingo, todos os postos do país funcionaram normalmente porque a Rede Globo de Televisão estava fazendo uma campanha de solidariedade para não sei quais infelizes do mundo. Foi, confesso, um impacto: a Globo tinha poder para abrir os postos que o poder militar fechava. Fantástico.

O presidente se chamava João Baptista Figueiredo e tinha mandado tirar o "p" de Baptista para ser mais popular. O vice-presidente chamava-se Aureliano Chaves e não tinha mandado tirar nada, já que não pretendia lutar contra o impossível. Eles encabeçavam o governo, simbolizavam o poder — o poder de, entre outras coisas, fechar urnas eleitorais e postos de gasolina. Mas a Globo inventava uma campanha qualquer, se autopromovia numa espécie de incessante e enjoativa maratona que arrecadava muito menos do que ela gastaria para obter a mesma publicidade, o país aplaudia e os postos de gasolina abriam. Pode parecer anedótico e pouco significativo, mas me impressionou. Era um símbolo do que acontecera em meu país.

3) Fui contratado quando ainda morava no México, e a idéia era participar do projeto de desenvolver mais o noticiário relacionado à América Latina. Era, com certeza, uma proposta interessante. Na quarta ou quinta semana de trabalho, fui chamado pelos responsáveis pelos noticiários e ouvi um pedido um tanto constrangedor: "Não use mais a palavra 'somozista' quando se referir ao pessoal da *Guardia Nacional* que luta contra os sandinistas". O pedido veio acompanhado por uma explicação: "É que 'somozista' é um termo pejorativo, seria editorializar a notícia. O correto é usar 'rebeldes' ". Fiz então um extenso relatório explicando quem era quem nos grupos armados instalados em Honduras, na Costa Rica e na Flórida. Expliquei que a maioria se autoclassificava de "somozista", da mesma forma que décadas antes havia quem se definisse como nazista, fascista, franquista, salazarista etc., sem achar que isso fosse pejorativo. Depois de muita discussão, autorizaram que a palavra maldita fosse usada — *Mas só no* Jornal da Globo*, que era exibido por volta de meia-noite, uma audiência considerada "qualificada". No* Jornal nacional*, não: a palavra tinha mesmo de ser "rebeldes nicaragüenses".*

Ou seja: quem pode ficar acordado até meia-noite para assistir a um noticiário de televisão faz parte da audiência *qualificada*, e pode saber que existiam somozistas que gostavam de ser chamados de somozistas. Os outros, os tais 60 milhões de espectadores do maior telejornal do país, eram sumariamente considerados não-qualificados. *Desqualificados*. Foi uma segunda lição: a palavra "rebelde" certamente traz uma conotação muito mais editorializada, dilui a informação. Rebelde é o menino que não toma banho, a menina que não toma sopa. Rebelde pode facilmente ganhar tintas românticas.

4) Depois de ver posto de gasolina abrir graças a uma campanha de autopromoção despudorada, depois de ver alguém não poder ser chamado daquilo que diz ser, veio a terceira lição. Certo dia usei no *Jornal da Globo*, aquele destinado à audiência qualificada, a expressão "regime militar do general Pinochet". Nada feito: era, no máximo, *governo do general Pinochet*. Ditador, nem pensar. Afinal, se eu dizia go-

verno do general Pinochet, já ficava evidente tratar-se de um regime militar. Perguntei se na França do general De Gaulle havia regime militar. Esqueci a resposta.

Depois veio a vez da África do Sul. Durante meses, em 1984, os choques entre a polícia branca e a população negra eram violentos e se sucediam em proporção geométrica. A ordem: suspender a insistência no noticiário sobre mortes de negros na África do Sul. Havia inclusive uma carta do embaixador sul-africano à direção da Globo. Tentei argumentar que a função do embaixador era essa, e que minha função era noticiar aqueles massacres rotineiros. Disse que a insistência era de quem matava, e não de quem noticiava. Resumo da conversa: "Pois é, mas são ordens lá de cima". E o que era esse "lá de cima": ordens divinas? Então, por que Deus não mandava a polícia branca da África do Sul parar de matar negros sul-africanos?

Ouvi a recomendação que servia como uma espécie de código, de álibi para consciências travessas: era preciso "ser profissional".

5) Quando fui trabalhar na Globo eu tinha 35 anos de idade e dezoito de profissão. Ou seja, havia vivido e trabalhado o suficiente para conhecer as regras do jogo das grandes empresas jornalísticas. Encontrei, na Globo, alguns nomes de peso no jornalismo brasileiro, com experiência maior do que a minha, e inclusive alguns nomes que me acostumara a respeitar desde que comecei no ofício. Mas nunca tinha vivido experiência semelhante, o contorno, o boicote à informação, exceto, é óbvio, nos tempos da ditadura, quando havia censores na redação corrigindo tudo o que ia ser impresso.

Foi diferente, e certamente bem mais amargo, ver companheiros de ofício cumprindo o mesmo papel, anos depois — e devo dizer que com eficácia bem maior.

6) Em janeiro de 1984 começou a se esboçar no Brasil a campanha pelo retorno das eleições diretas — a "diretas-já". Houve um ato na praça da Sé, em São Paulo, reunindo milhares de pessoas. Na redação da Rede Globo no Rio todos nós víamos, pelos monitores, as imagens da praça lotada, os discursos inflamados. E quem estava em casa recebeu a seguinte informação: "Na praça da Sé, um show musical, com mensagens políticas, atraiu a presença...". O conjunto vocal integrado por Franco Montoro, Ulysses Guimarães, Orestes Quércia, Fernando Henrique Cardoso, entre outros, teria nascido ali. Quem estava em casa vendo a Globo não foi informado que havia nas ruas um movimento que em pouco tempo se transformaria na maior mobilização popular da história contemporânea de todos nós, brasileiros. A Rede Globo só tomou conhecimento público da campanha nos últimos comícios — sobretudo o realizado no Rio de Janeiro, muitos meses depois daquele janeiro, e que reuniu 1 milhão de participantes. As outras emissoras le-

varam ao ar imagens dos comícios em seus noticiários e, aquele comício realizado no Rio, a Manchete transmitiu ao vivo. A Globo só entrou no ar quando percebeu que não poderia continuar ignorando o óbvio. Naquela altura, mais de 15 milhões de brasileiros já haviam saído às ruas, nas mais importantes capitais do país, pedindo "diretas-já". Só não haviam saído na Globo.

7) A manipulação, a prepotência, a sabotagem da informação e da notícia: com mais ou menos delicadeza, com maior ou menor engenho, assim são construídos os noticiários na mais poderosa máquina de comunicação do meu país. Durante seu primeiro governo no Rio de Janeiro, entre 1983 e 1987, Leonel Brizola não existiu para a Globo. Era algo inacreditável: sua voz não aparecia nos noticiários. Ele ficava mastigando no ar enquanto o locutor dizia o que ele estava falando. Havia algo mais do que má vontade contra o governo, algo mais do que crítica permanente: havia uma clara manipulação da opinião pública, uma persistente distorção dos fatos. A construção da Passarela do Samba — o Sambódromo, por exemplo. Primeiro, o noticiário era todo conduzido para um ponto: não será terminado a tempo. Depois, mudou o rumo: vai ficar pronto mas não é seguro. Quando ficou pronto e os testes mostraram que era seguro, restou um último recurso: na véspera da inauguração e do Carnaval, Cid Moreira informou, solene — "Vai chover no Carnaval". Não choveu.

Em São Paulo, a prefeita Luiza Erundina inaugura túneis subterrâneos que, curiosamente, são mostrados de helicóptero. Ou seja, quem está em casa vê apenas chão, e não o que foi aberto lá embaixo.

A televisão brasileira mostrou as imagens do primeiro homem caminhando na Lua. A televisão brasileira mostrou a todos nós que a Terra é azul, coberta de nuvens.

A televisão brasileira não mostra o Brasil — a não ser o Brasil adocicado, como aquela balinha que vem embrulhadinha uma a uma.

8) Um meio de comunicação é um meio de informação. No Brasil, a tônica é outra e as exceções são pouquíssimas: os meios de comunicação acabam sendo meios de *deformação*. De *incomunicação*. Existe sempre a desculpa de que a televisão é um veículo com características próprias, de uma tremenda responsabilidade. É verdade. O problema, então, é o uso que se dá ao veículo, a maneira pela qual ele é conduzido. Um BMW é um exemplo de máquina perfeita, de veículo soberbo. Malconduzido, ele pode atropelar, mutilar, deformar, matar. Afinal, de quem é a culpa: do revólver, ou da mão que o empunha e aperta o gatilho?

Existe uma diferença enorme entre ser responsável e ser competente. Responsabilidade no trato com o público é uma coisa, cumplicidade com as elites é outra, certamente diferente. Não podemos jamais esquecer que Hitler foi competente, e Mussolini também. A televisão brasileira é das mais competentes do mundo.

9) A construção da notícia na televisão parte, então, de um vício que na verdade afeta a quase todos os meios de comunicação no Brasil: a manipulação, em maior ou menor grau. No caso da televisão em si, a questão é mais grave justamente pelo seu alcance. Num país de escassa leitura como o nosso, onde a vendagem de jornais é extremamente parca, meios como rádio e televisão têm uma força redobrada. Cada vez que um apresentador de telejornal põe rosto e voz no vídeo, está levando sua palavra a um número de pessoas centenas de milhares de vezes maior do que o atingido pela notícia impressa num jornal. Nos últimos anos surgiram variações em torno da pasteurização e da banalização da notícia, e algumas destas variações apresentam ares de inovação. Mas continua dominando, olímpica, a fórmula que se tornou clássica: intercalar notícias ''para baixo'' com notícias ''para cima'', vulgarizando a informação. Num veículo ágil, que corre o permanente risco da superficialidade, a fórmula em questão torna-se ideal para a neutralização da informação e, acima de tudo, para que ela caia imediatamente no esquecimento. Qualquer pesquisa feita com a audiência de um telejornal indica que o espectador retém menos de 5% do que ouviu, e é inclusive incapaz de citar mais do que duas ou três notícias dentre aquelas vinte que acaba de receber. Quando se tenta a fórmula de aprofundar a informação, o resultado é, em nove de cada dez vezes, trágico. A reflexão não cabe na fórmula adotada pela imensa maioria dos noticiários da televisão brasileira. Há, porém, um aspecto grave: a confusão entre levar o espectador à análise e reflexão, e o livre-arbítrio do apresentador que opina sobre tudo e sobre qualquer coisa, sem jamais sequer riscar o verniz da superfície. Até nisso a televisão brasileira insiste no cacoete de transformar tudo em show, em espetáculo. A esmo, determina-se com lógica marcial: ''É uma vergonha!'', ''Isso não pode ser!''. É a filosofia do pasteleiro chegando ao reino azulado. Fica-se então com duas opções básicas: o Ventríloco, aquele que recheia a voz de impostação e lê exatamente o que está escrito, dando a impressão de ser a pessoa mais bem informada do país, e o Achômetro, aquele que acha qualquer coisa a respeito de qualquer coisa, e com uma leviandade de dar medo determina o que é ou o que deixa de ser uma vergonha. Uma violenta manifestação no centro de Porto Alegre, reprimida com furor pela polícia, aparece na determinação do Achômetro como ''coisa de baderneiro, uma vergonha''. Do outro lado da moeda, uma greve é comentada e analisada essencialmente pelos empresários e políticos alinhados com o governo. Sindicalista, na televisão brasileira, é novidade, e mesmo assim restrita a segundos. Na média, cada sindicalista é sufocado por três empresários ou representantes patronais.

10) No dia em que o senador Luís Carlos Prestes morreu, vi uma das mais espetaculares demonstrações de manipulação da informação nestes tempos de noticiário sem censura institucional, oficial. Foi no noticiário do SBT, na voz de Boris Casoy. Após a notícia da morte de Prestes, acompanhada de um breve perfil, o apresentador emendou outra, recordando a passagem de uma data qualquer relacionada a Benito Mussolini e à Itália fascista. Aproveitou para esparramar sua filosofia sobre o culto à personalidade. Prestes e Mussolini viraram caldo do mesmo feijão. Pessoalmente, acho isso um desrespeito à história, a minha e a do meu país. Nunca fui filiado ao partido político que Prestes encabeçou durante décadas; acho que sua prática política e boa parte das posturas que ele adotou e defendeu ao longo da vida são, no mínimo, discutíveis; muitas são inevitavelmente criticáveis. Resumir sua figura e sua biografia a um mero exemplo do culto à personalidade comparável a Benito Mussolini é, do meu ponto de vista, o exercício de uma molecagem leviana e de muita irresponsabilidade, para continuar no terreno das boas maneiras. Achei na hora e continuo achando até hoje que é muito pouco decente poder dispor de um espaço que é público, é uma concessão pública explorada comercialmente por grupos empresariais, e aproveitar esse espaço para opinar de maneira tão absurdamente leviana. Alguém se dispôs a analisar o papel dos noticiários de televisão ao longo da doença de Tancredo Neves? Alguém tentou investigar a maneira com a qual, nos bastidores das emissoras, ali onde a notícia é finalmente construída, planejava-se a maneira de conduzir a opinião pública? Na Globo, que é onde eu estava, as instruções eram límpidas e cristalinas. Embora eu tenha participado pouquíssimo daquela cobertura, limitando-me a comparecer a pouquíssimas reuniões e raríssimos plantões madrugadas afora, ouvi claramente que era preciso reforçar a noção de martírio de Tancredo, ressaltar sua figura de "estadista", explorar ao máximo as reações populares, obviamente estimuladas pela presença das equipes de reportagem. Lá dentro da emissora, observando os monitores, era impressionante notar o seguinte: as pessoas estavam na porta do Hospital das Clínicas, numa vigília que misturava em doses iguais aquela atmosfera compungida por encomenda e a vontade de aparecer no vídeo. Estavam todas em silêncio, numa espera amarga e absurda. De repente, acendiam-se os focos de luz da equipe de reportagem. E as pessoas, na medida em que iam sendo iluminadas, caíam num pranto desenfreado. Quando o choro estava no rosto de um número já significativo e impressionante, o plantão era posto no ar. Quem estava em casa imaginava multidões em vigília de dor.

11) O jornalismo investigativo é uma ausência quase que absoluta na televisão brasileira. A sóbria serenidade do editor-apresentador Renato Machado, no programa *Noite Dia*, levado ao ar tarde da noite

pela Rede Manchete, é o avesso da pasteurização e da vulgarização dos noticiários exibidos em horário de enorme audiência. A tônica geral é outra: a presença do jornalista no vídeo perde espaço, sempre, para a fórmula da notícia-show, do repórter-espetáculo. Escreve-se essencialmente mal na televisão brasileira. O veículo ainda não conseguiu, após todos esses anos, criar gerações de telejornalistas: os que apresentam trabalho de melhor nível (em alguns raríssimos casos, de alto nível) são, em sua esmagadora maioria, profissionais que vieram da imprensa escrita. E mais: de gerações que se formaram nas redações e no exercício do ofício, e não em salas de aula. Estilistas como Lucas Mendes, dono de um dos mais esplendorosos textos da televisão brasileira, não fizeram escola. O poder do veículo, capaz de transformar rostos atraentes e corpos elegantes em imagens subitamente populares, abre espaço para que a bela e solerte repórter global transforme o pintor mexicano Diego Rivera em Diogo de Riviera, ou para que o astuto repórter dominical transforme um dos líderes da então contra-revolução nicaragüense, Arturo Cruz, em membro do governo, ao perguntar a ele quais eram os principais opositores ao seu grupo sandinista. O vocabulário utilizado nos principais noticiários da televisão brasileira é de uma pobreza estarrecedora. Existe o consenso de que a população, ou seja, a audiência majoritária, não teria alcance para qualquer coisa além das mesmas cem ou 120 palavras utilizadas na redação de um telejornal. Não se trata, é evidente, de propor que os noticiários utilizem linguagem acadêmica ou passem a adotar o estilo de Guimarães Rosa para contar como foi o incêndio ali da esquina, ou que se busque inspiração em Drummond de Andrade e Manuel Bandeira para relatar o encontro entre Bush e Gorbatchov. Mas será necessário escrever com se escreve, confundindo sempre pobreza de vocabulário com clareza, confundindo indigência criativa com simplicidade?

12) A televisão brasileira repete, em sua ação, o mesmo hábito das elites do país: olhar no espelho e buscar o rosto do amo, e não querer ver a própria face. O modelo perfeito é o modelo dominador — no caso, o norte-americano. E aí repete o mesmo vício que fez um latino-americano ilustre e desconhecido, Simón Rodríguez, que foi mestre e tutor de Simón Bolívar, exclamar uma vez, referindo-se aos políticos de seu país: "Já que vocês imitam a metrópole em tudo, por que não imitam a originalidade? Veja como a Europa inventa, e veja a América como imita!".

Simón Rodríguez era considerado louco. Defendia o nosso direito a ter uma linguagem própria. Ou seja, uma linguagem digna.

13) Estas são as minhas anotações pessoais, o meu depoimento resumido. A televisão é um veículo que oferece infinitas oportunidades e abre um sem-fim de possibilidades para o exercício do jornalismo e

da criação. Mas é um veículo perigoso como um Porsche quando posto em mãos mal-intencionadas. Na televisão brasileira, a notícia é construída com habilidade quase sempre malvada. O veículo é bom; o condutor costuma ser maldoso. A primeira vítima desse atropelamento é o ofício do jornalista. A segunda somos todos nós.

A CONSTRUÇÃO DA NOTÍCIA (2)

Claudio Bojunga

Produzida segundo as normas da fabricação industrial, propagada pelas técnicas de divulgação maciça, a televisão integra o esquema da cultura de massa como uma síntese do cinema e do rádio. Ela surge após a Segunda Guerra e incorpora o imediatismo do rádio à empatia do cinema. Ela tem em comum com o cinema a capacidade de dinamizar o espaço e espacializar o tempo. E isso de maneira corriqueira. Essas definições elementares foram desenvolvidas por Theodoro W. Adorno em 1953. Anos depois, Fellini diria que ela é um eletrodoméstico.

Antes de falar na produção da notícia na televisão, gostaria de exprimir o que sinto diante desse veículo, não como jornalista mas como telespectador. E isso para separar, como muito bem recomendou Silviano Santiago, as limitações inerentes à TV das limitações que lhe são impostas de forma perversa.

Como telespectador, me sinto ambíguo em face da telinha. Não tenho dúvidas sobre o fato de que ela é um dado da modernidade, desse nosso mundo que se constrói e se desfaz no ar, com um dinamismo vertiginoso, impensável até meados do século XX. Sob este aspecto, a televisão é exaltante, incontornável. Insustentavelmente leve e liberadora da nossa percepção e dos nossos sentidos. Ela nos transforma em antenas, ela nos "antena" e, como sou fundamentalmente cosmopolita, nutrindo até uma séria desconfiança em relação ao sombrio culto das raízes, acho isso fascinante.

Se a televisão não fosse fascinante (e potencialmente liberadora), não estaríamos aqui tentando pensá-la e sonhando em aperfeiçoá-la. Tomemos, pois, o nosso empenho como uma velada declaração de amor. Por outro lado, trata-se de um amor constrangido, ou mal correspondido, uma vez que ela é também insuportavelmente fútil, diluidora, superficial, manipuladora, interesseira. É a permanente cascata de detergentes, cigarros, eletrodomésticos, cadernetas de poupança; o bombardeio embrutecedor de signos supérfluos, o linguajar pobre, rotineiro, repetitivo. Aí ela nos pede passividade e conformismo: a tela se apresenta como uma banheira quente onde é mais fácil digerir o massacre do *hard-selling*. Isto é, um grosseiro processo de massificação e normalização pela banalização das imagens. A idéia é fomentar a credulidade do consumidor potencial (é assim que *ela* nos vê) através de uma "programação" dos nossos desejos reprimidos. Joga-se então com a saúde, a beleza, a aceitação social, o sucesso sexual. Manipula-se o inconsciente em nome do sonho e do consolo: é a tentativa de teleguiar o comportamento em direção às mercadorias. É o espectro do Big Brother disfarçado em Papai Noel (cf. Baudrillard).

Temos, então, de um lado, uma tecnologia capaz de suscitar uma mutação vertiginosa, desprovincianizando o mundo — uma janela eletrônica aberta sobre a realidade. Do outro, como disse belamente Italo Calvino (em *Seis propostas para o próximo milênio*), temos "a transformação do mundo em imagens, multiplicando-o numa fantasmagoria de jogos de espelhos, imagens que são destituídas da necessidade interna que deveria caracterizar toda imagem, como forma e significado, como força de impor-se à atenção, como riqueza de significados possíveis".

Acho que o telejornalismo deve ser considerado dentro dessa ambigüidade ampla que caracteriza a televisão dos dias de hoje. É da essência da notícia na TV o modo indicativo e a captação e transmissão do visível imediatamente. McLuhan escreveu agudamente que a câmera de TV age visualmente como o microfone em relação à voz. Enquanto o ouvinte de rádio tem de adivinhar rostos e paisagens, a TV nos mostra o homem descendo na Lua, o atentado ao papa, o acidente da Challenger, a mão trêmula de Sarney jurando a Constituição.

São gestos e atitudes, seqüências temporais, agenciados numa determinada escala de importância. É também o "quadro sério" do espetáculo, o momento em que se troca o feérico pelas asperezas do mundo. Como as palavras são escritas para serem ouvidas, o estilo da notícia é conciso, preciso, direto. A preocupação básica é saber se a informação tem importância ou desperta suficiente interesse para ir ao ar. Telejornalismo é um serviço. E não há quem não queira ver a queda do Muro de Berlim.

Acho que esses manuais de telejornalismo, que tanto impressionaram Marilena Chaui, misturam algum bom senso com a mais pura imbelicidade. Como esses livros americanos *do it yourself*, que ensinam por correspondência como conquistar amigos e fazer sexo numa boa. Meu Deus, ninguém aprende sexo lendo manuais!

Mas estamos aqui para falar no telejornalismo que *não* está nos manuais. Porém, antes de entrar nos "bastidores", seria preciso limpar a área.

Marilena Chaui falou sobre cinco características do telejornalismo. Resumindo: 1) a destruição do tempo real; 2) a anulação do raciocínio e da reflexão; 3) a perda de referências do espaço; 4) a triagem de quem pode e de quem não pode aparecer no vídeo; e 5) a banalização, a tendência ao espetacular, fenômenos que massageiam nossa emoção a expensas da inteligência. Quero voltar ao assunto para distinguir algumas características da televisão de uma certa manipulação que Marilena classifica de "contra-informação" e de "intimidação".

Estou inteiramente de acordo com duas dessas impugnações: a seleção de quem aparece ou não na telinha (reproduzindo discriminações sociais); e a oscilação permanente entre o banal e o espetacular, processo anestesiante destinado a toldar a capacidade de discernimento do telespectador. Não concordo muito com as outras. Falta nuance.

Em relação à fragmentação do espaço e à destruição do tempo, acho que a gente precisa evitar os preconceitos da cultura tipográfica (na qual, aliás, me incluo). O que hoje dizemos da televisão é o que, provavelmente, diria do jornal impresso moderno um homem do século XVII. Imaginem como ele reagiria diante de uma primeira página com títulos de tamanho variado, colunas interrompidas, "continua na página tal", etc. Ora, ninguém pode dizer que o *New York Times*, a *Folha* e o *Jornal do Brasil* sejam os responsáveis pela "fragmentação da percepção do mundo moderno".

Mais: acho que, tecnicamente, a fragmentação pode ser saudável e proveitosa. Do ponto de vista do entendimento, uma corrida de Fórmula 1 é muito mais compreensível vista na segmentação das muitas câmeras alinhadas ao longo do percurso do que no autódromo. O mesmo se pode dizer de um desfile de escolas de samba. O que se perde longe do autódromo e do sambódromo não é o entendimento, mas a emoção.

Na minha opinião, a grande dificuldade é conciliar a retórica referencial da televisão, sua vocação pela superfície e pela fluidez, com as realidades abstratas do mundo moderno. Garanto que não é fácil explicar, nos limites estreitos de um telejornal, a lógica do *crash* financeiro de 1988, ou os meandros dos conflitos no Golfo. Uma pesquisa americana revelou que os telespectadores médios só se lembram de 10% do que foi ao ar no jornal da noite. Essa terrível volatilidade é compensada pela imprensa escrita, que se for esperta deverá se tornar, dia a dia, mais analítica e interpretativa. Nesse sentido, o que a foto fez em relação à pintura, a TV fará em relação ao jornal impresso. Sustento ainda que a fragmentação é positiva, se praticada de maneira ativa, e isso com o aparelho mais temido pelos anunciantes e donos de canais: o controle-remoto: O *zapping* é a vingança do telespectador contra a ditadura da antena.

Creio que há muito preconceito nas críticas genéricas à fragmentação, à perda de referências espaciais, à destruição do tempo. O romance moderno já foi vítima disso. Basta lembrar o que Lukács disse sobre Joyce e Proust. Também não estou convencido da total anulação da reflexão na telinha. Acho que os registros interpretativos e analíticos aumentaram depois do fim da ditadura. Sem voltar ao que já disse antes: que a televisão induz aos jornais, o espaço analítico da informação por excelência ao lado das revistas.

Mas há um detalhe: nesse caso é preciso ser alfabetizado. Por isso, estou menos preocupado com os balbucios dos pichadores do que com os milhões que não sabem ler e que constituem a massa de manobra do consumismo desvairado das grandes redes. Sem falar nas crianças.

Eu queria acrescentar uma palavra sobre a questão da televisão estatal/televisão pública, que é bastante sintomática dentro dessa questão mais ampla do patrimonialismo do Estado brasileiro, a famosa apropriação privada da coisa pública. Quando se trabalha em uma rede dita "estatal" — embora mantida com o dinheiro dos nossos impostos —, é possível flagrar no dia-a-dia essa característica histórica do nosso país. Estou falando das redes de televisão educativas controladas até recentemente pela Funtevê (rebatizada Fundação Roquete-Pinto pelo atual governo) e subordinadas ao Ministério da Educação. Não devemos confundir essas emissoras com a TV Cultura de São Paulo, fundação de direito privado sem ligação com o governo federal. Temos aí um bom exemplo do que poderia ser público (e não é), algo que não se submete a qualquer controle social sério.

Sem dúvida, a BBC, por exemplo, é uma TV pública. Basta lembrar que, durante a Guerra das Malvinas, houve um debate violento na Inglaterra para saber se o tratamento dispensado ao conflito feria os padrões mínimos de isenção jornalística. Isso é impensável no Brasil, onde a coisa pública "é do governo", isto é, algo que pode ser "usado" por quem ocupa o poder de passagem.

Meu interesse pela TV Educativa do Rio (onde trabalhei de 1980 a 1987), até este ano sede das emissoras educativas, estava ligado às possibilidades de ampliar o campo do jornalismo cultural e político, sem as peias do comercialismo, procurando uma linha de programação entre certas emissoras européias e a PBS americana. E isso porque, no Brasil, os canais públicos são alternativos, quase marginais, o que permitia um certo descompromisso com os índices de audiência e abria a possibilidade para o experimentalismo.

Bem, quando comecei lá, dizia-se que a TVE era uma mistura de INPS com o Exército de Brancaleone. Eu estava interessado no exécito de Brancaleone (sempre trabalhei nos grandes órgãos da imprensa escrita), mas não imaginava quão poderoso era o INPS. Quer dizer, o clientelismo, a prática do favor, a burocracia, o espírito de repartição e o empreguismo. Estava convicto de que o importante era trabalhar fora do conceito da massificação abrangente, na linha do que sustentava um dos primeiros diretores da BBC de Londres: que massa não corresponde forçosamente a um conglomerado indiferenciado de pessoas; que os públicos são muitos e variados e devem ser tratados de forma respeitosa, não apenas como alvo de consumo. Em resumo, o meio de comunicação mais acessível num país inculto como o nosso, não um instrumento de coerção do pensamento.

Ora, com todas as suas carências, as TVs educativas vinham mantendo seus compromissos nesse sentido, sobretudo a partir da abertura política, no final dos anos 70. Comecei a trabalhar lá após a morte de seu fundador, Gílson Amado, na gestão do prof. Carneiro Leão, em 1980, sendo ministro da Educação Eduardo Portela. As dificuldades materiais eram enormes, mas havia um espírito público difuso em seus técnicos, diretores, artistas e jornalistas. A emissora se constituíra na gestão do ministro Passarinho e, segundo o depoimento das pessoas mais confiáveis da casa, mantinha sua identidade talvez justamente porque trabalhava um tanto na sombra.

Com a abertura, havia uma grande efervescência, como se o espaço público pudesse ser regenerado. Na verdade, há sempre essa ilusão de que todos os problemas acabam com o fim da ditadura. Sem anúncios, teríamos tempo para aprofundar a interpretação da notícia, as mesas-redondas, os programas especificamente culturais, além de manter em funcionamento o programa de teledução: programa pioneiro que chamou a atenção da FAO e da UNESCO. Um programa de ensino supletivo aplicado em meia dúzia de estados que conseguia um índice de aprovação de mais de 80% dos que estudavam pela televisão com seus livros de apoio.

Fizemos algumas experiências interessantes, como um programa exclusivamente dedicado à política internacional (impensável nas redes comerciais), no qual dissecávamos as implicações do golpe na Polônia, a crise no Caribe ou as eleições francesas. Debatíamos tudo com diplomatas, correspondentes de jornais, especialistas convidados. Mais tarde, para citar um outro exemplo, dirigi em parceria com um colega um programa chamado *Os editores*, criado por Fernando Barbosa Lima, que contava com um time de comentaristas de primeira linha, como Cláudio Abramo, Jânio de Freitas, Mino Carta, Mílton Coelho da Graça, Tarcísio Holanda, Fausto Wolff, Cacá Diegues, Carlos Chagas, Roberto Drummond e muitos outros. Creio que foi aí que Maurício Kubrusly começou na TV.

Bem, sempre existem problemas: recomendações para não mencionar tal nome, reclamações da embaixada chilena quando alguém chamava Pinochet de ditador, pressões provenientes do Ministério das Comunicações contra os "comunistas" da TV Educativa do Rio etc. Mexia-se aqui e ali na estrutura da rede pública para resolver conflitos internos de poder ou operar nova partilha de cargos a cada mudança no Ministério (foi o que ocorreu depois do Riocentro e, sobretudo, depois que o general Ludwig, à frente da pasta da Educação, começou a trazer para a TVE um numeroso grupo de amigos, oficiais reformados, muitos deles ligados ao SNI). Mas mesmo eles reconheciam o caráter educativo e cultural da emissora, garantindo assim, apesar da "tendência chapa branca", a cristalização de um know-how precioso em um canal não comercial.

Estranhamente, a coisa começou a piorar com Sarney, no período da Constituição, quando o presidente lutava com unhas e dentes pelo seu quinto ano de mandato. Naquele clima de "é dando que se recebe" (e é bom ressaltar que a concessão de canais foi a moeda daquele tráfico de influências), o primeiro presidente civil da Nova República elaborou um decreto-lei expropriando as finalidades da Funtevê para transformá-la num apêndice da Comunicação Social da Presidência. Iniciou-se, em seguida, um processo sistemático de destruição de autonomia da emissora e de desativação de sua ação cultural e de seu espírito crítico. O mais estranho é que não houve qualquer reação a isso, nem por parte do Congresso, nem por parte dos contribuintes, em sua maioria fiéis à Rede Globo. A essa altura, a Globo já havia passado a produzir os programas de ensino supletivo, e isso por cima do MEC, cujos diretores emitiram na época pareceres contrários a esse *take-over*. Nem assim o governo desistiu: preferiu pagar a uma organização privada cinqüenta vezes mais do que pagaria se esse projeto permanecesse nas mãos da TVE, uma emissora criada com essa finalidade. A letra *g* do decreto-lei afirmava que a Funtevê existia para criar, projetar, produzir e veicular programas de interesse do Presidente da República. Alegava-se que o governo possuía três órgãos de comunicação social: a Radiobrás, a Empresa Brasileira de Notícias (a EBN, ex-Agência Nacional, ex-DIP) e a Funtevê (que controlava as emissoras educativas). Era uma absurda licença poética: as emissoras públicas eram vinculadas ao Ministério da Educação, não podendo ser consideradas "órgãos de comunicação social".

A TVE foi isolada pela omissão das verbas, suas portas foram abertas às produtoras privadas (que deveriam estar atuando nas redes comerciais). Essas produtoras usavam material e pessoal da TV Educativa para comercializar apoio privado em proveito próprio.

O governo Collor trouxe de volta a TVE para o Ministério da Educação, mas extinguiu a Funtevê. Cerca de oitocentas pessoas foram postas em disponibilidade e o telejornal foi levado para Brasília, onde uma equipe esforçada mas totalmente despreparada faz um jornalismo áulico e provinciano.

218

Fico perplexo diante da arbitrariedade dessa evolução. Ela me parece refletir o que há de mais arcaico no poder público do Brasil, além de indicar claramente a ausência de controle social — não apenas por parte do Congresso mas também (como ocorre com as redes públicas da Alemanha, por exemplo) pela sociedade civil: OAB, ABI, sindicatos, associações etc. Acho ainda que os governos preferem fazer uma aliança com os poderosos donos das redes privadas a desenvolver um canal não comercial, deixando o campo livre para um verdadeiro monopólio privado da comunicação no Brasil. Acredito firmemente que há um determinado tipo de programação segmentada, inclusive no campo da produção da notícia e de sua interpretação, que só pode ser garantida em um canal público, ainda que contando com o auxílio de patrocinadores privados, como ocorre com a PBS americana. Mas, entre nós, não existe televisão pública, só existe televisão governamental.

Gostaria de abordar um último ponto ligado à construção da notícia: o entendimento do seu papel político e social, as responsabilidades do jornalista (que inclui o profissional de televisão) perante as instituições, o público em geral e diante deles mesmos. Essas questões ligadas à ética profissional e à política da informação foram exaustivamente debatidas no plano internacional em uma série de reuniões consultivas sob o auspício da UNESCO. Elas vão desde o exame dos limites dos códigos de ética ao papel dos ombudsmen, passando pelas propostas de auto-regulamentação voluntária, a necessidade de se pensar o papel do jornalista de televisão, a concentração de poderes na área empresarial, a invasão da privacidade das pessoas, o jornalismo investigativo e o atendimento de diferentes grupos étnicos e minorias.

Na IV Reunião Consultiva de Organizações Internacionais e Regionais de Jornalistas, em Praga e em Paris, em 1983, foram preparados os seguintes princípios éticos profissionais do jornalismo, como uma plataforma internacional comum e como fonte de inspiração para os códigos de ética nacionais e regionais:

OS PRINCÍPIOS INTERNACIONAIS DA ÉTICA PROFISSIONAL NO JORNALISMO

1. *O direito do povo a uma informação verídica*

O povo e os indivíduos têm o direito de receber uma imagem objetiva da realidade mediante uma informação precisa e abrangente, assim como a expressar-se livremente através de diversos meios de cultura e de comunicação.

2. *O devotamento do jornalista à realidade objetiva*

O jornalista tem como dever supremo servir à causa do direito a uma informação verdadeira e autêntica mediante um devotamento honesto à realidade objetiva, mediante uma apresentação responsável dos fatos em seu contexto apropriado, enfatizando seus vínculos essenciais, sem promover distorções, desenvolvendo devidamente a capacidade criadora do jornalista de modo a oferecer ao público um material adequado que lhe permita formar uma idéia precisa e global do mundo, e no qual a origem, a natureza e a essência dos acontecimentos, processos e situações sejam apresentados com a maior objetividade possível.

3. *A responsabilidade social do jornalista*

No jornalismo, a informação é considerada um bem social e não uma mercadoria; isso significa que o jornalista deve compartilhar a responsabilidade pela informação transmitida e, por conseguinte, responder não apenas àqueles que controlam os meios de informação, como também, no final das contas, ao público em geral e a seus diversos interesses sociais. A responsabilidade social do jornalista exige que, em quaisquer circunstâncias, este atue de acordo com sua consciência pessoal.

4. *A integridade profissional do jornalista*

O papel social desempenhado pelo jornalista exige que, no exercício de sua profissão, ele mantenha um elevado grau de integridade, que inclui o direito de recusar um trabalho contrário a suas convicções e o direito de não revelar suas fontes, assim como o de participar na tomada de decisões na empresa em que trabalha. A integridade da profissão não permite que o jornalista aceite suborno de qualquer espécie ou promova qualquer interesse privado contrário ao bem-estar geral. Por outro lado, faz parte da ética profissional o respeito à propriedade intelectual e, em particular, o repúdio ao plágio.

5. *O acesso e a participação do público*

A natureza de sua profissão exige que o jornalista promova o acesso do público à informação e sua participação nos meios de comunicação, incluindo o direito de retificação e o de réplica.

6. *O respeito à privacidade e à dignidade humana*

É parte intrínseca das normas profissionais do jornalista o respeito ao direito do indivíduo à privacidade e à dignidade humana, de acordo com as determinações legais e o respeito à reputação dos outros, proibindo-se o libelo, a calúnia, a maledicência e a difamação.

7. *O respeito ao interesse público*

A ética profissional do jornalista prescreve o respeito à comunidade nacional, às suas instituições democráticas e à sua moral pública.

8. O respeito aos valores universais e à diversidade cultural

O jornalista íntegro defende os valores universais do humanismo, sobretudo a paz, a democracia, os direitos humanos, o progresso social e a libertação nacional, respeitando ao mesmo tempo o caráter próprio, o valor e a dignidade de cada cultura, assim como o direito que todo povo tem de escolher e aperfeiçoar livremente seu sistema político, social, econômico e cultural. O jornalista participa ativamente, assim, das transformações sociais voltadas para uma democratização mais ampla da sociedade, e contribui, por meio do diálogo, para a criação de uma atmosfera de confiança nas relações internacionais, propicia à paz e à justiça em todas as partes, à distensão, ao desarmamento e ao desenvolvimento nacional. Faz parte da ética da profissão que o jornalista leve em conta as determinações contidas nos acordos, declarações e resoluções internacionais.

9. O fim da guerra e de outros grandes males que afligem a humanidade

O compromisso ético com os valores universais do humanismo obriga o jornalista a abster-se de qualquer justificação ou instigação à guerra de agressão e à corrida armamentista, especialmente a nuclear, e outras formas de violência, ódio ou discriminação, especialmente o racismo e o apartheid, a opressão dos regimes tirânicos, o colonialismo e o neocolonialismo, assim como outros males que afligem a humanidade, tais como a pobreza, a subalimentação e as doenças. Atendendo-se a este princípio, o jornalista pode contribuir para eliminar a ignorância e o desentendimento entre os povos, chamando a atenção dos cidadãos de um país sobre as necessidades e os desejos de outros povos, assegurando o respeito aos direitos e à dignidade de todas as nações, povos e indivíduos, sem distinção de raça, sexo, língua, nacionalidade ou convicção filosófica.

10. A promoção de uma nova ordem mundial da informação e da comunicação

No mundo contemporâneo, o jornalista atua no quadro de uma tendência a novas relações internacionais em geral, e a uma nova ordem de informações em particular. Esta ordem nova, entendida como parte integrante da Nova Ordem Econômica Internacional, está voltada para a descolonização e a democratização na esfera da informação e da comunicação, em escala tanto nacional como internacional, baseando-se na coexistência pacífica dos povos e no respeito pleno a sua identidade cultural. O jornalista tem a especial obrigação de promover o processo de democratização das relações internacionais no âmbito das informações, salvaguardando e respaldando as relações de paz e amizade entre os Estados e os povos.

ÁLBUM DE FAMÍLIA

Muniz Sodré

Vamos nos deter casualmente sobre uma ou duas telenovelas em cartaz. Por exemplo, *Rainha da sucata* (TV Globo) ou *Pantanal* (TV Manchete). O que estamos procurando? O incesto. E não é preciso nenhum esforço analítico na busca. A temática se explicita com clareza, tanto numa (madrasta com enteado e irmão com irmã em *Rainha da sucata*) como noutra (irmão com irmã em *Pantanal*). Quem se der ao trabalho de examinar o roteiro das telenovelas encenadas até hoje pela televisão brasileira, certamente encontrará um resultado semelhante, ou seja, que a grande maioria dos enredos abriga a tematização do incesto.

O mesmo exame pode ainda dar conta de que essa temática desenvolve-se dentro de um enredo que basicamente dramatiza o cotidiano, fazendo dele o meio de realçar a intensidade da ação ou a problemática existencial das personagens. Esse cotidiano, suporte da ação dramática, apresenta-se principalmente como "familiar", isto é, como uma seqüência de eventos atinente ao espaço das relações primárias (casa, habitação). Daí, a importância da casa e, mesmo, de sua topografia no desenvolvimento temático e nas transformações da telenovela.

Mas, se por um lado se impõe progressivamente a visão dos produtos culturais televisivos como simulacros (logo, imagens autônomas diante do real), como entender a pressão sobre a narrativa folhetinesca-eletrônica de aspectos tão pregnantes da vida real, como o cotidiano, a família, a casa e, eventualmente, fantasias incestuosas?

O caminho da resposta aponta necessariamente para os elementos "extratextuais", chamados de *condições de reprodução*, que compreendem as regras de produção, circulação e recepção ou reconhecimento dos textos (escritos, sonoros ou visuais) da indústria cultural. Os resultados da prática analítica têm indicado certas invariâncias produtivas, que permitem falar em "formas transnacionais" correntes na produção do discurso televisivo.

Uma dessas constantes transnacionais pode ser designada pela noção de fluxo, tal como a maneja Raymond Williams a propósito da televisão[1] ou a empregam, com intenções mais amplas, outros sociólogos. Este último caso é o de teóricos que concebem o processo social como fluxo contínuo de atividades diversas, orientando-se todas no sentido da troca de bens entre sujeitos interativos.

O fluxo televisivo pretende representar (na verdade, simula) fluxos sociais portadores de decisões centrais (políticas, econômicas), de injunções de coordenação ou de mobilização social. Ele constitui o movimento objetivo aparente da realidade (distinto, por exemplo, do movimento objetivo real, buscado pela arte ou pela interpretação filosófico-científica da realidade) e produz efeitos de organização ou gestão da sociedade. Trata-se de uma forma tecnocultural (um dispositivo de controle social imbricado na cultura como produto), acionada principalmente pela publicidade.

Colada aos acontecimentos e ações do cotidiano, espécie de janela aberta para o mundo de uma ficção definida como "cidadão médio", a teledifusão aparece, assim, como um fluxo de eventos, posto em continuidade tanto com o cotidiano quanto com o sistema que sustenta financeiramente o *broadcast*, isto é, a publicidade. A cotidianidade exibida na televisão é atravessada de ponta a ponta pelo discurso publicitário, que implica por sua vez mecanismos semióticos de repetição de temas comerciais e orquestração de arquétipos de um suposto imaginário público.

O fluxo da realidade cotidiana e publicitária ajuda a distinguir, por exemplo, o drama televisivo do cinematográfico, assim como a entender a facilidade de integração entre conteúdos comerciais e conteúdos especificamente teledramáticos. Do mesmo modo como o anúncio comercial dramatiza os aspectos mais "funcionais" e banais do cotidiano, a televisão incorpora ao drama a idéia de um cotidiano já definido pela atmosfera do consumo moderno. Em muitos casos, o enredo teledramático é mero apoio para a simulação de relações interpessoais mediadas pela visão publicitária do mundo.

Mas, se esse cotidiano é investido pelo discurso publicitário, ele também se legitima por uma outra constante transnacional, que funciona como uma espécie de "matriz simbólica" para a encenação dramática: a família. Não é uma matriz aleatória. Sabemos que todo texto é afetado por seus protocolos de produção e recepção ou "condições de reprodução", a que já aludimos. Como o discurso televisivo é recebido em caráter privado, normalmente num espaço doméstico ou de intimidade, a família se impõe como uma modelagem semiótica para as situações de cotidianidade ou para a interação das personagens.

O simulacro de um sujeito doméstico ou íntimo representa sempre o público interpelado pela emissão de TV. Registra-se, com efeito, nesse discurso uma interpelação sistemática do espectador, como resultado da centrifugação operada pelo espaço televisivo. Se o espaço cinematográfico é "centrípeto" (por absorver topologicamente a sala de exibição e homogeneizar-se em seu próprio universo diegético), o televisivo avança centrifugamente até o contexto heterogêneo da audiência, interpelando-o, tornando-se "familiar" a ele e assim interferindo topologicamente na intimidade real da casa. Do noticiário jornalístico à atuação dramática, o discurso televisivo caracteriza-se por marcas de enunciação do cotidiano e da família. Por isso, o imaginário da 'casa penetra no fluxo de simulação televisiva da realidade.

Como a televisão, a casa também é feita de imagens. Bachelard não tem dúvidas: "A casa é um corpo de imagens que dão ao homem razões ou ilusões de estabilidade".[2] De fato, a identidade entre o sujeito e a casa se estabelece pela repetição dos hábitos e costumes implicados no cotidiano. A casa e a vida familiar integram-se no movimento de organização da temporalidade cotidiana: os atos de repousar, acordar, comer, lavar-se etc. são cíclicos e orientados segundo o modelo da vida familiar. A repetição cíclica engendra um sentimento de permanência ou continuidade comunicado ao espaço pertinente, ou seja, à casa.

Durand aponta um certo "semantismo feminóide" na idéia de casa e antropomorfismo resultante dessa idéia.[3] Ela constitui, "entre o microcosmo do corpo humano e o cosmos, um microcosmo secundário, um meio-termo cuja configuração iconográfica é por isso mesmo muito importante no diagnóstico psicológico e psicossocial".[4] Reproduzindo o corpo tanto material como mental, a casa sugere um corpo vivo, com suas demandas de intimidade e tranqüilidade, e integra a representação de si mesmo feita pelo sujeito.

Embora o imaginário televisivo incorpore transnacionalmente a família e a casa como matrizes semióticas, a telenovela brasileira reflete particularidades nacionais, afins ao modo especial como se organiza e se transmite o poder no Brasil. O fato é que têm mudado pouco ao longo dos séculos os traços básicos de uma organização medievalista de poder, transplantada de Portugal para o Brasil no século XVI.

Nessa organização de poder, o cume da pirâmide social compunha-se de clero e nobreza. Abaixo destes, vinha o terceiro estado, cujo estrato superior era ocupado pela burguesia mercantil, que procurava ascender por meio de títulos ou de alianças patrimoniais (casamentos, adoções etc.). Em seguida, aparecia a grande massa sem acesso à corte, constituída de oficiais mecânicos, pequenos comerciantes, empregados da agricultura, do comércio e artesãos. Na base, ficavam os escravos.

A esse modelo inspirado na dinastia de Avis, que introduz no Brasil a lavoura de monocultura e a escravidão, acrescentam-se depois, com o crescimento econômico e populacional, outras categorias sociais. Funcionários, pequenos comerciantes, profissionais liberais crescem em número e em influência com a expansão das cidades. Permanece, porém, a estrutura básica originária, que coloca o poder nas mãos de clãs fundados em relações consangüíneas, mas sempre aberto às cooptações por alianças patrimoniais e políticas, uma vez que jamais houve hierarquia rígida dos agrupamentos sociais.

Essa elite, com seus desdobramentos, tem usado diferentes estratégias para não perder as rédeas de um poder que já se definiu como "cordial". Tal "cordialidade" é explicada por Buarque de Holanda,[5] a partir do sentido radical da palavra, como algo atinente ao coração e à afetividade, mas no espaço do poder. É uma boa palavra para designar relações de poder baseadas em laços clânico-familiais.

Um claro exemplo desse familialismo é o sistema de comunicação brasileiro, possivelmente o setor mais centralizado e monopolista da vida nacional. Sete famílias controlam mais de 90% de toda a comunicação social do país, ou seja, a quase-totalidade das revistas, rádios, canais de TV e, por conseguinte, a audiência. Um oligopólio familiar, que vive do monopólio estatal das telecomunicações, institui-se como linha de montagem do imaginário social.

A atmosfera familiar que perpassa algumas das instituições básicas da nação é, assim, responsável pela moldagem de ideologias correntes. Por exemplo, a ideologia da racial-democracia, que concebe o Brasil como uma grande família patriarcal, centralizada pelo homem branco, em que todos são parentes ou afins, inclusive o negro — uma espécie de parente pobre.

Por meio de ideologias conciliatórias dessa ordem, uma modelagem familiar — que percorre desde as instâncias produtivas até o público — termina impondo-se, e com marcas próprias. Nela subjaz a idéia clássica da família patriarcal, com o *pater familias* no centro da esfera de decisões, comandando filhos, mulher, agregados, servos. Se no real-histórico já desapareceu a multifuncionalidade da família patriarcal (quando esta avocava a si as múltiplas funções sociais), ela permanece no nível do imaginário, como matriz simbólica da narrativa popular de maior consumo no Brasil de hoje, a telenovela.

São parâmetros familiais que regulam o fluxo do cotidiano nas relações entre as personagens. Na verdade, o trânsito internacional do gênero rádio ou telenovela deve-se muito provavelmente ao fato de que, embora a família ali encenada tenha características latino-americanas, há associações simbólicas em escala transnacional no que diz respeito à idéia de família patriarcal. Já num folhetim inglês do início do século XIX (*Sinclair das Ilhas*, de Elizabeth Helme), as ações heróicas ou extravagantes (vazadas na atmosfera "gótica" setecentista) terminavam transformadas em virtudes domésticas, adaptadas ao recato do lar.

225

Donde a importância "topográfica" da casa-habitação na evolução temática. Os dramas de alcova predominaram nas primeiras telenovelas brasileiras, que adotavam o modelo radiofônico-televisivo de origem cubano-mexicana. No recesso desse pequeno espaço íntimo, as personagens viviam as regras de um universo público severo e moralista.

Pode-se dizer que os enredos dessa primeira fase concentravam-se no "quarto de dormir", com problemas de origem, adultério, perigos de incesto etc., que estimulavam o *voyeurismo* do público, a sensação de se olhar pelo buraco da fechadura. *O direito de nascer* — enredo a que não faltavam paixões, duelos, suicídios, adultérios, bastardias — tipifica a fórmula básica desse melodrama.

Em tal fórmula, combinação de conteúdos cubano-mexicano-argentinos com elementos da *soap opera* norte-americana, as ações giravam em torno de um triângulo amoroso, um herói, um vilão (eventualmente, um crime) e o espaço diegético, e afastavam-se da realidade brasileira. *Rosa rebelde*, por exemplo, escrita por Janete Clair, tinha a sua ação desenvolvida no interior da Espanha, porque constava nas diretrizes cubanas a presunção de que "o brasileiro não era romântico".

Com Janete Clair, aliás, o estilo de vida do Sudeste brasileiro penetrou na trama folhetinesca. A novelista evidenciava a sua capacidade de adaptação aos novos tempos, instaurando uma linha definida por uma visão atenta da classe média do sujeito urbano que enfrenta a voragem do progresso. Tanto que a publicidade de *Véu de noiva* (1969) anunciava uma novela "onde tudo acontece como na vida real". Entenda-se: o real produzido pela televisão, a partir da simulação do fluxo cotidiano, com matriz familiar, atravessada pelo discurso publicitário. De fato, assim como a Colgate e a Sidney Ross Co. tinham no passado inventado a radionovela, o grupo U. S. Unilever, por meio da agência de publicidade Lintas — que, no início, selecionava roteiros, autores e diretores —, praticamente criou a telenovela no Brasil.

O ultrapasse da fase "alcova" implicou o deslocamento da ação para outros cômodos da "casa". Exemplo do modelo "copa-cozinha" foi a novela *Antonio Maria*, que tinha como herói um mordomo português. Do modelo "sala de visitas", pode-se apontar como característica *Beto Rockefeller*, a história de um "boa-vida" carioca, que satirizava aspectos da vida urbana nacional. Depois dessa produção (1968), diminuiu a adaptação de material estrangeiro, aumentando-se em conseqüência a nacionalização dos termos e das personagens.

A ação telenovelesca terminou chegando à rua — a fase das tomadas externas, das locações à luz do sol em espaços cada vez mais amplos — mas sempre vista da "janela", isto é, do ângulo das relações de família. Estas garantem a continuidade folhetinesca, oferecendo o pano de fundo próprio para que as personagens se entrelacem sob o signo do melodramático ou, mais recentemente, da farsa.

A "fase da rua" coincidiu com a hegemonia da Rede Globo de Televisão, notável pela grandeza de recursos e pela capacidade de produção, que a situa em quarto lugar no mundo como rede de televisão. A Globo promoveu a integração da telenovela com outras formas da indústria cultural, como disco, cinema, show business. E, evidentemente, em larga escala, com o anúncio publicitário, na forma de merchandising, ou seja, o reclame comercial embutido no contexto dramático.

Com essa última fase, apurou-se também a estética "naturalista", que caracteriza a telenovela brasileira. Sempre lhe foi própria a intenção de reproduzir a aparência vivida das relações humanas (especialmente na óptica de sentimentos básicos como amor e ódio), mas esse naturalismo rudimentar passou a buscar uma documentação minuciosa — seja nos ambientes e costumes de épocas, seja no jornalismo contemporâneo — à maneira tanto da literatura de grande consumo da segunda metade do século XIX quanto da representação teatral naturalista deste século, que enfatizava sentimentos e conflitos interpessoais.

Por outro lado, modernizaram-se também os conflitos, na medida em que a telenovela passou a acompanhar jornalisticamente as transformações afetivas na família liberal-burguesa. Foram progressivamente incorporados pelos roteiros dramáticos temas como liberdade sexual, juvenilização dos velhos, descasamento e muitos outros afins à crítica dos costumes.

Na telenovela, entrevê-se de fato um tanto do drama ininterrupto da real modernização brasileira, da passagem de formas sociais de tradição à modernidade que hoje se apregoa como "neoliberal", sempre por meio de uma sobreposição autoritária do Estado à sociedade civil. Nas formas videofolhetinescas, registra-se um trabalho sígnico de hibridação de enunciações coletivas pertencentes a modelizações sociais diferentes.

Assim, uma enunciação tradicional pode ajustar-se à moderna, na medida em que isto facilita a aceitação do produto pelo olhar mais conservador do público e, portanto, aumenta a eficácia de penetração da forma urbano-industrial. Do mesmo modo que na vida pública brasileira as formações clânicas (familiais) estão acima dos partidos políticos ou das instituições civis e terminam apropriando-se dos modernos meios de comunicação, o velho imaginário da família patriarcal superpõe-se aos conteúdos modernizantes da telenovela.

Mas atenção: essa hibridação do tradicional com o moderno é tornada possível não por uma presumida força exclusiva do imaginário social ou de qualquer "inconsciente coletivo" (à maneira de Jung) e sim pela contemporaneidade do poder tecnoburocrático (presente tanto no Estado quanto na grande empresa privada), que busca a privatização da cena pública, remanejando a inserção social da família e esvaziando as mediações institucionais entre cidadão e poder público. No lugar do público, a publicidade e o marketing, exacerbando os simulacros de relações interpessoais; no lugar do estadista (que caracteriza a democracia representativa), o yuppie cosmetizado, oriundo seja da nova "família" mass-mediática seja da tradicional "casa-grande", com todo o seu imaginário autoritário de figuras empreendedoras, fortes e fundadoras de dinastias.

Por isso, mesmo debruçando-se sobre a crise da família liberal-burguesa ou sobre os conflitos advindos do ultrapasse de ritos reguladores do comportamento familiar, a telenovela não rompe diegeticamente com o *éthos* da família patriarcal-extensiva, presente no imaginário da produção e do público. Maggie verifica que tanto o texto teledramático quanto os espectadores em suas casas estão sempre discutindo "um paradoxo ou uma ambigüidade nas relações entre regras de casamento e regras de consangüinidade".[6] Um ponto dessa discussão seria: "A quem devemos servir? A nossos consangüíneos ou afins?". As personagens apresentam-se como felizes quando "correspondem ao modelo de organização da família de origem".

No entrechoque da linha reta de parentesco (avós, pais, filhos, netos) com a linha colateral (tios, sobrinhos, primos, agregados) e com os parceiros de aliança (namorados, amantes, maridos, esposas), reedita-se uma visão da sociedade brasileira como "casa-grande", com suas mazelas e situações incestuosas. A "casa-grande", lugar de guarda dum álbum de família mítico, aparece como o verdadeiro sujeito da enunciação ficcional na telenovela. Se o funcionamento da forma cultural televisiva já se arma como uma imaginariedade do real-histórico (a forma cinematográfica é, ao contrário, uma realização do imaginário), a fabulação telenovelesca, com suas impregnações incestuosas, é um sonho em segundo grau, o devaneio desse sujeito hipostasiado no cotidiano da "casa-grande".

Mas por que incesto? Trata-se na verdade de sugestões incestuosas (tradicionalmente presentes na narrativa folhetinesca, a título de risco na eventualidade de uma filiação desconhecida), embora já se tenha registrado uma vez como necessária a intervenção da Censura Federal, para impedir a consumação do ato incestuoso (*Mandala*, TV Globo). É possível que a tentação desse interdito seja uma figura forte do imaginário televisivo, exatamente porque este, assim como o poder tecnoburocrático, tanto precisa da matriz familiar, da casa, do gineceu. Em face de uma forma institucional (a família) em mutação acelerada no real-histórico, o incesto, um escândalo na estrutura, oferece-se como recurso paradoxal para a sua preservação imaginária.

COMENTÁRIO

Sérgio Mamberti

Faço parte de uma geração, talvez a última, em que a televisão ainda não existia. Fui formado pelo rádio e pelo cinema, e, o que é mais importante, como ainda não havia o hábito de assistir à televisão, pela leitura, o que na minha opinião muda substancialmente a relação com esse veículo. Até hoje acho a televisão uma coisa meio marciana. Meu pai resistiu valentemente durante anos à entrada de um aparelho de TV em nossa casa, talvez até por perceber intuitivamente esse poder massificador da televisão. Eu mesmo relutei em ter uma, pensando principalmente nos meus filhos. Como todos estudavam numa escola antroposófica e a pedagogia Steiner recomenda basicamente que não se veja televisão, só quando eles estavam bem mais crescidos acabei comprando uma.

Evidentemente jamais proibi que eles ocasionalmente assistissem à televisão na casa do vizinho ou dos avós, porque seria optar por uma solução tão autoritária quanto a que estava tentando evitar. Mas, pelo menos assim, a passividade a que a televisão submete os espectadores ficava em parte neutralizada. Meus filhos ocupavam seu tempo com jogos, inventando brinquedos, ouvindo histórias, desenvolvendo uma criatividade tão fundamental na formação da personalidade. Era nítida a diferença de comportamento entre crianças como eles e outras que viam televisão de forma indiscriminada, sem nenhum critério.

Mas o que me parece incontestável é que a televisão veio para ficar e alterou substancialmente as relações de convivência do mundo contemporâneo, estabelecendo sem dúvida nenhuma uma verdadeira revolução dos meios de comunicação. Ao mesmo tempo, transformou-se no mais poderoso instrumento de dominação e de manipulação da opinião pública, isso sem falar na ação devastadora que exerceu no imaginário nacional nos últimos vinte anos. É evidente que sempre houve, por parte do poder estabelecido, inúmeras modalidades de controle e de intervenção no nível do imaginário por meio da própria estrutura patriarcal, da casa-grande, como acabou de citar com tanta propriedade o Muniz Sodré, que permanece praticamente inalterada até hoje na sociedade brasileira e que a televisão, principalmente através da telenovela, contribui para perpetuar.

Agora, especificamente com relação a minha atividade profissional, minha opção foi desde sempre o teatro. Quando iniciei minha carreira, a televisão que se fazia era ao vivo; então quem fazia teatro só podia fazer televisão esporadicamente, atuando, por exemplo, nos famosos teleteatros da época. Você tinha de optar entre fazer teatro ou televisão, porque ser contratado de uma emissora implicava uma série de compromissos que inviabilizavam, para quem estivesse, como eu, empenhado em participar das profundas transformações que estavam ocorrendo na cena brasileira naquele momento, uma atividade efetiva nos elencos teatrais.

Só bem mais tarde, em 1967, pressionado pela necessidade de ampliar minha renda, pois já estava casado e com dois filhos, e o salário que ganhava no teatro era insuficiente, passei a fazer televisão, e, graças ao advento do videoteipe, pude fazer as duas coisas ao mesmo tempo. Por outro lado, na TV Excelsior, onde comecei a atuar em telenovelas, havia nomes como Walter Avancini e Dionísio Azevedo, preocupados com uma teledramaturgia que refletisse, em nível de massa, as mesmas tendências do teatro e do cinema, de espelhar e discutir a realidade nacional. Chegou-se mesmo a adaptar clássicos da literatura como *O tempo e o vento*, de Érico Veríssimo, uma verdadeira ousadia, o que de certa forma facilitou o meu convívio durante alguns anos com essa máquina infernal. Mas, a partir de 68, com a decretação do ato institucional nº 5, cassando de forma radical liberdades democráticas, a TV Globo assume a liderança absoluta do mercado com uma programação totalmente voltada para a pasteurização da realidade brasileira, escamoteando-a com melodramas açucarados, nos quais os pobres sempre conseguem ascender socialmente através do casamento, e colaborando decisivamente na implantação do "milagre brasileiro", num momento em que as pessoas estavam sendo perseguidas, presas e torturadas até a morte, pelo simples fato de pensar diferente.

Afastei-me por oito anos da televisão, trabalhando eventualmente na programação da TV Cultura, canal 2, por não poder concordar em ser cúmplice dessa farsa. Aliás, esse conceito que a Ester Goes acabou de anunciar de que a televisão é um veículo do século XXI com uma ideologia do século XIX é extremamente esclarecedor da importância política desse veículo, ainda mais quando se sabe que uma eleição presidencial foi decidida com um programa de telejornalismo, editado de acordo com as conveniências do candidato da situação.

Na realidade, como tão bem colocou Eugênio Bucci no artigo publicado na *Folha de S. Paulo*, "Destruição cultural", o grande projeto cultural da ditadura foi sem dúvida alguma o fortalecimento e a ampliação das redes nacionais de televisão, aliás, muito bem-sucedido.

E nesse novo governo, com a extinção de todos os mecanismos de apoio à produção cultural, me parece mais evidente o intuito, já que não existe mais a censura, pelo menos constitucionalmente, de inviabilizar a pluralidade da criação artística independente como o teatro, o cinema e outras manifestações, propiciando o monólogo das comunicações audiovisuais de massa.

NOTAS

(1) Raymond Williams, *Television: technology and cultural form* (Shoken Books, 1981).

(2) Gaston Bachelard, *A poética do espaço*, parte v (Ed. Eldorado).

(3) Gilbert Durand, *Les structures anthropologiques de l'imaginaire* (Dunod), p. 277-81.

(4) Idem, ibidem, p. 277.

(5) Sérgio Buarque de Holanda, *Raízes do Brasil* (José Olympio).

(6) Yvone Maggie, "A quem devemos servir: Impressões sobre a 'novela das oito' ", in *Textos para discussão do mestrado de ciências sociais*, n.º 11-87 (IFCS-UFRJ).

A LINGUAGEM DA TV
O impasse entre o falado e o escrito

Dino Preti

Muitas e variadas são as relações entre a linguagem da televisão e seu referente imediato, a língua da comunidade. Quando nos referimos à linguagem da televisão, estamos fazendo alusão ao estilo de comunicação verbal empregado por esse veículo de comunicação de massa, da mesma forma como costumamos falar em linguagem dos jornais ou do rádio, por exemplo.

Na comunicação televisual, há dois pólos a considerar: de um lado, um falante e, de outro, um ouvinte, este representado por uma entidade coletiva — os telespectadores, que poderemos chamar de *audiência*. Como todo processo de comunicação falada, a mensagem lingüística da televisão deve levar em conta a categoria, o tipo de audiência, que regulará não só o desenvolvimento do tema mas também as características da linguagem utilizada. Por outras palavras, todo programa de TV se define a partir de uma *situação de comunicação* imaginada por um produtor. Em tese, há uma audiência específica para o telejornalismo, outra para as novelas, outra para os programas de auditório etc. Pode-se dizer, em princípio, que existem vários estilos na linguagem da TV, tendo em vista essa variedade de audiências.

Da parte do telespectador, gera-se uma expectativa de linguagem, tendo em conta a programação sintonizada. Não se esperaria, por exemplo, que a apresentação verbal de um concerto de música clássica fosse feita com a liberdade das estruturas coloquiais ou com a natural irreverência da gíria. Mas esse tipo de linguagem vai bem para uma transmissão futebolística ou um programa cômico.

Em princípio, o problema seria de fácil solução, se fosse possível distribuir os programas por audiências bem definidas, isto é, associar diretamente o estilo empregado com as classes de telespectadores. Acontece que as audiências não são bem definidas e, então, procura-se nivelar os padrões, em busca de uma linguagem comum, que possibilite uma compreensão natural, considerando-se as variedades geográficas ou socioculturais dos telespectadores. A busca desse padrão estilístico comum gira em torno de um fator preponderante em comunicação: o entendimento do destinatário. A compreensão imediata pressupõe, sem dúvida, por parte do falante, um processo de seleção adequada na língua oral da comunidade, fonte imediata do estilo das falas da TV.

Essa associação, no entanto, não é fácil, se atentarmos para o fato de que a linguagem de quase toda a programação é, na sua origem, uma linguagem escrita. E há entre essas duas modalidades de língua — a oral e a escrita — diferenças fundamentais, geradas principalmente pela mudança da *situação de comunicação*. De fato, o binômio falante/ouvinte possui características diferentes do binômio escritor/leitor.

Quem fala tem presente seu interlocutor, numa interação face a face em que pode observar as reações dele. Em função disso, pode dosar a densidade das informações, repetir quando necessário para a boa compreensão; interromper frases e até abandonar fragmentos delas, quando perceber que o entendimento pelo ouvinte já se deu; usar variações entonacionais, mudar ritmo de fala, gesticular para reforçar a expressão do pensamento etc. Por outras palavras, a língua falada é contextualizada e se vale de recursos de natureza lingüística e situacional.

Já quem escreve vive uma situação de comunicação totalmente diversa. A escrita é um ato solitário para um leitor virtual. Ignoramos se vamos ser bem compreendidos, as reações que provocaremos. O texto escrito, diferentemente do oral, possui um planejamento mais cuidadoso e sobre ele pesam as imposições normativas da gramática tradicional, ainda quando o escritor queira se aproximar da linguagem popular e da fala. Há certas convenções lingüísticas, particularmente de natureza sintática, que presidem o ato de escrever, por menos elaborado que ele seja, e que se revelam particularmente no processo de coesão discursiva. A escrita é descontextualizada no sentido de que não depende de uma *situação de comunicação* que incida diretamente sobre o ato de escrever, no momento em que ele ocorre, embora não se possa esquecer que deve existir um sistema referencial comum entre escritor e leitor que extrapole os limites do texto, sem o qual a comunicação se torna mais difícil e até impossível.

É preciso lembrar que há no leitor de um texto uma *expectativa para uma linguagem escrita*, com sua orgnização característica, ainda que sobre ela incidam as mais variadas influências da língua falada, como ocorre nos jornais. Ninguém esperaria, por exemplo, encontrar um texto como este num depoimento de jornal:

> — Acontece o seguinte... quando eu estudei éh... tive que... éh... aprender uma série de métodos de cálculo... agora vários desses... vários desses

233

métodos não não não são mais necessários... não se aprende porque... eles estão suplantados né? você não precisa mais calcular o compu/ o computador calcula... [Projeto NURC/SP, Inq. 343, em *A linguagem falada culta na cidade de São Paulo*, v. II, p. 38.]

Da mesma forma, há no ouvinte (telespectador ou não) uma *expectativa para a linguagem oral*, com suas repetições, autocorreções, hesitações, segmentos sintáticos truncados ou abandonados e outras marcas típicas da língua falada. A recente campanha política nos fornece um exemplo do que afirmamos. Os candidatos que optaram por abandonar uma comunicação oral espontânea, substituindo-a por uma oral lida no *teleprompter*, apresentam-se com um texto estranho ao telespectador, que percebe sua organização e planejamento fora da naturalidade da língua falada, o que se reflete na própria postura preocupada do falante, característica de quem lê em voz alta, o que não é sequer uma atitude natural de leitura. É a artificialização do discurso oral.

O estilo do discurso da televisão, escrito para ser lido, resulta, antes de mais nada, num impasse: ora se revela elaborado, segundo as convenções mais rígidas da gramática, aproximando-se da língua escrita, ora demonstra claramente sua intenção de aproximar-se da língua falada, na sua sintaxe mais livre, na alta incidência de gíria e até de vocábulos chulos.

Um exame, ainda que superficial, a título puramente especulativo, poderia levar-nos a afirmar que a segunda tendência — a aproximação da fala natural — parece mais freqüente e atende mais diretamente aos objetivos de lazer da audiência.

A rigor, apenas alguns gêneros de programa, como os de caráter educativo ou o telejornalismo, configuram um estilo marcado por um planejamento verbal mais cuidadoso, pequena ocorrência de repetições, estruturas sintáticas mais de acordo com as regras gramaticais, levando a um resultado que definiríamos como uma linguagem falada culta mais tensa, própria das *situações* formais.

No telejornalismo, pode-se notar o flagrante contraste entre esse estilo lido e a naturalidade da fala, quando se observam os breves depoimentos colhidos de improviso, que escapam do implacável corte do trabalho final da edição. Aliás, essa triagem é levada às últimas conseqüências, tendo em vista a economia de tempo. Por isso, o *Manual de telejornalismo* da Globo recomenda: "Quando o entrevistado fala mais de trinta segundos, desconfie. Ouça de novo, tantas vezes quantas você precisar para descobrir o que está sobrando. Raramente você não terá o que cortar. O importante acaba se perdendo na enxurrada de coisas que diz o entrevistado" (pp. 19-20). Trata-se de uma orientação própria de quem escreve, de quem pode ler e selecionar, reescrever e corrigir. Assim, embora pouco reste da "enxurrada de coisas", são esses farrapos de fala que sobram dos cortes que nos introduzem de repente na naturalidade da língua falada. No telejornalismo moderno, adotou-se o costume de substituir parte dos depoimentos por uma voz em off que resume o que o falante originalmente está dizendo. E, por esse processo, volta-nos imediatamente a consciência do texto oral lido.

Os programas de entrevistas no estúdio revelam uma linguagem preocupada nas duas direções apontadas. Da parte do entrevistador, há o trabalho prévio da produção, que não só se limita à organização da pauta e portanto à condução do tema mas também à própria redação das perguntas, que são memorizadas ou lidas no ato. Da parte do entrevistado, por sua vez, também é freqüente a preparação das respostas, que inclui até o modo de dizer, porque, muitas vezes, o entrevistado conhece com antecedência as perguntas que lhe serão feitas.

Mas nesses programas, curiosamente, existe uma preocupação evidente com a naturalidade da fala por parte do entrevistador, tendo em vista não apenas o interlocutor com quem interage mas também a audiência, isto é, os telespectadores. Quanto maior essa aproximação com a linguagem falada natural, tanto melhor fluem as entrevistas. Os grandes entrevistadores da TV são os que improvisam (ou simulam fazê-lo) não só na condução do tema mas principalmente na naturalidade de uma conversação que, na realidade, disfarça uma situação de comunicação, em geral, muito tensa. Quem assiste a uma entrevista, embora nem sempre se dê conta, pode constatar que se trata de um diálogo com as cartas marcadas. Sua assimetria revela, por outro lado, que, salvo casos excepcionais em que o entrevistado possui uma posição social muito relevante, o entrevistador é quem tem o controle absoluto do *turno de fala*, entra no diálogo quando quer, dirige as mudanças de tópico, enquanto o entrevistado, ainda que permaneça com a palavra a maior parte do tempo, só o faz na medida em que aquilo que diz interessa ao desenvolvimento do diálogo planejado pelo entrevistador.

É nas novelas e nos programas humorísticos que se observa a maior aproximação da linguagem de televisão com a língua falada da comunidade. Alguns autores dos textos estão permanentemente atentos às transformações da fala contemporânea e, em particular, às criações vocabulares. Sílvio de Abreu, a propósito de sua novela *Guerra dos sexos*, afirma, em entrevista ao jornal *O Estado de S. Paulo* (30/9/1990): "Ouvi a gíria nas ruas, enquanto buscava traçar o perfil das personagens".

Conquanto se possa afirmar que também a televisão contribui com uma pequena parcela para essa fonte vocabular, ela seguramente é mínima, considerando o papel que lhe compete de simples divulgadora do vocabulário em voga, na época da programação.

Quase sempre, a função primordial dessa fala "fabricada" pelos redatores é completar os estereótipos de toda ordem, veiculados pelas novelas e cenas cômicas. Há necessidade de deixar bem marcados os papéis sociais e as características físico-psicológicas das personagens (o executivo, o homem rural, o idoso, o jovem, o operário, a mulher de família, o trabalhador analfabeto, o homossexual etc.), de modo a torná-los facilmente compreensíveis a qualquer classe de telespectador. Assim, por exemplo, uma personagem ignorante pode ser marcada por uma construção lingüística ou uma palavra apenas que indique claramente sua baixa escolaridade: "Vou receber dois milhão pelo serviço" (*Mico preto*); "Eu levei um choque tão grande que eu quase caí de bunda" (*Barriga de aluguel*); "Mais doido vai ficá é eu!" (*Barriga de aluguel*).

Já uma personagem culta se revelará por um vocábulo do jargão universitário (*leitura*): "Você começa a fazer uma leitura errada de tudo" (*Barriga de aluguel*).

Um jovem se identificará pela sua gíria de grupo, incompreensível a outras classes sociais: "Bicho, tu é cascuda" (*Barriga de aluguel*).

Ora, do ponto de vista lingüístico, notadamente na comunidade urbana, é impossível admitir como absoluta uma associação direta entre nível de linguagem e classe social, faixa etária, grau de escolaridade, sexo do falante etc. Simplesmente porque os grupos sociais se misturam na comunidade, de tal sorte que um mesmo falante exerce vários papéis sociais, participa de vários grupos e é dono de um conhecimento lingüístico comum, que lhe permite interagir verbalmente com pessoas das mais diferentes posições sociais e graus culturais.

Nessa busca de caracterização das personagens pela linguagem, não raro descamba-se para a caricatura lingüística. E esta tendência torna-se mais pronunciada nos programas cômicos, já por si caricaturescos. Neles, a aproximação com a chanchada barata visa intencionalmente a uma classe de telespectadores pouco interessados no humorismo sutil e inteligente que, por certo, lhes passaria despercebido. Basicamente, os quadros cômicos se constroem sobre motivos eróticos e sua linguagem natural é a do *discurso da malícia* em suas linhas mais grossas. O processo lembra bem os recursos dos quadros do teatro de revista, de onde seguramente se originou esse humorismo grosseiro, que antes era destinado a um público marginal e restrito.

O discurso da malícia tem a peculiaridade de criar para o telespectador um processo lúdico da linguagem. Trata-se de um jogo lingüístico em que se dizem coisas que podem ter um duplo significado: um primeiro normal, literal, explícito; um segundo implícito, intencionalmente escondido. A comunicação entre os "jogadores" — no caso os atores — subentende o conhecimento de um código, na verdade pouco secreto e que consiste, grosso modo, em sexualizar todos os significados, criando assim novos referentes.

O "jogo" principia toda vez que, em determinado diálogo, certos vocábulos ou frases conduzem a uma inversão ou sobreposição de significados, ao estabelecimento de um discurso sob outro discurso, em que as ambigüidades semânticas permitem as insinuações licenciosas, obscenas. Assim, esses vocábulos e frases podem prestar-se a uma leitura ingênua e a outra maliciosa, desde que, para a primeira, se ignore o novo contexto em que estão inseridos, de intenção manifestamente erótica.

> *Mulher*: Hoje levantei muito cansada.
> *Colega de escritório* (*homem*): Por que teve muita "atividade" de noite?
> *Mulher*: Ah, não parei a noite toda.
> *Colega*: "A noite toda"?*

A seqüência da cena vai demonstrar que a "atividade" da mulher decorrera de uma indisposição intestinal. Mas, enquanto isso não se esclarece, o homem sexualiza os referentes, ligando-os todos ao ato sexual e, surpreendentemente, a mulher não percebe o desencontro, o que provoca riso.

Nos programas cômicos, a leitura inocente, em cena, geralmente cabe às personagens femininas e a graça é provocada pelo fato de elas não entenderem o significado (mais do que óbvio) do discurso malicioso dos homens. E, assim, transmite-se também por meio desse recurso discursivo mais uma marca preconceituosa que caracteriza esse tipo de humorismo de intenções machistas evidentes.

Essa obscenidade mascarada, de um primarismo lamentável, pode coincidir com uma sintaxe popular — sempre mais fácil ao entendimento do telespectador —, abundante uso de gíria e até vocábulos chulos mais comuns, cujo emprego abusivo na língua falada da comunidade tenha contribuído para lhes aliviar a carga semântica obscena: *encher o saco, frescura, tesão, bicha, veado* etc.

Do ponto de vista da comunicação, o discurso da malícia traz uma grande vantagem: esse discurso "dito", mas "não dito" ressalva a culpa do falante e transfere para o ouvinte a responsabilidade de "entender" o que não foi explicitado. Em caso de reação negativa por parte do ouvinte, será fácil o falante desculpar-se: "Mas eu não quis dizer isso...". Para o telespectador o "jogo" é intencionalmente fácil e, por isso, lhe é agradável perceber o que certas personagens envolvidas nas cenas — quase sempre as mulheres, como vimos — não percebem.

Outro aspecto desse oral produzido pelos redatores de novelas e

---

(*) Reprodução reconstituída, não literal.

cenas cômicas, e que, ainda uma vez, resvala para o tom caricaturesco, pode ser observado nos falares regionais, reduzidos às falas estropiadas das personagens, que até no tipo físico guardam sua identificação inequívoca com a cidade grande e que imitam, quase sempre canhestramente, o ritmo e a entonação ligados às várias regiões do país. Seria o caso de perguntarmos: o que impediria que as emissoras contratassem artistas locais, dando maior realidade às cenas, renovando os elencos, hoje restritos àqueles artistas de sempre, quando não a modelos, transformados pitorescamente em personagens do sertão e do interior do Brasil?

Por último, pode-se dizer que, quando surgem dificuldades na criação das falas adequadas às personagens, a solução parece ser a de nivelar por baixo, pois a preocupação do entendimento imediato sobrepõe-se a qualquer outra. E mais uma vez resvalamos para a caricatura.

Este breve panorama dos estilos lingüísticos na televisão poderia levar-nos à indagação se seria lícito exigir desse poderoso veículo de comunicação um tipo de reação contra essa tendência para um estilo popular (embora nem sempre natural), substituindo-o por uma linguagem culta, mais elaborada, segundo os modelos da escrita, o que significaria, em última análise, atribuir à televisão uma função educativa na sociedade.

Na verdade, uma das causas dessa tendência para o coloquial, que hoje se observa não só na TV mas também no rádio e nos jornais, talvez decorra, entre outras razões, de uma tendência natural de um país pouco letrado, com baixo nível de escolarização, onde a escrita ainda não tem primazia sobre a fala, não apenas em função do fato de se ler pouco, mas principalmente em função do fato de se escrever menos ainda. Somos um país voltado predominantemente para a comunicação oral, o que nos permite praticar habitualmente uma linguagem despreocupada com as regras gramaticais. E essa primazia pelo oral, conforme bem observou a lingüista Mary Kato, pode ser encontrada nos próprios falantes letrados que, como os demais nas muitas situações de dificuldades de informações, preferem consultar alguém, oralmente, a esclarecer-se pela leitura, como poderiam fazê-lo, por exemplo, consultando guias, manuais de instruções, leis e regulamentos, enciclopédias, livros técnicos etc. Como afirma, com humor, a lingüista em seu livro *No mundo da escrita*, o Brasil ''é o paraíso dos assistentes técnicos, dos advogados e dos assessores técnicos'' (p. 40).

Por isso, sentimos muita dificuldade em acompanhar um texto escrito lido, em entender um estilo que não se situe próximo da oralidade.

Assim, se pensarmos na tão falada ''função social da televisão'', talvez valesse a pena nos perguntarmos se o seu estilo lingüístico está de fato cumprindo seu compromisso com a língua da comunidade ou se não poderia, por exemplo, aprimorando sua linguagem, criar modelos para essa comunidade.

É preciso entender, antes de mais nada, que as transformações lingüísticas não são fenômenos isolados na sociedade, mas sim o reflexo de uma situação social. Se a comunidade revela, hoje, um grau de aceitabilidade muito maior em relação às formas populares e ao vocabulário gírio, por exemplo, configurando um afastamento maior em relação aos padrões cultos da língua, há razões socioculturais que explicam essas mudanças. A chamada "crise lingüística", levantada ingenuamente por alguns mal informados, nada mais é do que o reflexo das transformações sociais que se projetaram na língua da comunidade. As próprias alterações políticas que se processaram no país, de cunho mais democrático, abriram um grau de aceitabilidade muito maior para a linguagem popular. Daí um natural repúdio ao purismo gramatical, à "gramatiquice", índice inequívoco de um formalismo que parou no tempo; daí a mudança dos critérios de aceitabilidade social das palavras, uma maior tolerância para o fenômeno criativo popular da gíria; daí um esvaziamento dos tabus lingüísticos, que não correspondem mais às profundas transformações morais que se operam na sociedade brasileira contemporânea. Enfim, não há crise lingüística, mas há transformações, pois as alterações no uso lingüístico são a natural decorrência das alterações sociais.

Ora, os meios de comunicação de massa sofreram igualmente o reflexo dessas transformações. Os jornais liberaram sua linguagem, aproximando-a da língua falada; o rádio e a televisão abriram suas portas às estruturas populares, ao vocabulário gírio. Esses veículos de comunicação não são os responsáveis por essa transformação, embora seja forçoso reconhecer que, aceitando-as, acabaram por acentuá-las ainda mais.

Exigir da televisão brasileira uma linguagem predominante culta e portanto de maior prestígio social, submetê-la mais intensamente aos preceitos gramaticais, significaria, talvez, atribuir-lhe uma função de cunho educativo que, a nosso ver, ela não está preparada para exercer. Se o fizesse, isto implicaria, quem sabe, afastá-la da realidade lingüística que, afinal, não deixa de ser o reflexo de um país de educação permanentemente em crise. E com um risco maior: poderia torná-la desinteressante (ou até ininteligível) à maior parte dos telespectadores, o que, considerado o Brasil de hoje, talvez resultasse numa crise social.

Mais lógico, por conseguinte, embora também mais utópico, seria educar o telespectador, torná-lo mais crítico e exigente, não apenas para a linguagem (isto é, a *forma*), mas particularmente para a programação (isto é, o *conteúdo*). Obviamente, é um papel que competiria a outras instituições, primordialmente à escola em todos os seus níveis, muito mais do que à própria televisão, num discutível processo de autocrítica.

AS PALAVRAS NA TV
Um exercício autoritário?

Maria Thereza Fraga Rocco

> *Dos cinco sentidos, somente a audição (referida à linguagem) rivaliza com a visão no léxico do conhecimento. Os demais, ou estão ausentes ou operam como metáforas da visão.*
>
> Marilena Chaui,[1]
> "Janela da alma, espelho do mundo"

É comum dizer-se que "uma imagem vale por mil palavras". Tomando-se a expressão ao pé da letra, seria até possível pensá-la em termos de televisão, veículo que tem o ícone como principal caracterizador de sua especificidade. E, assim, a TV seria o mais eloqüente de todos os meios de comunicação, já que nela a narrativa por imagens ocorre em um moto-contínuo.

Em verdade o que se observa? A imagem televisual, como de resto, acredito, todas as demais, não se basta a si própria, não se esgota em si mesma, já que não é auto-explicável.

Se "uma imagem pode valer por mil palavras", há momentos em que, talvez, nem 10 mil imagens consigam expressar o poder polissêmico de uma única palavra. E por que razão? Pelo fato de o verbal se instaurar como metalinguagem de todas as linguagens, pois, conforme ensina Alfredo Bosi, "a realidade da imagem está no ícone", mas "a verdade da imagem está no símbolo verbal".[2]

Pensando-se em um tipo de reflexão que não divorcie *o ver* TV *do ouvir* TV, dimensões inalienáveis do veículo, tentarei me deter um pouco sobre esse verbal que permeia praticamente todos os gêneros televisuais.

Antes, porém, é necessário discutir um pouco a própria TV: o que é, que funções e poderes exerce e o que representa hoje no dia-a-dia das pessoas.

A televisão, ao lado do computador, talvez seja a mais importante invenção do século XX e provavelmente do próximo século. Facilmente definível, enquanto veículo eletrônico, com características técnicas muito específicas, a TV não é tão nitidamente conceituável, se pensarmos em seus papéis, seu alcance, e sobretudo nos efeitos que possa exercer sobre os indivíduos com que interage, pois a TV traz em seu bojo contradições, imprecisões e causa grande inquietude.

O poder e a penetração do veículo são imensos. Milhões de pessoas se *ligam* efetivamente à TV durante muitas horas de seu dia. Se alguns poucos se colocam contra ela, a grande maioria, no entanto, permanece diante do vídeo entre quatro e cinco horas diárias em média, média essa que chega a dez horas entre as pessoas da terceira idade. Os pequenos, de três a doze anos, assistem à TV aproximadamente seis horas por dia. E qual a razão? Não é uma; são várias.

Inicialmente, ninguém pode negar o poder de sedução exercido pela TV, bem como a força magnetizante com que se mostra aos indivíduos.

Em segundo lugar, entre as "tiranias" da modernidade assiste-se a uma total falta de outras opções de lazer, sobretudo para aqueles idosos e também para os pequenos que não têm mais quintais ou praças públicas onde passear ou brincar, e mesmo que houvesse tais praças, nelas não poderiam permanecer face aos problemas de falta de segurança.

Nosso tempo é feito de inúmeras e rápidas transformações. Não há forma fácil de absorver e internalizar os fatos novos que surgem e nem mesmo de analisá-los com o devido distanciamento crítico para poder realmente observá-los em sua integridade.

E, no meio de tais fatos novos, a TV aparece como a criação mais desafiadora. Ante a televisão ninguém permanece indiferente. Muitos a vêem como uma "janela para o mundo", sendo capaz de "trazer o real para dentro de nossas casas". Outros, mesmo sem dela se *desligar*, a concebem como "o mais alienante veículo da indústria cultural", capaz até de tornar "o homem acrítico", afastando-o inconscientemente de sua própria realidade.

Cria-se, pois, em volta da TV, um campo de tensões — fato compreensível — já que, além desse magnetismo que exerce sobre todos, a televisão é o veículo produtor dos mais analógicos simulacros do real. Tais simulacros são tão próximos da realidade sensível que, por vezes, custamos a perceber se a realidade objetiva é aquela, do lado de fora, ou a que se vê do *lado de dentro do vidro do vídeo*.

Não fossem esses aspectos apontados, gostaria ainda de lembrar mais um ponto. Como nos diz Teixeira Coelho, nosso tempo, hoje, transformou-se numa era de "lazer". Segundo o autor, o que se observa entre nós não é propriamente o surgimento de uma "cultura de massa", mas, sim, de um "lazer de massa".[3]

Se realmente isso é o que ocorre, verificamos que a televisão segue pela mesma trilha, uma vez que o veículo não oferece nada que já não esteja sendo acolhido e desejado pelos grupos sociais. Televisão não inova. Televisão é sempre redundante. Televisão apenas projeta representações idealizadas dos modos de ser dos grupos sociais e dos modos de ser individuais.

E como está a TV contemporânea? Atendendo, portanto, a essa necessidade prévia das pessoas, voltadas que estão mais para o divertimento, nota-se, conforme alertam Armand e Michèle Mattelart, que "a função de distrair claramente passou à frente das outras funções designadas para a televisão como também das outras formas de seu uso social", acrescentando ainda os autores que, "da mesma forma que as funções de informar e educar anteriormente imprimiam a marca sobre a de distrair, a função hegemônica do divertimento tende a marcar cada vez mais as outras duas".[4]

E, nesse universo de poder e abrangência representado pela TV, como se estrutura a mensagem do veículo? Quais serão suas características fundantes? Televisão é imagem apenas e basicamente?

Por certo a imagem é o centro definidor da TV. No entanto, a TV não existe sem o verbal. Pelo menos, a televisão com que hoje convivemos. O verbal, como ensina Roland Barthes, "ancora" o visual, completando-o, ambigüizando-o ou desambigüizando-o. O verbal completa a narrativa por imagens que como já dissemos por si só não se sustenta.

Apenas para exemplificar tal afirmação, seria importante que nos víssemos na seguinte situação: diante de um vídeo que transmitisse, *sem som*, cenas de uma novela ou de uma entrevista; não haveria condições de continuarmos mais que meio minuto sem o apoio das vozes. Pensando agora no contrário: teríamos o som, mas estaríamos *sem as imagens*. Apesar de certamente termos perda de várias circunstâncias de emissão, estaríamos, no entanto, em totais condições de seguir os lances ficcionais de uma novela, como também conseguiríamos seguir o processo de interlocução de uma entrevista.

O verbal, assim, esclarece situações, amplia as possibilidades narrativas da TV e comenta as ações que se desenrolam.

Tanto o fato é verdadeiro que conhecemos a existência bem recebida de várias estações de rádio, em FM, que ampliam sua escala de captação para transmitir as emissões de TV. Dessa forma, *ouvem-se* novelas de TV e também outros segmentos, pelo rádio.

E de que modo se organiza esse verbal da TV? Algumas características comuns e pertinentes ao veículo se mostram constantes na fala televisual: textos simples, baixa taxa de subordinação, inventário lexical redundante, formas diretas de interlocução. Estabelece-se sempre um diálogo *menos* ou *mais* direto entre o emissor e o telespectador, diálogo que por certo não se dá face a face, mas se constrói pela própria mediação física do veículo.

Ocorre, porém, que a TV não é monolítica, não é monoblocal. Televisão é mosaica e plural. Televisão é feita de vários gêneros que se concretizam sob a forma de segmentos diferenciados. Tem-se, pois, cinema "passado" na TV e cinema "fabricado" para TV; tem-se desenhos animados e programas infantis diversos; tem-se programas de auditório, de variedades, como *Fantástico* e similares, e que se alinham a produções humorísticas, a telejornais, a comerciais, a entrevistas e debates, que por seu turno se colam a segmentos ficcionais de grande aceitação, como é o caso das minisséries e das telenovelas.

Se encontramos uma caracterização mais ampla, abrangendo o verbal da TV em seu todo, cada gênero certamente apresentará alguns traços específicos, como é o caso, por exemplo, de *comerciais* e *programas de auditório*.

A linguagem verbal, toda ela, é dotada de características evidentemente argumentativas. Em uma simples conversa descomprometida, lançamos mão de elementos retóricos a fim de fazer prevalecer nossa opinião, a fim de convencermos nosso interlocutor.

Tal fato se evidencia não só nos enunciados que emitimos, em sua entonação, altura, timbre, mas também se revela por meio dos elementos supra-segmentais da fala, como os gestos, expressões fisionômicas e até por movimentos corporais.

O verbal traz assim nítidas marcas retórico-argumentativas e que são facilmente detectadas na superfície lingüística.

O estudioso da "nova retórica", C. Perelman, em seu *Traité de l'argumentation*,[5] analisa com rigor os *meios discursivos* que envolvem o processo argumentativo de natureza persuasiva.

Perelman nos fala de alguns apoios argumentativos nítidos que encontramos na superfície lingüística dos textos. Introduz o conceito de "lugares", visto não como noção classificatória, conforme era utilizada pelos antigos, mas como suporte a sustentar certos procedimentos argumentativos.

Assim tais *lugares* operariam dicotomias valorizadoras, opondo pares tão comuns, por exemplo, no caso da linguagem da TV. Teríamos, pois, a exaltação de certos *lugares* por oposição a outros: agora/outrora; novo/velho; jovem/idoso; descartável/durável; bonito/feio; bem-sucedido/malsucedido; rico/pobre; único/vário; instantâneo/duradouro, entre outros mais.

O autor belga nos fala ainda da ocorrência e importância de *repetições*, como marcadoras de "presença" — seja de um objeto, de uma situação, seja de pessoas. Para Perelman, a repetição duplica a sensação

243

de proximidade e continuidade do nosso *objeto de desejo*, fazendo-o permanecer vivo diante de nossos olhos, a ponto de se tornar ainda mais desejado.

Nenhum veículo utiliza, como a TV, o recurso à dicotomia de *lugares* e a *presença* do que se quer passar ou "vender" ao telespectador.

Quanto aos outros recursos lingüísticos utilizados nos processos persuasivos, Perelman nos reporta ao emprego de três modalidades argumentativo-persuasivas que seriam: a "modalidade assertiva", que trabalha sobre afirmações tidas como indiscutíveis; a "modalidade imperativa", que exerce seu poder sobre o interlocutor, na medida em que se reconhece a autoridade daquele que dá a ordem; e a "modalidade interrogativa", pela qual se procura levar o interlocutor a nos dar respostas já contidas na própria pergunta. São respostas habilmente induzidas por quem dirige o diálogo.

Quanto às técnicas argumentativas propriamente ditas, Perelman levanta uma série de tipos de argumentos sobre os quais se apóiam os processos persuasórios.

Teríamos, assim, o recurso ao que denomina argumento "quase lógico", de caráter não formal e que convence o receptor, sem necessidade de apresentação de provas. Assim, enunciados que lançam mão de *comparações*, do *ridículo* ou de *ironia* se inscreveriam nesse tipo de argumentação "quase lógica" que, de certo modo, recobre quase todo o processo retórico, imbricando evidentemente argumentos de outra natureza.

Também o chamado "argumento de autoridade" é lembrado por Perelman, ao compor a estrutura de sua "nova retórica". E em que consistiria? Para o estudioso belga, certas relações entre "ato" e "pessoa" geram situações de "prestígio", ou seja, situações nas quais se reconhece a qualidade e o predomínio de um indivíduo sobre o outro ou sobre uma situação. Fala-nos ainda Perelman sobre outros recursos verbais que um narrador ou orador utiliza em seu discurso para convencer os auditórios e conseguir a adesão deles: seriam o *afastamento tático* diante de uma situação desfavorável e a *comunhão oratória* quando é necessário entrar em cumplicidade com os interlocutores. Perelman reporta-se também a certos recursos verbais como o emprego reiterado do superlativo, cujo caráter peremptório não exige a presença de provas, e a utilização de figuras tais como metáfora e metonímia, que reforçam o impacto persuasório dos enunciados.

Alargando o campo de possibilidades de análise do verbal, pensando-se especialmente naquele verbal veiculado pela TV, teríamos de refletir agora sobre algumas vertentes da análise de discurso, na medida em que esta contempla os problemas da enunciação com seus "recortes" e "polifonias", bem como se atém às dimensões sintática, semântica e pragmática da linguagem.

Em um primeiro momento seria importante nos determos, conforme propõe I. V. Koch,[6] sobre o real valor semântico-pragmático das frases no discurso, sobre os níveis de pressuposição e implicitação, e principalmente sobre os tipos de lexicalização relacionados à expressão de modalidades.

Para Koch, como também acreditamos, "o ato de argumentar constitui o ato lingüístico fundamental",[7] caracterizando mesmo a interação dos grupos sociais.

Focalizando os aspectos lexicais que traduzem a atenção do locutor, a autora indica várias formas, através das quais se dá o processo de modalização dos enunciados por meio de *operadores modais* e *argumentativos* — elementos que mais nos interessam presentemente.

Estão nesse caso, por exemplo, além de predicados cristalizados do tipo: "é certo", "todos sabem", os advérbios modalizadores que circunstancializam os fatos de linguagem, e ainda alguns modos verbais específicos como o imperativo, alguns tempos do subjuntivo e ainda os operadores argumentativos propriamente ditos, tais como *até, apenas, quase*, entre outros.

Pensando-se no texto da TV, enquanto um todo, e seguindo ainda as veredas abertas pela análise de discurso, já que abrangentes na medida em que varrem a superfície discursiva em todas as suas realizações e em seus pressupostos, gostaria de me deter sobre o trabalho de Eni Orlandi,[8] no que respeita aos tipos de discurso por ela propostos: o discurso polêmico, o lúdico e o autoritário.

Orlandi define *tipo de discurso* como sendo "uma configuração de traços formais associados a um efeito de sentido, caracterizando a atitude do locutor face a seu discurso e, através desta, face ao destinatário".[9] E por que uma tipologia? Pelo fato de, através de um estudo tipológico, podermos mapear mais amplamente aspectos específicos de certas produções discursivas.

A autora adverte, no entanto, para a relatividade de qualquer porcedimento de tal natureza, alertando inclusive para o perigo de generalizações e transposições muito amplas de uma modalidade para outra.

Ainda que Orlandi tenha aplicado sua tipologia para analisar o discurso pedagógico, que classificou como autoritário, não creio impertinente adaptar algumas das características por ela encontradas ao discurso televisual, já que são nítidos alguns pontos de interseção entre eles.

O discurso lúdico seria, segundo a autora, aquele de tipo mais aberto, polissêmico e que traria prazer aos interlocutores. O polêmico se caracterizaria pela presença de uma "polissemia controlada" em que os participantes se expõem, mas não tão livremente. Enquanto o discurso autoritário se oporia exatamente ao lúdico, já que seu grau de polissemia é baixíssimo, sendo que ele mais se realiza por meio de uma voz auto-suficiente que emite o discurso, nem sempre havendo, portanto, "reais interlocutores".

Assim, marcas do tipo "dever", "ser preciso", "é porque é", entre outras, são as mais encontradas nessa modalidade, sendo que o emissor domina o tempo de atuação e o fio dialógico. A esse emissor é permitido também transmitir informações sob a rubrica da cientificidade, ação que realiza por meio de recursos estilísticos muito individualizados, além de ter ele ainda o direito de interrogar e de causar no receptor a ilusão de que esse receptor é a origem e razão daquele discurso.

Antes de tentarmos verificar se características semelhantes se encontram no texto de TV, gostaria de me ater a mais uma vertente teórica, qual seja aquela proposta por Gillian Dyer,[10] que analisa exatamente o verbal da TV.

Para o autor, a linguagem verbal, sobretudo em comerciais, seria o mais importante na emissão televisual, já que esse verbal ancoraria todas as significações que circulam pelo veículo.

Não concordamos inteiramente com Dyer, pois as imagens, os sons, os movimentos e as cores fazem o encanto da narrativa de TV, aliados justamente ao verbal.

Em que pese essa discordância, vale ressaltar algumas características que Dyer arrola ao analisar o apoio lingüístico da TV. Para ele, o verbal, sobretudo em comerciais, teria como funções:

— ancorar a variedade de significações;
— resolver ou manter contradições e ambigüidades das imagens;
— ligar imagens móveis entre si e adiantar a ação narrativa;
— comentar a ação final, dada pelo fecho em off, semelhantemente ao que fazia o coro grego no final das tragédias.

Quanto às funções mais gerais, bem como quanto às suas formas de realização na superfície discursiva, Dyer indica algumas diretrizes bastante esclarecedoras. Assim, para ele, na TV, o verbal

— quase sempre indica a relação *antes-depois*;
— mostra-se por meio de entrevistas e depoimentos, seja com pessoas comuns, seja com celebridades e experts;
— aparece como discurso definitivo e verdadeiro, não passível de desmentidos ou de invalidações;
— calca-se em imperativos, adjetivos superlativizados, palavras usualmente bem curtas a fim de facilitar as repetições;
— utiliza-se de rima, ritmo, aliterações e figuras de linguagem bem como de jogos verbais;
— ocorre por meio de monólogos ou diálogos montados.

Para ilustrar como aparecem alguns dos fenômenos discutidos, em comerciais de TV, utilizaremos os textos criados para o sabonete Lux Luxo vistos em dois segmentos:

> Uma das coisas que mais me preocupa é manter a minha pele como ela é hoje. Por isso eu uso o novo Lux Luxo. Sua espuma suave, cremosa, deixa uma sensação gostosa na pele. Seu perfume é fino e delicado. Quando eu uso Lux Luxo eu sinto que estou cuidando de mim. Lux Luxo mantém a minha pele macia e suavemente perfumada.
>
> O segredo de beleza de Bia Seidl começa com Lux Luxo.
>
> Para mim é fácil falar do novo Lux Luxo. Sempre usei Lux para cuidar da minha pele. Gostei da embalagem e do novo formato. Tudo é sofisticado. Sua espuma é muito cremosa e eu gostei demais do novo perfume. É delicado, fica na pele. O novo Lux Luxo deixa a minha pele macia e delicadamente perfumada.
>
> Faça como Vera Fisher! Use novo Lux Luxo.

Trabalharemos sobre os dois comerciais ao mesmo tempo, já que, à primeira vista, buscam se apresentar como diversificados: um é dito por Bia Seidl, outro, por Vera Fisher — com pequenas variações em nível lexical, mas sem apresentar significativas alterações quanto à estrutura textual.

Esses comerciais instituem-se com base em um "argumento de autoridade". E por que razão? Recorre-se ao testemunho de duas celebridades, duas autoridades, no caso: Bia Seidl e Vera Fisher, sintagmas reveladores da beleza e da sensualidade femininas. O testemunho das duas confere metonimicamente estatuto de verdade indiscutível às qualidades do produto utilizado.

Cabe relembrar aqui a necessária relação mostrada por Perelman entre "ato" e "pessoa", relação que gera situações de "prestígio", de um prestígio que socialmente se outorga a alguém, cujos atos são valorizados e aceitos e cuja figura é amplamente imitada. Conforme Perelman, o apelo persuasivo de alguém que goza de prestígio é muito forte, levando os auditórios a completas adesões. Argumentos dessa natureza dificilmente desligam a *pessoa* da *ação* — antes, *pessoa* e *ação* tornam-se um amálgama entre causa e efeito, a atuar continuamente.

Tais depoimentos acabam fazendo imbricar três realidades indissociáveis: *a pessoa que diz, o que diz* e a *forma pela qual diz*. A pessoa que diz é autoridade, portanto goza de prestígio e, por conseguinte, o que disser será acatado, sobretudo levando-se em conta a forma pela qual acaba por dizer algo. Assim, o verbal interage com o pessoal, tornando-se dele indissociável.

Em comerciais como os de Lux Luxo, que lançam mão de depoimentos de celebridades para conferir verdade à mensagem, vai-se observar um fato lingüístico importante: de um lado, tem-se alto índice de marcas de primeira pessoa, por parte da testemunha (desinências verbais repetidas, reiteração enfática de pronomes pessoais e de possessivos), de outro lado, tem-se elevado índice de determinação no que se refere ao produto, seja por meio de artigos definidos, seja por meio de possessivos.

Assim, cada um por seu turno, na medida em que usufruem de grande individualidade, autoridade e produto podem fundir-se, pelo prestígio de um e pela qualidade do outro, em uma espécie de *elemento único*, no qual não se percebe ao certo onde começam e terminam as influências do produto sobre a pessoa e os processos de identificação dessa pessoa com o produto.

Exemplos nítidos do que se acabou de afirmar, encontram-se na seqüência: "[...] *me* preocu*pa* é manter a *minha* pele como ela é hoje. Por isso *eu* us*o* [...]. Quando *eu* us*o* Lux Luxo *eu* sin*to* que est*ou* cuidando de *mim*. Lux Luxo mantém a *minha* pele [...]". E no comercial feito por Vera Fisher: "Para *mim* é fácil falar do novo Lux Luxo. Sempre us*ei* Lux para cuidar da *minha* pele. Gost*ei* da embalagem [...] e *eu* gost*ei* demais do novo perfume [...]. O novo Lux Luxo deixa a *minha* pele macia [...]".

Propositadamente, as marcas textuais centram-se na pessoa que dá o depoimento. Não ocorrem generalizações do tipo: Lux deixa a pele... Lux cuida da pele..., como se observa em outros textos, pois, tratando-se de um depoimento de celebridades, de um "argumento de autoridade", quanto mais o produto se liga a marcas individuais específicas desses testemunhos, tanto maior será seu estatuto de verdade e sua força para obter adesões.

É importante ainda acentuar que em momento algum os textos passam qualquer idéia do sabonete ligado à noção de limpeza, mas, sim, de sabonete enquanto cosmético, sempre ligado à pele e, por contaminação, através de um processo metonímico, ligado à pessoa toda, identificado com essa pessoa, atuando sobre ela e com ela. Fala-se mais, desse modo, dos aspectos periféricos do produto e não da essência dele em si. Fala-se mais do perfume, da espuma e sobretudo do aspecto de novidade.

Surge muito clara aí a *ideologia do novo*, que marca definitivamente a gramática dos comerciais. O *novo*, dicotomizado em relação a *velho*, evidentemente marca um "lugar" de qualidade/temporalidade desse mesmo *novo*, enquanto elemento qualitativo superior.

Tal concepção valorizadora do *novo* constitui-se em "lugar" que pressupõe e *ancora* argumentos que se revestem de contemporaneidade. Nota-se, pois, que o gênero propagandístico privilegia o *novo*, entendido aqui como contemporâneo e instantâneo, em oposição a *ve-*

lho, concebido como ultrapassado, gasto, corroído. O próprio nome do produto traz já essa marca incorporada em si: "novo Lux Luxo", "novo perfume", "novo formato".

A essa qualidade de *novo* se liga também a temporalidade de um certo *novo*, se podemos assim dizer, criando também uma oposição ao antigo, ao antes. Há, pois, uma dupla semia nessa visão de *novo*, enquanto qualidade e enquanto temporalidade — *novo* colando-se, de certo modo, a *agora* e opondo-se a *velho*, que se liga a *outrora*. No entanto, os índices lexicais temporais trazidos pelos advérbios *hoje, sempre* em: "manter a pele como é *hoje*" e "*sempre* usei Lux" recuperam, pelo passado, a excelência do produto, para que, com base nessa tradição constatada, se possa garantir o sucesso do lançamento futuro.

Como bem afirmou Dyer, o verbal sustenta o *agora*, a partir da oposição *antes-depois*, sobre a qual se constrói a dialética da propaganda.

Ainda focalizando a superfície discursivo-textual, pontuamos o alto nível de adjetivação dos dois textos. São adjetivos que transferem qualidades do produto para as apresentadoras ou então, também por meio daquele jogo metonímico referido, são as apresentadoras, enquanto autoridades de beleza, que conferem a esse produto valor de qualidade, posto que há um processo de quase indiferenciação identificadora entre os campos semânticos da beleza da mulher e da delicadeza do sabonete. Tem-se, pois: "uma espuma *suave, cremosa*; um perfume *fino, delicado*, que *fica na pele*", e, sendo assim, o sabonete, em que tudo "é sofisticado"

cuida da pele
deixa uma sensação gostosa na pele
mantém a pele macia
mantém a pele ⟨ suavemente perfumada / delicadamente perfumada

O nível das ações pertence ao produto — que as detém. Há um deslocamento da real direção da ação do indivíduo-sujeito para o objeto, já que, na verdade, o sujeito passa a ser o objeto e o indivíduo, o veículo de ação desse objeto, agora tornado sujeito.

Às duas celebridades, restam as ações coadjuvantes, quando não apenas reflexos de ações principais, que se realizam em nível das sensações resultantes de tais ações principais, como se observa em: "Quando eu uso [...] eu sinto que estou cuidando de mim".

As falas finais em off apresentam-se, a primeira, sob a forma de um sintagma clichezado: "o segredo de beleza de Bia Seidl", e a segunda se mostra impositiva pelo uso de um imperativo persuasivo, calcado na autoridade de duas mulheres bonitas, estrelas, celebridades que desfrutam de grande prestígio.

No segundo fecho em off: "Faça como Vera Fisher! Use novo Lux Luxo", assim como em vários outros fechos dessa natureza, comuns em comerciais, percebemos *subliminarmente* a asserção pressuposta de que a receptora *não faz* como Vera Fisher, ou seja, não usa Lux Luxo. Por detrás dessa espécie de pressuposto, esconde-se, se não estivermos querendo ver mais do que realmente existe, quase um esboço de argumento *ad hominem*, na medida em que a presença bonita, cuidada e qualificada das atrizes desqualifica, de modo geral, a figura da telespectadora, que não dispõe dos mesmos atributos, ainda que se exorte essa telespectadora a aderir à mensagem, vendendo-lhe, além do produto, também a ilusão de poder ser igual a Bia Seidl ou a Vera Fisher.

A análise concomitante desses dois comerciais demonstra o aspecto fundamentalmente autoritário de sua linguagem. Sob uma aparente diversificação textual, calcada na diversidade de locutores, os textos mantêm a mesma mensagem e as mesmas características repetitivas. A diversidade de locutores retira do comercial o excessivo tom de redundância, distraindo o receptor, momentaneamente, para, no entanto, prendê-lo definitivamente, subliminarmente às promessas e à ilusão de beleza garantidas por um único produto.

O texto, ainda que lúdico, traz nítidas marcas verbais persuasivas e de caráter autoritário.

Não se trata de uma adesão pela força, mas por um apelo à possível reconquista da beleza que não mais existe entre as receptoras ou que talvez nunca tenha existido.

Passando agora ao segmento que contempla os programas de auditório, tentarei focalizar um trecho do *Programa Sílvio Santos*, durante uma de suas "conversas com o auditório".[11]

Antes, porém, penso ser interessante uma anotação. Quando me propus estudar comerciais e programas de auditório tinha em mente o seguinte: sabendo que os primeiros eram muito bem elaborados do ponto de vista verbal, acreditei poder encontrar neles uma boa oportunidade para estudar esse ângulo de linguagem na TV, sobretudo levando-se em conta que os comerciais permeiam toda a programação e durante todo o tempo. E eles realmente permitiram um trabalho denso e intenso.

Quanto aos programas de auditório, escolhi-os porque, *a priori*, os considerava mais espontâneos, menos "produzidos", mais dialogados e mais naturais que os outros. A escolha recaiu sobre o *Programa Sílvio Santos*, já que uma enquete prévia, realizada entre 549 crianças, jovens e adolescentes, o apontava como o de maior preferência.

Enganei-me, no entanto, quanto à possível naturalidade e espontaneidade aí existente, de modo geral. Tais programas, como de resto ocorre com os demais, são *medidos, pesados* e, se não obedecem a um rigoroso roteiro escrito, submetem-se a clichês muito desgastados e os recriam constantemente. Os diálogos que os sustentam podem ser classificados como pseudodiálogos, já que raramente o fio narrativo toma a direção desejada pelo interlocutor convidado.

Evidentemente faz parte da especificidade da TV, da rapidez de seu *timing* tão particular, que a direção das conversas seja imposta e conduzida pelos apresentadores. Caso contrário, assistiríamos a ladainhas intermináveis, situação que seria alheia à própria essência da TV, resultando certamente em profundo cansaço para o telespectador.

No entanto, em que pesem tais aspectos, é muito claro para mim como se acentuam as características de uma *linguagem autoritária* nos programas de auditório, sobretudo se lembrarmos dos critérios já elencados, a partir dos estudos de Perelman e Orlandi.

Assim, pois, como foi prometido, transcreverei segmento de uma conversa de Sílvio Santos[12] com seus auditórios — o de casa e aquele presente no estúdio — a fim de acompanharmos como transcorrem os fatos.

Como um bom representante do orador epidítico, segundo ensina Aristóteles, Sílvio Santos faz *preleções doutorais* para seus auditórios sobre temas os mais diversos. No caso, a "conversa" antecedeu o espaço reservado à mensagem oficial do TRE.*

[...] Agora é hora de nós darmos uma paradinha. Vamos descansar um pouco aqui no auditório. Precisamos tomar conhecimento dos homens que vão governar o nosso país. Não adianta reclamar do prefeito, não adianta reclamar do presidente, não adianta reclamar do deputado, não adianta reclamar do senador, não adianta reclamar do governador.

Quem é que escolhe o presidente?

Quem é que escolhe o governador?

Quem é que escolhe o deputado?

Não é você? Não é você?

Aqui, quando nós devemos reclamar, nós devemos reclamar, nós devemos reclamar de nós... e, se um povo não vota bem, não tem um bom governo...

Se um povo vota bem, tem um bom governo!

Mas muita gente fala assim: "Ô Sílvio Santos, como é que a gente vota bem?". Não precisa aprender política, não! O povo tem uma intuição que não falha nunca. O povo sabe o que é bom, o povo sabe o que é verdade, o povo sente, ele não sabe explicar, mas ele sente...

O povo tem uma intuição. Então vote pela sua intuição... mesmo que você não saiba nada de política, não se preocupe se você vota por sua intuição. Nós temos certeza que nós vamos acertar...

E, agora, assista com atenção o Tribunal Regional Eleitoral.

(*) Houve eleição em novembro de 1985.

251

De pronto, nos vemos diante de inúmeras repetições que garantem a *presença* do narrador e da sua mensagem.

Como "mentor" dos auditórios, esse apresentador recupera exemplarmente o passado e faz advertências sobre um futuro próximo; sim, advertências, porque o narrador-orador autoritário tem o poder ou de advertir seus ouvintes ou de se solidarizar com ele. A presença física de Sílvio Santos e a representação popular que se constrói de sua figura e de sua ação no vídeo o tornam autoridade constituída diante dos espectadores. O que ele diz tem força de lei: é, portanto, incontestável.

Pensando-se no conteúdo da mensagem e nos recursos verbais que, por certo, inconscientemente, foram utilizados, nos vemos frente a três etapas sucessivas. Uma primeira de distensão do auditório, momento em que ele se serve de um *nós* intimista para entrar em "comunhão oratória" com o grupo. O *nós* traz cumplicidade, causando uma certa pasteurização das emoções individuais e das reflexões pessoais.

Em um segundo momento, o narrador-orador distancia-se desse auditório através de *questionamentos-acusações* generalizados do tipo: "Quem escolhe o presidente, quem escolhe o governador? Não é você? Não é você?". Precedendo essas indagações por um: "não adianta reclamar", Sílvio Santos cria um *argumento pragmático*, calcado na *evidência do real* e que produz aquela relação de causa-efeito já citada: "Quem vota mal, tem um mau governo".

Por ser um líder, acima do bem e do mal e infenso a qualquer julgamento, o animador-orador se retrai verbalmente quando o tópico é acusatório.

Persuasivo, gozando do prestígio que sua *pessoa* lhe concede, Sílvio Santos retoma o tom intimista, entrando novamente em comunhão com seus auditórios: "Aqui, quando nós devemos reclamar, nós devemos reclamar, nós devemos reclamar de nós... e, se um povo não vota bem, não tem um bom governo". Cúmplice, momentaneamente, une seus ouvintes para imediatamente deles se afastar de novo, já que o "não votar bem" não pode ter aí incluída a ação do líder que, por sua autoridade, facilmente impõe mensagens autoritárias.

No momento final, a preleção definitiva, em tom doutoral: "Não precisa aprender política, não! O povo tem uma intuição que não falha nunca. O povo sabe o que é bom, o povo sabe o que é verdade [...]. O povo tem uma intuição. Então vote pela sua intuição".

Verbalmente, assistimos à repetição continuada, garantidora de *presença*, repetição valorizadora da mesma idéia ligada à intuição, que abriu e fechou o segmento.

Com um raciocínio dotado de transitividade silogística, Sílvio Santos constrói seu texto, através de ordens subliminares e de outras, explícitas. Seus imperativos têm valor de lei, pois, partindo dele, a autoridade do imperativo se impõe porque calcada no prestígio da pessoa que o emite.

Não é evidentemente possível esmiuçarmos mais o texto aqui e agora. Penso que análises de segmentos verbais "tirados" momentaneamente do vídeo seriam muito úteis para que conscientizássemos as pessoas, principalmente os menores, adolescentes e jovens, do nível de autoritarismo verbal que perpassa tais segmentos. Voltaremos a esse ponto.

Uma série, porém, de outras preocupações nos tem parecido muito mais aguda, com relação à TV, e vem se repetindo claramente nesse nosso encontro, tendo em vista a maioria das questões aqui levantadas, no que se refere ao verbal da TV e também no tocante às influências gerais do veículo. Tais preocupações permeiam ainda vários outros segmentos de público, em face daquele campo de tensões criado pela TV, referido no início.

Quanto ao verbal, acredita-se e fala-se muito de seu caráter *oral*, quando na televisão. Autores como M. L. Geis, por exemplo, catalogam como oral a linguagem da TV. Afirma o autor, ao comentar a seqüência de seu próprio trabalho: "As páginas seguintes demonstrarão, de forma bastante conclusiva, a importância da linguagem oral da televisão".[13]

Da mesma forma pensam J. Fiske e J. Hartley, renomados estudiosos das pecualiaridades técnicas e dos efeitos sociais e culturais da TV. Para eles: "Cada veículo tem seu próprio conjunto específico de características, mas os códigos que estruturam a linguagem da televisão são mais parecidos com os da fala que com os da escrita".[14]

Os três autores perceberam e bem a importância da dimensão lingüística na TV. No entanto, discordamos deles quanto à questão da natureza da modalidade verbal predominante. Sem dúvida a TV veicula seus textos oralmente. O oral e a oralidade são o seu meio de transmissão. Contudo, se atentarmos para algumas características diferenciadoras do *oral* e do *escrito*, iremos ver que, na verdade, a TV produz *por escrito* e constrói rigorosamente *por escrito* esses textos para que eles *pareçam orais*.

Dizer que os textos de TV são orais é o mesmo que afirmar, mantidas as distâncias de nível e conteúdo, que os *Diálogos*, de Platão, por se instituírem sob forma dialógica, são orais. É universalmente conhecida a excelência da construção verbal dos textos socráticos, criados por Platão: rigorosamente concebidos, rigorosamente estruturados por escrito para serem entendidos como produtos da oralidade.

Um segundo aspecto a preocupar as pessoas, sobretudo os pais, os professores, é de que a criança, ao permanecer diariamente por tanto tempo diante da TV, apenas ouvindo falar, sem nada emitir, estaria ou em uma situação de total passividade ou teria bloqueada parte de sua capacidade lingüística ou ainda "desaprenderia" sua língua materna, passando a falar "errado" ou a repetir as falhas e desvios ouvidos na TV, além de se afastar da escola, das lições e da leitura.

Não há razão para preocupações de tal ordem, pelo menos não inteiramente. Em primeiro lugar, o medo da *passividade*, pelo fato de uma pessoa permanecer quieta diante do veículo, tal temor não procede. Em verdade, existe toda uma interação entre indivíduo e TV, um diálogo mediado pelo próprio aparelho e que produz um intertexto, no qual atuam a visão de mundo e a experiência prévia de cada um. Entre a TV e o indivíduo se interpõem o imaginário pessoal que é *único* e *indevassável*, o sonho, o devaneio e as representações que esse indivíduo constrói a partir do que vê e do que imagina.

Não falar não significa ausência de pensamento, ausência de ação. Crianças vêm, há décadas, assistindo muito à TV, e nem por isso deixaram de ser falantes e eloqüentes. Ver muita televisão sem dúvida é preocupante, mas não pelo temor que comumente se tem. Ver muita televisão significa ausência de outros tipos de lazer; significa estreitamento de contatos sociais, significa diminuição das experiências pessoais no mundo. Ver muita televisão indica carência de produções culturais outras que deveriam existir e estar acessíveis às crianças e a todos; às pessoas da terceira idade, por exemplo, que acabam por ter na TV sua única fonte de distração e de companhia. Têm assim os idosos a sua companhia, o seu lazer não através da presença do *outro* mas sim através de simulacros do *outro*, simulacros da própria vida.

Quanto a aprender ou "desaprender" a língua materna pelo fato de conviver com desvios lingüísticos na TV, é preciso refletirmos também um pouco mais.

A televisão pode influir, e positivamente, no caso de aprendizagem de uma língua estrangeira, de uma segunda língua.

Quanto à *língua materna*, seu desenvolvimento ocorre exclusivamente por meio de relações intersubjetivas, por meio de contatos diretos pessoa-pessoa, nunca por intermédio de um veículo eletrônico, como a TV, e que atua de outro modo, com um *timing* e um *ritmo* que nada têm a ver com o fluxo da própria vida.

O verbal da televisão pode provocar resíduos passageiros e de natureza apenas lexical entre as pessoas, no grupo social. O nome de um herói poderá ser dado a uma criança ou então um jargão de sucesso poderá ser repetido aqui e acolá, enquanto estiver no ar o programa que o veicula. Terminada a programação, cessam o efeito e a graça de uma *fala* determinada, pois o que se diz na TV envelhece tão fácil e rapidamente quanto uma manchete de jornal.

Se a linguagem verbal da TV se impusesse assim como se cogita, "ensinando" ou "desensinando" as pessoas, os pequenos especialmente, teríamos hoje um *Brasil todo* falando a *norma* da Rede Globo, cujos níveis de audiência são altíssimos e cujo sinal recobre 99% dos municípios brasileiros.

E o que se observa em verdade? Os falares regionais, o saboroso falar caipira permanecem intocados, felizmente.

E a escola e a leitura? Não estaria a TV roubando das crianças e jovens o tempo que dedicariam às aulas e aos livros de literatura?

Também é preciso aqui encaminhar uma outra reflexão. Todos nós temos muito viva interiormente uma tendência em deslocar culpas por fracassos e insucessos que são nossos para matrizes colocadas fora de nós próprios. Dizer-se, por exemplo, que um filho está correndo certos riscos por causa das "más companhias" é dos mais ouvidos argumentos do senso comum. Tais deslocamentos nos *absolvem*, de certo modo, *aliviando-nos* psicologicamente. O mesmo se dá com relação à TV, à leitura e à escola.

Será que já se estudou e já se leu muito mais em nosso país, antes do advento da televisão? A resposta, penso, é negativa. Ler nunca foi uma atividade culturalmente valorizada no Brasil. E, segundo U. Eco,[15] a televisão só teria alguma influência sobre a leitura caso essa não fosse culturalmente privilegiada. E aí o problema não seria propriamente da TV. Creio ser esse o nosso caso.

Além do mais, é preciso pensarmos na questão da escola. É fato conhecido de todos, pelo menos da maioria da população, o descaso com que é tratada nossa escola pública, ressalvadas as exceções, visto que existem. Nossa escola trabalha pouco e mal os textos literários e seleciona indevidamente os conteúdos programáticos a serem ensinados além de não direcioná-los agradavelmente, com o intuito de obter, a um só tempo, *prazer* e *aprendizagem*. A escola de modo geral não atrai. Impositiva e anacrônica, afasta de si os alunos, com ou sem a presença da TV, que, quando se mostra, revela-se sedutora e sincrônica, magnetizando a todos e com aparência de suavidade.

As discussões e preocupações precisam se ampliar, sim, mas em outras direções.

Preocupar-se com o caráter autoritário do verbal da TV é fundamental. Que se leve a TV para a sala de aula e que ali se faça, até com os menores, uma análise *do que* lhes é dito via TV e do *como* as coisas são faladas. Além do mais, é preciso estudar as notícias e conteúdos transmitidos, a fim de verificar sua validade, sua cientificidade, isto porque várias das emissões televisuais se pretendem científicas.

Preocupar-se com a indigência cultural da programação de todas as emissoras, que são concessões públicas, é importantíssimo, pois, entre nós, basta um gênero apresentado não se mostrar como horrível para já nos darmos por satisfeitos.

Preocupar-se com a falta de opções culturais e de lazer é obrigação mínima de todo cidadão. Vêem-se muitas horas de TV porque nada mais

255

nos é oferecido, e assim nos acostumamos a enxergar travestidos como reais os simulacros transmitidos pela TV e a ver em cores "o tédio e o cinza contemporâneos" que nos rodeiam.

E assistir a tanta TV, sonhar com simulacros em vez de ter devaneios com os momentos fugidios da própria vida; obedecer às ordens para aumentarmos o consumo daquilo que já consumidos ou de algo novo, ou não perceber que estão nos falando com um autoritarismo disfarçado, por meio de uma visão edulcorada do mundo e da existência, isso sim é que merece ser objeto de preocupação, pois vermos TV, sem estarmos alertas para tais questões, é permitirmos que nosso "olho, uma vez acostumado, veja sempre o mundo de forma imutável".[16]

O olhar humano é histórico e inteligente, portanto é preciso aprender a olhar. Ver TV, sim, olhar a TV, sim, mas aprender a olhar, seletivamente, refletidamente, corretamente. E olhar corretamente "significa usar a vista com astúcia e com inocência. Com astúcia porque sem ela seríamos iludidos, e com inocência para não sermos corrompidos pela mensagem de uma visibilidade estéril... e posta unicamente a serviço do prazer do olhar".[17]

NOTAS

(1) In *O olhar*, org. A. Novaes (São Paulo, Companhia das Letras, 1988), p. 37.

(2) A. Bosi, *O ser e o tempo da poesia* (São Paulo, Cultrix/Edusp, 1977), p. 36.

(3) J. T. Coelho, *Usos da cultura* (São Paulo, Paz e Terra, 1986), p. 104.

(4) A. & M. Mattelart, *O carnaval das imagens* (São Paulo, Brasiliense, 1989), p. 168.

(5) C. Perelman & L. Olbrechts-Tyteca, *Traité de l'argumentation: La nouvelle rhétorique* (Brussel, Ed. de l'Université de Bruxelles, 1976).

(6) I. G. V. Koch, *Argumentação e linguagem* (São Paulo, Cortez, 1984).

(7) Idem, ibidem, p. 19.

(8) E. Orlandi, *A linguagem e seu funcionamento* (2.ª ed. rev., Campinas, Pontes, 1987).

(9) Idem, ibidem, p. 28.

(10) G. Dyer, *Advertising as communication* (London, Methuen, 1982).

(11) A análise aqui apresentada é uma *adaptação* de um trecho do trabalho por nós anteriormente realizado e publicado na íntegra na obra *Linguagem autoritária: Televisão e pcrsuasão* (São Paulo, Brasiliense).

(12) Trecho de programa levado ao ar em 27/10/1985. Esse mesmo trecho é adaptação de um outro cuja análise foi publicada no livro *Linguagem autoritária: Televisão e persuasão*.

(13) M. L. Geis, *The language of television advertising* (EUA, Academic Press, 1982), p. 2.

(14) J. Fiske & J. Hartley, *Reading television* (3.ª ed., London, Methuen, 1982), p. 15.

(15) U. Eco, *Apòcalípticos e integrados* (São Paulo, Perspectiva).

(16) G. Picon, *O escritor e sua sombra* (São Paulo, Nacional/Edusp, 1970), p. 238.

(17) S. P. Rouanet, "O olhar iluminista", in *O olhar*, org. A. Novaes (São Paulo, Companhia das Letras, 1988), p. 147.

VÍTIMA E CÚMPLICE

Roberto Bahiense

Em menos de quarenta anos o Brasil multiplicou uns poucos que assistiram à primeira transmissão por quase 90 milhões de brasileiros que hoje têm acesso à televisão. Atualmente, as famílias brasileiras mantêm seus aparelhos ligados todos os dias por cerca de cinco horas e trinta minutos, enquanto nos Estados Unidos a média é superior a sete horas.

As donas-de-casa daqui de São Paulo e do Rio, segundo pesquisa da McCann Erickson, dedicam 20% do seu tempo à televisão. Nos fins de semana mais ainda: 26%. Na freqüência VHF, temos 192 estações de televisão em funcionamento, sendo 181 comerciais privadas e onze estações educativas e culturais controladas diretamente pelo governo, através de empresas e fundações diversas. O quadro se completa com a atividade de cerca de cem estações retransmissoras e repetidoras que, normalmente, operam em UHF. E mais umas mil outras retransmissoras oficiais, oficiosas ou clandestinas que se utilizam dos processos de TV a cabo, microondas, antenas coletivas, para retransmitir ou amplificar sinais colhidos na superfície ou via satélite. A posse de televisão nos domicílios brasileiros é projetada para este ano em 64,5%, 16% a mais em relação à posse aferida pelo censo de 1980, totalizando 23 milhões de domicílios com TV.

A Rede Globo é responsável pela mais abrangente cobertura de televisão do Brasil, representando 99,93% dos domicílios com TV, 99,92% dos telespectadores potenciais e 99,93% do índice potencial de consumo brasileiro. A mídia TV absorveu, em 1989, aproximadamente 55% dos investimentos publicitários, algo em torno de 1,45 bilhão de dólares, tendo a Rede Globo e suas afiliadas ficado com 70% dessa verba, ou seja, quase 1 bilhão de dólares.

Muita coisa, não? Nem tanto... o mercado brasileiro de propaganda é um pouco menor do que o total dos investimentos publicitários da Pepsi-Cola nos Estados Unidos, que em 1989, segundo o Advertising Age, atingiu 2 bilhões e 800 milhões de dólares. A previsão para 1990 é de que a TV aumente a sua fatia do bolo em dois ou três pontos percentuais, independente de quaisquer possíveis efeitos recessivos do Plano Collor.

Como tendência predominante para os próximos anos, observa-se uma segmentação das TVs, o que pode representar, a médio prazo, perda de poder real por parte das grandes redes, a exemplo do que ocorreu nos Estados Unidos, onde as TVs segmentadas conquistaram 24% de audiência total em menos de dez anos. Lá, segundo dados da Cable TV Facts 90, as três maiores redes de TV segmentadas têm, cada uma, um universo de 50 milhões de assinantes. São elas a ESPM, a CNN e a MTV.

Hoje as audiências se comportam da seguinte maneira:

Rede Globo	45%
Rede Manchete	10%
Sistema Brasileiro de Televisão	9%
Rede Bandeirantes	3%

Aí está, portanto, um retrato da televisão brasileira. Ela é boa, ruim? Podemos imaginar que um país subdesenvolvido tenha uma televisão desenvolvida? Será possível reestruturá-la, para servir mais à vanguarda do que à preservação da estrutura vigente? A televisão de que precisamos, antes de existir como um fato no mundo das coisas, deve existir como utopia no mundo das idéias, será? E a publicidade em televisão? Consegue ser boa, apesar da TV?

Em junho de 1983, o mercado publicitário brasileiro recebeu um grande impacto pela divulgação dos resultados da pesquisa "Olhos na TV", realizada pela SSC&B Lintas do Brasil, com o intuito de medir o índice de afastamento dos telespectadores durante os intervalos comerciais. Foram efetuadas 3785 entrevistas, que correspondiam a 3596 intervalos comerciais, limitados ao horário das dezoito às 22 horas de segunda a sexta-feira. Apesar de 67% dos entrevistados serem telespectadores assíduos, 55% deles revelaram que sua atenção para com o aparelho de TV era dividida com outras atividades — a pesquisa identificou que, no momento das entrevistas, 69% estavam realizando tarefas simultâneas.

O estudo causou enorme controvérsia, por motivos óbvios. A pesquisa da Lintas teve o mérito, afora outros, de antecipar em alguns anos aquilo que todos nós sabemos hoje: a audiência cai durante os intervalos comerciais, tanto que os anunciantes investem, cada vez mais, em pesquisas de *recall*. Os comerciais publicitários funcionam como intrusos, invadindo a intimidade das pessoas, de uma forma meio desavergonhada, deseducada, uma graça de gosto discutível.

O trabalho de Eugênia Paesanni, diretora de pesquisa da Lintas, permite-me, ao menos, consubstanciar uma reflexão que registro aqui. A propaganda não tem tanta importância assim, pelo menos não a importância que teimam em lhe atribuir os cientistas sociais, os mundanos e os desocupados de toda hora.

Quando o ensaísta Walter Flemmer esteve no Brasil, há alguns anos, como convidado da Rede Globo para o seminário "Os limites da televisão como meio educacional", afirmou que a televisão está integrada ao processo de socialização nas famílias, exercendo influência sobre as crianças. Sua dúvida residia no fato de que ninguém, tampouco ele, um estudioso da matéria, sabia como a televisão chega à criança e o que elas tiram disso.

Para Klans Schneewind, do Instituto de Psicologia da Universidade de Munique, um estudioso do comportamento e dos efeitos da televisão, ela é apenas uma instância no processo de socialização da criança, não importando se a sua presença é desejada ou não. Para ele, "os efeitos dos conteúdos agressivos só são intensos quando na criança existir uma tendência à agressão".

Num plano mais próximo da minha visão, o educador Lauro de Oliveira Lima diz que "a propaganda só atinge a vítima se ela estiver com necessidade do produto anunciado... de outra forma, as massas depauperadas invadiriam as lojas que vendem o admirável mundo novo".

A propaganda não vende coisa alguma, nem mesmo ilusões como querem os mais cáusticos. A propaganda predispõe favoravelmente as pessoas em relação a produtos e serviços, não mais que isso. Nenhuma astúcia, nenhum ardil, nenhuma mentira podem substituir a verdade. O caráter fictício da publicidade não predomina sobre as relações com o mundo real, em nenhuma hipótese.

Abraham Molles afirma que o universo captado pelo telespectador é extremamente fragmentado, como um mosaico. A propaganda é apenas um desses fragmentos. Um fragmento imaginário, bem mais fácil de lidar do que a realidade. Ela é, inclusive, na média, menos mentirosa, não cabendo-lhe o papel moralista de criar ânimos.

Pesquisas recentes mostram que a força da impregnação publicitária é bem menor do que se supõe. Rapidamente se unifica uma relação por saturação e os comerciais se neutralizam uns aos outros ou cada um por seus sucessos. Por outro lado, a injunção e a persuasão levantam todas as espécies de contramotivações e de resistências (racionais ou não: reação à passividade, não se quer ser possuído, reação à ênfase, à repetição do discurso etc.), em suma, o discurso publicitário dissuade ao mesmo tempo em que persuade. Daí, o consumidor se torna, senão imunizado, pelo menos um usuário bastante livre da mensagem publicitária.

Ora, se resistimos ao *imperativo* publicitário, por outro lado, em sentido inverso, nos tomamos mais sensíveis ao *indicativo* da publicidade, à sua própria existência. É nesta medida que acreditamos nela; o que nela consumimos é o perfil de uma sociedade na qual estamos inseridos e da qual somos mais cúmplices do que vítimas.

Baudrillard diz que, "sem acreditarmos num produto, acreditamos, porém, na publicidade que deseja fazer crer nisso". É como a história de Papai Noel, afirma. A personagem não tem importância e a criança só acredita nela por essa razão. O que a criança consome através desta imagem, desta ficção, deste álibi é o jogo da solicitude dos pais e os cuidados que estes assumem em ser cúmplices da fábula. A operação publicitária é do mesmo tipo. Daí sua eficácia que, embora não seja a do condicionamento reflexo, é menos rigorosa: lógica da crença.

Além disso, existe hoje uma geração de consumidores que cresceu assistindo à televisão, e que capta com muita rapidez as informações transmitidas pela tela, pois tem um modo de pensar televisivo. As pessoas comuns tornaram-se experts em propaganda, ficando cada vez mais exigentes.

A relação da propaganda com cada um de nós tem evoluído significativamente, do ponto de vista psicológico, cultural e político. Se V. S^{as} repararem nas melhores campanhas já produzidas, aquelas das quais V.S^{as} se lembram de alguns detalhes, descobrirão algo interessante: elas são *únicas*, todas elas. Com impressões digitais exclusivas, personalidades distintas, marcantes. Além da argumentação, existe nelas alguma coisa que vai além do racional. E elas fogem às regras que têm sido criadas para a propaganda desde os primórdios do nosso negócio.

A idéia criativa em publicidade não deve ser traduzida, deve buscar envolvimento. O que a propaganda diz deve falar sobre o mundo dos consumidores, seus valores, seus mitos, suas crenças, nunca da maneira como nós vemos isso, mas a partir do ponto de vista deles.

A propaganda é fundamentalmente comportamental. A maneira pela qual um publicitário aborda e avalia certos problemas traduz, sem dúvida, algo de exclusivo da sua personalidade. Reflete convicções de caráter particular, a partir de vivências particulares. No entanto, existem aspectos que estão fora do seu âmbito pessoal, que se reportam a valores coletivos, originam-se nas interligações sociais de um determinado contexto histórico. Formando a base das instituições e das normas vigentes, constituem o corpo de idéias predominantes de uma determinada sociedade.

São os valores da cultura que vivemos, os chamados "valores de uma época". Representam, por fim, um padrão referencial para o indivíduo, que qualifica a própria experiência pessoal e tudo aquilo a que o indivíduo aspira, e o que faz, quer tenha ele consciência disso, quer não. Os consumidores olham para a propaganda na TV de uma maneira diferente, têm exatamente o inverso da nossa visão. Nós, os profissionais de propaganda, começamos pelo núcleo da estratégia, trabalhando de dentro para fora, enquanto os consumidores começam pela produção em si. É a primeira coisa que eles vêem. E, a partir daí, eles trabalham de fora para dentro. Eles não racionalizam o *end benefit*, a *reason way*. Que a pena seja leve, então!

Por isso, a propaganda desejável é aquela que consegue compreender e valorizar os sentimentos comuns dos consumidores, os mais banais, aqueles que a gente vive no dia-a-dia. Trata-se de encontrar no cotidiano das pessoas a beleza intrínseca das coisas tolas, bobas, fúteis, dos pequenos gestos, das gafes, dos temores, das excentricidades; o tédio, as paixões, a sedução, o flerte, os delírios, a loucura, a solidão.

O grande equívoco é imaginar que a função da propaganda é glamourizar o trivial. Isso é uma tolice, porque só os imbecis não conseguem perceber, embora seja fácil compreender, o que querem essas pessoas, por que motivo elas se juntaram e qual a razão do seu sofrimento.

Nesta constatação reside a grande dificuldade de uma agência de propaganda e da sua relação com a TV, principalmente num país como o nosso, onde a formação técnico-profissional dos publicitários é ridícula. A compreensão dos anseios e das aspirações daqueles para quem se destinam as nossas mensagens é o segredo do processo, pois permitirá que os esforços de comunicação sejam socialmente mais conseqüentes, consistentes e compreensíveis, respeitando e valorizando a realidade dos consumidores, quaisquer que sejam eles. A propaganda pode dar duas grandes contribuições para a sociedade onde ela estiver inserida: ampliar qualitativamente os padrões estéticos dos grupos atingidos por ela e, por fim, contribuir para o aprimoramento da visão crítica dos indivíduos.

O que sobra, então, como função da agência de propaganda? Promover intensamente junto aos seus núcleos de operação, na tentativa de neutralizar, pelo menos em parte, a deficiência da formação universitária, a crítica, a dúvida, a discussão, o questionamento e o debate, até como formas do exercício da liberdade de pensamento. Respaldados por essa experiência, os publicitários estarão mais capacitados para definir, de forma cada vez mais organizada, a solução dos problemas dos seus clientes. Afinal, o que um anunciante deve esperar senão talento, competência e seriedade?

Importante é o aprimoramento da formação humanística dos publicitários, para que seja possível conhecer profundamente os componentes e as distorções da sociedade de consumo, sob pena e risco de transformarmos a história da propaganda brasileira numa história de monólogos.

Entretanto, o que nos cabe atualmente é ser cronistas de um tempo doido, envolvidos mais com a função simplista do entretenimento do que com o domínio das técnicas da propaganda. Cedemos espaço para o merchandising das novelas que insiste na dissimulação, opta pela burrice e ofende a estética.

A troca de papéis é evidente e a propaganda na TV perde do filho bastardo, num confronto desigual, idiota. Lamentável, porque os comerciais publicitários eram, até muito pouco tempo, apesar da absoluta falta de importância, o melhor da televisão brasileira.

A INFÂNCIA CONSUMIDA

Fernando Meirelles

Quando os primeiros programas infantis apareceram na televisão, traziam uma fórmula: entre um desenho animado e outro, uma apresentadora num estúdio fazia joguinhos, lia cartinhas, fazia merchandising e as crianças mandavam beijinhos para "o pessoal lá de casa". Assim era o *Pim-Pam-Pum*, o *Zás-Trás*, a *Sessão Zig-Zag* e seus seguidores.

Trinta e cinco anos depois a fórmula ainda é a mesma: Xuxa, Mara, Angélica, Bozo e seus seguidores. Este é um formato de programa muito rentável, pois seu custo de produção é baixíssimo e, além dos intervalos comerciais, comporta tantas ações de merchandising quanto se queira. Noventa segundos de programa são suficientes para a realização do "jogo do iogurtezinho", por exemplo: as crianças competem, o vencedor ganha o produto; enquanto ele o degusta (cláusula obrigatória nos contratos), a apresentadora diz que ama todos os espectadores abandonados diante da TV e sugere que eles também comam um iogurte, que faz bem para a saúde. Depois vem o jogo do sorvete, o jogo do fabricante de brinquedos, e tantos quantos forem os contratos fechados. Os departamentos comerciais das emissoras literalmente pautam os programas infantis. *Good business*.

A TV Cultura de São Paulo, por suas condições, sempre pôde fugir a esta regra. A casa tem tradição de bons programas infantis pré-escolares. Foi a TV Cultura que produziu a primeira série do premiadíssimo *Vila Sésamo*, realizou os projetos *Curumim, Jardim Zoológico, Bambalalão, Catavento* e agora seu irmão mais rico: o *Rá Tim Bum*. A idéia aqui é expor a experiência da realização deste projeto.

Rá Tim Bum é uma série de 190 programas de meia hora. Vai ao ar diariamente em três horários no estado de São Paulo e uma vez por dia nos outros estados do Brasil, pela TVE.

O objetivo principal do *Rá Tim Bum* é o de suprir ou complementar a formação pré-escolar. É entre os três e os seis anos de idade que a criança adquire as noções de lateralidade, proporcionalidade, começa a desenvolver o raciocínio lógico-matemático, tem o primeiro contato com as palavras escritas, adquire a percepção rítmica, a percepção espaço-temporal, desenvolve a coordenação motora etc. Estas noções e habilidades são o instrumental básico para seu posterior aprendizado e alfabetização, ou seja, os primeiros passos nesta direção são fundamentais para que a criança consiga acompanhar o currículo da primeira série. Hoje, de cada cem alunos matriculados no primeiro grau, apenas dezessete terminam o ciclo básico. O elevadíssimo índice de reprovação e posteriormente de evasão escolar, principalmente na primeira série, se dá em grande parte pelo despreparo das crianças ao ingressar na escola. O *Rá Tim Bum* tem como meta principal preparar as crianças tanto no aspecto cognitivo quanto no social, emocional e até mesmo físico, no que for possível, para iniciarem os estudos.

Como a própria produção de conhecimento na área da pré-escola é muito restrita, a maioria das instituições seguem modelos escolares concebidos de forma rígida e inadequados para esta faixa etária. Nesse sentido, o programa fornece às professoras de creches e pré-escolas um repertório de atividades e métodos adequados.

O projeto foi iniciado por um grupo de pedagogas e psicólogas que, após a realização de seminários, elaboraram um roteiro/currículo, programa por programa, com os objetivos pedagógicos que deveriam ser trabalhados a cada dia. Estes objetivos estavam divididos em doze áreas do conhecimento, como socialização, higiene e saúde, coordenação motora e percepção audiovisual entre outras.

Sabendo o que deveria ser dito, os autores e diretores entraram no circuito e o passo seguinte foi a criação de um formato. Tínhamos algumas dúvidas quanto à capacidade didática da televisão. Principalmente para esta faixa etária o contato direto com a mãe ou com a professora nos parecia imprescindível. Como mostrar, a uma criança que não sabe ler, 62 vezes a palavra *casa* sem que ela durma diante da tv? Percorrer aqueles quase 2100 objetivos pedagógicos nos levou a antever a série mais chata já produzida pela televisão.

Nossa busca passou a ser a de criar um formato muito atrativo. Se as crianças não aprendessem nada, ao menos iriam se divertir. Queríamos garantir audiência.

Partindo da constatação óbvia de que uma criança de quatro anos é dispersa, tem dificuldades para acompanhar uma trama muito complicada ou reconhecer muitas personagens, e de que não teria a mínima boa vontade conosco e assim que se cansasse mudaria de canal, optamos por fazer isso antes dela. Criamos um formato fragmentado e ágil: cada meia hora de programa é composta de pequenos quadros que variam de cinco a noventa segundos de duração. Mesmo quando uma criança não gosta de uma determinada personagem ou de uma história, ela permanece atenta, porque sabe que em poucos segundos vai acontecer alguma coisa completamente diferente.

A estrutura é sempre a mesma: uma família com pai, mãe, avó, vizinhos e duas crianças da faixa etária a que se destina *Rá Tim Bum* abrem o programa em alguma situação doméstica que vai desembocar no "tema" do dia — por exemplo, o pai chega correndo todo molhado, porque está chovendo lá fora. Eles falam alguma coisa sobre a água e ligam a TV. Neste momento entra a abertura do *Rá Tim Bum* que durante esse episódio, em vários quadros, estará mostrando a água e falando sobre ela. Metade desses quadros são fixos, apresentados diariamente, com personagens que as crianças já conhecem e que foram criadas para cumprir determinados objetivos pedagógicos; por exemplo: o detetive Máscara, que é o expert do raciocínio lógico, o grupo de funk que ensina a somar e subtrair, o "Show da Esfinge", que faz testes visuais etc. Entre os quadros das personagens fixas são exibidas entrevistas na rua, desenhos animados, ensaios visuais, clipes com as músicas-temas do programa, imagens de natureza comentadas por crianças, danças, jogos que requisitam respostas do espectador, exercícios de coordenação motora, crianças em atividades pré-escolares e uma história mais longa todos os dias. Entre estes quadros inserem-se algumas reações da família que assiste ao programa e, no final, os membros dessa família retornam fechando a situação criada no início.

Ao criarmos as personagens fixas, demos a elas uma gama enorme de características psicológicas, de virtudes e de frustrações para que cada espectador conseguisse encontrar aquela com a qual se identificasse. Nesta trupe de dezessete personagens temos desde a menina que fica brincando no quarto sozinha, até um viajante do espaço que está começando a descobrir como funciona o mundo, passando por uma fadinha, um sujeito organizadíssimo, um monstro estabanado, uma cobra perversa e alguns professores, animadores de auditório e jornalistas.

Como linguagem narrativa, nossa opção foi a de buscar a diversidade. Os quadros incorporam todos os formatos existentes na TV: de entrevistas na rua a dramatizações naturalistas, passando por musicais, farsas, pastelões, dramas mexicanos, telejornalismo, desenhos animados e todas a referências de TV possíveis, inclusive de comerciais; para falarmos de higiene pessoal, por exemplo, criamos três breves comerciais cujos jingles defendem as vantagens de se tomar banho ou escovar os dentes. Estes comerciais, assim como numa TV comercial, foram repetidos à exaustão.

Sempre vimos o programa como uma cachoeira de estímulos: quando a criança não fosse envolvida pelo texto, a música ou a imagem poderiam pegá-la. O ritmo ágil se impôs pela própria experiência que as crianças têm das outras emissoras. Impossível competir com tiros e explosões espaciais montado numa tartaruga, a menos que ela seja Ninja.

Visualmente o programa também buscou a diversidade: salta-se de fundos eletrônicos *clean* que ressaltam o movimento dos corpos dos bailarinos, por exemplo, para cenários farsescos e exagerados no seu desenho e nas suas cores. Procuramos sempre usar esta diversidade para conseguir dar ritmo ao programa. Sempre após um quadro em que se valoriza o texto, entra um outro em que a atenção principal está na música ou na imagem. No quadro da contadora de histórias, de quem se vê apenas meio-corpo, esta veste uma blusa neutra e sem detalhes, e o fundo é igualmente neutro, sem cor nem desenho, pois a atenção deve dirigir-se a objetos cotidianos que ela manipula e transforma: um grampeador vira jacaré, uma moranga é um árabe e uma tomada se transforma num porquinho. E lenha na fogueira da fantasia. Quem precisa de brinquedos prontos?

Dentro desta idéia de estímulo visual, o programa abusou da tecnologia eletrônica da TV; tivemos o cuidado, no entanto, de evitar o uso destes equipamentos para "enfeitar" as imagens, como geralmente ocorre, utilizando-os sim, no sentido de ampliar as possibilidades da fantasia. Em um dos quadros, dois peixes metade bonecos e metade humanos nadam num aquário desenhado contendo água e bolhas reais, no qual se misturam, ainda, peixes em desenho animado com peixes reais. Estes e todos os quadros que são sofisticados do ponto de vista tecnológico têm a virtude de não ostentar essa sofisticação. O resultado é sempre simples.

Tomamos a liberdade de acrescentar, ainda, alguns temas ao que foi inicialmente proposto: a morte, a crise conjugal, a pobreza e o desemprego, que são situações vividas no cotidiano da maioria das crianças. Nesta linha, em nossa versão dos "Três porquinhos", os dois preguiçosos são mesmo engolidos pelo lobo e morrem; o terceiro fica com saudades, mas sobrevive. Contamos a história de uma mãe solteira que rejeita a filhinha, de uma Cinderela que era paralítica e continua sendo mesmo depois de casada com o príncipe, e outras tantas. Estes temas são mostrados sem maquiagem, porém com dignidade e esperança. A idéia é dar elementos a mais para que as crianças que se vêem em situações semelhantes possam elaborar seus conflitos.

Durante a realização do projeto foram feitas pesquisas e experiências com classes de crianças de várias camadas sociais. Estas pesquisas serviam para testarmos o nível de assimilação das mensagens, redirecionarmos alguns quadros em função disto e para antevermos quais seriam as personagens de maior aceitação. Para minha surpresa o professor Tibúrcio era sempre apontado como um dos preferidos. Foi uma personagem sugerida pelo ator que a interpreta. A idéia era que ele ensinasse explicitamente. Não tem história — ele vai direto ao assunto: "Vocês sabem o que é um círculo?". O único diferencial é que ao invés de um quadro-negro ele usa um quadro branco eletrônico (de matar de inveja qualquer professora) do qual tira todo o seu material didático. As crianças adoram. Elas gostam de aprender.

O programa já está no ar há oito meses; além das pesquisas, as respostas que temos vêem das escolas do Sesi e do Senai que estão usando a série dentro das salas de aula. Tem funcionado. Como o programa é destinado a um segmento muito pequeno da população, crianças dos três aos seis anos, a audiência que temos obtido, seis pontos somando-se os três horários em que é veiculado, é surpreendente. Para efeito de comparação: *Xou da Xuxa*, para crianças de três a dez anos, numa emissora líder de audiência, com um trabalho de marketing elaboradíssimo, obteve a média de nove pontos esta semana.

A resposta que o *Rá Tim Bum* teve mostrou o quanto está correto seu slogan: "Aprender é divertido". Mostrou também a viabilidade econômica de programas educativos, uma vez que conseguem boa audiência.

É preciso deixar de lado esta bobagem de encarar a televisão como um eletrodoméstico nocivo. Ela é hoje no Brasil uma ferramenta insubstituível se quisermos recuperar o atraso educacional no qual vivemos. Para termos cidadãos mais preparados, precisamos antes ter os professores, e para formarmos uma geração de professores capacitados e em número suficiente para dar um bom ensino básico a toda uma geração de brasileiros, caso haja interesse, levará no mínimo vinte anos. A televisão, com sua incrível penetração, poderia catalisar este processo, principalmente no que diz respeito à atualização, reciclagem e aprimoramento dos professores. Uma professora que dá aula no interior do Pará, sem nenhum acesso ao conhecimento relativo a sua área de atuação, poderia, ao invés disto, estar em contato com as melhores pedagogas do país.

O preconceito em relação à TV ainda é muito grande, mas a gente chega lá. O *Rá Tim Bum* é um pequeno passo nesta direção.

Ficha técnica

Coordenação pedagógica: Celia Marque
Autores: Flávio de Souza, Cláudia Dalla Verde e Tacus
Direção geral: Fernando Meirelles
Produtora responsável: Celia Regina Ferreira dos Santos
Co-produção: TV Cultura-FIESP/Sesi/Senai.
Em São Paulo, no ano do Senhor de 1990.

O TRABALHO DA CRÍTICA

Inácio Araújo

Escrever a respeito de televisão comporta um tanto de conforto e outro tanto de desconforto. O conforto vem do fato de, em matéria de TV, o jornalista ter muito poucas contas a prestar ao passado. Há poucos cadáveres ilustres nesse ramo, muito poucas idéias firmadas, o que nos coloca numa situação bem diferente do crítico de literatura ou cinema, por exemplo.

O desconforto decorre diretamente dessa quase ausência de passado. Numa situação de liberdade quase plena, os caminhos a seguir são inúmeros. Aquele que nos ocorre mais imediatamente, o mais enganoso, consiste em assimilar a TV a formas preexistentes de arte.

O engano é, aqui, múltiplo: ao mesmo tempo, desconsidera-se o que existe de específico à TV e instaura-se um objeto de análise fictício. Assimila-se a televisão a uma forma de arte, atribui-se à TV o estatuto de arte, o que não é certo que ela seja, pelo menos não é certo que faça parte de sua natureza.

Em poucas palavras, a TV coloca duas hipóteses para o jornalista: ou trabalhar a partir de outros veículos, ou procurar desenvolver um conhecimento de sua lógica interna. Se você trabalhar com a segunda possibilidade, estará criando para si mesmo um problema, já que o leitor, embora esteja tão familiarizado quanto o jornalista com o veículo, desconhece igualmente essa lógica interna e preferirá, pelo menos num primeiro momento, encarar a novela, digamos, como um filme longuíssimo, porque ela utiliza imagens construídas com elementos artísticos (atores, luzes etc.), captadas de maneira similar, e possui uma base dramatúrgica.

O leitor tem a tendência de assimilar essa forma dramatúrgica ao cinema, e, como o jornal é, perto da televisão, um veículo de elite — dirigido a pessoas com um gosto mais sofisticado do que a média com que a TV trabalha —, absorverá a ficção de TV como mau cinema, da mesma forma como verá no jornalismo de TV um jornalismo superficial etc.

Essa subestimação da TV vigorou pelo menos até que os trabalhos de McLuhan fossem difundidos e então as pessoas letradas começassem a perceber que a intervenção da TV em nosso mundo é muito mais profunda do que se imaginava. Mesmo assim, ela permanece um território por onde se entra tateando. Para fixar, um pouco arbitrariamente, aquilo de que falou McLuhan, pode-se isolar dois de seus aspectos. Um, o caráter fragmentário: passa-se da ficção à notícia, daí ao anúncio e ao futebol. Como numa composição cubista, as imagens se justapõem para criar um desenho inesperado das coisas. A realidade é reconstruída na TV, mas não como faz o cinema, por seleção e aproximação, síntese e recorte. A TV se dispõe, ao contrário, num tempo infinito. Seu princípio é, como já assinalou Rodolfo Azzi, o mesmo de Sheherazade, contando uma história cuja própria razão de ser está na possibilidade de perpetuação.

Nós, espectadores, aderimos com muita facilidade à idéia de "programa", que corresponde na TV ao que a decupagem é no cimema, ou o capítulo no romance. Na verdade, estamos diante de uma interminável narrativa, cuja característica principal é a disparidade dos elementos. Mas a narrativa da TV é uma só.

Também espacialmente, a TV introduz novidades arrasadoras. Hoje, com o avanço tecnológico, somos levados a esquecer que sua característica primeira é a transmissão de fenômenos ao vivo, a longa distância, para dentro de cada casa. Certamente, o maior momento da televisão, nesse sentido, foi a transmissão da chegada do homem à Lua. A TV capta, codifica e em seguida o aparelho receptor decodifica, simultaneamente, as imagens de um fato real.

O espaço linear, contínuo, do cinema tem, portanto, pouquíssimos pontos de contato com a TV. O espaço cinematográfico é romancesco e individualista; o da TV substitui o contínuo pela percepção imediata e o linear pelo simultâneo. A imagem de TV se caracteriza por uma imprecisão instrumental: ela pode estar a qualquer momento em qualquer lugar.

Se esse caminho de McLuhan demorou tanto a ser apontado, isso se deu, em grande parte, porque a própria TV monta barreiras ao conhecimento de sua lógica. Os apresentadores repetem, incansavelmente, que são "escravos do tempo", para dizer que está na hora de terminar o programa, quando na verdade o que é próprio de seu tempo é perpetuar-se pela interrupção. Da mesma forma, existe toda uma imprensa especializada em cobrir os artistas de TV, suas vidas pessoais e atividades, reforçando a impressão de que a televisão é intrinsecamente artística e em continuidade com as demais artes. Também as emisso-

269

ras mascaram sua natureza, criando a ilusão de uma dicotomia entre publicidade e programação.

Essas considerações, muito parciais, visam apenas situar as dificuldades que encontram aqueles que escrevem sobre televisão para os jornais. A elas se acrescentam outras tantas, próprias dos jornais. Primeiro, um jornal trabalha com notícias. Assim, dentro de sua lógica, e do interesse do leitor, é natural que se publique uma crítica sobre o primeiro capítulo de uma novela ou a primeira edição de um novo telejornal, embora saibamos todos que isso equivale a criticar a primeira página de um livro, ou a tomar a *Mona Lisa* e comentar os 6 cm^2 da parte inferior esquerda.

Existem, também no jornal, as "leis do gênero" e não convém nos afastarmos demasiado delas. O público leitor de jornais quer saber se Boris Casoy substitui, como apresentador de telejornais, Cid Moreira com vantagem ou não. Quer, pelo menos, trocar idéias com o artigo no jornal. Quando a Globo estréia um quadro de meteorologia no *SP já*, seu telejornal local, o espectador quer saber se o jornal também achou que Silvana Teixeira estava ridícula etc.

O jornal precisa dar satisfação ao leitor sobre suas curiosidades, muitas das quais se manifestam enquanto a pessoa está tomando café da manhã ou viajando para o serviço. Ele não tem necessariamente disposição para ler um ensaio pesado. Isso não significa que seja impossível "contrabandear", fazer passar ao longo do texto idéias gerais sobre a televisão (mais adiante, tentarei ilustrar esse procedimento com uma pequena crítica da novela *Tieta*).

São coisas com as quais ele convive diariamente, todos nós convivemos, enfim, de que as pessoas se dão conta, mas às quais não têm tempo a dedicar. Eu arriscaria dizer que, hoje, enquanto a TV continua tentando fixar uma imagem de inocência, de diversão que quase participa da ordem natural das coisas, o espectador-leitor se dá conta, ainda que vagamente, da brutal intromissão da TV em sua vida, que vai de coisas elementares, como uma certa ritmação (jornal, novela, show, filme etc.) que termina organizando suas horas de lazer doméstico, até transformações na sensibilidade, que se podem verificar no desenvolvimento das crianças de hoje, bem diferentes das de outros tempos, até movimentos moralistas como o das "senhoras de Santana" (que em dado momento pediam censura de costumes na TV). Essas pessoas acreditavam que um maior rigor da censura na TV frearia um movimento de liberalização dos costumes. Podiam estar erradas no julgamento da censura, mas tinham uma visão pertinente da interferência diária da TV em nossas vidas e de uma certa natureza de meio de comunicação em relação ao qual é inútil brandir os valores da liberdade individual.

Para ilustrar o desenvolvimento de uma mentalidade, digamos, curiosa em relação à TV, eu voltaria ao tempo em que comecei a escrever na *Folha de S. Paulo*, quando o programa *O povo na TV* foi tirado do ar e um certo professor Lengruber, que dizia curar as pessoas por meio de gestos mágicos, foi preso.

O professor era um evidente vigarista. Seus pacientes chegavam lá com as mais incríveis doenças; ele passava as mãos em torno do corpo do sujeito, de alto a baixo, após se concentrar um segundo, e dali a pouco ele estava curado.

Bem, quando ele foi preso, o jornal me pediu um pequeno comentário sobre ele. Eu escrevi, rapidamente, dizendo que o professor tinha um senso admirável de *timing*, pois, se fosse fazer uma operação desse tipo segundo a tradição, conforme um curandeirismo verossímil, levaria um tempo enorme e os espectadores dormiriam. Mas, como ele se dirigia a um público muito desprotegido, disposto a crer em qualquer solução mágica para seus males, podia ser verossímil em muito menos tempo inventar uma verossimilhança nova.

Na época, houve quem não gostou nada daquilo e achou que eu estava elogiando o professor, o que não era verdade. Ele era um escroque, mas isso era tão claro que me parecia melhor contornar a obviedade e falar da maneira como se dava sua escroqueria e que era, a seu modo, genial.

Seja como for, a matéria entrou. Mas o que eu gostaria de notar é que, se isso acontecesse hoje, quando já se criou uma tradição de crítica da TV — que não é crítica de conteúdos mas de seus procedimentos formais —, as pessoas percebem com mais rapidez que nem sempre a crítica mais contundente é a que "fala mal", que isso é um acaso ao longo do texto, que os próprios programas são em parte um fenômeno aleatório, mas que o que a TV veicula não é aleatório, e esse é o problema.

Não se pode dissociar a TV do meio em que existe. Há quem escreva poemas para serem lidos daqui a um século, filmes para serem vistos daqui a uma década. A TV, ao contrário, é feita para agora. Talvez ela tenha influído na perda de importância das vanguardas. "Olhar à frente de seu tempo" é um anátema em televisão. Se o público dispensar um programa, o anunciante desaparece junto e ele é retirado do ar.

Esse imediatismo leva a considerar a TV não como uma forma de arte mas de atividade de poder, no sentido em que falou G. C. Argan, para quem os homens do poder são os homens do progresso; os artistas são os homens da volta para trás, do tempo reencontrado. A arte

271

trabalha com a memória, o poder a nega. Assim também a TV: como sua perspectiva é o infinito, ali não existe permanência ou memória.

Não é de estranhar, assim, que a rede mais bem-sucedida no Brasil, a Globo, tenha compreendido perfeitamente a política que se implantava no Brasil a partir de 1964. As pessoas de oposição sempre buscaram razões externas para explicar o sucesso da Globo, como o acordo com o grupo Time-Life ou o apoio da ditadura militar. Pode ser. Mas não há evidência de que outras redes tivessem interesses hostis ao governo militar (exceto a extinta Excelsior, mas por problemas outros), e nem por isso tiveram o mesmo êxito.

Na verdade, o sucesso da Globo se constituía em paralelo ao governo militar. É preciso lembrar que, se o período militar passou, com os anos, por certa degradação, os militares que tomaram o poder em 1964 eram dos raros segmentos conservadores que não tinham idéias meramente negativas. Eles eram anticomunistas, sim, mas vinham de uma tradição positivista. Em segundo lugar, seu projeto era fortemente transformador, no sentido em que tentou (e em parte conseguiu) modernizar o país através de um processo de rápida industrialização.

Essa é a base da TV ''moderna'' no país, cujo padrão é a Globo, e que já não tem como modelo nem o rádio (Tupi) nem o teatro (Excelsior e Record). É um momento, então, em que a televisão se implanta adultamente no Brasil, no pleno domínio e uso de seus recursos.

Existe, mais do que simples cumplicidade, uma correspondência profunda entre o projeto militar e a Globo, que será seu braço não propriamente civil mas simbólico. É isso que vamos tentar ver agora, mas eu gostaria de esclarecer que minha intenção não é condenar a Globo por uma ligação com os militares. Nem vice-versa.

Os militares tinham, me parece, duas preocupações fundamentais: transformar o Brasil aceleradamente em nação industrial e unificá-lo culturalmente. O interessante de seu projeto é que nele conviviam aspectos modernizadores e conservadores. Eles se opunham ao poder agrário, àqueles que viam o país com uma incontornável ''vocação'' agrícola. E, talvez pela própria natureza de sua atividade — militares um dia estão no Rio, no dia seguinte em alguma fronteira, em seguida vão para o Nordeste etc. —, tinham a sensibilidade muito atenta às imensas disparidades culturais do país.

A TV era uma mão na roda, nesse projeto, e não é por nada que no período militar investiu-se muito em infra-estrutura de comunicações. A Globo, e esse é o ponto, foi a TV que soube corresponder com muita rapidez a essa política. Primeiro, estruturou-se como rede nacional, capaz de rastrear o país de norte a sul, capitais e interior. Segundo, implantou um modelo de produção (que se chamou ''padrão Globo'') capaz de atender às necessidades daquele momento.

Se tomarmos os seus telejornais, por exemplo, veremos que adotaram uma cenografia espacial, voltada para o futuro. É um fato até mais importante do que os investimentos em equipamentos e profissionais, que tiraram o jornalismo da TV de um estágio de primitivismo.

O setor de teledramaturgia também é central ou, antes, é mais central ainda. As novelas passaram a corresponder a uma antiga aspiração da classe média brasileira, que gostava de se ver representada "à européia". É uma coisa que, em cinema, a companhia Vera Cruz tentou implantar, sem grande sucesso, por razões diversas. O importante, no caso da Globo, é ter criado uma imagem retocada, edulcorada, mas verossímil da vida brasileira. Se os roteiros espelhavam problemas reais — condição indispensável para sintonizar o espectador —, o sistema de produção implantado fechava-se em estúdios, evitando, com isso, o desagradável contato com uma realidade bem mais cruel, bem mais dura.

No mais, a Globo em determinado momento deu uma guinada em seus roteiros. Os dramas românticos — base do gênero — passaram a ser recheados com problemas profissionais e a acenar com a possibilidade de ascensão social. É verdade que a ascensão social sempre foi um eixo das novelas, ou quase sempre, mas, nesse período, acontecia num entorno plausível, próximo, onde a identificação dos espectadores era mais imediata e afetiva. Já não se tratava de um marquês apaixonado por uma plebéia mas de um herdeiro rico apaixonado por uma funcionária. Parece pouco, mas é uma diferença grande.

O que importa aqui, mais do que tudo, é como esse modo de produção rebate no departamento comercial. Se o governo militar baseou a industrialização na produção de bens de consumo sofisticados, a Globo deu a ele programas com a sofisticação correspondente, largou as fórmulas popul(arescas) para investir num espectador com poder aquisitivo.

Quando introduziu questões profissionais e um jornalismo "sério", atraiu para a frente dos receptores seres até então refratários a eles, os homens.

Mudando o perfil de audiência, tornou-se o receptáculo natural e desejável da nova indústria, que, para existir, tinha de atingir consumidores em todo o país.

O que é central no modo de produção da Globo é a identidade entre as noções de modernidade e qualidade. Globo era "qualidade" porque veiculava valores modernos, de transformação, e se projetava para o futuro. E era modernidade porque essa crença futurística no projeto enunciava um desejo de consumo, de integração ao mundo desenvolvido, próprio de uma classe média ascendente.

Em síntese, o elo entre modernidade e qualidade era o consumo. Por aí passavam todos os valores difundidos pela rede. Ele mesmo era unificador. Assim como a nova classe média das grandes cidades tinha a Europa ou os Estados Unidos como aspiração, o interior aspirava à grande cidade.

Assim que se implantou e passou a praticamente monopolizar a audiência, a Globo introduziu, ainda no início dos anos 70, a continuidade programa/intervalo/programa. Criou uma censura "de qualidade" aos comerciais que veiculava, de tal forma que os intervalos deixavam de ser sentidos como interrupção aborrecida dos programas. Havia quase uma fusão estética entre o que o programa e os comerciais diziam. A transição entre um e outro tornou-se muito suave, até porque ambos propunham, de formas diferentes, a mesma mensagem: consumam.

Para se avaliar a extensão das mudanças culturais promovidas pela Globo, basta acompanhar a evolução da publicidade no Brasil. Até os anos 60 assimilada com reclame ou anúncio, razoavelmente ingênua, a publicidade transforma-se aceleradamente e participa, tanto quanto a TV, da "revolução cultural" brasileira, propondo novos modos de vida, baseados em novos produtos. Não custa lembrar que, várias vezes, esses novos modos de vida se chocaram com a visão conservadora dos militares e geraram conflitos, atritos entre o governo e a Globo. Consumo significava a realização pessoal, com todas as suas conseqüências, inclusive os motéis. Ora, os militares estimavam muito mais o progresso do que os motéis; preferiam a ordem à relativa desordem de costumes implicada na modernização do país.

Isso é apenas parêntese. Eu pretendia dizer é que até os anos 60 existe no Brasil uma sólida mentalidade anticonsumista, segundo a qual é preciso poupar para ter. Gastar, possuir supérfluos, é uma maneira indesejável de esbanjamento.

Em poucos anos, criou-se, em oposição, uma mentalidade de desperdício. Gastar era possuir objetos. Alguns se lembrarão do prestígio que teve durante os anos 70 a palavra *status*, que significa, em resumo, a soma de objetos possuídos passíveis de exibição pública. Em uma escala de valores anterior, isso poderia se chamar ostentação, coisa malvista num momento em que o consumo era mais seletivo e restrito a um grupo menor de pessoas.

Ora, toda essa revolução de valores tinha uma sintonia afinada com objetivos oficiais. Em termos de marketing, pode-se dizer que a industrialização dos anos 60-70 significou a entrada num marketing de obsolescência programada, sem que a indústria brasileira tivesse sequer passado — grosso modo — pelo marketing da durabilidade. Esse salto não era absurdo, já que a indústria brasileira se colocava, então, em sintonia com o que acontecia no mundo desenvolvido. No mais, era quase uma fatalidade: o ciclo compra/uso/substituição, como produtor de riqueza, assimila um modo de ser da TV que é uma máquina na qual as

274

coisas (programas, publicidade) têm uma vida intensa enquanto duram, mas tornam-se obsoletas com muita rapidez e perdem-se na memória com grande facilidade.

O que se pode questionar nessa evolução da TV é o significado cultural da entrada em vigor desse modelo, num país de desequilíbrios econômicos tão flagrantes. Mas parece claro que a TV brasileira encontrou sua identidade "moderna" e adquiriu influência tão grande não por ser um veículo barato num país pobre, mas por se instalar como um veículo agressivo de vendas. Isso é o que ela tem sido. É a esse ponto que eu gostaria de chegar: o crítico de TV não pode se deixar levar pela cortina de fumaça criada pelas estações. Seu único guia são as aparências, que nunca enganam. Nós podemos interpretá-las erradamente, é outro assunto, mas elas nunca enganam. A TV é o que aparenta ser.

A partir disso, a crítica de televisão define a sua, digamos, função social. Se o crítico não tiver uma concepção do que seja TV, ele estará destinado a escrever erraticamente. Nesse sentido, existe uma observação muito lúcida de Ezra Pound. Ele diz que se escreve, sempre, para instruir, para comover ou para encantar. E acrescenta que a pior crítica é, justamente, aquela que não chega a distinguir qual desses motores é o que move um dado trabalho. Penso, e nisso posso estar enganado, que a TV, ao menos como se constitui no Brasil embora creia que a coisa seja mais generalizável, introduz uma nova categoria, um outro motor, até então inédito: ela se faz para vender coisas, a partir da imagem que projeta dessas coisas.

Muito mais do que uma cumplicidade entre tal rede de televisão e tal governo, portanto, a TV é o centro de compromisso, de um contrato social tácito, envolvendo um modo de vida, de desenvolvimento, mas um contrato de que os espectadores desconhecem tanto os princípios como as conseqüências. Esse é um aspecto importante da TV: ela é avassaladoramente invasiva.

Houve, em dado momento, um episódio, já mencionado, que se tornou folclórico, o das "senhoras de Santana", que pediam maior rigor da censura em relação aos programas veiculados. É óbvio que todas as pessoas esclarecidas se colocaram contra aquelas senhoras, porque todos queriam menos censura ou simplesmente ausência de censura, e as "senhoras de Santana", ao contrário, queriam mais.

Mas há um aspecto em que as senhoras tinham lá sua razão. Se alguém fizer um filme erótico, ou escrever um livro pornográfico, a pessoa, para chegar até esse evento, precisa de um gesto de vontade. Embora esse gesto possa ser influenciado de infinitas maneiras, ele sempre exigirá uma certa vontade.

A TV, ao contrário, elimina essa vontade. Do meu ponto de vista, não existe diferença essencial entre o erotismo que se veicula nos programas infantis e nas novelas. Ou, antes, eu não sei exatamente como as crianças absorvem uma coisa e outra. Talvez uma personagem que apareça nua na novela ocupe muito menos a fantasia infantil do que, digamos, as pernas de Xuxa.

As senhoras de Santana não faziam senão projetar nas crianças seus próprios fantasmas. Mas é inegável que a TV age, criando desejos, formulando conceitos, induzindo a comportamentos, sem que o espectador tenha controle sobre isso.

É nesse sentido que, penso, a crítica de televisão pode ter um papel importante no jornalismo. É muito diferente da crítica literária ou de cinema. Se se diz bem de um livro, as pessoas vão comprá-lo. Se se fala mal de um filme, em muitos casos as pessoas não vão vê-lo.

A crítica da TV, ao contrário, não tem valor de mercado algum. Se a *Folha* arrasar a novela da Globo e levar às alturas a da Manchete, isso não representa um mísero ponto no Ibope, que é o que conta. Infelizmente isso não significa que os espectadores têm uma vontade própria forte em matéria de TV, a ponto de dispensarem a interlocução do jornal. Significa, sim, que a força de persuasão da TV e a própria força do hábito são tão fortes que, elas sim, dispensam o jornal, no que ele tem de crítico.

Assim, para ser útil, a crítica de TV precisa — ao menos me parece — desenvolver uma compreensão do meio, de um meio, no mais, pouco compreendido. Mas é esse entendimento, parcial, que pode ser discutido com os leitores do jornal, servir como parâmetro de novas reflexões sobre o veículo, tanto de quem lê como de quem escreve.

É claro que isso implica o risco de o crítico diminuir o seu número de leitores, e por isso mesmo nenhum jornal pode ter uma abordagem exclusivamente crítica da televisão. Há de conceder, aqui e ali, à voz corrente. Mas, também é claro, o jornal é mais importante quando nota que todos nós precisamos criar defesas contra a invasividade da televisão, contra a violência com que ela opera. Todos sabemos que essa é uma luta desigual, pois a atração da TV é muito grande, já que ela vende a si própria não como veículo de vendas mas como conexão entre nós mesmos e o real, seja um real esportivo, seja jornalístico, culinário, o que for.

Para o jornalista, convém fazer isso sendo o menos aborrecido e o menos teórico possível. É uma coisa factível porque as pessoas têm uma cultura de TV muito grande, então não é preciso esclarecer a cada vez o ponto de vista do qual você fala. Basta escrever, por exemplo, que, quando se muda de canal, muda-se de universo. E que o espectador, se adquirir o hábito de mudar de canal de tempos em tempos, sem se fixar nos programas, poderá comparar esses universos propostos. Ele entenderá, pelo menos uma parte dos leitores entenderá. O mesmo vale para procedimentos como supressão de som, saturação de cores etc.

Dessa maneira, creio que o crítico pode evitar a terrível redundância e, de algum modo, ajudar os espectadores a colocarem o pé atrás, a sintonizarem sua TV com um olhar de desconfiança, sem aceitar passivamente o "pacote" que o canal de TV tenta vender. Chego a imaginar que, caso a atenção crítica dos espectadores fosse mais desenvolvida quando a Globo se implantou, caso seu olhar fosse menos desarmado, ele poderia com maior rapidez forçar mudanças de rumo no tipo de apelo ao consumo que se desenvolveu nos anos 70 e cujo caráter desagregador já se encontrava em germe mesmo no momento em que se pensava em termos de "Brasil grande" e coisas assim.

A crítica de televisão tem uma função a desempenhar — é isso que eu gostaria de dizer —, caso consiga se esquivar das inúmeras armadilhas que tem à frente, que se renovam e se modificam.

Gostaria, por fim, de dar um exemplo de como a crítica pode atuar sobre um produto popular sem desconsiderá-lo nem aos espectadores/leitores.

Dada a novela *Tieta*, apresentada pela Rede Globo entre 1989 e 1990, podemos nos fixar em aspectos "artísticos". Perguntar se o texto era bem escrito, se Paulo Betti fazia bem o seu papel, se a vilã desempenhada por Joana Fomm foi a melhor atuação da carreira dessa atriz. Ou, ainda, se as câmeras estavam normalmente em posições "corretas", se o figurinista trabalhou adequadamente, se as personagens eram bem construídas.

Existe, enfim, um repertório quase infindável de falsas questões, já que em *Tieta*, como em qualquer outra novela, esses são aspectos acessórios.

Nessa novela, o que me parece essencial é a maneira, muito rica, como se organiza o marketing dentro dela. Ou seja, a exemplo de uma novela anterior, *O salvador da pátria*, a questão central era a interiorização do consumo. Havia-se percebido que o interior do país era um mercado ainda inexplorado. *O salvador da pátria* servia de ponta-de-lança do avanço do consumo numa região muito, muito rica que é o interior de São Paulo. Já *Tieta* vendia de si mesma a imagem de novela regional, portanto preocupada com costumes de uma população normalmente esquecida pelas novelas, que é o Nordeste.

Essa é a conversa fiada que se admite facilmente que a TV Globo tenta vender, mas não se entende que os jornalistas a comprem. Porque existe uma questão paralela ao que estamos conversando, que é o jornal como veículo de fixação de prestígio e que, nesse sentido, interessa muito às TVs.

Ora, *Tieta* cortejava um vasto mercado, ao mesmo tempo em que analisava seus costumes.

Então existe, para começar, a personagem-título, Tieta, que é uma espécie de metáfora da televisão, na medida em que ela vem da cidade grande para o pequeno município trazendo novos valores para esse local. Ao mesmo tempo, há a personagem de Tássia Camargo, que é o mercado potencial: alguém que pode comprar e pode adquirir novos hábitos, mas ainda não sabe que pode. Por fim, existe a vilã, a Joana Fomm, que, desde as roupas que usa até o penteado e a maneira como é construída a personagem, representa evidentemente a assexualidade.

Por fim, há entre as outras personagens — obviamente não retive todas — as vilãs da cidade grande, uma série de moças que aparecem na cidade e são, em princípio, o mesmo que Tieta, quer dizer, uma soma de sexo e consumo, mas em excesso, desordenada e desagregadoramente.

Nesse universo, Tieta vai se plantar como o equilíbrio necessário e como resposta a uma demanda atual. Tieta — tanto a personagem como a novela — opera assim por uma associação entre consumo e prazer (sexual) muito nítida; eu diria que raramente tal associação foi tão clara nas novelas brasileiras, o que pode ser até um sinal de decadência desse marketing.

É claro que existem inúmeros outros conflitos em *Tieta* que servem, inclusive, para embaçar seu conflito real, que não é outro senão o conflito entre Betty Faria (Tieta) e Joana Fomm (a irmã assexuada).

O conflito real de *Tieta* era entre consumir — a proposta da personagem-título — ou consumir-se — a opção de Joana Fomm — naquilo que a Rede Globo imagina ser o fogo do inferno: a vida sem comprar e, por conseguinte, sem trepar.

A ASTÚCIA

Eduardo Coutinho

Não gosto de falar em público, salvo se me fazem perguntas. Nunca se sabe se o que se está dizendo interessa. O texto de apresentação que fiz para essa palestra, e está impresso no catálogo, é um texto convencional, acadêmico, e além disso supõe uma estrutura que não vai haver na minha fala. Anotei alguns pontos, mas sei que minha fala vai ser caótica, cheia de lacunas e sem conexões lógicas. Outros já falaram das questões genéricas, filosóficas da televisão. Pretendo fazer algumas colocações de um ponto de vista puramente pessoal.

Pouca gente discutiu aqui a dificuldade de falar em público sobre a televisão. É uma fala complicada porque você teria de definir primeiro o lugar de onde você fala, coisa que a televisão nunca define. Você poderia dividir os falantes em dois tipos — as pessoas que trabalham ou trabalharam em televisão, ou cujo trabalho depende diretamente da TV, e as que dela estão distantes: ensaístas, professores, semiólogos etc. Esse segundo grupo tem a tendência de ''demonizar'' a televisão, sua fala em geral vai no sentido da abstração. Agora, os do primeiro grupo, além de poderem ser riscados do mapa — como todos, aliás —, podem pôr em risco seu meio de vida. Gente como o Boris Casoy ou o Fernando Mitre fala com prudência tática e estratégica em relação à emissora em que trabalham, em relação a outra em que podem vir a trabalhar, em relação ao sistema de comunicação como um todo.

Resulta que a fala sobre a televisão supõe um sistema de escamoteação, de eufemismo. E isso abarca todo o universo político e social. Veja, por exemplo, essa questão do sistema de concessões, que é um escândalo. As concessões e o funcionamento da TV no Brasil são o produto de um conluio entre o Estado e a iniciativa privada, cheio de regras secretas e barganhas e pressões mais ou menos clandestinas. Mas nenhuma pessoa de prestígio político e social, nenhuma entidade ou partido político põe o dedo na ferida, ou porque temem ser riscados do mapa, ou não dão ao tema a prioridade que ele merece. Assim, a primeira conclusão é que muitos dos que falaram aqui submeteram-se — como acontece na TV — a uma espécie de autocensura.

Ao contrário do que esse intróito faria supor, tenho a dizer que, do ponto de vista pessoal, minha experiência na TV, na Globo, foi muito importante, foi muito boa para mim, com todos os problemas que possa ter havido nos nove anos em que lá estive. Larguei o cinema em 1971, fiz jornalismo durante quatro anos e em agosto de 1975 fui para o *Globo repórter*. Graças à televisão pude então voltar a mexer com imagem e tive minhas primeiras experiências com documentários. Pelo menos até 1981, aprendi muito, viajando, filmando, conversando com as pessoas que entrevistava, fiquei sabendo o que podia usar na TV e o que, sendo desaconselhado ou vetado na TV, poderia usar no cinema, se um dia voltasse a fazer cinema. Além de tudo, pela primeira vez na vida recebia um salário bom e pago em dia.

As pessoas que fazem cinema no Brasil em geral têm ou tinham um desprezo aristocrático pela TV. Deveriam trabalhar nela por uns seis meses, como exercício de humildade, para aprender o que é ter patrão, cumprir prazos rigorosos, os ossos do ofício etc. Por outro lado, os caras de TV lucrariam se um dia se libertassem da segurança da TV, que também é uma camisa-de-força, para enfrentar os riscos da insegurança e da liberdade implícitas no trabalho independente. De qualquer modo, estou falando dos anos 70, quando, paradoxalmente, em plena ditadura, era mais arejado trabalhar na Globo do que hoje em dia, na área do jornalismo. Porque então o inimigo era externo.

Fala-se muitas vezes do cinema como meio arcaico e do vídeo, do equipamento eletrônico como o moderno, o progresso. O que vi no *Globo repórter* mostra como essas análises puramente tecnológicas, sem levar em conta os condicionamentos sociais, estão condenadas a ser tolices abstratas. O *Globo repórter* foi um caso típico em que a passagem do artesanato cinematográfico para o teipe foi usada para controle de rentabilidade em todos os níveis — econômico, político, ideológico, estético. Até 1981 um programa era feito em filme reversível e o local de trabalho era uma casa a uns cem metros da sede do jornalismo da Globo, o que tornava duplamente difícil o controle da sua produção pela Central Globo de Jornalismo. Examinar um documentário em processo de montagem era difícil — você tinha que tirar o filme da moviola, levar em banda dupla para o estúdio de mixagem e depois telecinar. Isso tudo levava algumas horas, e tempo em TV conta muito, como se sabe. Isso aumentava nossa autonomia. Outra coisa: como o filme era reversível, isto é, não havia copião, o filme original era montado na moviola, podendo ficar riscado, sujo, portanto em desacordo

280

com a limpeza técnica do padrão Globo. Resumindo — nessa época, até o final dos anos 70, o *Globo repórter* era uma espécie de nicho dentro do jornalismo da Globo — sujo, mais autônomo, mais lento, mais aberto à controvérsia e à experimentação, menos obcecado pelo problema do Ibope, da concorrência. É por essa razão que fizeram trabalhos para esse programa, como funcionários ou freelances, cineastas como Valter Lima, João Batista de Andrade, Hermano Pena, Maurice Capovilla, Sílvio Back, Eduardo Escorel, Osvaldo Caldeira, Jorge Bodanski, Alberto Salvá e outros que posso ter esquecido. Vocês concebem esses cineastas fazendo documentário na TV hoje em dia?

Bem, em 1982, o *Globo repórter* entrou na era eletrônica, como já tinha acontecido com o jornalismo diário, e mudou sua sede para o prédio da emissora. Assim, era só passar no corredor onde se editava todos os programas, pegar a fita com o produto em processo ou acabado e levar para ser julgado pela direção geral de jornalismo. Nesse início dos anos 80 houve várias crises, as quais não interessa detalhar aqui, até que, finalmente, por volta de 1986, o programa tinha se tornado mais um complemento na linha de jornalismo da Globo, totalmente integrado, neutralizado, asséptico; praticamente perdeu qualquer sentido de documentário, reduzindo-se ao nível da reportagem, em que tudo é presente e a dimensão temporal das coisas deixa de existir. Esse processo todo, que descrevi sumariamente, não é para incriminar A ou B — ele resulta da lógica do processo industrial tal como ele se desenrola na Globo e na televisão em geral. Lógica da homogeneização e da rentabilidade.

Agora, a questão do controle está quase sempre associada, nas críticas, ao conteúdo, mas na verdade ele começa — ou termina — como um controle de forma, de linguagem. Há um episódio curioso num livro sobre a história do *Jornal nacional*. Sílvio Júlio, veterano jornalista da emissora, comentando os tempos heróicos do jornalismo, conta que, numa matéria para o final do *Jornal nacional*, resolveu bolar um final diferente, com o Carlitos se afastando na estrada — sem música, sem ruído, sem narração. O Sílvio diz no livro que essa bolação, que ele tinha achado maravilhosa, adequada, provocou um escândalo. Porque ele tinha rompido um tabu da nossa TV: nenhuma imagem no jornalismo pode entrar pura, sem o comentário que a explique, sem a música que lhe dê sentido. Uma imagem muda é perigosa porque a busca de seu sentido fica livre, o mundo pleno de significado oscila em sua base. Em conseqüência dessa compreensão, acredita-se que o espectador tende a mudar de canal ou a supor que haja uma falha técnica da emissora.

Isso prova um pouco, de maneira caricatural, que esse papo de "TV é imagem" é mais uma frase feita do que outra coisa. Eu diria até que,

281

num certo nível, a TV tal como se pratica aqui depende tanto do som quanto da imagem, ou mais do som que da imagem.

Mas há sons e sons. A fala do locutor ou do repórter é uma necessidade vital no jornalismo da TV, para atestar que aquilo é verdade, que tal coisa tem tal sentido e não outro. Já a fala do chamado "popular", essa deve ser restrita e sobretudo prevista, para evitar surpresas. E deve sobretudo ser curta. Eu me lembro que no primeiro documentário longo que fiz para o *Globo repórter*, em 1976, *Seis dias de Ouricuri*, uma vítima da seca contava como tinha comido raízes para sobreviver. E contava isso mostrando as raízes. O plano durava três minutos de fala contínua. E foi para o ar integralmente. Hoje, isso não poderia acontecer. E por questão de forma.

Independentemente das liberdades estéticas e políticas que você tenha, há outro problema na TV em geral que torna eventualmente pouco relevantes os esforços para divulgar mensagens progressistas ou mesmo subversivas. A TV é apreendida como um mosaico, em que o importante para o espectador é o fluxo da programação, que se sucede tão naturalmente como os ciclos da natureza. Aliás, a TV já parece ser uma segunda natureza. Sabe-se que o público tende a confundir a realidade — do jornalismo — com a ficção das novelas e com a realidade-ficção dos comerciais. Tudo assim acaba virando uma espécie de ficção suspensa, ambígua. E as pessoas comuns sentem falta dos *breaks* comerciais, já está na pele das pessoas. Tanto que eu penso que as emissoras como a TVE e a Cultura agravam sua falta de audiência, seu caráter elitista e chato porque não têm verdadeiros comerciais, só têm institucionais. O condicionamento do público é achar que, quando um programa não tem comerciais, é algo desvalorizado. Por isso, as TVES da vida deviam criar comerciais fictícios sobre produtos inexistentes ou vendendo coisas como o ar, a água, as ondas do mar etc.

Em resumo, o efeito global da programação é muito mais forte do que qualquer programa específico, por mais genial que ele seja. Vale é o fluxo, que restabelece a ordem, depois de qualquer desordem. Se o Cid Moreira, no *Jornal nacional*, resumisse em um minuto o *Manifesto comunista*, não haveria muito problema, desde que a programação retomasse em seguida seus direitos. Já se ele ficasse mudo durante um minuto, ou chorasse sem motivo, haveria um escândalo. Mas ainda assim amenizado pela volta do fluxo de programas e comerciais.

Quando a televisão desembesta, ela é muito interessante. Por exemplo, quando fecharam a TV Tupi, que já era um caos, na noite final os técnicos e artistas, pelo menos aparentemente, tomaram conta da emissora e ficaram no ar durante a madrugada implorando que a Tupi fosse salva. A câmera entrou em lugares onde não lhe era permitido entrar, os artistas e alguns anônimos invadiram o palco, ninguém se entendia e todo mundo podia falar. Acresce que, em casa, você se perguntava se os tanques também viriam para acabar com a "baderna" — porque isso foi nos anos da ditadura. Outro caso interessante foi quando o seu Sete da Lira baixou no programa do Flávio Cavalcanti. Enfim, os programas ao vivo têm esse valor extraordinário de permitir a intervenção do acaso. Por isso, a Globo, que cultiva sua competência industrial, odeia os programas ao vivo.

A maior homenagem que as televisões prestariam a um de seus donos quando ele morresse seria o singelo minuto de silêncio, muito mais que duzentos especiais sobre sua vida e obra. Imaginem dez minutos de silêncio, que homenagem seria...

Uma palavra sobre a televisão nos países socialistas ou ex-socialistas. Lá o problema do jornalismo é ou era o contrário: aqui, muitos fatos — não todos, é claro — e nenhuma possibilidade de compreendê-los, na medida em que o mosaico confunde tudo e não se dá tempo para qualquer análise; nos países socialistas, muitas, inumeráveis palavras, mas pouquíssimos fatos. Porque com as palavras, sem os fatos, se pode construir um mundo que não existe, até esse mundo despencar.

Já num país como os Estados Unidos há muitos fatos e muitas palavras na TV, e nem por isso o público americano é tão bem informado como se supõe. Eles dispõem eventualmente de cinqüenta canais, mas a saturação da informação, dos estímulos audiovisuais, ajudada pelo controle-remoto, acaba resultando numa degradação geral, com a banalização das imagens e das palavras, todas se equivalendo ou não fazendo mais sentido.

Estamos mal, portanto, nesta modernidade dita pós-moderna. No Brasil, estamos péssimos. A única utopia possível é a existência de pluralismo, palavra-chave que define a democracia, pluralismo de fontes, de emissão, de controle. Televisão pública — nem estatal, nem privada, submetida a controles da sociedade. Mas é óbvio que supor alguma coisa "pública" no Brasil é uma grossa utopia. Precisamos dar os primeiros passos para um dia chegar a isso. Então, virão novos e melhores problemas.

QUESTÕES

Gostaria de saber, na sua opinião de homem de televisão e de cineasta, se você acha que não há nada a fazer com a TV enquanto a sociedade não mudar, ou se nós podemos fazer alguma coisa com a televisão.

Claro que a gente pode. Quero dizer apenas o seguinte: mesmo num mundo ideal, continuará a haver problema. Não há paraíso. Esse limite do mundo não impede que se possa e deva lutar para mudar.

É verdade que o Brasil teve a história que teve, a formação profissional que teve, sociedade fraca e Estado forte. Tudo bem, isso é verdade. A televisão reflete isso, é verdade. Mas é preciso continuar a dizer que a situação que hoje a gente vive no Brasil é um absoluto escândalo. O que me torna cético, muitas vezes, é que isso em geral não é considerado coisa prioritária, nem pelas entidades voltadas a mudar o mundo, a representar os dominados. Elas não parecem entender que não mudarão nada enquanto não mudarem o sistema de comunicação. E isso tem de ser feito antes, paralelamente e depois da mudança social.

Além disso, entendo, há o medo de ser riscado do mapa. Isso tem a ver com o poder extraordinário da TV no Brasil, em relação com os outros meios de comunicação, o Congresso, a cultura tradicional etc. Veja o caso do Ministério da Cultura, no tempo do Celso Furtado, numa época em que não era um absurdo o Estado patrocinar ou tomar as medidas de regulamentação do mercado, no caso do cinema. Ele, como outros antes ou depois, nunca entendeu que esse ministério, sem poder sobre a televisão — no sentido de estabelecer cotas para o filme brasileiro, obrigação de uma parcela de produção independente para suprir as emissoras etc. —, não passava de um Ministério de Corte e Costura, totalmente obsoleto.

Se as entidades de esquerda não dão prioridade para a questão da comunicação de massa, a TV, que importância darão à cultura do corte e costura, artesanal, como é o cinema no Brasil?

O único político de prestígio nacional que se expõe nessa polêmica com a TV é o Brizola. Mas ele se limita a atacar a Globo e o Roberto Marinho quando eles são simplesmente produtos de um sistema perverso de controle da informação e da publicidade — com larga participação do Estado — que estende seus braços aos estados, com suas oligarquias detendo e vendendo concessões que são sinônimo imediato de poder político e econômico. De passagem, falando em política de mercado, como o governo Collor insiste em falar, ninguém diz que o mais inepto e corrupto empresário da cultura de corte e costura ficaria milionário com uma concessão de repetidora da Globo em qualquer estado do país. A concessão é o lucro — mesmo que um débil mental fique na administração.

Portanto, se o sistema continua igual, amanhã não será Roberto Marinho o grande vilão, mas outro ou outros — com outro estilo mas com efeitos semelhantes.

Quanto à visão otimista de pessoas como Boris Casoy e outros, que dizem que a televisão melhorou muito no que se refere a esse problema de pluralismo e liberdade de informação, me parece que eles se equivocam deliberada ou inconscientemente. Não porque não tenha havido alguma melhora, mas porque o sistema de televisão ainda está separado por um abismo do país real — embora, do ponto de vista do mercado e da visão popular, a televisão brasileira seja ótima, genial, a "melhor do mundo" depois da TV dos Estados Unidos. Bem, no que toca ao jornalismo, ela é ruim e pouquíssimo democrática, com o povo sendo visto como uma espécie rara de orquídea que convém olhar com distante consideração e muito folclore; no que toca ao documentário, ele simplesmente não existe na televisão regular — só existem reportagens, show e o mais virulento naturalismo. Porque, para os nossos diretores de televisão, tudo o que não for informação é poesia inútil, antropologia pretensiosa, divagação elitista.

Além da mudança das leis, quais seriam os passos específicos, objetivos, para se chegar a uma TV pública?

TV pública exige a participação de todos os setores da sociedade, para permitir que a maior parte dos pontos de vista existentes na sociedade sejam expostos, sejam eles minoritários ou estigmatizados. Há lugares onde isso funciona, com mil problemas, é claro — como no Channel 4 inglês ou na Holanda. Eu não tenho idéia da estratégia e tática política para chegar a isso, mas a Constituinte já foi uma etapa meio perdida nesse sentido. Estas discussões ajudam num nível modesto, mas ajudam. Agora, o grande problema é o de levar a sociedade a acreditar que o mundo não vai bem e que é preciso mudar. O único detalhe é que o canal privilegiado para se dirigir ao povo é exatamente o pivô da questão. De qualquer forma, se a sociedade não participar e influir, nada se poderá fazer, nem a conquista do Estado resolverá. Como no caso do cinema brasileiro, hoje um belo agonizante, com a aceitação tranqüila da sociedade. Que, naturalmente, tem outros problemas com que se inquietar.

TUIUIÚS, PARDAIS
E ABELHAS-AFRICANAS

Marcelo Masagão

Há alguma semelhança entre o fato de vermos TV e uma partida de futebol. Durante o jogo de futebol posso me entediar com a ausência de jogadas brilhantes, da mesma forma que de um minuto para outro posso me emocionar com o gol do Neto cobrado de escanteio.

Com a televisão ocorre o mesmo; nos entediamos/emocionamos em frações de segundo. De televisão assim como de futebol todos entendemos um pouco, todos palpitamos, todos nós falamos bem ou mal.

O que vi de interessante nos dias em que participei das discussões aqui realizadas, é que elas procuraram além do bem e do mal, e avançaram no sentido de entender um pouco o significado dessa pequena e colorida fabriqueta de subjetividades, que fica geralmente diante de um sofá, em nossos lares.

Peço desculpas pela falta do rigor acadêmico. É uma limitação minha, mas pretendo fazer aqui um pouco o papel de advogado de defesa do meio. Começarei então fazendo uma pequena viagem pelo "túnel do tempo".

VIAGEM N.º 1: IDADE MÉDIA

Todo mundo conhece aquela série, *O túnel do tempo*; então, vou convidar o leitor para entrarmos nesse túnel e parar no ano de 1200 d.C. — depois de Cristo — em plena Idade Média.

É certo que naquela época não existia TV e, muito menos, o jornal *Notícias Populares*. Mas, se estamos aqui na "Rede imaginária", vamos imaginar que a manchete do *Notícias Populares* do dia 30 de setembro de 1200 d.C. fosse assim: "Navio dança no precipício sem deixar pistas". Copérnico e Galileu iriam iniciar a discussão sobre se o mundo era uma bolinha ou um quadrado e a notícia dizia o seguinte: "Passadas 27 luas da data prevista do seu retorno, conclui-se que o navio não retornará mais...''. A bússola ainda estava em via de ser descoberta. Vamos, então, ficar com uma pergunta na cabeça sobre a Idade Média: qual é a noção de tempo e espaço que as pessoas tinham?

VIAGEM N.º 2: HOMEM NA LUA

Agora vamos fazer outra viagem para o ano de 1969, com a ida do homem à Lua. Aqueles dois astronautas saltitando na Lua e observando a bolinha à distância sem dúvida foi uma das imagens mais importantes que a TV mostrou na década de 70. Sobre as descobertas espaciais em si a gente acaba não sabendo muita coisa, mas tem um objeto em forma de triângulo que as expedições espaciais acabam deixando no espaço, que é de grande valia para os terrestres. Estou falando dos satélites, que interligam todas as tribos do planeta. Isso significa que a bolinha fica cada vez menor e o homem fica cada vez maior, já que a cada dia, em questão de segundos, não só temos acesso a tragédias e comédias que estão ocorrendo em algumas tribos, mas também começamos a ter acesso ao comportamento de diversas tribos em suas infinitas singularidades.

VIAGEM N.º 3: TANQUES DANÇANDO BALÉ

Vamos discutir, então, outra imagem televisiva, a meu ver a imagem mais importante da década de 80. Trata-se daquele senhor magro e chinês fazendo os tanques dançarem balé nas imediações da praça da Paz, no recente massacre chinês. O mundo parou para observar um fato que historiadores e sociólogos, em centenas de livros, chamam de stalinismo. Nunca e num espaço tão curto de tempo milhões de habitantes do planeta despertaram sua curiosidade para esse fenômeno histórico, em via de extinção.

No dia seguinte, um motorista de táxi puxou um papo comigo sobre as benesses e malesses do comunismo; pelo tom meio surrealista de seus comentários, logo percebi que ele não era do PT e nunca tinha lido nada a respeito. Isso pouco importa; o que importa é que aquela imagem confundiu sua cabeça: ele procurava, naquele momento, formar um novo conceito sobre comunismo.

VIAGEM N.º 4: ORIENTAIS NA TROPICÁLIA

Vamos pensar, então, num outro exemplo de vivência televisiva: no ano passado, ou retrasado, comemoramos no Brasil oitenta anos de imigração japonesa. A onda oriental, que já há alguns anos vem passeando pelo Ocidente, neste ano marcou presença. Vimos um festival de cursos, sashimis, espiroquis, documentis, e uma série de coisas sobre a cultura japonesa. Quem conhece um oriental ou é amigo de um, sabe das dificuldades e conflitos por que passa uma família oriental, com toda a sua disciplina rígida e introspectiva, ao viver em meio a latino-brasileiros.

Creio que essa invasão de informações orientais, via TV, contribuiu para que as infinitas relações invisíveis e cotidianas que muitos de nós mantemos com orientais na escola, no trabalho ou na cama, tomassem pequenas e novas dimensões, e nessas relações ganham os dois — brasileiros deixam de ser um pouco brasileiros e orientais deixam de ser um pouco orientais. Acho importante refletirmos um pouco nesse aspecto de confusão de conceito e informações que a mídia ocasiona em nossas cabeças, fugindo e se confundindo com o papel, que não raras vezes é atribuído de controle total de tudo.

TÉDIO COM TECNOLOGIA É MELHOR

Por vezes, atribuem à TV a capacidade de produzir sentimentos humanos, que nasceram muito antes que ela, como o tédio, por exemplo. O tédio é uma condição humana que, segundo o Aurélio, significa "desgosto pela vida" e que deve ter nascido junto com Adão e Eva. Nós também utilizamos a palavra *tédio* quando nos referimos a pequenas cidades do interior e todo o circuito de fofocas e controle que se estabelece na vida das pessoas.

Pensando assim, prefiro o tédio com tecnologia das grandes cidades; talvez sentado na poltrona da minha casa me enchendo de chocolate e não atendendo ao telefone.

NEURÔNIOS OCIOSOS E NEURÔNIOS ELÉTRICOS

E, já que falamos em tédio, vamos entrar novamente no túnel do tempo e retornar à Idade Média, que, sem dúvida, foi uma das épocas mais tediosas da história da humanidade. Vamos fazer uma pequena pesquisa para saber o número de informações médias que um fulano que vivia na Idade Média recebia por dia. À parte as informações do tipo acordar, vestir-se, trabalhar, informações quase biológicas do dia-a-dia, o número de novidades que a vida no feudo possibilitava era baixíssimo.* Portanto, os neurônios nos cérebros humanos na Idade Média ficavam grande parte do tempo dormindo — eram sem dúvida neurônios ociosos.

(*) Com exceção das festas anuais que eram realizadas nas vilas onde o excesso da produção era distribuído e, segundo relato de alguns historiadores, eram verdadeiras "festas de arromba".

Mas não precisamos ir até a Idade Média. Se pegarmos o início do século, perceberemos que, apesar de a Revolução Industrial ter tirado algumas horinhas de sono dos ociosos neurônios, eles só começaram a trabalhar mesmo com o advento da mídia eletrônica. A composição química dos neurônios não deve ter se modificado; o que acontece hoje é que eles são submetidos a uma intensa e ininterrupta aula de aeróbica, desde a hora em que acordamos com o radiorrelógio até a hora em que dormimos, às vezes, com a TV ligada.

Ora, se o número de informações que recebo é muito maior, também é maior a possibilidade de elas se abalroarem em nossos cérebros. Se eu pudesse criar uma imagem de nossos cérebros hoje em dia, ela seria como um enorme engarrafamento na hora do rush; cada carro é um fragmento de nossas experiências passadas e presentes, das mais sérias e significativas às mais banais. Acontece que a configuração desse enorme trânsito de informações acumuladas não só nunca é a mesma, como o número de carros continua a aumentar. Este enorme trânsito de informações e suas infinitas trombadas ativam uma das sensações mais nobres do ser humano, a saber: a curiosidade.

UMA IMAGEM, QUATRO REAÇÕES

Vamos voltar agora à imagem do chinês que fez os tanques dançarem balé na praça da Paz, e vamos analisar a reação de quatro pessoas: um trotskista fica emocionado com a confirmação de suas velhas teses sobre "a burocratização e militarização dos Estados comunistas"; um stalinista vê naquele senhor "um degenerado", "pequeno-burguês", "contra-revolucionário", e por aí vai; um capitalista enche o peito e confirma suas teses de que "comunistas comem criancinhas", e prepara sua ficha de filiação ao Partido Liberal; o taxista ficou apenas curioso e confuso. Esta, cu crcio, é uma contradição fundamental das grandes redes. Elas são obrigadas a dar a mesma informação para milhões de tele-humanos. Esta mesma informação, seja de caráter factual ou comportamental, causa nos cérebros dos telespectadores infinitas combinações e polarizações, gerando diferentes tipos de reações.

Não estou querendo com isso menosprezar o forte papel de controle que os meios exercem em nossas vidas e nos destinos de um país, mas somente ressaltar que junto com esse controle eles passam uma enorme dose de confusão por meio de suas informações fragmentárias, superficiais e caricaturais. Informações que pretendem nos esconder dados e, portanto, nos controlar. Mas estas mesmas informações é que vão deixar nossos neurônios irritados, portanto com muita curiosidade.

ANALFABETO INFORMADO

Pensemos na situação de um analfabeto diante da TV. Este é um dos poucos momentos do dia em que o analfabeto não é humilhado por coisas banais como, por exemplo, ter de reconhecer ônibus pela cor, ou gaguejar pedindo informação sobre a localização de uma rua. Diante da TV ele se sente sabidão e informadão.

INSTITUIÇÕES CAPENGAS E A MÍDIA

Vamos ver agora essas modinhas que a TV lança, por vezes acompanhadas de perto por jornais como a *Folha de S. Paulo* e sua apatia pós-modernista. O bacana agora é casar, ter uma boa profissão, vestir-se assim ou assado, enfim, o negócio é não andar mocozado; tem de ser chique e discreto. Essas campanhas são lançadas num espaço-ciclo de alguns anos, em meio a muita venda de sabonete. Não nos esquecemos da onda de amizades coloridas e casamentos moderninhos e depois a onda *yuppie*. Essas campanhas influenciam nossas existências, mas são passageiras, pois nossos terremotos individuais e coletivos continuam a se implodir em escala monumental. É curioso ver na televisão uma pesquisa feita com jovens dizendo que eles, 92% deles, querem se casar, para na semana seguinte abrir o jornal e ver outra pesquisa segundo a qual o número de casamentos, de 1988 para 1989, diminuiu e o número de divórcios aumentou. E nossos terremotos individuais e coletivos vão continuar a implodir cada vez mais, por um simples motivo: as instituições em que convivemos não funcionam mais; elas estão cada vez mais vazias de conteúdo e não respondem minimamente a nossos anseios.

As universidades não funcionam como centros de produção. As pessoas vivem o papel de marido e mulher, pai e filho, de uma forma completamente diversa. Trágica ou criativamente a organização familiar mergulha em profundas mutações. O Parlamento, seja aqui ou no dito Primeiro Mundo, é cada dia mais uma piada; vazio em seus debates; parece que tudo se decide fora deles. As religiões se multiplicam em escalas geométricas e o mais curioso é que no meio desta crise de representação os interlocutores oficiais dessas instituições necessitam cada vez mais da mídia eletrônica para se manterem vivos.

GUERRILHA MIDIÁTICA

Faltando dez anos para a passagem do segundo milênio as relações inter-humanas tendem cada vez mais a se eletrificar, no sentido de o homem se codificar/decodificar, descobrir/encobrir-se em suas relações institucionais e pessoais através de aparatos eletrônicos.

A ditadura do imaginário exercida pelo monopólio da mídia e sua linguagem unidirecional deve ser questionada com a práxis de experimentos de comunicação eletrônica que apontem para a bidimensionalidade e horizontalização das relações humanas, possibilitando assim que as diferenças se conflitem e não se caricaturem nacionalmente.

O desenvolvimento desta práxis deve ser encarado como uma espécie de realfabetização de nossas relações, possibilitando assim o desenvolvimento de novas formas de socialização e ritualização de nossos conflitos, sejam eles relativos ao "bolso ou à alma". Fazer cultura hoje em dia passa necessariamente por apertar botõezinhos e instalar fiozinhos.

ERA UMA VEZ...

Faço agora um pequeno balanço das atividades dos produtores eletrônicos de cultura na década de 80 em São Paulo.

Tudo começou numa cidade do interior paulistano denominada Sorocaba. Era verão do ano de 1983 e chegaram a existir ali cerca de quarenta rádios livres.

Eles se diziam apolíticos; o negócio era "botar muita música, uns recados para a sogra e umas paqueradinhas radiofônicas". Se não é político ligar o botãozinho de um transmissor sem o consentimento do Ministério das Comunicações, eu não sei mais o que é político. Além do mais, acho profundamente político discutir com a sogra em público, rompendo assim o monopólio da fofoca familiar.

Animados com a experiência de Sorocaba e com o clima nacional lacrimejante cristão da era pós-Tancredo, um grupo de alunos da PUC-SP coloca um pequeno transmissor no ar. O nome da rádio era Xilik (julho de 1985 a abril de 1986).

A Xilik acabou saindo mais na mídia impressa que no radiorreceptor dos radioamantes da região das Perdizes. Isto, por outro lado, possibilitou/incentivou o surgimento de uma infinidade de rádios livres, em São Paulo e no Brasil: Trip, Ítaca, Toto Ternura, Molotov, Tereza, Invasão, Trambique, Se ligue no Supla, Vírus, Dengue, e uma série de outras com nomes estranhos começaram a povoar pequenos "pedaços de ar" espalhados por todo o Brasil.

Na maioria das vezes estas experiências foram bastante efêmeras, durando somente alguns meses, já que esses grupos não estavam ligados a nenhuma instituição e não encontraram formas de se manterem financeiramente. Talvez a efemeridade era o que juntava as pessoas. Por outro lado, justamente o fato de não estarem ligados a instituições possibilitava experimentos muito curiosos e singulares em termos de linguagem radiofônica.

Apesar de alguns grupos ligados a sindicatos ou a candidaturas do PT se entusiasmarem com a idéia, nunca foram levados muito a sério pela direção destas organizações, sendo tratados como moleques e artistas. A Rádio Invasão, ligada à CUT-Zona Sul, foi uma experiência que, apesar de viva e eficaz, não durou mais de três meses por boicote declarado de alguns diretores locais, que chegavam a rasgar cartazes da rádio argumentando que a "rádio estava agindo paralelamente e que sua programação teria de ser submetida à direção do sindicato antes de ir para o ar".

A CUT e o PT parecem preferir continuar gastando milhões de cruzeiros com seus panfletos e jornais e, apesar de reclamarem muito da Globo, continuam anestesiados pelos dois meses anuais do horário eleitoral gratuito que tende cada vez mais a ser rejeitado como um todo pela "telepopulação".

A Igreja, seja ela ligada à teologia da libertação ou à teologia evangélica, já percebeu a importância vital de se comunicar eletronicamente com suas comunidades.

Desde 1985 os movimentos dos "sem-terra" ou por melhoria de condições de vida (água, luz, esgoto etc.) na periferia de São Paulo convivem com rádios de alto-falantes em seus locais de moradia. Funcionando geralmente nos finais de semana e conflitando com as intempéries do vento que por vezes leva o sinal para longe, são mais de cinqüenta "rádios populares", instaladas na periferia de São Paulo. Estas rádios costumam fazer bastante sucesso e não tratam somente de questões de melhorias de condições de vida. Suas radionovelas e sociodramas discutem comportamento, trocam receitas de bolo e mantêm uma relação real com a comunidade atingida. Mais ousados tecnicamente, os evangélicos fazem suas rádios com transmissores mesmo. Vários grupos de diversas igrejas evangélicas sustentam a programação de pelo menos quatro rádio livres na Zona Leste de São Paulo. Misturando cânticos evangélicos embalados com o ritmo do rock'n'roll e campanhas contra as drogas, os evangélicos estão participando ativamente da "reforma agrária no ar".

E já que estamos na Zona Leste, não poderíamos deixar de falar na Rádio Reversão. Tendo conseguido sustentação financeira por meio de um galpão-bar, onde a rádio está instalada, este experimento cultural já dura dois anos e meio, intervindo diariamente das vinte às catorze horas.

Saídas de suas isoladas garagens, são inúmeras as bandas de rock da região que se organizaram em torno do projeto "Reversão" (casa de cultura e rádio), criando no bairro da Penha um pequeno mas singular e autônomo ponto de produção cultural na cidade.

AS IMAGENS

A produção independente completa dez anos de existência desenvolvendo-se em escala geométrica, apesar da inexistência de um mercado que alimente esta produção. A verdadeira invasão de camcorders possibilita que setores cada vez mais amplos de tele-humanos passem a produzir imagens e mais imagens combinadas em sons.

A experiência de grupos independentes nas TVs, apesar de influenciar muito a linguagem televisiva, foi também bastante efêmera, tendo em vista o rígido controle exercido pelas grandes redes e as dificuldades de patrocínio.

Apesar dos problemas de veiculação, os videastas organizam uma série de festivais regionais e nacionais e procuram veicular seus produtos em pequenas salas de exibição que começam a surgir em diversas cidades.

Concretizam-se também experiências de exibição na rua com destaque para TV Viva de Recife, que com seu "telão-kombi-ambulante" tem lugar cativo nos olhos de centenas de tele-humanos que habitam as praças dos bairros da periferia de Recife.

Alguns sindicatos começam a adquirir equipamentos profissionais de vídeo e dão início à produção imagética. Químicos e bancários de São Paulo e metalúrgicos de São Bernardo e sua TVT—TV dos Trabalhadores.

Surgem três TVs piratas: 3 Antena, TV Lama, no Rio de Janeiro, e TV Cubo, em São Paulo. Esta última, apesar da irregularidade de suas transmissões, vem intervindo nos bairros de Pinheiros, Vila Madalena e Butantã há quatro anos e está buscando a sua legalização junto ao Ministério das Comunicações como única forma de sustentação financeira do projeto.

E DAÍ?

Creio ser muito difícil saber ao certo o momento da maturação de movimentos sociais. O que dá para afirmar é que a cada ano amplia-se quantitativa e qualitativamente o número de pessoas e organizações querendo eletrificar suas relações. Na década de 80 estes grupos foram bastante marginais, nos permitindo compará-los a pequenos e singulares exércitos de Brancaleone; a década de 90 permite que sonhemos com uma mudança no mapeamento do monopólio da mídia eletrônica no Brasil. A Rede Globo entra nesta década enfrentando a maior crise da história de seu império. Os tele-humanos tupiniquins, com ou sem controle-remoto, estão mudando de canal, e sua audiência imbatível começa a ser questionada em diversas programações e horários.

Por outro lado, setores significativos do PT — Partido dos Trabalhadores — e da CUT — Central Única dos Trabalhadores — começam a tomar iniciativas concretas de comunicação eletrônica. O Sindicato dos Metalúrgicos de São Bernardo do Campo ameaça colocar uma rádio pirata no ar caso o Ministério das Comunicações não forneça a concessão já requisitada há alguns anos. Além do início da ocupação do UHF, por opções que apontam para a segmentação: TV Abril, TV Jovem Pan etc.

DEMOCRACIA ELETRÔNICA E CONTROLE REMOTO

Estas iniciativas devem contribuir para a verdadeira democratização da mídia eletrônica. Pois não podemos considerar democracia na TV o fato de os "jacarés pantaneiros" da Manchete estarem papando alguns pontinhos do "dinossauro global". O que existe de importante neste caso é que os tele-humanos começam a usar mais seus controles-remotos. O nariz cheira o que o olho está vendo e ordena que mudemos de canal. Para fazê-lo, precisamos ter um controle-remoto lépido e multifacetado. A cada movimento de nossos dedos, nos conectamos com um fragmento de informação, de emoção, de tragédia, de comédia. Em São Paulo, no Piauí, ou em Tóquio.

Democracia na TV haverá, portanto, quando tele-humanos tiverem nas mãos um *zoontrole-remoto* que não lhes ofereça somente o "jacaré pantaneiro do vovô Bloch", "o dinossauro global", ou o "jegue eletrônico do tio Sílvio". Mas centenas de tuiuiús, pardais, lobos da Nova Zelândia, abelhas-africanas ou tigres do Paraguai.

VÍDEO POPULAR
Uma alternativa de TV

Jacira Melo

Se fôssemos tentar traçar um roteiro do boom da produção em vídeo na década de 80, no Brasil, o ponto de partida necessariamente teria de ser a tecnologia. A imensa produção brasileira em vídeo desta década está intimamente relacionada ao acesso à tecnologia — equipamentos portáteis mais leves e mais baratos — por parte de cada realizador.

Simultaneamente às inovações tecnológicas, o crescimento da produção de vídeo acontece em meio ao processo de abertura democrática e a uma profunda crise econômica, social e política. O ano de 1984 é significativo para se entender este momento. No campo do vídeo, estão em gestação vários grupos e projetos; no âmbito político, está em curso, por todo o país, a campanha por eleições diretas para presidente.

O clima político incide diretamente na tônica das produções em vídeo. Uma avalanche de programas são realizados enfocando as múltiplas situações da realidade social e política. Utilizando formas diversas, os realizadores vinculados aos movimentos populares voltam-se para a documentação da realidade social, fazendo do vídeo um instrumento de intervenção e de denúncia ao narrarem uma outra versão dos fatos, distinta das veiculadas pelos meios massivos.

Portanto, foram vários os condicionantes sociais que estimularam direta ou indiretamente a apropriação do vídeo pelos diversos setores da sociedade.

Esta nova fase da imagem em movimento, via vídeo, nas mãos dos grupos populares, teve seu início a partir de 1982, contando inicialmente com o apoio de alguns setores da Igreja, de centros de educação popular e de direitos humanos. De modo geral, os realizadores assumem uma trajetória comum: buscar uma linguagem adequada às condições precárias de produção que seja capaz de exprimir a condição crítica da experiência cotidiana de milhares de brasileiros.

É possível dizer, numa breve retrospectiva, que a atuação dos movimentos sociais, desde os anos 70, é marcada por uma busca constante de formas criativas para a discussão e divulgação de suas reivindicações. Nesse período, surgiram em todo o país usos alternativos de veículos de comunicação — jornais, revistas, programas de rádio, audiovisuais, teatro, vídeos. Esses usos alternativos tinham em comum não apenas uma maior participação popular na criação de mensagens e na gestão dos meios de comunicação, mas, principalmente, objetivos mais amplos de mudanças sociais.

No âmbito dos meios de comunicação de massa, os movimentos sociais despendem grandes esforços para conquistar a difusão de suas reivindicações por meio da imprensa, do rádio e da televisão. Fazem da cobertura jornalística um instrumento para sensibilizar o poder público e para ampliar o reconhecimento de suas reivindicações por parte da sociedade. Mas estão sempre à mercê da opinião e da censura dos proprietários desses meios.

Deste modo, os movimentos sociais se defrontam diretamente com as conseqüências da política governamental que vem, há mais de duas décadas, concentrando o meio de comunicação *televisão* nas mãos de poucos grupos privados. Esta realidade tem impulsionado a necessidade de elaborar e implementar estratégias de comunicação mais avançadas, visando à democratização da informação nos chamados veículos de massa e à utilização dos mais diversificados meios que potencializem os processos de comunicação e a circulação de mensagens.

Neste contexto, o *vídeo* tem se tornado um meio da maior importância nas mãos destes movimentos: ao mesmo tempo em que potencializa as atividades de registro e de memória, viabiliza a produção e distribuição de mensagens. É no universo dos excluídos que o vídeo popular está inserido. Estou falando de vídeos de bóias-frias, prostitutas, seringueiros, sem-teto, sem-terra, sem-tela...

O vídeo popular traz uma abordagem distinta da praticada na TV. Nesses programas as histórias de vida, a experiência e o conhecimento dos entrevistados tecem os vídeos; por segundos, a fala de cada narrador toma a cena e se transforma em tema principal. A opção por essa abordagem busca abrir microfone e câmera para que os protagonistas (sujeitos sociais) dêem sua visão acerca dos fatos ou temas trabalhados.

Qual o sentido dessa "outra" relação entre videastas e protagonistas? Que significado social e político é possível atribuir-lhe?

A prática com a imagem eletrônica envolve, ao mesmo tempo, realizadores, protagonistas e receptores. Sabemos que o modelo de TV brasileiro, que é monopólio de puro comércio e consumo, não trabalha com as diversas formas da narrativa. Há uma indiscutível seleção dos que têm poder de fala e conhecimento na tela. São as autoridades, personalidades governamentais, empresariais, políticas e intelectuais. Sabemos também que a nossa formação enquanto realizadores de vídeo está profundamente marcada pela nossa condição de espectadores de TV.

Nesse sentido é que considero como traço de maior importância e originalidade o aspecto de anti-reportagem e antinotícia do vídeo popular. Pois, ao focalizar em primeiro plano e trazer para o centro da tela a expressão das minorias raciais e sexuais, dos trabalhadores e dos "vencidos", deixando fora do quadro o repórter que explica os fatos e o âncora que define os acontecimentos, o vídeo popular traz também uma outra concepção de notícia, de reportagem e especialmente da forma de abordagem, apresentando-se como oposto do modelo televisivo.

Hoje, contamos com uma expressiva produção de vídeos originários dos grupos populares e sindicatos. O volume dessas produções já alcança um número significativo de programas.

Com o objetivo de ampliar a circulação desses programas em vídeo, em 1987, a ABVP — Associação Brasileira de Vídeo Popular — inicia a implantação de um sistema de distribuição. Trata-se de uma iniciativa pioneira que reúne grupos de realizadores e grupos de exibidores para buscarem, em comum, canais de distribuição e difusão. Atualmente, esse programa de distribuição reúne trezentos títulos.

Assim, de um uso inicialmente restrito ao âmbito grupal, as produções de vídeo popular começam a ser levadas às praças públicas, sindicatos, associações de bairro, escolas e centros culturais. A ABVP tem trabalhado no sentido de consolidar uma rede nacional de distribuição a fim de ampliar o acesso a essas produções.

Este breve relato acerca do vídeo popular me permite dizer que há vida fora da TV, que a produção de vídeo nesse país já se constitui em uma alternativa de televisão. Mas essas produções irão continuar eternamente fora das ondas do ar, fora da televisão?

PAÍS DE CORONÉIS DOS MEIOS DE COMUNICAÇÃO

Entre as várias batalhas que ainda teremos de enfrentar para vivermos em um país democrático, em uma democracia de fato, a batalha por uma legislação que regule a posse e o uso dos meios de comunicação certamente estará entre as mais difíceis, mais duras.

No Brasil, o direito à informação e à expressão da pluralidade de posições que caracteriza uma sociedade democrática não está sendo assegurado, nem o será facilmente.

Debates acerca da redemocratização do país têm enfocado com maior ênfase a complexa relação entre democracia e meios de comunicação. Essas discussões, centradas até recentemente na luta pela liberdade de expressão, foram substancialmente ampliadas no conjunto da sociedade durante a última eleição presidencial. Hoje, reivindicamos plenos direitos no exercício da comunicação.

Observa-se que, ao lado dos obstáculos políticos, existem obstáculos econômicos à liberdade de expressão. As informações, especialmente de interesse social e político, invariavelmente estão vinculadas à opinião/posição dos proprietários dos veículos de comunicação de massa. A ênfase dada a determinadas manchetes, o lugar reservado para alguns assuntos e o seu próprio conteúdo revelam mecanismos de manipulação psicológica e ideológica não suscetíveis ao controle democrático.

Os grupos sociais e entidades dos mais diversos tipos começam a buscar o aprofundamento de discussões e a elaboração de propostas que venham impedir a política de privilégio na concessão de canais de comunicação aos amigos do rei.

A nova Constituição Federal, promulgada em 1989, não trouxe avanços para reduzir o poder dos oligopólios na comunicação e redefinir a liberdade de expressão para os diversos setores da sociedade. A concessão de canais ainda não foi regulamentada pelo Congresso Nacional, o que acaba permitindo que o presidente da República continue com o poder de aprovar concessões. Em conseqüência desta situação, os avanços tecnológicos e as novas modalidades na área de radiodifusão, como canais em UHF, VHF, TV por assinatura, acabam contribuindo para aumentar ainda mais a concentração de poder nas mãos de grandes grupos econômicos. Ao contrário do que vem sendo propagado, essas novas modalidades de transmissão não implicam automaticamente um questionamento do sistema de televisão brasileiro, que é ainda um verdadeiro cartel de donos das ondas do ar.

Hoje não existe nenhum grupo social com força de intervenção no sistema da mídia eletrônica. Esse espaço de intervenção é lugar exclusivo do IBOPE, do Ministério da Justiça e das senhoras de Santana.

Paradoxalmente, a democratização da mídia eletrônica, enquanto temática política, não tem ocupado espaço relevante na agenda das discussões dos partidos, sindicatos, movimentos sociais e associações em geral. Também os intelectuais não têm dado a devida importância a esse tema; infelizmente o desprezo e o preconceito intelectual com relação à televisão têm nos limitado a escassas reflexões teóricas.

O direito à informação e à opinião no nosso país é questão de direitos humanos. Cabe à sociedade enfrentar essa discussão, essa luta. Contudo, a possibilidade de que a televisão seja feita por todos aqueles que estão excluídos do direito de produzir e difundir informações exige mobilização de uma grande vontade coletiva. Essa batalha precisa agregar uma grande força social contra a força dos cartéis, precisa contar com os movimentos sociais, os sindicatos, os partidos, a OAB, a CNBB...

No terreno da mídia eletrônica, reivindicar plenos direitos no exercício da comunicação implica enfrentar uma das questões essenciais para a consolidação de uma sociedade plural, com espaço para diferenças, diversidades e conflitos.

É POSSÍVEL
DEMOCRATIZAR A TELEVISÃO?

Fábio Konder Comparato

Antes de discutir o tema proposto, convém precisar alguns conceitos fundamentais.

A repetição meramente retórica de que a democracia é o regime em que o poder supremo (soberania) pertence ao povo não nos faz avançar muito no plano da construção das instituições políticas. É preciso voltar ao princípio básico de que a democracia é uma modalidade de regime republicano. Na república, ninguém é proprietário ou herdeiro de cargos e todos os que exercem o poder, a começar dos principais mandatários, devem responder por seus atos. República é, portanto, um regime de responsabilidade pública e as democracias são os regimes republicanos em que os titulares dos principais poderes públicos respondem por seu atos, nessa qualidade, perante o povo; quer diretamente, quer perante seus representantes legítimos. O que significa estabelecer um sistema permanente de controle popular dos poderes públicos. "Oú est donc la démocratie", disse Alain, "sinon dans ce pouvoir que la science politique n'a point défini et que j'appelle le contrôleur?" Faltou dizer que, na democracia, esse poder fiscal indefinido pela ciência política é o próprio povo.

Basta enunciar esses princípios para se perceber quão distantes andamos, neste país, do verdadeiro regime republicano e democrático. Em toda a América Latina, aliás, com o advento da sociedade de massas passamos a oscilar, pendularmente, entre a ditadura e o populismo eleitoral. Em ambas as situações, os detentores do poder público são propriamente irresponsáveis. Mas o populismo é, em certo sentido, mais desmoralizante, porque a irresponsabilidade geral aparece falsamente legitimada pelo mito da soberania popular. As eleições têm se tornado, neste continente à deriva, o mais moderno e aperfeiçoado ópio do povo. Acode à mente a violenta objurgatória de Rousseau contra o sistema representativo inglês, acolhida pelos filósofos ilustrados da época como sintoma de que o célebre genebrino tresloucara. "O povo inglês pensa que é livre, mas está completamente enganado. Ele só é livre durante a eleição dos membros do Parlamento: assim que estes são eleitos, ele se torna escravo, já não é mais nada. Nos curtos momentos de sua liberdade, o uso que dela faz merece bem que ele a perca." (*Du contrat social*, livro 3, cap. XV.)

Acontece que, atualmente, qualquer que seja o regime político, o elenco das funções públicas é bem mais extenso que o apresentado pelo pensamento político clássico. Ele inclui agora, indefectivelmente, o elemento que assegura a necessária coesão numa sociedade de massas: o poder de comunicação social.

Não é à toa que a comunicação entre os homens tornou-se o problema central da reflexão filosófica contemporânea, a partir das correntes existencialistas. O processo de crescente socialização da existência em comum, elevado à dimensão universal, destruiu a antiga sociedade unicultural, axiologicamente homogênea, dentro da qual sempre viveu a humanidade. Mas essa extraordinária mutação, sem precedente histórico, ainda é ignorada por certas ideologias políticas e pelos dogmatismos religiosos. Eles continuam, anacronicamente, enraizados no antigo monolitismo de valores, para o qual toda divergência em relação aos dogmas oficiais constitui um perigo mortal à coesão do todo.

A convivência nesse ambiente social, novo e complexo, de livre comunicação de idéias e valores é, talvez, o principal dos múltiplos desafios da modernidade. A educação para a democracia, hoje, passa necessariamente pelo caminho da comunicação social.

Não é, porém, tão-só sob esse aspecto que a questão da comunicação entre os homens está no centro da problemática contemporânea. É também pelo fato de que a sucessiva ampliação territorial da vida em sociedade exige a transformação da cultura comunicativa. A sociedade do face-a-face era, afinal, muito mais concreta e encarnada do que o mundo atual das comunicações por satélites. O tirano nacional de antanho, com todo o seu aparato de poder e ferocidade, estava incomparavelmente mais próximo de qualquer um do povo do que está, hoje, o chefe de Estado de qualquer nação democrática. A própria guerra que, durante milênios, foi sempre um encarniçado corpo-a-corpo, transformou-se agora na técnica inaudível e invisível, para o operador eletrônico, da espionagem e da destruição intercontinental, ou orbital. Não é, sem dúvida, por outra razão que o homem contemporâneo, mais do que todos os que o precederam, procura redescobrir e valorizar ao máximo as sensações e valores ligados ao corpo.

A comunicação é, pois, o grande ponto de interseção da vida política, social e econômica da atualidade. E, dentre os veículos de comunicação social, avulta, pela notável intensidade das mensagens que transmite, a televisão.

Com base nessas precisões preliminares, podemos refletir sobre o tema proposto, encarando-o sob três ângulos de visão: a) a TV como poder social e político; b) o sistema constitucional de regulação da TV; c) a legitimação democrática da TV.

A TELEVISÃO COMO PODER SOCIAL E POLÍTICO

A televisão é, de longe, no Brasil de hoje, o principal veículo de comunicação nacional. Estimou-se que, em 1987, 17 milhões e 400 mil lares possuíam televisor, num total de quase 26 milhões de aparelhos. A média de duração de assistência diária a emissões de televisão, segundo levantamento feito pela UNESCO naquele mesmo ano, era de duas horas por indivíduo — a mais alta média entre todos os países subdesenvolvidos.

Essa maciça penetração no meio social faz da televisão um formidável instrumento de poder.

Antes de mais nada, é preciso lembrar que a televisão forja os costumes sociais, com uma eficácia e rapidez absolutamente novas na história. A TV tende a ser a principal matriz dos valores sociais, superando nessa função a família, a escola, a Igreja, o partido ou o próprio Estado. Mas, diferentemente destas instituições, a televisão é mero veículo de transmissão de mensagens: não é a televisão, enquanto veículo, que as produz. A verdade, como frisou McLuhan, é que o veículo tende a incorporar a mensagem e a se identificar com ela. O povo adota os comportamentos e os valores sociais difundidos pela televisão, e os estabiliza em costumes; não pelo conteúdo das mensagens, mas simplesmente pelo fato de que elas lhe são transmitidas pela televisão.

Ora, como observaram os grandes pensadores clássicos, os costumes de um povo dão fundamento e sentido às suas instituições políticas. Aristóteles chegou a afirmar que eles podem alterar, num sentido oligárquico, uma constituição democrática, e vice-versa (*Política* 1292 *b*, p. 10 ss.). Montesquieu identificava nos costumes o ''espírito das leis'' (*De l'esprit des lois*, livro XIX), e Rousseau neles via ''a verdadeira Constituição do Estado'' (op. cit., livro 2, cap. XII).

No Brasil, o prestígio da televisão, sobretudo nas classes inferiores, ultrapassa o do rádio e da imprensa. Uma pesquisa do Instituto Gallup, realizada em 1987, indicou que, para a opinião pública, nenhum veículo de comunicação de massa reproduz fielmente os fatos veiculados; mas, no quadro geral desse descrédito, a televisão ainda alcança um índice percentual de 30%, contra 27% do rádio, 14% do jornal e 13% da revista. Quando essas respostas são separadas por classes sociais, temos que a televisão é considerada, por 48% dos entrevistados das classes D/E, como difundindo notícias fiéis aos fatos contra apenas 24% (ou seja, a metade) dos entrevistados da classe A.

Nada mais é preciso acrescentar para perceber a extraordinária importância da televisão como instrumento político. Não se trata, apenas, de sua influência óbvia nas campanhas eleitorais, como acabamos de ver em nosso país, tanto no último pleito presidencial (a criminosa manipulação do derradeiro debate do segundo turno) quanto nas eleições para as Casas Legislativas, onde quase todos os candidatos mais votados foram protagonistas de programas de televisão. Não se trata tampouco, apenas, da capacidade de alguns governantes de lograr ampla adesão popular às suas políticas, pela exploração de um talento pessoal televisivo. O fundamental é a possibilidade de inculcar, na massa do povo, opiniões, preconceitos e convicções, que modelam a mentalidade popular e acabam se transformando em costumes estáveis, os quais, por sua vez, passam a influenciar, decisivamente, o funcionamento das instituições políticas.

Montesquieu assinalou, a propósito, que os costumes de um povo não se mudam por meio de leis, mas por outros costumes e exemplos; ou seja, pela educação popular (op. cit., livro XIX, cap. XIV). E por aí se vê a essencial ligação entre democracia moderna e comunicação televisiva. Se o correto funcionamento das instituições democráticas supõe a existência de costumes populares democráticos; se a televisão é o grande poder social que forja a mentalidade e os costumes do povo, a democratização da televisão deveria ser a primeira e principal tarefa de um programa de instauração democrática.

Para mudar as instituições de um país, no entanto, é preciso atuar com conhecimento de causa. Qual o estatuto da televisão, no Brasil de hoje

A REGULAÇÃO DA TELEVISÃO NO DIREITO BRASILEIRO

Tratando-se, como se trata, de um autêntico poder, a primeira indagação a ser feita é sobre quem está legitimado a exercê-lo.

Em todos os países, o sistema de atribuição de canais de televisão funda-se em ato administrativo — de autorização, concessão ou permissão — porque há um espaço limitado a ser administrado pelo Poder Público: o campo de difusão das ondas hertzianas.

Até a Constituição de 1988, o poder concedente era o Executivo federal, mais precisamente o seu chefe, isto é, o presidente da República; e o ato de concessão não se regulava por critérios objetivos de interesse público. Com isto, o presidente dispunha de um formidável poder de avassalamento das demais forças políticas e econômicas, em benefício próprio. Por ocasião dos trabalhos de elaboração da nova Constituição, estimou-se que um terço do total dos canais de televisão estava em mãos de constituintes, por via direta ou indireta (concessão a seus cônjuges ou parentes próximos). Já para o final dos trabalhos constituintes esse número deve ter aumentado brutalmente, pois, para conseguir a fixação de seu mandato em cinco anos, como sabido, o ex-presidente José Sarney distribuiu a mancheias concessões de rádio e TV entre os membros do Congresso.

A nova Constituição mudou apenas formalmente essa regra do jogo. Ela determinou que os atos presidenciais de concessão, permissão ou autorização para o serviço de radiodifusão sonora, e de sons e imagens sejam aprovados pelo Congresso Nacional (art. 223). Não é preciso grande acuidade de julgamento para perceber que os constituintes nada mais fizeram do que aumentar a vinculação dos atos de concessão aos interesses mútuos do presidente e dos congressistas, numa institucionalização do "é dando que se recebe".

Uma vez assegurado, por esta forma, o pacto de favores bilaterais entre o Executivo e o Legislativo, que é o esteio tradicional do nosso sistema político, os constituintes puderam, como de hábito, edulcorar o negócio privado em termos de respeito aos interesses públicos; respeito esse, como se imagina, de efeito meramente ornamental. Declarou-se, assim, que

> a produção e a programação das emissoras de rádio e televisão atenderão aos seguintes princípios: I — preferência a finalidades educativas, artísticas, culturais e informativas; II — promoção da cultura nacional e regional e estímulo à produção independente que objetive sua divulgação; III — regionalização da produção cultural, artística e jornalística, conforme percentuais estabelecidos em lei; IV — respeito aos valores éticos e sociais da pessoa e da família [art. 221].

Esse preceito constitucional ainda carece de complementação em lei. É óbvio, no entanto, que a sua aplicação efetiva, no sentido dos interesses e valores coletivos, vai depender da constituição do órgão administrativo encarregado da regulamentação prática das diretrizes estabelecidas na Constituição.

Atualmente, esse órgão administrativo, disciplinador das atividades de exploração de rádio e televisão, é o Conselho Nacional de Telecomunicações — CONTEL. Num total de catorze membros, nada menos que onze são do Poder Executivo federal, nomeados dentro da Administração Pública direta ou indireta. Os três restantes são "representantes dos três maiores partidos políticos, segundo a respectiva representação na Câmara dos Deputados no início da legislatura, indicados pela direção nacional de cada agremiação" (Código Brasileiro de Telecomunicações, art. 15), notando-se que a inclusão desses três gatos-pingados foi vetada pelo então presidente da República e somente aceita com a rejeição do veto. Imagina-se que, agora, o Congresso tenderá a ampliar significativamente a participação de seus representantes no CONTEL, ou órgão que vier a substituí-lo, reforçando por essa forma o condomínio presidencial-parlamentar já instaurado no tocante à concessão de canais.

Além dessas diretrizes quanto ao conteúdo dos programas a serem transmitidos pelos órgãos de comunicação social, a Constituição dita uma regra importante para a organização do setor: "Os meios de comunicação social não podem, direta ou indiretamente, ser objeto de monopólio ou oligopólio" (art. 220, § 5.º).

É indispensável que a lei complementar dê maiores precisões quanto à ocorrência dessas situações de concentração empresarial. Se retivermos apenas o critério do número de empresas em atuação, é evidente que já estamos em situação de oligopólio, com no máximo quatro canais operando em nível nacional. Mas, se considerarmos que as tradicionais noções quantitativas de monopólio e oligopólio são, hoje, substituídas pela noção mais substancial da influência dominante exercida no mercado, chegaremos à inevitável conclusão de que um só grupo de TV — a Rede Globo — está há muito, objetivamente, em posição de abuso de poder, não só econômico como político, no país. E essa situação, levada ao extremo com o contubérnio explícito entre esse grupo e o atual presidente da República, já é, em si mesma, uma violação da norma constitucional.

Ora, ainda aí, tudo vai depender da independência do órgão administrativo encarregado de normatizar e fiscalizar as atividades de comunicação social. Ainda que esse órgão deixe de ser enfeudado na Presidência da República e passe a atuar também na órbita do Congresso, absolutamente nada nos garante que terá condições políticas de enfrentar os monopólios e oligopólios. O conselho sempre prodigalizado por Tancredo Neves aos políticos continua atual: "Brigue com quem quiser, menos com a Rede Globo".

A legislação em vigor fixa no máximo de dez o número de concessões de canais de TV que uma mesma entidade pode deter, em todo o território nacional (Decreto-lei n.º 236, de 28/2/1967, art. 12). Os maiores grupos de televisão já de há muito contornaram essa limitação, por meio das técnicas de controle empresarial indireto e externo. Por exemplo: contrato de "afiliação" passado com empresa que explora localmente um canal, determinando-se que essa empresa retransmita a maior parte da programação diária da "matriz", em troca de poder explorar

305

a publicidade. Um recente litígio judicial entre uma empresa baiana de televisão "afiliada" e a Rede Globo veio demonstrar que aquela se tornara inteiramente dependente desta.

A LEGITIMAÇÃO DEMOCRÁTICA DA TELEVISÃO

Ela consiste na complementação da liberdade de expressão com direito de comunicação social.

As liberdades diferem dos chamados direitos potestativos (os *Kannrechte* dos alemães), porque naquelas o que o titular exige é a abstenção de todos os demais sujeitos, notadamente o Poder Público. Já nos direitos potestativos, o seu titular não se contenta com a mera abstenção dos outros, mas interfere, positivamente, na esfera jurídica alheia.

A liberdade de expressão é, tradicionalmente, considerada a pedra angular dos regimes democráticos. Na Antigüidade clássica, era assim que Políbio a apresentava, para a caracterização dos sistemas políticos (*História*, livro 6, II, 9). No *Bill of rights*, acrescentado à Constituição norte-americana em 1791, a *freedom of speech or of the press* é declarada logo no início, juntamente com a liberdade de reunião e de religião.

Hoje, no entanto, todos entendem que a expressão pública do pensamento passa, necessariamente, pela mediação das empresas de comunicação de massa, cujo funcionamento exige graus crescentes de capitalização. Aquele que controla tais entidades dispõe, plenamente, da liberdade de expressão. Os demais membros da coletividade, não.

Daí a exigência atual de se reconhecer, senão a todo indivíduo, pelo menos às entidades representativas dos setores mais numerosos e importantes da sociedade civil, uma legitimação a usar dessas organizações já instaladas de comunicação social, para transmitir livremente suas mensagens. É o que se vê, por exemplo, nas constituições mais recentes, como a espanhola de 1978: "A lei garantirá o acesso, aos meios de comunicação social, dos grupos sociais e políticos significativos, respeitando o pluralismo da sociedade e das diversas línguas da Espanha" (art. 20, 3).

Entre nós, esse "direito de antena" só existe para os partidos políticos, por força da legislação eleitoral. Ainda nesse capítulo, a chamada classe política vê com muita suspeita os mecanismos de participação popular sobre os quais não pode exercer controle algum.

E como ficaria o Estado nessa reorganização do setor? É óbvio que, além de sua função normativa, os Poderes Públicos acham-se legitimados a se servir dos *mass media* para maciças campanhas de autopropaganda. As críticas dirigidas a essa prática costumam centralizar-se na dispensa inconstitucional da licitação, nos contratos com as empresas de publicidade. Há mais grave, porém. A Constituição proíbe, expressamente, "a publicidade dos atos, programas, obras, serviços e campanhas" que não tenham "caráter educativo, informativo ou de orientação social", ou que "caracterizem promoção pessoal de autoridades ou servidores públicos" (art. 37, § 1º). É imperioso que a sociedade civil se organize para combater essa prática daninha, propondo ação popular contra os responsáveis, ou denunciando sistematicamente a sua inconstitucionalidade perante o Tribunal de Contas.

Tudo isso representa, afinal, o mais vil abastardamento da função política, em qualquer regime, máxime nas democracias. Há uma linha constante, no pensamento clássico, no sentido de sustentar que a finalidade dos regimes políticos e da ação dos governantes é a de tornar os cidadãos eticamente melhores. É essa a lição central do *Górgias*, de Platão, ou o ensinamento de Aristóteles na *Ética a Nicômaco* e na *Política*. Em meados do século XIX, o pensamento liberal mais autêntico chegou a afirmar, pela pena de John Stuart Mill, que a função do Estado é a de ser, antes de tudo, *an agency of national education*.

Deve-se, sem dúvida, entender essa idéia básica como se referindo, primariamente, à educação política do cidadão. Mas, apesar do seu elevado conteúdo ético, é preciso entender que a democracia adaptada a uma sociedade pluralista não se compadece mais com sistemas unilaterais de informação ou de educação, de cima para baixo. O sentido atual da verdadeira comunicação social é, ao contrário, o do plurilateralismo: do Estado para a sociedade civil e vice-versa, dos diversos grupos sociais entre si, tudo isso no espaço público dos veículos de massa. Volto, assim, à idéia adiantada no início desta exposição: a interdependência de democracia e comunicação social. O direito de antena, se bem organizado, pode levar a uma autêntica educação política das massas.

Aliás, a superação da via de mão única nas relações de comunicação — dos Poderes Públicos, ou dos controladores de emissoras de televisão, em relação ao povo, mas não deste em relação àqueles — deve desembocar no verdadeiro teste da vida democrática, que é o controle popular da ação dos governantes, como foi assinalado na introdução destas linhas. Seria, assim, indispensável que os nossos juristas procurassem ampliar os mecanismos de controle recíproco dos poderes republicanos e, também, instituir os instrumentos de controle popular, pela via dos meios de comunicação social. Penso, por exemplo, no direito de qualquer parlamentar, ou partido político, de interpelar o presidente da República, ou governador de estado, pela televisão, exigindo resposta pela mesma via; ou de entidades representativas da sociedade civil poderem fazer o mesmo em relação ao segundo escalão administrativo (ministros de Estado, secretários de estado). No plano municipal, esse controle popular poderia ser exercido pelo rádio.

307

* * *

Tudo isso mostra que a democracia é a mais fecunda das idéias políticas, e que estamos ainda longe de esgotar as suas virtualidades.

Já se disse, a meu ver com inteira razão, que o traço marcante da democracia ateniense, pelo menos no grande século de Péricles, não foi tanto a isonomia, quanto a isegoria: o igual direito de qualquer cidadão manifestar-se, publicamente, nas reuniões da *ecclesia*. A fórmula litúrgica com que o arauto abria essas reuniões mostrava, aliás, o verdadeiro sentido da soberania popular à época: "Quem quer, quem pode dar um conselho útil à sua pólis?".

Vinte e cinco séculos mais tarde, seremos incapazes de adaptar o maravilhoso instrumento de comunicação de massa pelo som e a imagem à instauração de uma nova legitimidade democrática?

Apêndice 1
DADOS ESTATÍSTICOS
SOBRE A TELEVISÃO BRASILEIRA
abril de 1991*

N.º de redes nacionais	5	Rede Globo de Televisão
		Sistema Brasileiro de Televisão
		Rede Bandeirantes de Televisão
		Rede Manchete de Televisão
		Rede Educativa
N.º de redes regionais	2	Rede Brasil Sul
		Rede Record de Televisão
N.º de emissoras	247	227 comerciais
		20 educativas
		199 em funcionamento
		48 em instalação
N.º de emissoras por redes	79	Rede Globo
	46	Sistema Brasileiro de Televisão
	36	Rede Manchete
	30	Rede Bandeirantes
	12	Rede Record
	11	Independentes
N.º de aparelhos de televisão	40 milhões	24 milhões coloridos
		16 milhões p&b
N.º de domicílios com aparelhos de televisão	28 milhões	
Cobertura geográfica das redes de televisão	99%	do território nacional
Colocação mundial do mercado publicitário brasileiro	6.º lugar	

(*) Fontes: Associação Brasileira das Empresas de Rádio e Televisão e Anuário Brasileiro de Mídia.

Apêndice 2
DADOS ESTATÍSTICOS
SOBRE A TELEVISÃO BRASILEIRA
março de 1999*

Emissoras de televisão com sinal "aberto" ou sistema UHF

Nº de redes nacionais	6	Rede Globo de Televisão Sistema Brasileiro de Televisão Rede Record de Televisão Rede Bandeirantes de Televisão Rede Manchete de Televisão Central Nacional de Televisão
Nº de emissoras	356	337 comerciais 19 educativas
Nº de emissoras por redes	107 95 57 38 21 19 19	Rede Globo de Televisão Sistema Brasileiro de Televisão Rede Record de Televisão Rede Bandeirantes de Televisão Rede Manchete de Televisão Central Nacional de Televisão Emissoras Educativas
Nº de emissoras de televisão "segmentada"	6	MTV, Rede Mulher, Rede Vida, CBI, TV Alphaville, Canal 21
Nº de aparelhos de televisão	53 573 000	Aparelhos p&b e coloridos
Nº de domicílios com aparelhos de televisão	37 milhões	
Cobertura geográfica das redes de televisão	4 974 municípios	100% do território nacional

(*) Fonte: Revista *Mídia e Dados*, Grupo de Mídia de São Paulo, 1998.

TVs por assinatura

Nº de distribuidoras	2	NET (Organizações Globo) TVA (Grupo Abril)
Nº de assinantes	2 428 000	TVA — 689 mil NET — 1 739 000
Nº de domicílios com televisão por assinatura	2,6 milhões	
Nº de programadoras	21	BBC, TURNER, REDE GLOBO, TELEVISA, GLOBOSAT, HBO BRASIL, MGM, FOX, WORLD VISION, DISCOVERY NET, ESPN, JOCKEY CLUB (SP e RJ), VIACON, SUPERSTATION, DEUTSCHE WELLE, TV 5 (França), RTVE (Espanha), RAI, SONY, BLOOMBERG, TV SENAC
Colocação do mercado publicitário brasileiro no mercado mundial	6º lugar	Total movimentado: R$ 8 648 (em bilhões) (1997)

SOBRE OS AUTORES

INÁCIO ARAÚJO

Jornalista e crítico de TV e cinema da *Folha de S.Paulo*. Publicou, entre outros, *Cinema — O mundo em movimento* e *Uma chance na vida* (Scipione). Como roteirista cinematográfico, participou dos filmes *Amor, palavra prostituta* (1982) e *Filme demência* (1985), ambos dirigidos por Carlos Reichenbach.

RICARDO ARNT

Jornalista, trabalhou no *Correio da Manhã, Diário de Notícias, Jornal do Brasil* e *Folha de S.Paulo*. Foi editor de notícias do *Jornal Nacional*, da TV Globo, de 1981 a 1986. Publicou, entre outros, *Armamentismo no Brasil* (Brasiliense) e *Panara — A volta dos índios gigantes* (Instituto Sócio-Ambiental).

ROBERTO BAHIENSE

Publicitário, dirige atualmente uma das maiores agências de propaganda do país. Formou-se em belas-artes, fez extensão e cinema no exterior, estudou negócios através de um convênio da Fundação João Pinheiro com a Universidade Columbia. Fez meia dúzia de estágios fora do país e tem dado seminários aqui e ali.

PAULO BETTI

Ator e diretor de teatro, cinema e televisão. Formou-se pela Escola de Artes Dramáticas da USP e foi professor de teatro da Unicamp. Um dos fundadores do grupo Pessoal do Victor, atuou em diversas novelas, filmes e peças, entre os quais: *Lamarca* (cinema) e *Chiquinha Gonzaga* (TV Globo).

CLAUDIO BOJUNGA

Escritor e jornalista. Trabalhou no *Jornal do Brasil*, no *Jornal da Tarde* e na revista *Veja*. Em televisão, atuou na TVE.

GERD BORNHEIM

Professor de filosofia na Universidade Federal do Rio de Janeiro (UFRJ). Publicou, entre outros: *Dialética — Teoria e práxis* (Globo), *O idiota e o espírito objetivo*, (Globo), *Sartre* (Perspectiva) e *Brecht, a estética do teatro* (Graal), além de ensaios em *O olhar, O desejo, Ética, Tempo e história, Artepensamento, Libertinos libertários* e *A crise da razão*, Companhia das Letras.

NELSON BRISSAC PEIXOTO

Doutor em filosofia pela Universidade de Paris I. Professor da PUC/SP. Organizador e produtor dos eventos *ARTECIDADE*. Publicou, entre outros, *Cenários em ruínas* (Brasiliense) e *Paisagens urbanas* (Senac), além de ensaios em *Ética* e *Artepensamento* (Companhia das Letras).

TEIXEIRA COELHO

Professor da Escola de Comunicações e Artes da USP. Publicou, entre outros, *Dicionário crítico de política cultural* e *As fúrias da mente* (Iluminuras).

EDUARDO COUTINHO

Cineasta, dirigiu *Cabra marcado para morrer*, que recebeu, entre outros, o grande prêmio do FestRio de 1985 e o de melhor direção do Festival OCIC. Atuou como diretor e roteirista de TV durante os oito anos em que trabalhou no *Globo repórter*. Dirigiu os vídeos *Dona Marta* e *O Jogo da dívida*, este premiado internacionalmente.

ARGEMIRO FERREIRA

Jornalista, foi chefe de redação de *Opinião* e da *Tribuna da Imprensa*. Atualmente é comentarista internacional da TVE e colunista da *Tribuna da Imprensa*. Publicou *Caça às bruxas* (L&PM, 1989).

REGINA FESTA

Doutora em comunicação e professora da Escola de Comunicações e Artes da USP. Realizadora de programas em vídeo e TV.

314

MARIA THEREZA FRAGA ROCCO

Formada em letras pela USP, onde atualmente é livre-docente (associada) da Faculdade de Educação. Publicou *Literatura/ensino: uma problemática* (Ática, 1980), *Crise da linguagem* (Mestre Jou, 1981), *Linguagem autoritária: televisão e persuasão* (Brasiliense, 1989).

MARIA RITA KEHL

Psicanalista e jornalista. Publicou, entre outros, *O amor é uma droga pesada* (Vertente); *Revelações do cânhamo* e *História da televisão* (Brasiliense/Funarte), *A mínima diferença* e *Deslocamentos do feminino* (Imago).

FÁBIO KONDER COMPARATO

Doutor em direito pela Universidade de Paris. Professor titular do Departamento de Direito Comercial da Faculdade de Direito da USP. Publicou, entre outros, *Muda Brasil — Uma Constituição para o desenvolvimento democrático* (Brasiliense, 1986) e *Para viver a democracia* (Brasiliense, 1989).

ARLINDO MACHADO

Professor do Programa de Pós-Graduação da PUC/SP. Publicou, entre outros, *A arte no vídeo* (Brasiliense) e *Pré Cinema Pós Cinemas* (Papirus).

ADAUTO NOVAES

Coordenador do Núcleo de Estudos e Pesquisas da Funarte (Fundação Nacional de Arte). Concebeu e organizou as pesquisas e os livros: *Anos 70* (1979, Europa), *O nacional e o popular na cultura brasileira* (1982, Brasiliense) e *Cultura brasileira — Tradição/contradição* (1986, Zahar). Organizou e publicou ensaios em *Os sentidos da paixao, O olhar, O desejo, Ética, Tempo e história, Artepensamento, Libertinos libertários, A crise da razão* e *A descoberta do homem e do mundo* (Companhia das Letras).

SÉRGIO MAMBERTI

Ator, diretor, artista plástico e produtor. Ao longo de 34 anos de carreira, participou de mais de sessenta peças, 25 filmes de longa-metragem e catorze telenovelas, além de várias participações especiais em programas de televisão. Atualmente é o responsável pela direção artística do Projeto Cult Cult, do teatro Crowne Plaza.

MARCELO MASAGÃO

Em 1980 e 1981, estagiou no Hospital Psiquiátrico de Trieste. Criou o grupo Sanidade-Loucura. É sócio fundador da rádio XILIK e co-autor de *Rádios livres: a reforma agrária no ar.* Realizou as exposições "Adote um satélite" (Festival Fotóptica de Vídeo, 1989) e "Volto logo, favor aguardar" (Manifestação Internacional de Vídeo, Montbeliard, França, 1990).

OLGÁRIA MATOS

Professora de filosofia política na Universidade de São Paulo. Publicou, entre outros: *Rousseau: uma arqueologia da desigualdade* (MG), *Paris, 1968: as barricadas do desejo* e *Os arcanos do inteiramente outro: a escola de Frankfurt, a melancolia e a revolução* (Brasiliense) e "A melancolia de Ulisses", em *Os sentidos da paixão* (Companhia das Letras).

FERNANDO MEIRELLES

Sócio da produtora 02 Filmes e fundador da antiga produtora Olhar Eletrônico. Diretor de filmes publicitários, cinema e programas de televisão. Realizou, entre outros, *Programa Ernesto Varela* e o programa infantil *Rá-Tim-Bum*; no cinema, dirigiu *Menino Maluquinho II — A aventura* (1998).

JACIRA MELO

Pós-graduanda da Escola de Comunicações e Artes da USP. Dirige e realiza vídeos desde 1982, tendo vários de seus trabalhos premiados no Brasil e no exterior. É presidente da Associação Brasileira de Vídeo Popular.

SÉRGIO MICELI

Professor-associado de sociologia na USP. Publicou, entre outros, *A noite da madrinha, Intelectuais e classe dirigente do Brasil* e *A elite eclesiástica brasileira.*

ERIC NEPOMUCENO

Escritor e jornalista. Trabalhou nos jornais *O Globo* e *Jornal da Tarde*, e na revista *Veja*. Em televisão, integrou a equipe do *Jornal da Globo* e respectivo *Jornal nacional.*

DÉCIO PIGNATARI

Professor titular de ambiente e comunicação na Faculdade de Arquitetura e Urbanismo da USP; professor de teoria da informação da ESDI/RJ (1964-75); professor da PUC/SP (1972-86). Foi um dos fundadores da Associação Brasileira de Desenho Industrial (1964) e da Associação Internacional de Semiótica (1969). É articulista da *Folha de S.Paulo* desde 1984. Poeta, foi um dos iniciadores da poesia concreta (1956). Publicou *Semiótica da arte e da arquitetura* (Cultrix, 1982), *Signagem da televisão* (Brasiliense, 1985), *Poesia pois é poesia, poetc.* (Brasiliense, 1986), *O rosto da memória* (Brasiliense, 1986), *Semiótica e literatura* (Cultrix, 1987), *O que é comunicação poética* (Brasiliense, 1987),

Informação, linguagem, comunicação (Cultrix, 1987), *Retrato do amor quando jovem* (Companhia das Letras, 1990)

DINO PRETTI

Professor titular de língua portuguesa na USP. É coordenador, na USP, do Projeto de Estudo da Norma Lingüística Urbana Culta. Publicou *Sociolingüística — os níveis da fala* (Nacional), *A gíria e outros temas* (T. A. Queiroz), *A linguagem proibida — um estudo da linguagem erótica* (T. A. Queiroz). Foi um dos organizadores de *A linguagem falada na cidade de São Paulo* (T. A. Queiroz) e tem no prelo *A linguagem dos idosos*.

LEONARDO SÁ

Músico, compositor, instrumentista e regente. Coordenou, no Instituto Nacional de Música da Funarte, o Grupo de Estudos Musicais. Organizou o Programa de Musicologia, Acervos e Pesquisas da Funarte, que incluía um Banco de Partituras de Música Brasileira. Atualmente dedica-se à composição e ao ensino. Publicou *O atabaque objeto-instrumento cultural*.

SILVANO SANTIAGO.

Professor de literatura brasileira na PUC/RJ. Publicou. *Uma literatura nos trópicos* (Perspectiva), *Vale quanto pesa* (Paz e Terra) e *Em liberdade* (Paz e Terra).

LUÍS FERNANDO SANTORO

Doutor em comunicação e professor da Escola de Comunicações e Artes da USP. Realizou programas de vídeo e TV e publicou *A imagem nas mãos* (Summus, 1990).

MUNIZ SODRÉ

Professor titular da UFRJ e professor-adjunto da UFF. Foi jornalista profissional e tradutor. Publicou *O monopólio da fala, A máquina de Narciso, A comunicação do grotesco, Teoria da literatura de massa, A verdade seduzida, A cidade e o terceiro*.

317

1ª EDIÇÃO [1991]
2ª EDIÇÃO [1999] 2 reimpressões

ESTA OBRA FOI COMPOSTA PELA HELVÉTICA EDITORIAL EM GARAMOND LIGHT
E IMPRESSA PELA GEOGRÁFICA EM OFSETE SOBRE PAPEL ALTA ALVURA DA SUZANO
BAHIA SUL PARA A EDITORA SCHWARCZ EM JANEIRO DE 2006